Die Europäische Transparenzrichtlinie und der öffentlich-rechtliche
Rundfunk in Deutschland

T0316448

Schriften zum deutschen und europäischen öffentlichen Recht

Herausgegeben von Steffen Detterbeck

Band 11

PETER LANG

Frankfurt am Main · Berlin · Bern · Bruxelles · New York · Oxford · Wien

Nikolaus Lindner

Die Europäische Transparenzrichtlinie und der öffentlich-rechtliche Rundfunk in Deutschland

Auswirkungen der Richtlinie 2000/52/EG
zur Änderung der Richtlinie 80/723/EWG
über die Transparenz der finanziellen Beziehungen
zwischen den Mitgliedstaaten und den
öffentlichen Unternehmen („Transparenzrichtlinie")
auf die öffentlich-rechtlichen Rundfunkanstalten
in Deutschland

PETER LANG
Europäischer Verlag der Wissenschaften

Bibliografische Information Der Deutschen Bibliothek
Die Deutsche Bibliothek verzeichnet diese Publikation in der
Deutschen Nationalbibliografie; detaillierte bibliografische
Daten sind im Internet über <http://dnb.ddb.de> abrufbar.

Zugl.: Berlin, Freie Univ., Diss., 2004

Gedruckt auf alterungsbeständigem,
säurefreiem Papier.

D 188
ISSN 1438-4388
ISBN 3-631-53931-2

© Peter Lang GmbH
Europäischer Verlag der Wissenschaften
Frankfurt am Main 2005
Alle Rechte vorbehalten.

Printed in Germany 1 2 3 4 5 7

www.peterlang.de

Vorwort

Die vorliegende Arbeit wurde von der Juristischen Fakultät der Freien Universität zu Berlin im Wintersemester 2004/2005 als Dissertation angenommen. Für die Drucklegung konnten aktuelle Rechtsprechung und Literatur bis Dezember 2004 berücksichtigt werden.

Ich danke Frau Dr. Rachael Craufurd-Smith für die intensive Betreuung meiner Ausarbeitungen während meines Studienjahres an der University of Edinburgh. Ich danke Herrn Prof. Dr. Helmut Lecheler dafür, dass er mir die Bearbeitung meines Wunschthemas ermöglicht hat und Herrn Prof. Dr. Philip Kunig für die Übernahme des Zweitgutachtens. Ich möchte ferner Herrn Prof. Dr. Steffen Detterbeck für die Aufnahme meiner Arbeit in seine Schriftenreihe danken.

Tonia Aurfali schulde ich großen Dank für ihre Geduld und ihre Ermunterung, mit der sie mich während der Bearbeitungszeit unterstützt hat. Meinen Eltern, die mich in Lektüre und Gespräch immer bestärkt haben, möchte ich die Arbeit widmen.

Berlin, im Januar 2005   *Nikolaus Lindner*

Inhaltsübersicht

Inhaltsverzeichnis

11

Abkürzungsverzeichnis

a.A.	anderer Ansicht
a.a.O.	am angegebenen Ort
ABl. EG	Amtsblatt der Europäischen Gemeinschaften
Abs.	Absatz
a.f.	alte Fassung
AfP	Archiv für Presserecht
ARD	Arbeitsgemeinschaft der öffentlich-rechtlichen Rundfunkfunkanstalten der Bundesrepublik Deutschland
Art.	Artikel
BB	Betriebs-Berater
BBC	British Broadcasting Corporation
BGBl.	Bundesgesetzblatt
BR-Drs.	Bundesrats-Drucksache
BVerfG	Bundesverfassungsgericht
BVerfGE	Entscheidungssammlung des Bundesverfassungsgerichts
bzw.	beziehungsweise
CMLRev.	Common Market Law Review
ders.	derselbe
d.h.	das heißt
dies.	dieselbe(n)
DÖV	Die öffentliche Verwaltung (Zeitschrift)
DVBl.	Deutsches Verwaltungsblatt
ECLRev.	European Competition Law Review
EG	Vertrag der Europäischen Gemeinschaft
ELR	European Law Reporter
ELRev.	European Law Review
epd	Evangelischer Pressedienst
EPL	European Public Law (Zeitschrift)
EStAL	European State Aid Law (Zeitschrift)
EuG	Europäisches Gericht erster Instanz
EuGH	Europäischer Gerichtshof
EuR	Europarecht (Zeitschrift)
EuZW	Europäische Zeitschrift für Wirtschaftsrecht
EWiR	Europäisches Wirtschaftsrecht (Zeitschrift)
EWS	Europäische Zeitschrift für Wirtschafts- und Steuerrecht
f. / ff.	folgende (eine) / folgende (mehrere)
FAZ	Frankfurter Allgemeine Zeitung
Fn.	Fußnote
FR	Frankfurter Rundschau
FS	Festschrift
GA	Generalanwalt
gem.	gemäß
GEZ	Gebühreneinzugszentrale
GG	Grundgesetz für die Bundesrepublik Deutschland
GS	Gedächtnisschrift
Hrsg.	Herausgeber
insb.	insbesondere

IRIS	Rechtliche Rundschau der europäischen audiovisuellen Informationsstelle
i.S. / i.S.d.	im Sinne / im Sinne des
i.V.m.	in Verbindung mit
JuS	Juristische Schulung
JZ	Juristenzeitung
KEF	Kommission zur Ermittlung des Finanzbedarfs der öffentlich-rechtlichen Rundfunkanstalten
K&R	Kommunikation und Recht
lit.	Litera
MMR	Multimedia und Recht (Zeitschrift)
MP	Media Perspektiven
MuR	Medien und Recht (Zeitschrift)
n.F.	neue Fassung
NJW	Neue Juristische Wochenschrift
Nr.	Nummer
NVwZ	Neue Zeitschrift für Verwaltungsrecht
OLG	Oberlandesgericht
PM	Pressemitteilung
RdE	Recht der Energiewirtschaft (Zeitschrift)
RIW	Recht der internationalen Wirtschaft (Zeitschrift)
Rn.	Randnummer
Rs.	Rechtssache
S.	Seite/Satz/siehe
Slg.	Sammlung der Rechtsprechung des EuG und des EuGH
s.o.	siehe oben
sog.	sogenannte(r)
SWI	Steuer und Wirtschaft International
Tz.	Textziffer
u.a.	unter anderem/und andere
v.	van/von/vom
verb.	verbunden(e)
vgl.	vergleiche
VPRT	Verband privater Rundfunk und Telekommunikation e.V.
WiVerw	Wirtschaft und Verwaltung (Zeitschrift)
WM	Wertpapier Mitteilungen
WuW	Wirtschaft und Wettbewerb (Zeitschrift)
ZDF	Zweites Deutsches Fernsehen
ZEuS	Zeitschrift für europarechtliche Studien
ZHR	Zeitschrift für das gesamte Handels und Wirtschafsrecht
ZIP	Zeitschrift für Wirtschaftsrecht
zit.	zitiert
ZNER	Zeitschrift für neues Energierecht
ZögU	Zeitschrift für öffentliche und gemeinwirtschaftliche Unternehmen
ZUM	Zeitschrift für Urheber- und Medienrecht
ZUR	Zeitschrift für Umweltrecht

A. Einleitung

I. Allgemeine Problemstellung

„Der Grundsatz der Transparenz impliziert die eindeutige Festlegung des öffent-lich-rechtlichen Auftrags durch die Mitgliedstaaten: Gewährleistung finanzieller Transparenz und Anwendung getrennter Buchführung bei rein kommerziellen Akti-vitäten durch die Akteure des öffentlichen Sektors. Diese Trennung ist selbstver-ständlich für faire Wettbewerbsbedingungen. Sie sind ein Grunderfordernis des deutschen Verfassungsrechts und europäischen Gemeinschaftsrechts."[1]

Die Erfüllung von Leistungen der Daseinsvorsorge[2] für die Allgemeinheit und der freie Wettbewerb aller Wirtschaftssubjekte bilden ein Konfliktverhältnis. Einerseits kann im Wettbewerb ein entscheidender Zwang zu einer effizienten Aufgabenerfüllung gesehen werden, andererseits stellt uneingeschränkter Wett-bewerb das ökonomische Profitdenken in den Vordergrund und gefährdet damit die Erfüllung derjenigen gemeinwohlorientierten Aufgaben,[3] die der freie Markt aus sich heraus nicht hervorbringen kann.[4] Das europäische Wettbewerbsrecht[5] hat die schwierige Aufgabe, dieses Spannungsverhältnis in Einklang zu bringen. Dabei kann weder in der völligen Freistellung gemeinwohlorientierter Aufgaben vom Wettbewerbsrecht, noch im uneingeschränkten Wettbewerb die Lösung dieses Konfliktverhältnisses gesehen werden.

Nach seinem Art. 295 lässt der Vertrag zur Gründung der Europäischen Ge-meinschaft (EG-Vertrag) die Eigentumsordnungen in den verschiedenen Mit-gliedstaaten unberührt. Der einzelne Mitgliedstaat kann also entscheiden, ob er seine Wirtschaftsordnung mehr privat oder stärker öffentlich-rechtlich ausgestal-ten will. Daraus folgt auch, dass es Mitgliedstaaten frei steht, Aufgaben der Daseinsvorsorge bestimmten (öffentlichen oder privaten) Unternehmen zu über-

---

[1] Lenz, in: Konrad-Adenauer-Stiftung, Duales Rundfunksystem und europäisches Recht, S. 34, 37.

[2] Leistungen der Daseinsvorsorge werden als „marktbezogene oder nicht-marktbezogene Tätigkeiten, die im Interesse der Allgemeinheit erbracht und daher von den Behörden mit spezifischen Gemeinwohlverpflichtungen verknüpft werden (gemeinwohlorientierte Pflich-ten)" definiert; vgl. Magiera, in: Ipsen/Schmidt-Jortzig, FS Rauschning, S. 269, 274.

[3] In der vorliegenden Arbeit sind die Begriffe „Leistungen der Daseinsvorsorge", „Gemein-wohlpflichten" und „Dienstleistungen von allgemeinem wirtschaftlichem Interesse" i.S.d. Art. 86 Abs. 2 EG bedeutungsgleich.

[4] Vgl. Brede, in: ders., Wettbewerb in Europa, S. 17.

[5] In dieser Arbeit wird der Begriff „Wettbewerbsrecht" als europäisches Wettbewerbsrecht i.w.S. gebraucht, d.h. er umfasst auch die Vorschriften der Art. 87 ff. EG; vgl. zu dieser Beg-riffsverwendung Mederer, in: v. Groeben/Schwarze, EU-/EG-Vertrag, Vorbem. Art. 87-89 EG, Rn. 1.

tragen.[6] Im Wettbewerbsrecht der Europäischen Gemeinschaft[7] werden solche Unternehmen in Art. 86 Abs. 2 EG[8] als „Unternehmen, die mit Dienstleistungen von allgemeinem wirtschaftlichem Interesse betraut sind"[9] besonders erwähnt. Die Diskussion um den Stellenwert von Unternehmen der Daseinsvorsorge hat sich zudem in einer Vertragsänderung niedergeschlagen.[10] Der neue Art. 16 EG hebt die Bedeutung dieser Unternehmen ausdrücklich hervor.[11] Die Mitgliedstaaten haben somit einen weitgehenden Gestaltungsspielraum inne, welche Bereiche sie der Daseinsvorsorge zuordnen und privilegieren wollen.[12]

Allerdings gilt Art. 16 EG unbeschadet der Art. 73, 86 und 87 EG.[13] Das europäische Wettbewerbsrecht entfaltet demnach grundsätzlich auch im Bereich der Daseinsvorsorge seine Wirkung. Eine Nichtanwendung der gemeinschaftlichen Wettbewerbsbestimmungen bei Leistungen der Daseinsvorsorge (etwa in den Bereichen Energie und Wasser, Post und Telekommunikation, öffentlicher Schienen- und Nahverkehr, Sparkassen, Krankenhäuser, Museen und in dem Bereich des Rundfunks[14]) würde einen Ausschluss von bis zu dreißig Prozent der europäischen Wirtschaftsleistung bedeuten und damit das Funktionieren des Binnenmarktes ernsthaft gefährden.[15] Den Bestimmungen über staatliche Beihil-

---

[6] Die Gleichbehandlung öffentlicher und privater Unternehmen führt dazu, dass sich ein Mitgliedstaat nicht allein durch die Rechtsformwahl Wettbewerbsvorteile verschaffen kann; vgl. Lecheler, RdE 1996, S. 212, 216.

[7] Der Begriff umfasste ursprünglich drei als selbstständige Organisationen fortbestehende, wenngleich mit derselben Organstruktur versehene Gemeinschaften: die aus der Europäischen Wirtschaftsgemeinschaft (EWG) hervorgegangene Europäische Gemeinschaft (EG), die europäische Atomgemeinschaft (EAG) und die Europäische Gemeinschaft für Kohle und Stahl (EGKS). Der EGKS-Vertrag ist mit dem Ablauf seiner fünfzigjährigen Geltungsdauer am 23. Juli 2002 außer Kraft getreten.

[8] EG-Vertrag, zitiert nach der einheitlichen Zitierweise von EuGH und EuG. Aus Gründen der Übersichtlichkeit werden alle Artikel einheitlich nach der neuen, durch den Amsterdamer Vertrag geänderten, Nummerierung verwendet (in concreto: alte Nummerierung war bis 30.04.1999 Art. 90 Abs. 2 EG-Vertrag). Bei hist. Zitaten wird die neue Nummerierung der alten in Klammern nachgestellt.

[9] Der Gesetzgeber hat den Begriff bewusst ausgewählt, da er in keiner Rechtsordnung der Mitgliedstaaten vorkommt; vgl. Lecheler, RdE 1996, S. 212, 216.

[10] Nettesheim, in: Hrbek/Nettesheim, Europäische Union und mitgliedstaatliche Daseinsvorsorge, S. 39, 40.

[11] Vgl. den Wortlaut „in Anbetracht des Stellenwerts, den Dienste von allgemeinem wirtschaftlichem Interesse innerhalb der gemeinsamen Werte der Union einnehmen, sowie ihrer Bedeutung bei der Förderung des sozialen und territorialen Zusammenhalts"; dazu ausführlich Ross, ELRev. 2000, S. 22 ff.

[12] Vgl. Jung, in: Calliess/Ruffert, EU-/EG-Vertrag, Art. 86 EG, Rn. 37.

[13] So der Wortlaut des Art. 16 1. HS EG.

[14] Der Begriff „Rundfunk" wird hier und im folgendem i.w.S. verwendet und umfasst damit Fernsehen und Hörfunk.

[15] Magiera, in: Ipsen/Schmidt-Jortzig, FS Rauschning, S. 269, 270.

fen[16] kommt deshalb besondere Wichtigkeit zu. Sie stellen einen „Eckpfeiler" gegen Wettbewerbsverfälschungen in der Europäischen Gemeinschaft dar.[17] Das Beihilfeverbot soll einen kostspieligen und sich weitgehend selbst neutralisierenden Subventionswettlauf der Mitgliedstaaten der Europäischen Gemeinschaft verhindern und damit u.a. übermäßige Haushaltsdefizite begrenzen sowie wettbewerbsfähige gegenüber subventionierten Arbeitsplätzen erhalten und fördern.[18]

Bei den ehemaligen Monopolunternehmen (so auch beim öffentlich-rechtlichen Rundfunk) besteht ein Konfliktpotential zwischen eigener Finanzierung und europäischem Beihilferecht nachdem die Mitgliedstaaten in diesen Bereichen Wettbewerb zugelassen haben. Solange staatliche Monopole der Daseinsvorsorge von der Marktordnung freigestellt waren, konnten staatliche Zahlungen in Ermangelung einer Wettbewerbssituation nicht als wettbewerbsverfälschende Beihilfe gewertet werden.[19] Die Konkurrenz mit privaten Anbietern führte nun jedoch dazu, dass die staatlichen Zuwendungen für die Erbringung von Leistungen der Daseinsvorsorge in das Visier des europäischen Beihilferegimes gerieten. Denn es besteht die Gefahr, dass „durch einen zu großzügigen finanziellen Ausgleich die mit der Liberalisierung angestrebte Entstehung von Wettbewerb konterkariert wird."[20] Die Gewährung solcher Überkompensationen, die Unternehmen der Daseinsvorsorge vom Staat erhalten, kann das Prinzip des freien Wettbewerbs demnach empfindlich verzerren.

Diese Konfliktsituation verschärft sich zudem noch weiter, wenn Unternehmen der Daseinsvorsorge sowohl gemeinwohlorientierten Pflichten nachkommen und damit in einem privilegierten Bereich tätig sind (Sonderrechtsbereich), als auch zusätzlich in anderen Bereichen des freien Markts agieren (Wettbewerbsbereich).[21] In solchen Fällen besteht die Gefahr, dass die Unternehmen staatliche Gelder, die für die Erfüllung gemeinwohlorientierter Pflichten gezahlt werden, auch für jene Bereiche nutzen, in denen die Unternehmen gar keine Pflichten zu erfüllen haben. Durch solche sog. Quersubventionen wären die privilegierten Unternehmen in der Lage, ihre Dienstleistungen deutlich billiger als ihre Konkurrenten, die ohne staatliche Gelder auskommen müssen, anzubieten.[22] Quersubventionierungen zwischen Geschäftsfeldern, in denen dem Unternehmen eine Privilegierung erteilt ist, und Geschäftsfeldern, in denen ein Unter-

---

[16] Der Begriff der Beihilfe ist weiter als der Begriff der Subvention, in vielen Fällen aber kongruent; vgl. ausführlich unten Gliederungspunkt C.II.1.b).
[17] Bronckers/v. der Vlies, ECLRev. 2001, S. 458, 464.
[18] Vgl. Magiera, in: Ipsen/Schmidt-Jortzig, FS Rauschning, S. 269, 277.
[19] Gundel, RIW 2002, S. 222, 222.
[20] Gundel, RIW 2002, S. 222, 223.
[21] Vgl. zu dieser Terminologie Britz, DVBl. 2000, S. 1641, 1642; Koenig/Kühling, in: Streinz, EU-/EG-Vertrag, Art. 86 EG, Rn. 84.
[22] Vgl. Eilmansberger, RIW 2001, S. 902, 909 f.

nehmen vollumfänglich im Markt steht, müssen demnach unterbunden werden, um das Funktionieren des europäischen Binnenmarkts zu garantieren. In diesen Fällen ist Transparenz zu gewährleisten.[23]

Die im Jahre 2000 geänderte „Transparenzrichtlinie"[24] der Europäischen Kommission (im Folgenden: Kommission) setzt genau an diesem Punkt an. Schon vor ihrer Änderung wurden die Mitgliedstaaten durch die Richtlinie verpflichtet, die Transparenz bei den finanziellen Beziehungen zwischen der öffentlichen Hand und den *öffentlichen* Unternehmen zu gewährleisten.[25] Die geänderte Richtlinie zielt nun darauf ab, ausreichende Transparenz für jedwedes öffentlich gefördertes Unternehmen zu erreichen, welches sowohl im Sonderrechts- als auch im Wettbewerbsbereich tätig ist. Transparenz i.S. der Richtlinie bedeutet dabei, dass finanzielle Mittel, die der Staat an bestimmte Unternehmen zahlt, erkennbar in der Finanzbuchhaltung der Unternehmen aufgeführt werden. Ist dies der Fall, kann die Kommission eine effektive Missbrauchsaufsicht ausüben, welche sonst wegen der verschiedensten Formen und unterschiedlichsten Tätigkeiten privilegierter Unternehmen erschwert wäre.[26] Die geänderte Transparenzrichtlinie richtet sich also darauf, öffentliche Gelder zu kontrollieren und auf diese Weise Quersubventionen festzustellen und zu unterbinden.[27]

Die Kommission plant für das Jahr 2005 eine erneute Änderung der Transparenzrichtlinie.[28] Sie reagiert damit auf neuere Rechtsprechung des EuGH und will einen eigenen Begriff staatlicher Zuwendungen einführen.[29] Der Tatbestand, der eine Anwendbarkeit der Richtlinie begründet, soll dann an das Vorliegen einer „Vergütung in unterschiedlicher Form" im Zusammenhang mit einer Dienstleistung anknüpfen.[30] Zudem will die Kommission eine bestehende Ausnahmevorschrift ersatzlos streichen.[31] Eine so geänderte Transparenzrichtlinie soll der Kommission eine sehr weitgehende Kontrolle öffentlicher Gelder und damit die Verhinderung von Quersubventionen ermöglichen.

---

[23] Nettesheim, in: Hrbek/Nettesheim, Europäische Union und mitgliedstaatliche Daseinsvorsorge, S. 39, 56.

[24] Richtlinie 80/723/EWG, ABl. EG Nr. L 195 v. 29.7.1980, S. 35 ff., zuletzt geändert durch Richtlinie 2000/52/EG, ABl. EG Nr. L 193 v. 29.7.2000, S. 75 ff.

[25] Vgl. 1. Erwägungsgrund der Richtlinie 2000/52/EG zur Änderung der Richtlinie 80/723/EWG, ABl. EG Nr. L 193 v. 29.7.2000, S. 75, 75.

[26] Koenigs, WuW 2000, S. 867, 867.

[27] Trzaskalik, Transparenzpflichten des öffentlich-rechtlichen Rundfunks, S. 7.

[28] S. den Entwurf einer Richtlinie zur Änderung der Richtlinie 80/723/EWG, abrufbar unter: http://www.europa.eu.int/comm/competition/state_aid/others/interest/directive_de.pdf; dazu AfP 2004, S 109.

[29] Vgl. dazu unten Gliederungspunkt D.II.1.

[30] Dazu unten Gliederungspunkt C.II.1.a).

[31] Vgl. dazu unten Gliederungspunkt C.V.

II. Zielsetzung der Arbeit

Die vorliegende Arbeit möchte einen Beitrag zur Klärung des oben beschriebenen Konflikts zwischen der Garantie von Leistungen der Daseinsvorsorge und dem Erfordernis eines freien Wettbewerbs für den Bereich des öffentlich-rechtlichen Rundfunks leisten. Zu diesem Zweck soll untersucht werden, ob die Transparenzrichtlinie in ihrer geänderten Form und als Instrument zur Verhinderung von Wettbewerbsverfälschungen auf den öffentlich-rechtlichen Rundfunk in Deutschland anwendbar ist.

Nirgendwo ist die Frage der Anwendbarkeit der Transparenzrichtlinie so umstritten wie im Bereich des öffentlich-rechtlichen Rundfunks.[32] Dabei zielte die Änderung der Transparenzrichtlinie ausdrücklich auch auf den öffentlich-rechtlichen Rundfunk ab.[33] Dennoch wird seitens der öffentlich-rechtlichen Rundfunkanstalten in Deutschland die Erfüllung jenes Tatbestandes, welcher zur Anwendbarkeit der Richtlinie führt, an zentralen Punkten angezweifelt.[34] So wird bestritten, dass die Rundfunkanbieter überhaupt öffentliche Gelder empfangen.[35] Zudem wird bezweifelt, dass die öffentlich-rechtlichen Rundfunkanstalten in „verschiedenen Geschäftsbereichen" tätig sind,[36] was aber eine zwingende Voraussetzung für die Anwendbarkeit der Richtlinie ist.[37] Die privaten Rundfunkanbieter gehen hingegen davon aus, dass die Transparenzrichtlinie auf die öffentlich-rechtlichen Konkurrenten anwendbar ist. Sie haben diese Rechtsposition in einer an die Kommission gerichteten Beschwerde untermauert.[38]

Die Frage nach der Anwendbarkeit der Transparenzrichtlinie ist für den öffentlich-rechtlichen Rundfunk von zentraler Bedeutung. Muss die Frage bejaht werden, haben die öffentlich-rechtlichen Rundfunkanbieter im Ergebnis die der Richtlinie inhärenten Pflichten zu erfüllen. Sie müssten insbesondere für eine

---

[32] Vgl. zur akademischen Diskussion: Beck/Münger, in: Donges/Puppis, Die Zukunft des öffentlichen Rundfunks, S. 239 ff.; Beck/Münger/Pitum/Sauer, EU-Transparenzrichtlinie; Craufurd-Smith, Legal Issues of Economic Integration 2001, S. 3, 20; Eberle, in: ders./Ibler/Lorenz, FS Brohm, S. 51, 62; Dörr, in: Hans-Bredow-Institut, Internationales Handbuch Medien 2002/2003, S. 37, 52 f.; Hain, MMR 2001, S. 219 ff.; Márton, Communications Law 2001, S. 56, 60; O'Hagan/Jennings, Journal of Cultural Economics 2003, S. 31, 53 f.; Pelny, ZUM 2003, S. 643 ff.; Rapp-Jung, EStAL 2004, S. 205, 213; Schmittmann/Kneißl, AfP 2003, S. 245 ff.; Stulz-Herrnstadt, Rundfunkfinanzierung, S. 499 ff.; Trzaskalik, Transparenzpflichten des öffentlich-rechtlichen Rundfunks.

[33] So deutlich der 5. Erwägungsgrund der Richtlinie 2000/52/EG zur Änderung der Richtlinie 80/723/EWG, ABl. EG Nr. L 193 v. 29.7.2000, S. 75, 75.

[34] Vgl. FAZ v. 27.12.2000; Associated Press v. 19.05.2003; ProMedia v. 3.06.2003; vgl. auch die Stellungnahme von ARD und ZDF v. 21.02.2000 (zitiert bei Hain, MMR 2001, S. 219, 220).

[35] Eberle, in: ders./Ibler/Lorenz, FS Brohm, S. 51, 58 ff.

[36] Eberle, in: ders./Ibler/Lorenz, FS Brohm, S. 51, 65 f.

[37] Art. 2 Abs. 1 lit. d) i.V.m. Art. 1 Abs. 2 der Transparenzrichtlinie.

[38] Vgl. AfP 2003, S. 258, 258; Doetz, MMR 2003, S. 429, 429 f.

getrennte Buchführung sorgen. Bereiche, die zum Gemeinwohlauftrag gehören (Sonderrechtsbereich), müssten von jenen des Wettbewerbsbereichs im Rahmen der Buchhaltung streng getrennt werden. Wird hingegen eine Anwendbarkeit verneint, bedeutet dies, dass eine Aufsicht der Kommission über die Finanzierung der Aktivitäten der öffentlich-rechtlichen Rundfunkanstalten zumindest erschwert wird. Liegen keine oder nur unzureichende Angaben über die interne Finanzstruktur und den Aufbau der Unternehmen vor, ist der Kommission die Kontrolle des öffentlichen Mittelflusses und die Verhinderung von Quersubventionen praktisch unmöglich.[39] Die Auferlegung eines derartigen Pflichtenkatalogs könnte andererseits auch als empfindliche Beschneidung der Freiheit der Mitgliedstaaten gewertet werden, die Finanzierung des öffentlich-rechtlichen Rundfunks nach eigenem Ermessen auszugestalten.

Die vorliegende Arbeit wird in ihrem Kern die Frage beantworten, ob die geänderte Transparenzrichtlinie auf den öffentlich-rechtlichen Rundfunk in Deutschland anwendbar ist und dabei den verschiedentlich geäußerten rechtlichen Bedenken und Einwänden Rechnung tragen.

---

[39] Vgl. den 6. Erwägungsgrund der Richtlinie 2000/52/EG zur Änderung der Richtlinie 80/723/EWG, ABl. EG Nr. L 193 v. 29.7.2000, S. 75, 75.

20

B. Entwicklung und Hintergrund der Transparenzrichtlinie

I. Entwicklung und Zielsetzung der Änderung der Transparenzrichtlinie

1. Geschichte der Transparenzrichtlinie

a) Einleitung

Die Transparenzrichtlinie 80/723/EWG vom 25. Juni 1980[1] war die erste Richtlinie, welche die Kommission auf ihre Rechtsetzungsbefugnis aus Art. 86 Abs. 3 EG stützte.[2] Sie stellt zudem die erste allgemeine Regelung zur Bekämpfung der Einschränkung von Wettbewerb in bislang abgeschotteten Märkten dar.[3] Der Erlass der Richtlinie wurde notwendig, da eine auf Art. 89 EG fußende allgemeine Verordnung des Rates für alle Beihilfen mangels Einigung der Mitgliedstaaten nicht zustande gekommen war.[4] Zuvor hatte schon das Europäische Parlament im Jahre 1971 die Bitte an die Kommission gerichtet, die Richtlinienkompetenz aus Art. 86 Abs. 3 EG zu nutzen, um das bestehende wettbewerbliche Ungleichgewicht zwischen öffentlichen und privaten Unternehmen zu beseitigen.[5]

Die Transparenzrichtlinie ist dreimal, und zwar in den Jahren 1985[6], 1993[7] und zuletzt im Jahre 2000[8] geändert worden. Der Regelungsgehalt der Transparenzrichtlinie hat dabei weitgehend seine Gültigkeit behalten.[9] Während die Richtlinie durch die Änderungen in den Jahren 1985 und 1993 jeweils nur unbedeutend erweitert wurde, zielt die Änderungsrichtlinie 2000/52/EG vom 26. Juli 2000 (Änderungsrichtlinie) auf eine deutliche Ausweitung des Anwendungsgebiets der Transparenzrichtlinie ab.

Im Folgenden soll die Richtlinie deshalb zunächst bis zu ihrer Änderung im Jahre 2000 dargestellt, sowie die rechtliche Auseinandersetzung, welche ihre Verkündung hervorgerufen hat, bewertet werden. Die aktuelle Fassung der Transparenzrichtlinie soll dann anhand der so gefundenen Ergebnisse kritisch überprüft werden.

---

[1] Richtlinie 80/723/EWG (Transparenzrichtlinie), ABl. EG Nr. L 195 v. 29.7.1980, S. 35 ff.
[2] Benesch, Die Kompetenz der EG-Kommission, S. 19.
[3] Nettesheim, in: Hrbek/Nettesheim, Europäische Union und mitgliedstaatliche Daseinsvorsorge, S. 39, 45.
[4] Ress, in: Lüke/Ress/Will, GS Constantinesco, S. 599, 609.
[5] Löwenberg, Service public und öffentliche Dienstleistungen in Europa, S. 157.
[6] Richtlinie 85/723/EWG v. 24.07.1985, ABl. EG Nr. L 229 v. 28.8.1985, S. 20 f.
[7] Richtlinie 93/84/EWG v. 30.09.1993, ABl. EG Nr. L 254 v. 12.10.1993, S. 16 ff.
[8] Richtlinie 2000/52/EG v. 26.07.2000, ABl. EG Nr. L 193 v. 29.7.2000, S. 75 ff.
[9] Bei Vorschriften, die ihre Gültigkeit verloren haben, wird dies durch den Zusatz a.F. kenntlich gemacht.

b) Ziele der Richtlinie

Alleiniges Ziel der Transparenzrichtlinie bis zu ihrer Änderung im Jahre 2000 war es, die finanziellen Beziehungen zwischen den Mitgliedstaaten und den *öffentlichen* Unternehmen transparenter zu machen, damit mögliche Wettbewerbsverzerrungen durch versteckte Beihilfen aufgedeckt und vermieden werden konnten.[10] Diese Zielrichtung der Richtlinie ist erhalten geblieben, da auch die Änderung im Jahre 2000 den Regelungsgehalt der Transparenzrichtlinie nur erweitert hat. Die Richtlinie hat damit den Zweck, den besonderen Schwierigkeiten Rechnung zu tragen, die bei der Kontrolle staatlicher Beihilfen an öffentliche Unternehmen bestehen.[11] Die besondere Problemlage ergibt sich daraus, dass der Staat einmal als Hoheitsgewalt tätig werden und zum anderen als Unternehmer handeln kann. Gerade im ersteren Bereich ist es dem Staat aber möglich durch Steuer- oder Abgabenverzicht geldwerte Vergünstigungen zu gewähren, die nicht regelmäßig im Haushalt in Erscheinung treten.[12] Die Transparenzrichtlinie soll hier für Klarheit sorgen. Sie ist an alle mitgliedstaatlichen Hoheitsträger gerichtet und verpflichtet diese, alle bestehenden finanziellen Beziehungen zu öffentlichen Unternehmen zu erfassen und die notwendigen Daten bereitzuhalten.[13]

c) Inhalt der Richtlinie

Die Transparenzrichtlinie ist klar strukturiert: In Art. 1 der Richtlinie werden die materiellen Verpflichtungen der Mitgliedstaaten normiert. So müssen die Mitgliedstaaten die direkte und indirekte Bereitstellung öffentlicher Mittel für öffentliche Unternehmen ebenso offen legen wie deren tatsächliche Verwendung. Diese Angaben müssen der Kommission fünf Jahre lang zur Verfügung stehen.[14] Die Daten werden also von den Mitgliedstaaten bereitgestellt und bei Bedarf von der Kommission abgerufen. Eine Meldepflicht konstatiert die Richtlinie nicht.[15]

In Art. 2 setzt die Kommission die Anwendbarkeit der Richtlinie durch die Definition des Begriffs des öffentlichen Unternehmens fest. Ein Unternehmen gilt immer dann als öffentlich, wenn die öffentliche Hand einen beherrschenden Einfluss auf jenes ausüben kann. Ein solcher Einfluss wird vermutet, wenn der

---

[10] Ress, in: Lüke/Ress/Will, GS Constantinesco, S. 599, 603; Wilms, Das Europäische Gemeinschaftsrecht und die öffentlichen Unternehmen, S. 54.

[11] Mestmäcker, in: Immenga/Mestmäcker, EG-Wettbewerbsrecht, Band II, Art. 37, 90 EG, C, Rn. 66.

[12] Hochbaum/Klotz, in: v. Groeben/Schwarze, EU-/EG-Vertrag, Art. 86 EG, Rn. 105 f.

[13] Löwenberg, Service public und öffentliche Dienstleistungen in Europa, S. 157.

[14] Gerechnet vom Ende des Rechnungsjahres; Art. 5 Abs. 1 der Transparenzrichtlinie.

[15] Benesch, Die Kompetenz der EG-Kommission, S. 21.

Staat eine Mehrheit des Kapitals hält oder über Stimmrechte bzw. die Mitglied-schaft in einem Verwaltungs-, Leistungs- oder Aufsichtsorgan des Unterneh-mens verfügt.[16] In Art. 3 der Richtlinie sind diejenigen finanziellen Beziehungen zwischen der öffentlichen Hand und den öffentlichen Unternehmen näher be-zeichnet, bei denen Transparenz zu gewährleisten ist. Die nicht als abschließend zu verstehende Aufzählung[17] nennt unter anderem Zuschüsse und Darlehen, Ausgleich von Betriebsverlusten und den Verzicht der öffentlichen Hand auf eine normale Verzinsung.[18]

Von diesen Verpflichtungen wurden zunächst vier Unternehmensgruppen, abhängig von den Tätigkeitsfeldern der Unternehmen, ausgeschlossen. Die Richtlinie fand gemäß Art. 4 a.F. in den Sektoren Wasser und Energie, Post- und Fernmeldewesen, Verkehr und im Bereich der öffentlichen Kreditanstalten keine Anwendung. Diese sektoralen Ausnahmeregelungen wurden aber schon durch eine Änderung der Richtlinie im Jahre 1985 weitgehend aufgehoben.[19] So blieb die Ausnahmebestimmung nur für Zentralbanken und öffentliche Kreditanstal-ten bestehen.[20] Weiterhin sind öffentliche Unternehmen, welche Dienstleistun-gen erbringen, die den Handel zwischen den Mitgliedstaaten nicht merklich beeinträchtigen,[21] und solche, die einen bestimmten Jahresnettoumsatz nicht ü-berschreiten, aus dem Anwendungsbereich der Richtlinie ausgenommen.[22] Im Jahre 1993 wurde ein neuer Art. 5a eingefügt, in welchem spezielle Informati-onspflichten für öffentliche Unternehmen der verarbeitenden Industrie vorgese-hen sind. Dieses Regelungsziel hatte die Kommission zunächst durch eine Mit-teilung erreichen wollen.[23] Diese wurde jedoch vom EuGH mangels wirksamer Rechtsgrundlage aufgehoben.[24]

---

[16] Vgl. Löwenberg, Service public und öffentliche Dienstleistungen in Europa, S. 158.

[17] Vgl. den Wortlaut des Art. 3 Abs. 1 der Transparenzrichtlinie („betreffen *insbesondere*"); Hervorhebung durch den Verfasser.

[18] Art. 3 Abs. 1 lit. a), lit. c) und lit. e) der Transparenzrichtlinie.

[19] ABl. EG Nr. L 229 v. 28.08.1985, S. 20.

[20] Bei letzterer Gruppe aber lediglich hinsichtlich der Anlage öffentlicher Mittel seitens der öffentlichen Hand zu normalen Marktbedingungen; vgl. Art. 4 Abs. 1 lit. c) der Transparenz-richtlinie.

[21] Art. 4 Abs. 1 lit. a) der Transparenzrichtlinie.

[22] Art. 4 Abs. 1 lit. d) der Transparenzrichtlinie; der Jahresnettoumsatz ist auf 40 Mio. EUR festgesetzt.

[23] Mitteilung der Kommission über die Anwendung der Artikel 92 und 93 EWG-Vertrag und des Artikels 5 der Richtlinie 80/723/EWG der Kommission über öffentliche Unternehmen in der verarbeitenden Industrie, ABl. EG Nr. C 273 v. 18.10.1991, S. 2 ff.

[24] EuGH, Rs. C-325/91 (Frankreich/Kommission), Slg. 1993, I-3303; vgl. Wilms, Das Euro-päische Gemeinschaftsrecht und die öffentlichen Unternehmen, S. 52.

d) Rechtliche Auseinandersetzung vor dem EuGH

Einige Mitgliedstaaten hatten schon im Rat Widerstand gegen die Richtlinie geleistet, da sie Auswirkungen auf ihre traditionell stark ausgeprägte öffentliche Unternehmensstruktur fürchteten. Frankreich, Italien und das Vereinigte Königreich erhoben daher Klage vor dem EuGH gemäß Art. 230 EG mit dem Ziel, die Nichtigkeit der Transparenzrichtlinie feststellen zu lassen.[25] Ihre Klage stützte sich im Wesentlichen auf vier Punkte: Der Kommission fehle sowohl die Kompetenz zum Erlass einer derartigen Richtlinie als auch die Kompetenz, Begriffe wie „öffentliches Unternehmen" und „staatliche Beihilfe" zu definieren. Die Kommission habe zudem den Verhältnismäßigkeitsgrundsatz missachtet und zuletzt gegen das Diskriminierungsverbot verstoßen.[26]

aa) Kompetenz der Kommission

Frankreich, Italien und das Vereinigte Königreich vertraten primär die Ansicht, dass die Kommission für den Erlass der strittigen Richtlinie schon nicht zuständig gewesen sei.[27] Die Kommission besitze nur Überwachungs- und Durchführungsbefugnisse, während die originäre Rechtsetzungsbefugnis in vollem Umfang dem Rat zustehe.[28] Selbst wenn Bestimmungen des Vertrages ausnahmsweise eine derartige Befugnis der Kommission vorsähen, so müssten sie doch als restriktiv ausgelegt werden und nur für besondere Sachlagen in bestimmten Mitgliedstaaten gelten.[29] Der EuGH teilte diese Auffassung nicht. Sie finde in den Vorschriften des Vertrages über die Organe keine Stütze. Art. 7 EG stelle vielmehr klar, dass die Kommission in gleicher Weise an den Aufgaben der Gemeinschaft beteiligt sei.[30] Der Kommission stünden mithin Rechtsetzungsbefugnisse auch im Rahmen des Art. 86 Abs. 3 EG zu.[31]

---

[25] Die Regierung der Bundesrepublik Deutschland und die niederländische Regierung traten hingegen als Streithelferinnen der Kommission auf.

[26] Dazu ausführlich Wilms, Das Europäische Gemeinschaftsrecht und die öffentlichen Unternehmen, S. 58 ff.

[27] Zum politischen Hintergrund vgl. Ress, in: Lüke/Ress/Will, GS Constantinesco, S. 599, 605.

[28] Vgl. EuGH, Rs. 188-190/80 (Frankreich, Italien und Vereinigtes Königreich/Kommission), Slg. 1982, 2545, 2572, Rn. 4.

[29] Vgl. EuGH, Rs. 188-190/80 (Frankreich, Italien und Vereinigtes Königreich/Kommission), Slg. 1982, 2545, 2573, Rn. 5.

[30] EuGH, Rs. 188-190/80 (Frankreich, Italien und Vereinigtes Königreich/Kommission), Slg. 1982, 2545, 2573, Rn. 6.

[31] EuGH, Rs. 188-190/80 (Frankreich, Italien und Vereinigtes Königreich/Kommission), Slg. 1982, 2545, 2575, Rn. 14.

bb) Definition der Begriffe „öffentliches Unternehmen" und „Beihilfe"

Die klagenden Mitgliedstaaten brachten zudem vor, die Kommission habe gegen ihre Kompetenzen verstoßen, indem sie den Begriff des „öffentlichen Unternehmens" und den der „staatlichen Beihilfe" definiert habe.[32] Darin liege eine unzulässige Ergänzung der Art. 86, 87 und 88 EG.[33] Nach Ansicht des EuGH konnte in dem Versuch der Begriffsbestimmung indes keine verbindliche Definition für die Vorschriften des EG-Vertrages gesehen werden. Die Kommission habe lediglich den Anwendungsbereich der Transparenzrichtlinie näher bestimmen wollen, indem sie die Finanzgeschäfte und die Unternehmen, für welche die Richtlinie gelte, umschrieben habe.[34] Die Kommission sei somit innerhalb der Grenzen des ihr durch Art. 86 Abs. 3 EG eingeräumten Ermessens geblieben.[35]

cc) Verhältnismäßigkeitsgrundsatz

Die französische und die italienische Regierung trugen ferner vor, dass die Richtlinie nicht erforderlich sei, um der Kommission die Ausübung der übertragenen Überwachungsaufgabe i.S.d. Art. 86 EG zu ermöglichen. Die Verwendung der Mittel, die den öffentlichen Unternehmen zur Verfügung gestellt würden, ließ sich durch die Haushaltsgesetze der Mitgliedstaaten sowie durch die Bilanzen und Jahresabschlüsse der Unternehmen nachprüfen. Die Regelung verstoße somit gegen den Grundsatz der Verhältnismäßigkeit.[36] Der Gerichtshof hob jedoch auf die Vielschichtigkeit der Finanzierungsformen ab, welche die Mitgliedstaaten für öffentliche Unternehmen gewählt haben. Der Kommission sei nicht das Recht abzusprechen, durch die Aufstellung einheitlicher Kriterien zusätzliche Informationen über die Beziehungen zwischen Mitgliedstaaten und Unternehmen zu erlangen.[37] Denn die Finanzgeschäfte des Staates mit den öffentlichen Unternehmen könnten nicht immer aus den Haushaltsgesetzen, Bilanzen, Jahresabschlüssen oder sonstigen Veröffentlichungen entnommen werden.[38]

---

[32] Dazu ausführlich Ress, in: Lüke/Ress/Will, GS Constantinesco, S. 599, 611 ff.

[33] Vgl. EuGH, Rs. 188-190/80 (Frankreich, Italien und Vereinigtes Königreich/Kommission), Slg. 1982, 2545, 2578, Rn. 22.

[34] Vgl. Benesch, Die Kompetenz der EG-Kommission, S. 21.

[35] EuGH, Rs. 188-190/80 (Frankreich, Italien und Vereinigtes Königreich/Kommission), Slg. 1982, 2545, 2578, Rn. 23 und 26.

[36] Vgl. EuGH, Rs. 188-190/80 (Frankreich, Italien und Vereinigtes Königreich/Kommission), Slg. 1982, 2545, 2576, Rn. 16.

[37] EuGH, Rs. 188-190/80 (Frankreich, Italien und Vereinigtes Königreich/Kommission), Slg. 1982, 2545, 2576, Rn. 18.

[38] EuGH, Rs. 188-190/80 (Frankreich, Italien und Vereinigtes Königreich/Kommission), Slg. 1982, 2545, 2576, Rn. 18; zustimmend Ress, in: Lüke/Ress/Will, GS Constantinesco, S. 599, 615.

Daraus schloss der EuGH, dass die Transparenzrichtlinie auch erforderlich und somit verhältnismäßig war.[39]

dd) Diskriminierungsverbot

Die französische und die italienische Regierung machten ferner geltend, dass die Richtlinie durch die besonderen Buchhaltungspflichten eine Schlechterstellung der öffentlichen Unternehmen bewirke und damit gegen das Diskriminierungsverbot verstoße.[40] Der EuGH folgte auch diesen Ausführungen nicht. Eine Diskriminierung und damit ein Verstoß gegen den Gleichheitsgrundsatz komme nur dann in Betracht, wenn sich beide Gruppen in einer vergleichbaren Lage befänden. Während private Unternehmen aber Entscheidungen in erster Linie unter dem Gesichtspunkt von Rentabilitätsanforderungen träfen, könnten bei öffentlichen Unternehmen öffentliche Stellen auf den Prozess der Entscheidungsfindung Einfluss nehmen. Das führe dazu, dass „zwischen diesen [öffentlichen] Unternehmen und der öffentlichen Hand finanzielle Beziehungen eigener Art entstehen, die sich von den Beziehungen zwischen der öffentlichen Hand und den privaten Unternehmen unterscheiden".[41] Das Vorliegen einer Diskriminierung konnte vom EuGH damit nicht festgestellt werden.[42]

ee) Bewertung

Der EuGH hat die Rechtswirkung der Richtlinie in vollem Umfang bestätigt und die Argumente der klagenden Mitgliedstaaten zurückgewiesen.[43] Das Urteil hat gezeigt, dass die Kommission aus Art. 86 Abs. 3 EG ableitbare, umfangreiche Rechtsetzungsbefugnisse innehat. Um der ihr übertragenen Überwachungsfunktion gerecht zu werden, kann die Kommission Richtlinien erlassen, die für eine Informationsgewinnung erforderlich sind.

Die Mitgliedstaaten waren ihrer Verpflichtung aus Art. 88 Abs. 3 EG zur vorherigen Anmeldung von Beihilfen in beträchtlichem Umfang nicht nachge-

---

[39] Hochbaum, in: v. Groeben/Thiesing/Ehlermann, EU-/EG-Vertrag, Art. 90 EG, Rn. 116, kritisiert die zu knappen Ausführungen des EuGH zu diesem Punkt; dagegen hält Wilms, Das Europäische Gemeinschaftsrecht und die öffentlichen Unternehmen, S. 63 einen Verstoß schon deshalb für ausgeschlossen, da es sich um eine reine Informationspflicht handelt.

[40] Unter Berufung auf Art. 295 und Art. 86 EG; vgl. EuGH, Rs. 188-190/80 (Frankreich, Italien und Vereinigtes Königreich/Kommission), Slg. 1982, 2545, 2577, Rn. 20.

[41] EuGH, Rs. 188-190/80 (Frankreich, Italien und Vereinigtes Königreich/Kommission), Slg. 1982, 2545, 2577, Rn. 21.

[42] Kritisch Ress, in: Lüke/Ress/Will, GS Constantinesco, S. 599, 609 f.; dagegen aber Wilms, Das Europäische Gemeinschaftsrecht und die öffentlichen Unternehmen, S. 64, der in der zu erreichenden Transparenz eine *Voraussetzung* für die Gleichbehandlung von öffentlichen und privaten Unternehmen innerhalb des Beihilferegimes sieht.

[43] Hochbaum/Klotz, in: v. Groeben/Schwarze, EU-/EG-Vertrag, Art. 86 EG, Rn. 117.

kommen. Zudem nutzten die Mitgliedstaaten unterschiedlichste Formen von Finanztransfers zugunsten der öffentlichen Unternehmen.[44] Der Erlass der Transparenzrichtlinie war daher zur notwendigen Informationsgewinnung erforderlich. Die Richtlinie gibt der Kommission die Möglichkeit, Beihilfen zugunsten öffentlicher Unternehmen leichter aufdecken zu können und damit den Wettbewerbsvorschriften des EG-Vertrages größere Wirksamkeit zu verleihen.[45]

Der EuGH hat der Kommission in ihrer Rechtsetzungskompetenz aber auch Grenzen aufgezeigt. So hat der Gerichtshof festgestellt, dass „die Befugnis der Kommission nach Artikel 90 Absatz 3 (Art. 86 Abs. 3 EG) auf den Erlass der Richtlinien und Entscheidungen beschränkt [ist], die *erforderlich* sind, um die der Kommission in diesem Absatz übertragene Überwachungsaufgabe wirkungsvoll zu erfüllen", während hingegen der Rat auch „zweckdienliche Durchführungsverordnungen" erlassen darf.[46]

Eine darüber hinausgehende Beschränkung der Kompetenz der Kommission auf Regelungen, die *öffentliche* Unternehmen betreffen, kann den Ausführungen des Gerichtshofs allerdings nicht entnommen werden.[47] Die Kommission ist im Rahmen des Art. 86 Abs. 3 EG lediglich auf Maßnahmen begrenzt, die Unternehmen i.S.d. Art. 86 Abs. 1 oder Abs. 2 EG betreffen. Diese können aber ausweislich der Formulierung in Art. 86 Abs. 2 EG auch *private* Unternehmen sein.[48]

e) Mögliche Anwendbarkeit auf den öffentlich-rechtlichen Rundfunk

Die Transparenzrichtlinie war bis zu ihrer Änderung im Jahre 2000 nur auf öffentliche Unternehmen anwendbar. Die Anwendbarkeit der Richtlinie auf den öffentlich-rechtlichen Rundfunk hing deshalb davon ab, ob die Rundfunkanstalten als öffentliche Unternehmen i.S.d. Richtlinie angesehen werden mussten.

Die besondere Bedeutung öffentlicher Unternehmen liegt darin, dass sie der Staat steuern kann, ohne dass er auf hoheitliche Maßnahmen, die einer gesetzlichen Ermächtigung bedürfen, zurückgreifen muss.[49] In der Transparenzrichtlinie

---

[44] Vgl. Auffassung der Kommission in EuGH, Rs. 188-190/80 (Frankreich, Italien und Vereinigtes Königreich/Kommission), Slg. 1982, 2545, 2553 und 2557; vgl. auch Wilms, Das Europäische Gemeinschaftsrecht und die öffentlichen Unternehmen, S. 53.

[45] So auch Hochbaum, in: v. Groeben/Thiesing/Ehlermann, EU-/EG-Vertrag, Art. 90 EG, Rn. 117.

[46] EuGH, Rs. 188-190/80 (Frankreich, Italien und Vereinigtes Königreich/Kommission), Slg. 1982, 2545, 2575, Rn. 13; Hervorhebung durch den Verfasser.

[47] So aber Wilms, Das Europäische Gemeinschaftsrecht und die öffentlichen Unternehmen, S. 63.

[48] Dies folgt schon aus dem Umkehrschluss aus Art. 86 Abs. 1 EG, der explizit nur auf öffentliche Unternehmen anwendbar ist; vgl. Jung, in: Calliess/Ruffert, EU-/EG-Vertrag, Art. 86 EG, Rn. 33.

[49] Wilms, Das Europäische Gemeinschaftsrecht und die öffentlichen Unternehmen, S. 113.

wurde der Begriff „öffentliches Unternehmen" erstmalig gemeinschaftsrechtlich definiert, indem auf den beherrschenden Einfluss des Staates auf das fragliche Unternehmen abgestellt wurde.[50] Der EuGH hat danach die Definition des „öffentlichen Unternehmens", so wie sie die Transparenzrichtlinie vorsieht, als Begriffsbestimmung im Rahmen und für die Zwecke der Richtlinie verwendet.[51] Für die Einordnung einer Organisationseinheit als öffentliches Unternehmen ist es dabei unerheblich, ob der Staat den Einfluss auch tatsächlich ausübt. Die Möglichkeit der Einflussnahme genügt.[52] Der EuGH hat in einem zweiten Verfahren zur Transparenzrichtlinie zudem deutlich gemacht, dass das fragliche Unternehmen keine eigene, vom Staat verschiedene Rechtspersönlichkeit besitzen müsse.[53] Die italienische Regierung hatte argumentiert, dass der nationale Tabakmonopolist zur öffentlichen Hand, also zum Staat gehöre, und damit kein öffentliches Unternehmen i.S.d. Transparenzrichtlinie sei.[54] Der Gerichtshof lehnte diese Argumentation ab, da ansonsten die Mitgliedstaaten selbst über die Anwendbarkeit der Richtlinie entscheiden könnten.[55]

Ob es sich bei den deutschen öffentlich-rechtlichen Rundfunkanstalten um öffentliche Unternehmen i.S.d. Wettbewerbsrecht handelt, ob also der Staat einen beherrschenden Einfluss auf diese ausübt, ist umstritten.[56] Einerseits wird insbesondere auf die „öffentlich-rechtliche" Organisationsform der Rundfunkanstalten abgestellt.[57] Andererseits wird die verfassungsrechtlich verankerte und vom BVerfG mehrfach hervorgehobene „Staatsfreiheit" des öffentlich-rechtlichen Rundfunks[58] hervorgehoben.[59]

---

[50] Vgl. Wilms, Das Europäische Gemeinschaftsrecht und die öffentlichen Unternehmen, S. 115.

[51] EuGH, Rs. 118/85 (Kommission/Italien), Slg. 1987, 2599, 2621, Rn. 5 f.; vgl. Schröder, ZUM 2000, S. 209, 220.

[52] Hochbaum/Klotz, in: v. Groeben/Schwarze, EU-/EG-Vertrag, Art. 86 EG, Rn. 107.

[53] EuGH, Rs. 118/85 (Kommission/Italien), Slg. 1987, 2599, 2599 f.

[54] Vgl. EuGH, Rs. 118/85 (Kommission/Italien), Slg. 1987, 2599, 2604.

[55] EuGH, Rs. 118/85 (Kommission/Italien), Slg. 1987, 2599, 2622, Rn. 10.

[56] Für die Einordnung als „öffentliches Unternehmen": Burchard, in: Schwarze, EU Kommentar, Art. 86 EG, Rn. 20; Nettesheim, in: Hrbek/Nettesheim, Europäische Union und mitgliedstaatliche Daseinsvorsorge, S. 39, 62; Selmer/Gersdorf, Finanzierung des Rundfunks, S. 38; wohl auch Bartosch, NVwZ 2001, S. 643, 645; gegen eine derartige Einordnung: Gounalakis, Funktionsauftrag, S. 167; Hahn, ZUM 2001, S. 775, 776; Otto, Auswirkungen des Rechtes, S. 174 f., Schröder, ZUM 2000, S. 209, 219 f.; Storr, K&R 2001, S. 464, 467; Trzaskalik, Transparenzpflichten des öffentlich-rechtlichen Rundfunks, S. 9.

[57] Dargel, Rundfunkgebühr, S. 279; Oppermann, ZUM 1996, S. 656, 657; Selmer/Gersdorf, Finanzierung des Rundfunks, S. 38.

[58] Vgl. BVerfGE 59, 231, 258; BVerfGE 74, 297, 349; BVerfGE 83, 238, 322; BVerfGE 90, 60, 88.

[59] Eberle, in: ders./Ibler/Lorenz, FS Brohm, S. 51, 63 f.; Gounalakis, Funktionsauftrag, S. 167; Hahn, ZUM 2001, S. 775, 776.

Die Transparenzrichtlinie sieht allerdings selbst eine Definition für öffentliche Unternehmen vor. In Art. 2 Abs. 1 lit. b) der Richtlinie wird darauf abgestellt, ob der Staat mittel- oder unmittelbar einen beherrschenden Einfluss auf das Unternehmen ausüben kann. In Art. 2 Abs. 2 Transparenzrichtlinie (TranspRL) werden zudem drei Regelbeispiele genannt, in welchen Fällen ein derartiger Einfluss vermutet wird. Ein beherrschender Einfluss liegt somit dann vor, wenn entweder der Staat die Mehrheit des gezeichneten Kapitals des Unternehmens besitzt, der Staat über die Mehrheit der mit den Anteilen des Unternehmens verbundenen Stimmrechte verfügt oder aber mehr als die Hälfte der Mitglieder des Verwaltungs-, Leistungs-, oder Aufsichtsorgans des Unternehmens bestellen kann.

Ein Vergleich der Regelbeispiele aus der Transparenzrichtlinie mit der Organisation der deutschen öffentlich-rechtlichen Rundfunkanstalten zeigt, dass ihre Unternehmensstruktur so organisiert ist, dass der Staat keinen maßgeblichen Einfluss ausüben kann. Zwar sind in den bestimmenden Gremien der Anstalten, insbesondere dem Verwaltungs- und dem Rundfunkrat, auch „staatliche Mitglieder" vertreten, d.h. solche, die von den Ländern benannt werden.[60] Dennoch existieren zahlreiche Schutzmechanismen, durch welche in den Gremien Pluralismus gewährleistet und eine staatliche Einflussnahme ausgeschlossen werden soll. So sitzen im Rundfunkrat, zu dessen Aufgaben die Wahl des Intendanten und die Wahl von Mitgliedern des Verwaltungsrats gehören, mehrheitlich Vertreter verschiedenster gesellschaftlicher Gruppen.[61] „Staatliche Mitglieder" sind dagegen in den Rundfunk- und Verwaltungsräten in der Minderzahl.[62] Der Staat kann also nicht mehr als die Hälfte der Mitglieder der bestimmenden Gremien bestellen, woran aber das Regelbeispiel der Transparenzrichtlinie gerade anknüpft. Es zeigt sich, dass die Unternehmensstruktur so ausgestaltet ist, dass der Staat keinen maßgeblichen Einfluss auf die Geschäftsführung der öffentlich-rechtlichen Rundfunkanstalten ausüben kann.[63] Im Ergebnis muss deshalb festgehalten werden, dass die öffentlich-rechtlichen Rundfunkanstalten keine „öffentliche Unternehmen" i.S.d. Transparenzrichtlinie sind und demnach die

---

[60] Vgl. dazu beispielsweise Art. 6 Abs. 3 Nr. 1 u. 2 BayRdfG; § 15 Abs. 2 WDRG; § 14 Abs. 2, Nr. 1 u. 2, Abs. 3 Nr. 1 u. 2 SWR-StV; § 21 Abs. 1 lit. a) u. b) ZDF-StV.

[61] So z.B. in Art. 6 Abs. 3 Nr. 3 – 19 BayRdfG; § 15 Abs. 3 – 5 WDRG; § 14 Abs. 2, Nr. 3 – 35, Abs. 3 Nr. 3 – 19 SWR-StV; § 21 Abs. 1 lit. c) – r) ZDF-StV.

[62] Begrenzung auf 1/3 der Mitglieder des Rundfunkrats in Art. 6 Abs. 2 S. 2 BayRdfG; so auch für den Verwaltungsrat in Art. 8 Abs. 1 Nr. 2 BayRdfG; ähnliche Regelungen beispielsweise in § 20 Abs. 1 WDRG; § 20 Abs. 1 SWR-StV; § 21 Abs. 8 ZDF-StV.

[63] Auf die Möglichkeit der Einflussnahme auf die Geschäftsführung stellen auch ab: Otto, Auswirkungen des Rechtes, S. 104; Hochbaum/Klotz, in v. Groeben/Schwarze, EU-/EG-Vertrag, Art. 86 EG, Rn. 10.

Richtlinie bis zu ihrer Änderung im Jahre 2000 auf die Rundfunkanstalten nicht anwendbar war.[64]

2. Änderung der Transparenzrichtlinie durch die Änderungsrichtlinie

a) Wesentliche Neuerungen

Durch die Änderungsrichtlinie 2000/52/EG hat die Transparenzrichtlinie eine deutliche Ausweitung ihres Anwendungsbereichs erfahren. Der neue Art. 1 Abs. 2 TranspRL normiert die Verpflichtung der Mitgliedstaaten bei „bestimmten Unternehmen" für eine getrennte Buchführung zu sorgen. Gemäß Art. 2 Abs. 1 lit. d) TranspRL sind dies Unternehmen, denen besondere oder ausschließliche Rechte nach Art. 86 Abs. 1 EG gewährt werden oder die mit Dienstleistungen von allgemeinem wirtschaftlichem Interesse i.S.d. Art. 86 Abs. 2 EG betraut sind, soweit sie staatliche Beihilfen erhalten und in verschiedenen Geschäftsbereichen tätig sind.

Der Begriff „verschiedene Geschäftsbereiche" wird im anschließenden lit. e) des Artikels definiert: „auf der einen Seite alle Produkte oder Dienstleistungen, für die ein Unternehmen besondere oder ausschließliche Rechte erhalten hat, oder alle Dienstleistungen von allgemeinem wirtschaftlichem Interesse, mit denen ein Unternehmen betraut worden ist, sowie auf der anderen Seite jedes andere getrennte Produkt oder jede andere Dienstleistung des Unternehmens". Die Pflichten der Transparenzrichtlinie gelten also nur dann, wenn das fragliche Unternehmen *sowohl* im privilegierten Sonderrechtsbereich *als auch* im nicht-privilegierten Wettbewerbsbereich tätig ist.[65] Dabei ist es nun nicht mehr entscheidend, ob es sich beim fraglichen Unternehmen um ein „öffentliches" i.S.d. der Transparenzrichtlinie handelt, sondern die Richtlinie ist nun ausdrücklich auch auf private Unternehmen anwendbar.[66] So heißt es schon im Titel: „Richtlinie [...] über die Transparenz der finanziellen Beziehungen zwischen den Mitgliedstaaten und den *öffentlichen* Unternehmen sowie über die finanzielle Transparenz innerhalb *bestimmter* Unternehmen".[67]

Wie die Verpflichtung zur getrennten Buchführung auszugestalten ist, wird in dem neu eingefügten Art. 3a TranspRL vorgenommen. Art. 4 Abs. 2 der Richtlinie fügt allerdings Ausnahmetatbestände ein, die eingreifen, wenn der

---

[64] So auch Otto, Auswirkungen des Rechtes, S. 174 f.; Trzaskalik, Transparenzpflichten des Rundfunks, S. 9.

[65] Vgl. zur Terminologie schon oben Gliederungspunkt A.I.

[66] Vgl. 12. Erwägungsgrund der Änderungsrichtlinie; dies übersieht Eberle, in: ders./Ibler/Lorenz, FS Brohm, S. 51, 63, der davon auszugehen scheint, dass die Richtlinie nur auf „öffentliche Unternehmen" anwendbar ist.

[67] Art. 1 S. 1 Nr. 1 der Änderungsrichtlinie; Hervorhebung durch den Verfasser.

Handel zwischen den Mitgliedstaaten nicht merklich beeinträchtigt wird,[68] wenn ein bestimmter Jahresnettoumsatz nicht überschritten wird[69] und wenn die finanzielle Unterstützung in einem offenen, transparenten und nicht-diskriminierenden Verfahren festgesetzt worden ist.[70]

b) Zielrichtung der Änderung

Die Kommission hat die Notwendigkeit einer Erweiterung des Anwendungsbereichs der Transparenzrichtlinie damit begründet, dass bestimmte Wirtschaftssektoren, die sich ehemals durch Monopole ausgezeichnet haben, nun dem Wettbewerb geöffnet wurden.[71] In diesen Sektoren gewährten die Mitgliedstaaten einzelnen Unternehmen besondere oder ausschließliche Rechte, oder sie leisteten Zahlungen an jene Unternehmen, welche mit der Erbringung von Dienstleistungen von allgemeinem wirtschaftlichem Interesse betraut sind.[72] Es herrsche aber eine „komplexe Situation" sowohl aufgrund der verschiedenen Formen derart privilegierter oder beauftragter öffentlicher und privater Unternehmen, als auch aufgrund des unterschiedlichen Grades an Marktliberalisierung.[73] Die Kommission benötige daher eingehende Angaben über die interne Finanzstruktur und den Aufbau dieser Unternehmen in Form von getrennten Büchern, da solche Angaben oft nicht vorhanden oder nicht zuverlässig seien.[74]

Die geänderte Transparenzrichtlinie zielt damit auf eine effektive Missbrauchsaufsicht gemäß Art. 86 i.V.m. Art. 82 EG und die Kontrolle staatlicher Beihilfen gemäß Art. 87 EG durch die Kommission ab. Die Erfüllung dieser Aufgaben sei der Kommission wegen der verschiedensten Organisationsformen und unterschiedlichsten Tätigkeiten privilegierter Unternehmen in den Mitgliedstaaten erschwert.[75] Ihrer Konzeption nach will die Richtlinie insbesondere Quersubventionen feststellen und damit unterbinden.[76] Hierdurch soll verhindert werden, dass staatliche Beihilfen über ihre eigentliche Zweckbestimmung hinaus eingesetzt werden und so zu einer Wettbewerbsverfälschung führen.[77] Die Änderung der Richtlinie zielt damit auf eine umfassende Transparenz der finanziellen Beziehungen zwischen der öffentlichen Hand und den privilegierten

---

[68] Art. 4 Abs. 2 lit. a) TranspRL.
[69] Art. 4 Abs. 2 lit. b) TranspRL.
[70] Art. 4 Abs. 2 lit. c) TranspRL; vgl. dazu ausführlich unten den Gliederungspunkt C.V.
[71] 2. Erwägungsgrund der Änderungsrichtlinie.
[72] 3. Erwägungsgrund der Änderungsrichtlinie.
[73] 6. Erwägungsgrund der Änderungsrichtlinie; zustimmend Koenigs, WuW 2000, S. 867, 867.
[74] 6. Erwägungsgrund der Änderungsrichtlinie.
[75] Koenigs, WuW 2000, S. 867, 867.
[76] Trzaskalik, Transparenzpflichten des Rundfunks, S. 7.
[77] Eberle, in: ders./Ibler/Lorenz, FS Brohm, S. 51, 58.

Unternehmen sowie auf die finanzielle Transparenz innerhalb dieser Unternehmen ab.[78]

c) Nennung des öffentlich-rechtlichen Rundfunks

Der öffentlich-rechtliche Rundfunk ist der einzige Sektor, der explizit in den Erwägungsgründen der Änderungsrichtlinie erwähnt ist. Es heißt dort:

„Auslegungsbestimmungen, die dem EG-Vertrag [...] beigefügt sind, bringen zum Ausdruck, daß die Bestimmungen des EG-Vertrags nicht die Befugnis der Mitgliedstaaten berühren, den öffentlich-rechtlichen Rundfunk zu finanzieren, sofern die Finanzierung der Rundfunkanstalten dem öffentlich-rechtlichen Auftrag [...] dient und die Handels- und Wettbewerbsbedingungen in der Gemeinschaft nicht in einem Ausmaß beeinträchtigt, das dem gemeinsamen Interesse zuwiderläuft [...]. Um die Anwendung von Artikel 86 EG-Vertrag sicherzustellen, bedarf die Kommission der hierfür erforderlichen Informationen. Dies bedingt die Festlegung der Voraussetzungen für die Herstellung von Transparenz."[79]

Diese Formulierung legt den Schluss nahe, dass die Kommission von der Anwendbarkeit der Transparenzrichtlinie auf den öffentlich-rechtlichen Rundfunk überzeugt ist und dass sie von der eigenen Befugnis zur Überwachung der Finanzierungsmodalitäten ausgeht.[80] Die Kommission scheint damit davon auszugehen, dass die öffentlich-rechtlichen Rundfunkanstalten Empfänger von Beihilfen i.S.d. Art. 87 Abs. 1 EG sind. In Anbetracht einer langjährigen Diskussion über das Kompetenzgefüge beim öffentlich-rechtlichen Rundfunk und das Verhältnis zwischen Beihilferecht und der Finanzierung des Rundfunks ist eine derart knappe Formulierung überraschend und zeugt von einem starken rechtlichen Gestaltungswillen der Kommission.

Im Folgenden soll daher die Frage der Beihilfequalität der Rundfunkfinanzierung als Hintergrund der Änderung der Transparenzrichtlinie historisch aufgearbeitet werden. Anschließend wird das Problem einer möglichen Kompetenzüberschreitung der Kommission beim Erlass der Änderungsrichtlinie behandelt.

---

[78] Eberle, in: ders./Ibler/Lorenz, FS Brohm, S. 51, 58.

[79] 5. Erwägungsgrund der Änderungsrichtlinie.

[80] So auch deutlich in der Mitteilung der Kommission über die Anwendung der Vorschriften über Staatliche Beihilfen auf den öffentlich-rechtlichen Rundfunk, ABl. EG Nr. C 320 v. 15.11.2001, S. 5, 10, Rn. 52 ff; vgl. Márton, Communications Law 2001, S. 56, 60.

II. Hintergrund und Rechtsgrundlage der geänderten Transparenzrichtlinie

1. Beihilfekontrolle und Rundfunkgebühr

Der Bedeutung der geänderten Transparenzrichtlinie für den öffentlich-rechtlichen Rundfunk wird man durch eine isolierte Betrachtung der Richtlinie nicht gerecht.[81] Sinn macht ein solches Instrument der getrennten Buchführung nur vor dem Hintergrund einer durchaus diffizilen Aufgabe der Kommission: der Kontrolle der Finanzierung des öffentlich-rechtlichen Rundfunks. Die Kommission hat gemäß Art. 88 Abs. 1 EG die Aufgabe, bestehende staatliche Beihilfen in Zusammenarbeit mit den Mitgliedstaaten fortlaufend zu überprüfen und gemäß Art. 88 Abs. 3 EG über die Zulässigkeit beabsichtigter Beihilfen zu entscheiden. Kann in der Zuwendung an ein Unternehmen eine Beihilfe i.S.d. Art. 87 Abs. 1 EG gesehen werden, ist die Kommission berechtigt, die fragliche Zuwendung zu untersuchen und gegebenenfalls ihre Unvereinbarkeit mit dem europäischen Wettbewerbsrecht festzustellen (verbotene Beihilfe). Die Prüfungskompetenz der Kommission könnte auch für die Finanzierung des öffentlich-rechtlichen Rundfunks gelten, wenn die Rundfunkgebühr eine Beihilfe i.S.d. Art. 87 Abs. 1 EG wäre. Es soll nun zunächst die Geschichte der Auseinandersetzung um die beihilferechtliche Behandlung der öffentlich-rechtlichen Rundfunkfinanzierung dargestellt werden.

Der Vorwurf, die Erhebung der Rundfunkgebühr führe zu einer Wettbewerbsverfälschung, konnte erst ab dem Zeitpunkt erhoben werden, als im Rundfunkbereich Wettbewerb zugelassen wurde. Erst dann war es möglich, dass private Rundfunkanbieter durch die Zahlungen an die öffentlich-rechtlichen Rundfunkanstalten benachteiligt wurden. So waren es auch die privaten Rundfunkanbieter, die Beschwerden an die Kommission richteten.[82] Die Frage, ob in der Rundfunkgebühr eine (verbotene) Beihilfe i.S.d. Art. 87 Abs. 1 EG gesehen werden müsse, wurde daraufhin in der Literatur intensiv diskutiert.[83] Zum Teil

---

[81] So auch Eberle, in: ders./Ibler/Lorenz, FS Brohm, S. 51, 51.

[82] Zunächst aus Spanien (1993), Frankreich (1993 u. 1997) und Portugal (1993 u. 1997), später auch aus Italien (1996), Griechenland (1997), Deutschland (1997), Großbritannien (1997) und Irland (1999); vgl. die hist. Übersicht zu den wesentlichen Entwicklungen bei Harrison/Woods, European Journal of Communication 2001, S. 477, 500 f. und bei Márton, Communications Law 2001, S. 56, 57.

[83] Bartosch, EuZW 1999, S. 176 ff.; Chen, Grundversorgungsaufgabe, S. 164 ff.; Craufurd-Smith, Legal Issues of Economic Integration 2001, S. 3 ff.; Damm, Gebührenprivileg; Dörr, Rundfunkfinanzierung; ders., NJW 1997, S. 1341 ff.; ders., K&R 2001, S. 233 ff.; ders./Cloß, ZUM 1996, S. 105 ff.; Eberle, ZUM 1995, S. 763 ff.; ders., AfP 2001, S. 477 ff.; ders., MMR 2003, S. 623 ff.; Frey, ZUM 1999, S. 528 ff.; Fröhlinger, RuF 1993, S. 59, 63 f.; Greissinger, Vorgaben des EG-Vertrages; Freis, ZEuS 1999, S. 109, 129 ff.; Koenig/Kühling, ZUM 2001, 537 ff.; Luedtke/Schmittmann, AfP 2001, S. 373 ff.; Márton, Communications Law 2001, S.

wurde eine Einordnung als Beihilfe vehement bestritten.[84] So scheide schon das Vorliegen einer Finanzierung durch staatliche Gelder aus. Nicht der Staat, sondern die Bürger kämen für die Finanzierung auf.[85] Zudem würden die Rundfunkanstalten durch die Gebühren nicht ungerechtfertigt begünstigt, sondern lediglich für ihre zu leistenden Pflichten entschädigt.[86]

Die europäische Kommission hat auf die Beschwerden der privaten Rundfunkanbieter sehr zurückhaltend reagiert. Zunächst versuchte die Kommission, sich der Problematik in den Jahren 1995 und 1998 mit einem Arbeitspapier zu nähern. In einem Papier[87] schlug die Kommission vor, dass weder Unterhaltungselemente noch Sportübertragungen, sondern lediglich kulturelle Programme durch Rundfunkgebühren finanziert werden dürften.[88] Die Mitgliedstaaten kritisierten jedoch beide Arbeitspapiere scharf, sodass die Papiere von der Kommission zurückgenommen wurden. Darüber hinaus unterzeichneten die Mitgliedstaaten eine Protokollerklärung zum Vertrag von Amsterdam (Rundfunkprotokoll), in der es unter anderem heißt:

„Die Bestimmungen des Vertrags zur Gründung der Europäischen Gemeinschaft berühren nicht die Befugnis der Mitgliedstaaten, den öffentlich-rechtlichen Rundfunk zu finanzieren, sofern die Finanzierung der Rundfunkanstalten dem öffentlich-rechtlichen Auftrag, wie er von den Mitgliedstaaten den Anstalten übertragen, festgelegt und ausgestaltet wird, dient und die Handels- und Wettbewerbsbedingungen in der Gemeinschaft nicht in einem Ausmaß beeinträchtigt, das dem gemeinsamen Interesse zuwiderläuft, wobei den Erfordernissen der Erfüllung des öffentlich-rechtlichen Auftrags Rechung zu tragen ist."[89]

Die Bedeutung des öffentlich-rechtlichen Rundfunks für das soziale, demokratische und kulturelle Leben in der Europäischen Gemeinschaft wurde zudem in einer Entschließung des Rates und der im Rat vereinigten Vertreter der Regie-

---

56 ff.; Michel, in Stern/Prütting, Rechtliche Fragen der Finanzierung; Oppermann, ZUM 1996, S. 656 ff.; Otten, ZUM 1997, S. 790 ff.; Pelny, ZUM 2003, S. 643 ff.; Ruttig, Einfluss des EG-Beihilfenrechts; Selmer/Gersdorf, Finanzierung des Rundfunks; v. Wallenberg, MuR 1998, S. 166 ff. u. 248 ff.

[84] So insbesondere Dörr, Rundfunkfinanzierung; ders., NJW 1997, S. 1341 ff.; ders., K&R 2001, S. 233 ff.; ders./Cloß, ZUM 1996, S. 105 ff.; Eberle, ZUM 1995, S. 763 ff.; ders., AfP 2001, S. 477 ff.; ders., MMR 2003, S. 623 ff.; Koenig/Kühling, ZUM 2001, 537 ff.

[85] Vgl. dazu ausführlich Koenig/Kühling, ZUM 2001, 537 ff. und unten Gliederungspunkt C.II.2.b).

[86] Statt vieler Eberle, in: ders./Ibler/Lorenz, FS Brohm, S. 51, 59 ff.; vgl. unten Gliederungspunkt C.II.2.a).

[87] Abgedruckt in MuR 1998, S. 250 ff.

[88] Vgl. AfP 1998, S. 611; Craufurd-Smith, Legal Issues of Economic Integration 2001, S. 3, 15 f.; Storr, K&R 2002, S. 464, 471.

[89] Protokoll über den öffentlich-rechtlichen Rundfunk in den Mitgliedstaaten zum Amsterdamer Vertrag, ABl. EG Nr. C 340 v. 10.1.1997, S. 109.

rungen der Mitgliedstaaten vom 25. Januar 1999 bekräftigt.[90] Durch die Entschließung des Rates und durch das Rundfunkprotokoll wird deutlich, dass die Mitgliedstaaten die Existenz eines funktionstüchtigen öffentlich-rechtlichen Rundfunks ausdrücklich befürworten. Allerdings deuten einige Formulierungen innerhalb des Rundfunkprotokolls ebenso darauf hin, dass das Wettbewerbsrecht auch im Rundfunkbereich eine wesentliche Rolle spielen soll.[91]

Das zögerliche Verhalten der Kommission bei der Beurteilung des Beihilfecharakters der öffentlich-rechtlichen Rundfunkfinanzierung hat zur Verurteilung durch das EuG im Rahmen eines Untätigkeitsverfahrens nach Art. 232 EG geführt.[92] Die Kommission hatte es über 31 Monate unterlassen, eine Beschwerde der französischen Gesellschaft Télévision Francaise 1 SA (TF1) zu bearbeiten.[93] Trotz dieses Urteils hat sich die Kommission zu den eingegangenen Beschwerden nur einige Male geäußert. Im Fall Portugals hat sie die Finanzierung des öffentlich-rechtlichen Fernsehens durch Ad-hoc-Maßnahmen und durch jährliche Zahlungen mit Art. 87 Abs. 1 EG für vereinbar gehalten.[94] Obgleich die Kommission lange für diese Feststellung gebraucht hatte, hielt sie es schon nicht für notwendig, ein förmliches Beihilfeverfahren nach Art. 88 Abs. 2 EG einzuleiten. Der EuG hob diese Entscheidung auf und erklärte, dass bei der komplexen Sachverhaltslage sehr wohl ein förmliches Verfahren hätte eröffnet werden müssen.[95] Die Kommission hat daraufhin hinsichtlich der jährlichen Zahlungen[96] weitere Informationen angefordert und hinsichtlich der Ad-hoc-Maßnahmen[97] das Hauptprüfungsverfahren eröffnet.[98]

Bei der Prüfung der staatlichen Finanzierung der Spartenkanäle Phoenix und des Kinderkanals kam die Kommission ebenfalls zu dem Ergebnis, dass die Finanzierung nicht zu beanstanden sei.[99] Allerdings hat die Kommission damit

---

[90] ABl. EG Nr. C 30 v. 5.2.1999, S. 1 ff; vgl. dazu Eberle, medialex 2002, S. 8, 9.

[91] So insbesondere der Wortlaut: („und die Handels- und Wettbewerbsbedingungen in der Gemeinschaft nicht in einem Ausmaß beeinträchtigt, das dem gemeinsamen Interesse zuwiderläuft").

[92] Entscheidung vom 3.06.1999, EuG, Rs. T-17/96 (TF1/Kommission), Slg. 1999, II-1757.

[93] Vgl. Nettesheim, in: Hrbek/Nettesheim, Europäische Union und mitgliedstaatliche Daseinsvorsorge, S. 39, 43.

[94] Kommissionsentscheidung v. 2.10.1996, (Beihilfe Nr. NN-141/95), ABl. EG Nr. C 67 v. 4.03.1997, S. 10.

[95] EuG, Rs. T-46/97 (SIC/Kommission), Slg. 2000, II-2125.

[96] Aufforderung v. 7.11.2001, Beihilfe C-85/2001 (SIC), ABl. EG Nr. C 85 v. 23.4.2002, S. 2 ff.

[97] Entscheidung v. 13.11.2001, Beihilfe C-85/2001 (SIC), ABl. EG Nr. C 85 v. 9.4.2002, S. 5 ff.

[98] Zur Geschichte des Verfahrens vgl. ausführlich die Entscheidung des EuG, verb. Rs. T-297 u. 298/01 (SIC/Kommission II) v. 19.02.2004, Rn. 1 ff.; (das Urteil enthält keine materiellrechtlichen Ausführungen).

[99] Entscheidung v. 24.2.1999, Nr. NN 70/98 (Kinderkanal/Phoenix), ABl. EG Nr. C 238 v. 21.8.1999, S. 3; vgl. Pressemitteilung, EuZW 1999, S. 194.

nur Stellung hinsichtlich der Finanzierung der Spartenkanäle bezogen und nicht das allgemeine System der deutschen Gebührenfinanzierung legitimiert. Auch in der Entscheidung „BBC News 24" sah die Kommission in der Finanzierung des britischen öffentlich-rechtlichen Rundfunks eine Beihilfegewährung, die jedoch durch Art. 86 Abs. 2 EG gerechtfertigt sei.[100] Einerseits konnten diese Entscheidungen als positives Signal für die öffentlich-rechtlichen Rundfunkanstalten gewertet werden, da ihre Finanzierungsgrundlagen bestätigt worden waren. Zugleich stellten die Entscheidungen aber einen für jene Unternehmen unerfreulichen Ausgang dar, da die Kommission die Rundfunkgebühr als Beihilfe i.S.d. Art. 87 Abs. 1 EG eingeordnet hatte.

Um die anhängigen Beschwerden zukünftig einheitlich beurteilen zu können, veröffentlichte die Kommission im Oktober 2001 eine Mitteilung „über die Anwendung der Vorschriften über Staatliche Beihilfen auf den öffentlich-rechtlichen Rundfunk" (Rundfunkmitteilung).[101] Dort stellte sie einige Kriterien auf, die öffentlich-rechtliche Rundfunkanbieter zu erfüllen haben, damit ihre Finanzierung als wettbewerbskonform angesehen werden kann. In der Mitteilung machte sie zudem klar, dass Rundfunkgebühren grundsätzlich als staatliche Beihilfe i.S.d. Art. 87 Abs. 1 EG angesehen werden müssten.

Neuere Entscheidungen zeigen, dass die Kommission durchaus davon ausgeht, dass öffentlich-rechtliche Rundfunkanstalten zumindest in einigen Mitgliedstaaten Empfänger von *verbotenen* staatlichen Beihilfen i.S.d. Art. 87 Abs. 1 EG sind. Im Fall des dänischen öffentlich-rechtlichen Fernsehens hatte die Kommission am 21. Januar 2003 ein Beihilfeverfahren eröffnet.[102] Sie war zum vorübergehenden Ergebnis gekommen, dass der dänische Staat den öffentlichen Rundfunkanbieter TV2 überkompensiert habe, diesem also mehr Geld zukommen lassen habe, als der für die Erfüllung seiner Gemeinwohlaufgabe bedurft hätte.[103] Die Kommission hat nunmehr mit Beschluss vom 19. Mai 2004 verfügt, dass der Rundfunkanbieter TV2 die staatliche Beihilfe i.H.v. 84,4 EUR zurückzuzahlen habe.[104] Von einer Überkompensation geht die Kommission ferner im

---

[100] Entscheidung v. 14.12.1999, Nr. NN 88/98 (BBC News 24), abrufbar unter: http://www.europa.eu.int/comm/secretariat_general/sgb/state_aids/industrie/nn088-98.pdf; ABl. EG Nr. C 78 v. 19.03.2000, S. 6; vgl. PM der Kommission v. 22.05.2002, IP/02/737.

[101] ABl. EG Nr. C 320 v. 15.11.2001, S. 4 ff; vgl. dazu Scheuer/Strothmann, MMR 2001, S. 576, 580; dies., MMR 2002, S. 771, 775.

[102] Vgl. PM der Kommission v. 21.01.2003, IP/03/91.

[103] Schreiben der Kommission v. 21.01.2003, Beihilfe Nr. C 2/03 (ex NN 22/02) (TV2), ABl. EG Nr. C 59 v. 14.3.2003, S. 2, 13, Rn. 95; die inoffizielle englische Übersetzung des dänischen Dokuments hat die Association of Commercial Telvision in Europe (ACT), Brüssel, besorgt.

[104] Entscheidung der Kommission v. 19.05.2004, Beihilfe Nr. C 2/03 (ex NN 22/02) (TV2); vgl. PM der Kommission IP/04/666 gleichen Datums; Thuesen, IRIS 2004, Nr. 7, S. 4; kritisch Wiedemann, EStAL 2004, S. 595, 596 u. 598.

Fall des niederländischen öffentlich-rechtlichen Rundfunks aus und hat daher ebenfalls ein Beihilfeverfahren eröffnet.[105]

In den neueren Entscheidungen hinsichtlich der portugiesischen und italienischen Staatssender ist die Kommission zwar von einer Vereinbarkeit der fraglichen Finanzierungsmaßnahmen mit dem Wettbewerbsrecht ausgegangen.[106] Sie hat aber die Mitgliedstaaten Italien, Portugal und Spanien gleichzeitig aufgefordert, zukünftig deutlich klarere Bilanzen zu verwenden.[107] In diesem Sinne entschied die Kommission auch hinsichtlich des öffentlich-rechtlichen Rundfunks in Frankreich.[108] Die Entscheidungen stellen eine Aufforderung zur transparenten Kostenrechnung der Sender dar,[109] ein Ziel, welches durch die Neufassung der Transparenzrichtlinie erreicht werden soll.[110]

2. Regelungskompetenz der Kommission aus Art. 86 Abs. 3 EG

a) Rechtliche Würdigung

Der Neufassung der Transparenzrichtlinie sind in der Literatur rechtliche Bedenken entgegengehalten worden. Die Kommission könnte durch die deutliche Erweiterung des Anwendungsbereichs der Richtlinie ihre Regelungsbefugnis aus Art. 86 Abs. 3 EG überschritten haben. Zudem könnte die Regelung gegen den Verhältnismäßigkeitsgrundsatz und gegen das Diskriminierungsverbot verstoßen.[111]

aa) Regelungsbefugnis der Kommission

Wie oben festgestellt ist die Kommission berechtigt, im Rahmen des Art. 86 Abs. 3 EG Richtlinien zu erlassen. Sie darf dabei präventive Kontrollmechanismen entwickeln, ist also nicht auf repressiv wirkende Richtlinien beschränkt. Die Kommission darf dabei nur solche Richtlinien erlassen, die das Rechtsverhältnis von Mitgliedstaaten und Unternehmen i.S.d. Art. 86 Abs. 1 oder Abs. 2

---

[105] Vgl. PM der Kommission v. 3.02.2004, IP/04/146.

[106] Entscheidung v. 15.10.2003, K (2003) 3528 (RAI), ABl. EG Nr. L 119 v. 23.04.2004, S. 1 ff. und Entscheidung C-85/2001 (RTP) ebenfalls v. 15.10.2003.

[107] Vgl. PM der Kommission v. 15.10.2003, IP/03/1399; FAZ v. 16.10.2003; Gorini, IRIS 2003, Nr. 10, S. 4.

[108] C-60/1999 (France 2 und France 3) v. 10.12.2003; vgl. PM der Kommission v. 10.12.2003, IP/03/1686; Gorini, IRIS 2004, Nr. 2, S. 4.

[109] Die Aufforderungen sind im Rahmen des Verfahrens gemäß Art. 88 Abs. 1 EG erfolgt, wonach die Kommission für bestehende Beihilfe den Mitgliedstaaten geeignete Maßnahmen vorschlagen kann. Bestehende Beihilfen sind solche, die vor dem Inkrafttreten des EG-Vertrages bzw. vor Beitritt des Mitgliedstaates zur Gemeinschaft eingeführt wurden.

[110] Vgl. FAZ v. 16.10.2003.

[111] Vgl. dazu insb. Bartosch, ZIP 1999, S. 1787 ff; ders., EuZW 2000, S. 333 ff.

EG betreffen.[112] Dies ist jedoch bei der geänderten Transparenzrichtlinie der Fall.[113]

Die Kommission ist ferner nur dann zur Präzisierung der in Art. 86 Abs. 3 EG enthaltenen Verpflichtung berechtigt, wenn die Wahrscheinlichkeit eines Verstoßes gegen andere Vertragsvorschriften begründet ist.[114] Die Kommission bejaht die Wahrscheinlichkeit des Vorliegens von Verstößen insbesondere für Sektoren, in denen vormals Monopole bestanden und in welchen nun Wettbewerb herrscht. Hier sei es besonders wichtig, dass der Missbrauch einer beherrschenden Stellung i.S.d. Art. 82 EG verhindert werde und nur solche Beihilfen i.S.d. Art. 87 EG gewährt würden, die mit dem gemeinsamen Markt vereinbar sind.[115] Diese Auffassung erscheint plausibel. Dass die Beihilfeverfahren in derartigen Bereichen sich als zumindest aufwendig und schwierig gestalten, zeigt schon die langjährige und noch andauernde Debatte über die Finanzierung des öffentlich-rechtlichen Rundfunds. Die Kommission hat damit die Wahrscheinlichkeit des Vorliegens eines Verstoßes gegen Vorschriften des Vertrages, insbesondere die Beihilfevorschriften, ausreichend begründet.[116]

bb) Verhältnismäßigkeit

Wie oben festgestellt wurde,[117] ist die Kommission im Rahmen des Art. 86 Abs. 3 EG auf den Erlass der Richtlinien und Entscheidungen beschränkt, die erforderlich sind, um ihre Überwachungsaufgabe wirkungsvoll zu erfüllen.[118] Schon im Verfahren vor dem EuGH im Jahre 1982 hat der Gerichtshof der Kommission zugebilligt, dass sich das für diese Aufgabe notwendige Zahlenmaterial nur in Ausnahmefällen aus öffentlichen Quellen ableiten ließe.[119] In Anbetracht sowohl der verschiedenen Formen öffentlicher und privater Unternehmen, denen die Mitgliedstaaten besondere oder ausschließliche Rechte gewähren oder die sie mit Dienstleistungen von allgemeinem wirtschaftlichem Interesse betraut haben, als auch der unterschiedlichen von ihnen ausgeübten Tätigkeiten und des

---

[112] So schon der Wortlaut des Art. 86 Abs. 3 EG.

[113] Vgl. Art. 1 Abs. 2 i.V.m. Art. 2 Abs. 1 lit. d) TranspRL.

[114] EuGH, Rs. 202/88 (Telekommunikations-Endgeräte), Slg. 1991, I-1223, 1265, Rn. 21; EuGH, verb. Rs. C-271, 281 u. 289/90 (Telekommunikationsdienste), Slg. 1992, I-5833, 5863 f., Rn. 12, 18.

[115] 2. Erwägungsgrund der Änderungsrichtlinie.

[116] A.A. Bartosch, ZIP 1999, S. 1787, 1792, dessen Vorbehalte aber eher für einen Verstoß gegen das Diskriminierungsverbot als für eine Verletzung des Begründungserfordernisses sprechen; vgl. dazu sogleich Gliederungspunkt B.II.2.a)cc).

[117] Vgl. oben Gliederungspunkt B.I.1.d)ee).

[118] EuGH, Rs. 188-190/80 (Frankreich, Italien und Vereinigtes Königreich/Kommission), Slg. 1982, 2545, 2575, Rn. 13.

[119] EuGH, Rs. 188-190/80 (Frankreich, Italien und Vereinigtes Königreich/Kommission), Slg. 1982, 2545, 2576, Rn. 18.

unterschiedlichen Grades an Marktliberalisierung in den einzelnen Mitgliedstaaten, ist die Missbrauchsaufsicht der Kommission aber eher noch erschwert worden.[120] Auch die Schwierigkeiten der Kommission, im Rundfunksektor an geeignetes Zahlenmaterial zu gelangen, belegen die Notwendigkeit einer zukünftigen transparenten Finanzierung von Unternehmen aus diesem Bereich. Die Auferlegung der getrennten Buchführungspflichten stellt zudem keine unverhältnismäßige Bürde für die Rundfunkanstalten dar. Der Verhältnismäßigkeitsgrundsatz wurde mithin gewahrt.

cc) Diskriminierungsverbot

Weiter könnte die geänderte Transparenzrichtlinie aber gegen das Diskriminierungsverbot verstoßen. Ein Verstoß könnte zunächst in der bevorzugten Behandlung derjenigen Unternehmen gesehen werden, deren staatliche Beauftragung in einem „offenen, transparenten und nicht diskriminierenden Verfahren" erfolgt ist. Solche Unternehmen sind nämlich gemäß Art. 4 Abs. 2 lit. d) TranspRL von den Buchführungspflichten befreit. Diese Kritik, die insbesondere *Bartosch* erhoben hat,[121] fußt allerdings auf einer Vorversion der Änderungsrichtlinie. Die Befreiung galt hier für Unternehmen, „denen in einem offenen, transparenten, nichtdiskriminierenden Verfahren für einen angemessenen Zeitraum besondere oder ausschließliche Rechte gemäß Artikel 86 Abs. 1 EG-Vertrag gewährt oder die im Rahmen eines solchen Verfahrens mit Dienstleistungen von allgemeinem wirtschaftlichen Interesse gemäß Artikel 86 Absatz 2 EG-Vertrag betraut wurden."[122] Bei dieser Formulierung wurde also lediglich auf das Verfahren zur *Beauftragung* des Unternehmens abgestellt. Damit wäre aber ein Unternehmen, das seine Privilegierung im Rahmen eines offenen, transparenten und nichtdiskriminierenden Verfahrens erhalten hätte, für einen längeren Zeitraum von allen Pflichten der Transparenzrichtlinie freigestellt. Dies erscheint im Hinblick auf das Diskriminierungsverbot in der Tat als rechtlich bedenklich.

Die danach erlassene Änderungsrichtlinie hat die Transparenzrichtlinie so geändert, dass der Ausnahmetatbestand nur dann für Unternehmen wirksam sind, „sofern die ihnen gewährten staatlichen Beihilfen [...] im Rahmen eines offenen, transparenten und nicht diskriminierenden Verfahrens festgesetzt wurden."[123] Damit wird aber auf das Verfahren der *einzelnen* Vorteilsgewährung abgestellt und nicht auf das allgemeine Verfahren zur Betrauung des fraglichen Unternehmens. In einem solchen Fall ist eine Ausnahme von den Buchführungspflichten gerechtfertigt, da die einzelne Finanzierung ja eine ausreichende

---

[120] So auch Koenigs, WuW 2000, S. 867, 867.

[121] So Bartosch, ZIP 1999, S. 1787, 1792, der dies jedoch als Verstoß gegen das Begründungserfordernis wertet.

[122] Abgedruckt im ABl. EG Nr. C 377 v. 29. 12. 1999, S. 2, 5.

[123] Art. 4 Abs. 2 lit. c) TranspRL.

Transparenz ausweist. Eine Diskriminierung derjenigen Unternehmen, die nicht unter den Ausnahmetatbestand subsumiert werden können, scheidet somit aus.

Indem die Transparenzrichtlinie die fraglichen Unternehmen zur Buchführung verpflichtet, könnte es aber zu einer Umkehrung des Amtsermittlungsgrundsatzes und damit zu einer Diskriminierung der Unternehmen kommen.[124] Der Amtsermittlungsgrundsatz sagt aus, dass die Kommission beweisen muss, dass ein Unternehmen begünstigt worden ist und nicht umgekehrt. Die Pflichten der Transparenzrichtlinie sehen aber lediglich das Bereithalten von Zahlenmaterial vor. Sie entfalten auch keinerlei Vermutungswirkung. Die rechtliche Prüfung obliegt weiterhin der Kommission. Es ist daher keine Änderung des Aufgabenbereichs der Kommission oder der fraglichen Unternehmen intendiert. Damit liegt in der Auferlegung der Buchführungspflichten keine Umkehrung des Amtsermittlungsgrundsatzes und daher auch keine Diskriminierung der betroffenen Unternehmen.[125]

dd) Ergebnis

Die geänderte Transparenzrichtlinie ist somit verhältnismäßig und verstößt nicht gegen das Diskriminierungsverbot. Zudem hat die Kommission auch in Rahmen ihrer Regelungsbefugnis des Art. 86 Abs. 3 EG gehandelt. Der Änderung der Transparenzrichtlinie stehen somit keine rechtlichen Einwände entgegen.[126]

b) Gemeinschaftskompetenz für den Rundfunk

Dieses Ergebnis müsste allerdings verworfen werden, wenn der Europäischen Gemeinschaft im Kulturbereich und insbesondere für den Rundfunk keine Kompetenz zustünde.[127] Dann dürfte die Kommission ihre Kompetenzen für Unternehmen i.S.d. Art. 86 Abs. 1 und 2 EG für diesen Sektor nicht ausüben. Eine auf Art. 86 Abs. 3 EG gestützte Richtlinie könnte in einem solchen Fall für den Bereich des Rundfunks keine Wirkung entfalten.

Eine Gemeinschaftskompetenz für den Rundfunksektor wurde tatsächlich lange bestritten.[128] Es wurden die Besonderheiten des Rundfunks als Kulturgut

---

[124] So insbesondere Bartosch, EuZW 2000, S. 333, 334 f.

[125] Soukup, ZögU 2001, S. 86, 90; ders., in: Brede, Wettbewerb in Europa, S. 93, 97 betont, dass die Änderung der Transparenzrichtlinie vielmehr zu einer Gleichbehandlung von privaten und öffentlichen Unternehmen, die unter ähnlichen wirtschaftlichen Rahmenbedingungen tätig sind, führt.

[126] So im Ergebnis auch Trzaskalik, Transparenzpflichten des Rundfunks, S. 15.

[127] Vgl. ausführlich Bux, EG-Kompetenz für den Rundfunk.

[128] Delbrück, in: Hoffmann-Riem, Rundfunkrecht und Wettbewerbsrecht, S. 244, 246 f.; Hoffmann-Riem, Erosionen des Rundfunkrechts, S. 73; vgl. Wittig-Terhardt, in: Classen/Dittmann/Fechner/Gassner/Kilian, Liber amicorum Oppermann, S. 727, 735 f. und Mestmäcker in: ders., Kommunikation ohne Monopole II, S. 13, 164 ff.

hervorgehoben und daraus gefolgert, dass das Gemeinschaftsrecht der grundrechtlich gewährleisteten deutschen Rundfunkordnung Rechnung tragen und insoweit auf die Herstellung des Binnenmarkts und der Wettbewerbsordnung verzichten müsse.[129] Insbesondere bei der Diskussion um die Änderung der Transparenzrichtlinie wurde von den Bundesländern die Frage der Kompetenzabgrenzung verstärkt aufgeworfen.[130] In der Tat muss als Ausgangspunkt das Prinzip der begrenzten Einzelermächtigung[131] gelten. Nach diesem Prinzip benötigen die Organe der Gemeinschaft für jeden Rechtsakt eine ausdrückliche oder zumindest auslegungsfähige Rechtsgrundlage innerhalb der Verträge.[132]

aa) Rechtsgrundlage

Als Rechtsgrundlage kommen die Art. 3 Abs. 1 lit. q) und Art. 151 EG in Betracht, in denen der Begriff „Kultur" ausdrücklich erwähnt wird. Weiter kommt ein Rückgriff auf die allgemeinen Bestimmungen der Art. 49 ff. EG zur Dienstleistungsfreiheit und der Art. 81 ff. und Art. 87 ff. EG zum Wettbewerbsrecht in Betracht.

(1) Art. 3 Abs. 1 lit. q) und Art. 151 EG

Art. 3 Abs. 1 lit. q) EG konstatiert, dass die Tätigkeit der Europäischen Gemeinschaft einen Beitrag „zur Entfaltung des Kulturlebens in den Mitgliedstaaten" mitumfasst. Nach Art. 151 Abs. 1 EG leistet die Gemeinschaft einen Beitrag „zur Entfaltung der Kulturen der Mitgliedstaaten". Der Vertrag gibt selbst Anhaltspunkte, welche Bereiche der Kulturbegriff umfasst, indem in Art. 151 Abs. 2 EG der „audiovisuelle Bereich" einbezogen ist. Damit beinhaltet der Kulturbegriff des Vertrages die Verbreitung geistiger Werke und so auch den Rundfunk.[133]

Allerdings kann aus der Tatsache, dass der weite Kulturbegriff den Rundfunk umfasst, nicht geschlossen werden, dass die genannten Vorschriften der Gemeinschaft Kompetenzen verleihen. So zeigt Art. 3 Abs. 1 lit. q) lediglich, dass die Gemeinschaft „einen Beitrag" leisten will und beschreibt damit eine allgemeine Zielsetzung. Daraus folgt, dass Art. 3 Abs. 1 lit. q) noch keine Handlungsermächtigung darstellt.[134] Auch die Abs. 1 bis 4 des Art. 151 stellen ledig-

---

[129] Mestmäcker, in: Immenga/Mestmäcker, EG-Wettbewerbsrecht, Einleitung A, Rn. 41.

[130] Vgl. Schwarze, ZUM 2000, S. 779, 799.

[131] Vgl. Dörr, in: Hans-Bredow-Institut, Internationales Handbuch Medien 2002/2003, S. 37, 43; Oppermann, Deutsche Rundfunkgebühren, S. 24; Greissinger, Vorgaben des EG-Vertrages, S. 256 f.

[132] Oppermann, Europarecht, Rn. 513.

[133] Dörr, K&R 1999, S. 97, 99.

[134] Wittig-Terhardt, in: Classen/Dittmann/Fechner/Gassner/Kilian, Liber amicorum Oppermann, S. 727, 742.

lich allgemeine Zielsetzungen dar. In Abs. 5 werden dem Rat dagegen Rechtset-zungsbefugnisse eingeräumt. Diese erstrecken sich aber nur auf einen kleinen Bereich kultureller Fördermaßnahmen. Die Vorschrift entfaltet mithin keine generelle Kulturkompetenz der Gemeinschaft.[135]

(2) Art. 49 ff., Art. 81 ff. und Art. 87 ff. EG

Der Rundfunk könnte aber von den allgemeinen Regelungen und hier insbeson-dere von den Bestimmungen über die Dienstleistungsfreiheit und denen des Wettbewerbsrechts erfasst sein. Diese Regeln sind als Querschnittsvorschriften konzipiert. Sie sind also grundsätzlich auf alle Bereiche anwendbar, welche die jeweiligen Tatbestandsvoraussetzungen erfüllen.

Der EuGH entschied bereits 1974 in der Rechtssache „Sacchi", dass Rund-funk eine Dienstleistung i.S.d. europäischen Wettbewerbsbestimmungen dar-stellt.[136] Die Feststellung des Dienstleistungscharakters kann für den Rundfunk mittlerweile als ständige Rechtsprechung des EuGH angesehen werden.[137] Zu-dem entschied der Gerichtshof im Verfahren „Sacchi", dass die Rundfunkunter-nehmen, soweit ihre Tätigkeit wirtschaftlicher Art ist, unter die in Art. 86 EG genannten Bestimmungen über öffentliche Unternehmen und solche Unterneh-men, denen die Staaten besondere oder ausschließliche Rechte gewähren, fallen und damit das Wirtschaftsrecht anwendbar ist.[138] Gemeinschaftsrechtlich sind Rundfunksendungen damit Dienstleistungen, deren Regelung durch die Mit-gliedstaaten der Dienstleistungsfreiheit und den Wettbewerbsregeln genügen muss.[139]

(3) Ergebnis

Die allgemeinen Regelungen der Dienstleistungsfreiheit und des Wettbewerbs-rechts finden auf den Rundfunksektor grundsätzlich Anwendung. Damit ist aber

---

[135] Vgl. Wittig-Terhardt, in: Classen/Dittmann/Fechner/Gassner/Kilian, Liber amicorum Oppermann, S. 727, 736; Schaefer/Kreile/Gerlach, ZUM 2002, S. 182, 183 f.

[136] EuGH, Rs. 155/73 (Sacchi), Slg. 1974, 409, 428, Rn. 6.

[137] EuGH, Rs. 52/79 (Debauve), Slg. 1980, 833; EuGH, Rs. 62/79 (Coditel I), Slg. 1980, 881; EuGH, Rs. 352/85 (Kabelregeling), Slg. 1988, 2085; EuGH, Rs. 260/89 (ERT), Slg. 1991, I-2925; EuGH, Rs. C-288/89 (Stichting Collective Gouda), Slg. 1991, I-4007; EuGH, Rs. C-353/89 (Kommission/Niederlande), Slg. 1991, I-4069; EuGH, Rs. C-211/91 (Kommission/Belgien), Slg. 1992, I-6757; EuGH, Rs. C-23/93 (TV10 SA), Slg. 1994, I-4795; vgl. Bux, EG-Kompetenzen für den Rundfunk, S. 130 ff.; Hartstein, Ring, Kreile, Dörr, Stettner, Rund-funkstaatsvertrag, Abschnitt B 4, Rn. 9; Lecheler, Jura 1998, S. 225, 226.

[138] EuGH, Rs. 155/73 (Sacchi), Slg. 1974, 409, 430, Rn. 14.

[139] Badura, in: Classen/Dittmann/Fechner/Gassner/Kilian, Liber amicorum Oppermann, S. 571, 581.

noch nichts über die Grenzziehung zwischen den Querschnittskompetenzen der Gemeinschaft und den Kompetenzen der Mitgliedstaaten ausgesagt.

bb) Grenzen der Gemeinschaftskompetenzen im Rundfunkbereich

Aus einer Kompetenz der Gemeinschaft dem Grunde nach kann keine ausschließliche Kompetenz für den Wettbewerbsbereich im Rundfunksektor abgeleitet werden.[140] Zur Grenzziehung der Kompetenzen der Gemeinschaft wurden Kriterien vorgeschlagen, die aus dem Prinzip der Organentscheidung,[141] der Theorie der nationalen Repräsentation,[142] oder der Theorie vom Regelungsschwerpunkt[143] abgeleitet werden.[144]

Überzeugender und aus dem Vertrag direkt ableitbar ist indes eine Grenzziehung über die Anwendung der Schrankentrias des Art. 5 EG.[145] Diese Vorschrift legt als Ausgangspunkt in Abs. 1 das oben beschriebene Prinzip der begrenzten Einzelermächtigung fest. Zudem verankert sie in Abs. 2 das Subsidiaritätsprinzip.[146] Dieses Prinzip hat bei Maßnahmen der Gemeinschaft zur Konsequenz, dass zwei Kriterien erfüllt sein müssen: erstens, dass die Ziele der fraglichen Maßnahme auf der Ebene der Mitgliedstaaten nicht ausreichend erreicht werden können und zweitens, dass diese Ziele besser auf Gemeinschaftsebene durchsetzbar sind.[147] Zuletzt muss die Maßnahme gemäß Art. 5 Abs. 3 dem Verhältnismäßigkeitsprinzip genügen.[148]

Wie oben schon dargestellt, benötigt die Kommission Zahlenmaterial um den ihr durch Art. 86 EG übertragenen Aufgaben nachzukommen. Eine einheitliche Bewertung staatlicher Zuwendungen innerhalb der Mitgliedstaaten ist nur bei

---

[140] So aber (sehr weitgehend) Schwartz, ZUM 1989, 381, 389.

[141] Vgl. Everling, EuR 1987, S. 214, 232 f; dieses Prinzip stellt auf die Mitwirkung der Mitgliedstaaten durch die (einstimmigen) Ratsbeschlüsse ab. Spätestens die vermehrte Anwendung des Mehrheitsprinzips spricht aber gegen diese Theorie.

[142] Vgl. Ress, Kultur und Europäischer Binnenmarkt, S. 50 ff; die Theorie sagt aus, dass die Mitgliedstaaten eine Rücksichtnahme auf nationale kulturelle Belange verlangen können. Zur Grenzziehung ist diese Theorie allerdings wegen ihrer Unbestimmtheit kaum geeignet.

[143] Vgl. Hartstein, Ring, Kreile, Dörr, Stettner, Rundfunkstaatsvertrag, Abschnitt B 4, Rn. 11; diese Theorie ist ein allgemeines Abgrenzungskriterium in bundesstaatlichen Verfassungen und hat keinen Eingang in die Rechtsprechung des EuGH gefunden.

[144] Hartstein, Ring, Kreile, Dörr, Stettner, Rundfunkstaatsvertrag, Abschnitt B 4, Rn. 10.

[145] Vgl. Calliess, in: Calliess/Ruffert, EU- und EG-Vertrag, Art. 5 EG, Rn. 6; Hartstein, Ring, Kreile, Dörr, Stettner, Rundfunkstaatsvertrag, Abschnitt B 4, Rn. 16.

[146] Oppermann, Europarecht, Rn. 514; Mestmäcker, in: Immenga/Mestmäcker, EG-Wettbewerbsrecht, Einleitung A, Rn. 44; kritisch zur Geeignetheit dieses Prinzips im Rundfunkbereich Dörr, AfP 2003, S. 202, 205.

[147] Streinz, in: ders., EU-/EG-Vertrag, Art. 5 EG, Rn. 36.

[148] Ipsen, in: Fiedler/Ress, GS Wilhelm Karl Geck, S. 339, 353; Oppermann, Europarecht, Rn. 514; vgl. zum Grundsatz der Verhältnismäßigkeit im Gemeinschaftsrecht s. auch v. Danwitz, EWS 2003, S. 393 ff.

einer klaren und allgemeingültigen Bemessungsgrundlage möglich. Die Mitgliedstaaten haben diese Grundlage nicht geliefert, sodass eine einheitliche Regelung erforderlich wurde (s.o.). Dabei wurde dem Subsidiaritätsprinzip insoweit entsprochen, als die genaue Ausgestaltung der Buchführungspflichten den Mitgliedstaaten überlassen ist.[149] Die Pflicht zum Bereithalten von Zahlen ist kein empfindlicher Einschnitt in den Kompetenzbereich der Mitgliedstaaten, da keine unmittelbare Rechtsfolge mit ihr verbunden ist, sondern die Pflicht lediglich der Informationsgewinnung dient. Wie oben schon festgestellt ist die Auferlegung der Pflichten auch als verhältnismäßig einzuschätzen. Die Änderung der Transparenzrichtlinie hat somit nicht zu einem Verstoß gegen das Subsidiaritätsprinzip oder das Verhältnismäßigkeitsprinzip geführt.

cc) Ergebnis

Der Gemeinschaft stehen aus den allgemeinen Vorschriften Kompetenzen hinsichtlich des Rundfunks zu. Begrenzt werden diese Kompetenzen durch die Schrankentrias des Art. 5 EG. Ein Verstoß gegen die in Art. 5 EG niedergelegten Prinzipien kann bei dem Erlass der geänderten Transparenzrichtlinie im Hinblick auf den Rundfunkbereich nicht festgestellt werden.

---

[149] Vgl. dazu unten Gliederungspunkt D.I.2.a).

III. Einfluss des Rundfunkprotokolls auf die Transparenzrichtlinie

Die Transparenzrichtlinie sieht in Art. 3a Abs. 2 vor, dass eine Pflicht zur getrennten Buchführung nicht für Geschäftsbereiche gilt, die von anderen Spezialvorschriften der Gemeinschaft erfasst sind. Teilweise wurde im Rundfunkprotokoll[150] eine solche Spezialregelung gesehen.[151] Wie aus dem neunten Erwägungsgrund der Änderungsrichtlinie ersichtlich wird, handelt es sich bei den Spezialregelungen aber um sektorale Vorschriften, die „für denselben Zweck" schon Pflichten zur getrennten Buchführung vorsehen. Das Rundfunkprotokoll stellt somit keine „Spezialvorschrift" i.S.d. Art. 3a Abs. 2 TranspRL dar.[152] Nach Art. 1 Abs. 2 TranspRL gelten die Buchführungspflichten aber „unbeschadet besonderer gemeinschaftsrechtlicher Vorschriften". Es ist daher fraglich, welche Rolle das Rundfunkprotokoll für den öffentlich-rechtlichen Rundfunk spielt, d.h. welchen Einfluss es auf das Beihilferegime und damit auf die Transparenzrichtlinie ausübt.

1. Rechtsnatur des Rundfunkprotokolls

In Art. 311 EG heißt es: „Die in diesem Vertrag im gegenseitigen Einvernehmen der Mitgliedstaaten beigefügten Protokolle sind Bestandteil dieses Vertrages".[153] Es handelt sich beim Rundfunkprotokoll also um Vertragsrecht und nicht um eine bloße Absichtserklärung.[154] Allerdings heißt es in der Einleitung zum Rundfunkprotokoll: „Die hohen Vertragsparteien [...] sind über folgende *auslegende Bestimmung* übereingekommen, die dem Vertrag zur Gründung der Europäischen Gemeinschaft beigefügt ist".[155] Die Rechtsfolge des Protokolls, das somit einerseits Bestandteil des Vertrages, andererseits auslegende Bestimmung ist, wird unterschiedlich beurteilt.

---

[150] Protokoll über den öffentlich-rechtlichen Rundfunk in den Mitgliedstaaten zum Amsterdamer Vertrag, ABl. EG Nr. C 340 v. 10.1.1997, S. 109; vgl. oben Gliederungspunkt B.II.1.

[151] So die gemeinsame Stellungnahme von ARD und ZDF zu dem Entwurf einer Änderung der TranspRL v. 21.02.2000 (zitiert bei Hain, MMR 2001, S. 219, 220); zustimmend wohl Eberle, in: ders./Ibler/Lorenz, FS Brohm, S. 51, 52 f.; a.A. Hain, MMR 2001, S. 219, 220.

[152] So auch Hain, MMR 2001, S. 219, 220.

[153] In diesem Sinne auch Art. 207 EAG-Vertrag und Art. 84 EGKS. Der EGKS-Vertrag ist allerdings mit dem Ablauf seiner fünfzigjährigen Geltungsdauer am 23. Juli 2002 außer Kraft getreten.

[154] Magiera, in: Ipsen/Schmidt-Jortzig, FS Rauschning, S. 269, 271; Dörr, K&R 1999, S. 97, 100.

[155] Protokoll über den öffentlich-rechtlichen Rundfunk in den Mitgliedstaaten zum Amsterdamer Vertrag, ABl. EG Nr. C 340 v. 10.1.1997, S. 109; Hervorhebung durch den Verfasser.

2. Rechtsfolge des Rundfunkprotokolls

Magiera macht deutlich, dass „das Verhältnis zwischen Leistungen der Daseinsvorsorge und gemeinschaftlichen Wettbewerbsregeln grundsätzlich unberührt" bleibt. Das Rundfunkprotokoll beschränke sich auf eine „auslegende Bestimmung" und verweise auf die gemeinschaftlichen Schranken gemäß Art. 86 Abs. 2 EG. Das Protokoll entfalte seine Wirkung mithin lediglich im Rahmen einer systematischen Vertragsauslegung für die Reichweite der Ausnahmebestimmung des Art. 86 Abs. 2 EG.[156]

Nach *Eberle* rückt dagegen das Protokoll „von der Prädominanz des Wettbewerbsschutzes ab und gibt jedenfalls hinsichtlich der Rundfunkfinanzierung dem öffentlich-rechtlichen Auftrag der Rundfunkanstalten den Vorrang vor Wettbewerbsaspekten". Selbst wenn die Rundfunkfinanzierung zu Wettbewerbsverfälschungen führe, deren Ausmaß dem gemeinsamen Interesse zuwiderlaufe, sei den Erfordernissen des Rundfunks Rechnung zu tragen. Daraus folge, dass eine an den Erfordernissen des Rundfunks ausgerichtete Finanzierung nie zu einem Verstoß gegen das Beihilferecht führen könne. *Eberle* sieht damit im Rundfunkprotokoll nicht „lediglich eine Konkretisierung" des Art. 86 Abs. 2 EG, sondern bescheinigt diesem eine durchschlagende Wirkung für das gesamte Wettbewerbsrecht, mit der Folge einer Einschränkung des Beihilfebegriffs.[157] Nach dieser Auffassung könnte das Rundfunkprotokoll auch Auswirkungen auf die Transparenzrichtlinie haben.

Zahlreiche Autoren gehen indes richtigerweise davon aus, dass der Charakter des Protokolls als auslegende Bestimmung überwiegt.[158] Gegen eine durchschlagende Wirkung auf das Beihilferecht spricht ein Vergleich mit der Vorschrift des Art. 73 EG. Dieser schließt bestimmte Verkehrsbeihilfen als „mit diesem Vertrag vereinbar" ausdrücklich aus. Bei einer gleichgerichteten Intention für den Rundfunk hätte eine ähnlich deutliche Formulierung nahe gelegen.[159] Diese liegt nicht vor. Das Rundfunkprotokoll hat somit keinen eigenständigen rechtsgestaltenden Wert, sondern findet lediglich Berücksichtigung bei der Prüfung finanzieller Zuwendungen an den öffentlich-rechtlichen Rundfunk innerhalb der einzelnen Prüfungsstufen.[160] Die nähere Bedeutung des Rundfunkprotokolls als Interpretationshilfe erschließt sich also erst nach einer Analyse der

---

[156] Magiera, in: Ipsen/Schmidt-Jortzig, FS Rauschning, S. 269, 271.

[157] Eberle, in: ders./Ibler/Lorenz, FS Brohm, S. 51, 61.

[158] Damm, Gebührenprivileg, S. 168; Dörr, K&R 1999, S. 97, 100; Freis, ZEuS 1999, S. 109, 134; Hain, MMR 2001, S. 219, 220; Magiera, in: Ipsen/Schmidt-Jortzig, FS Rauschning, S. 269, 271; Neun, Öffentlich-rechtlicher Rundfunk, S. 302.

[159] Damm, Gebührenprivileg, S. 167 f.

[160] So auch die Kommission in ihrer Entscheidung v. 24.2.1999, Nr. NN 70/98 (Kinderkanal/Phoenix), Tz. 6.3. (die ausführliche Entscheidungsbegründung wurde nicht veröffentlicht, kann aber bei der Kommission beantragt werden); ABl. EG Nr. C 238 v. 21.8.1999, S. 3.

auszulegenden gemeinschaftsrechtlichen Bestimmungen, welche die Befugnis der Mitgliedstaaten zur Finanzierung des öffentlich-rechtlichen Rundfunks betreffen.[161]

Nichts anderes kann im Übrigen für den durch den Amsterdamer Vertrag neu geschaffenen Art. 16 EG gelten. Die Vorschrift erweitert weder die Befugnisse der Gemeinschaft und der Mitgliedstaaten hinsichtlich der Unternehmen, die mit gemeinwohlorientierten Tätigkeiten betraut sind, noch ändert er Art und Reichweite der durch Art. 86 Abs. 2 EG begründeten Bereichsausnahme.[162]

3. Ergebnis

Beim Rundfunkprotokoll handelt es sich um eine auslegende Bestimmung, die keine weitgreifende Änderung des Wettbewerbsrechts und insbesondere des Beihilfebegriffs des EG-Vertrages bewirkt. Das Protokoll findet lediglich im Rahmen der Beihilfeprüfung der Finanzierung des Rundfunks Berücksichtigung. Damit hat das Rundfunkprotokoll auch keine grundlegenden Auswirkungen auf die Beantwortung der Frage, ob die Transparenzrichtlinie auf den öffentlich-rechtlichen Rundfunk anwendbar ist.

---

[161] Neun, Öffentlich-rechtlicher Rundfunk, S. 302.
[162] Badura, in: Classen/Dittmann/Fechner/Gassner/Kilian, Liber amicorum Oppermann, S. 571, 578; Schwarze, EuZW 2001, S. 334, 336.

C. Erfüllung des Tatbestands des Art. 1 Abs. 2 TranspRL

Nach den oben erfolgten allgemeinen Erwägungen soll nun der Frage nach der Anwendbarkeit der Transparenzrichtlinie auf den öffentlich-rechtlichen Rundfunk nachgegangen werden. Die geänderte Richtlinie ist nur dann auf die öffentlich-rechtlichen Rundfunkanstalten anwendbar, wenn der Tatbestand des Art. 1 Abs. 2 TranspRL erfüllt ist. Dort heißt es, dass die Mitgliedstaaten gewährleisten müssen, „daß die Finanz- und Organisationsstrukturen *der Unternehmen, die zur Erstellung einer getrennten Buchführung verpflichtet sind,* sich in getrennten Büchern genau widerspiegelt".[1] Welche Unternehmen dies sind, wird in Art. 2 Abs. 1 lit. d) TranspRL definiert, als „jedes Unternehmen, dem besondere oder ausschließliche Rechte nach Artikel 86 Absatz 1 EG-Vertrag gewährt werden oder das mit Dienstleistungen von allgemeinem wirtschaftlichem Interesse nach Artikel 86 Absatz 2 EG betraut ist, das für diese Dienstleistung staatliche Beihilfen in jedweder Form einschließlich Geld- und Ausgleichsleistungen erhält und das in verschiedenen Geschäftsbereichen tätig ist".

Für eine Anwendbarkeit der Transparenzrichtlinie auf den öffentlich-rechtlichen Rundfunk müssten die öffentlich-rechtlichen Rundfunkanstalten daher zunächst Unternehmen i.S.d. Art. 86 Abs. 1 oder i.S.d. Abs. 2 EG darstellen. Sind sie Unternehmen i.S.d. Art. 86 Abs. 2 EG ist eine Anwendbarkeit der Richtlinie nur dann gegeben, wenn zusätzlich die Finanzierung der Rundfunkanbieter durch „staatliche Beihilfen in jedweder Form einschließlich Geld- und Ausgleichsleistungen" erfolgt. In jedem Fall müssten die Rundfunkanstalten in verschiedenen Geschäftsbereichen i.S.d. Art. 2 Abs. 1 lit. e) TranspRL tätig sein.[2] Zuletzt dürfte keine Ausnahmebestimmung die Rundfunkanstalten von der Anwendbarkeit entbinden.[3]

---

[1] Art. 1 Abs. 2 TranspRL; Hervorhebung durch den Verfasser.
[2] Dazu ausführlich unten Gliederungspunkt C.III.
[3] Dazu ausführlich unten Gliederungspunkt C.V.

I. Öffentlich-rechtliche Rundfunkanstalten als Unternehmen i.S.d. Art. 86 Abs. 1 oder Abs. 2 EG

Die geänderte Transparenzrichtlinie ist zunächst nur dann auf den öffentlich-rechtlichen Rundfunk anwendbar, wenn die Rundfunkanstalten Unternehmen i.S.d. Art. 86 Abs. 1 oder i.S.d. Abs. 2 EG darstellen.[4] Dabei ist die Frage, welche der beiden Fallgruppen für die betroffenen Unternehmen einschlägig ist, durchaus relevant. So gilt die Ausnahmeklausel des Art. 4 Abs. 2 lit. c) der Richtlinie ausdrücklich nur für Unternehmen i.S.d. Art. 86 Abs. 2 EG. Zudem liegt bei Unternehmen, denen nach Art. 86 Abs. 1 EG besondere oder ausschließliche Rechte gewährt wurden, die Bevorzugung durch den Staat in der Verleihung eben dieser Rechte. Einer zusätzlichen Begünstigung durch die Zahlung staatlicher Beihilfen bedarf es für die Anwendbarkeit der Transparenzrichtlinie daher nicht.[5] In der Systematik der Transparenzrichtlinie ist die Privilegierung durch Art. 86 Abs. 1 EG damit weitreichender. Schon allein die Verleihung von Rechten i.S.d. Norm löst die Anwendbarkeit der Richtlinie aus. Daher soll für die Rundfunkanstalten zunächst die Möglichkeit des Bestehens der „schwächeren" Privilegierung i.S.d. Art. 86 Abs. 2 EG untersucht werden. Sie besteht darin, dass der Staat ein Unternehmen mit einer Dienstleistung von allgemeinem wirtschaftlichem Interesse betraut.

1. Unternehmen i.S.d. Art. 86 Abs. 2 EG

Die öffentlich-rechtlichen Rundfunkanstalten könnten Unternehmen i.S.d. Art. 86 Abs. 2 EG sein. Dazu müssten sie zunächst Unternehmen darstellen, die zudem mit Dienstleistungen von allgemeinem wirtschaftlichem Interesse betraut sind.[6] Die Transparenzrichtlinie definiert die Begriffe „Unternehmen" oder „Dienstleistungen von allgemeinem wirtschaftlichem Interesse" selbst nicht,

---

[4] Fehlerhaft ist es, wenn Eberle, in: ders./Ibler/Lorenz, FS Brohm, S. 51, 63, davon ausgeht, dass der Anwendungsbereich der Transparenzrichtlinie eine Qualifikation als „öffentliches Unternehmen" voraussetzt. Die Änderung der Transparenzrichtlinie zielt gerade auf eine Einbeziehung privater Unternehmen ab; s.o. Gliederungspunkt B.I.2.a)

[5] Vgl. den Wortlaut „und das *für diese Dienstleistung* staatliche Beihilfen [...] erhält" (Art. 2 Abs. 1 lit. d) TranspRL; Hervorhebung durch Verfasser); so auch die Begründung der Bundesregierung zum TranspRLG, abgedruckt unter BR-Drs. 335/01, S. 7; Britz, DVBl. 2000, S. 1641, 1648: „Erfasst sind Unternehmen, denen staatliche Förderungen durch ausschließliche Rechte *oder* Beihilfe zuteil wird"; Soukup, ZögU 2001, S. 86, 87: „und dafür Augleichszahlungen *oder* besondere oder ausschließliche Rechte erhalten" (Hervorhebungen jeweils durch Verfasser); a.A. wohl Bolsenkötter/Poullie, ZögU 2001, S. 204, 210: „nur dann erfasst wird, wenn es entweder unter Art. 86 Abs. 1 EG-Vertrag oder unter Art. 86 Abs. 2 EG-Vertrag fällt, staatliche Beihilfen erhält und mindestens ein anderes getrenntes Produkt oder eine andere Dienstleistung anbietet".

[6] Die Alternative „oder den Charakter eines Finanzmonopols haben" kommt nicht in Betracht.

sodass ein Rückgriff auf Begriffsbestimmungen des Art. 86 Abs. 2 EG zulässig und von der Richtlinie gewollt ist.

a) Unternehmen

Zunächst müssten die öffentlich-rechtlichen Rundfunkanstalten *Unternehmen* i.S.d. Art. 86 Abs. 2 EG sein. Einen spezifischen Unternehmensbegriff im Rahmen des Art. 86 EG gibt es nicht, sondern es gilt der allgemeine Unternehmensbegriff des europäischen Wettbewerbsrechts, der auch den Art. 81 und 82 EG zugrunde liegt.[7] Nach ständiger Rechtsprechung des EuGH umfasst der Unternehmensbegriff der Art. 81 ff. „jede eine wirtschaftliche Tätigkeit ausübende Einheit, unabhängig von ihrer Rechtsform und der Art der Finanzierung".[8] Weder die Verfolgung eines sozialen Zwecks, noch das Fehlen einer Gewinnerzielungsabsicht ändern den wirtschaftlichen Charakter eines Unternehmens.[9] Auch Anstalten des öffentlichen Rechts können Unternehmen i.S.d. Art. 86 EG darstellen. Sie müssen lediglich zur Erzielung eines Leistungsaustauschs am Markt eingesetzt werden.[10] Zudem ist eine gewisse organisatorische Selbstständigkeit erforderlich.[11]

Der EuGH hat öffentlich-rechtliche Rundfunkveranstalter früh dem Unternehmensbegriff des Art. 86 EG unterstellt[12] und diese Rechtsprechung seitdem fortgeführt.[13] So hat der Gerichtshof schon 1974 in der Rechtssache „Sacchi" klargestellt, dass Fernsehanstalten unter die in Art. 86 EG genannten Bestimmungen fallen, „soweit die Erfüllung ihrer Aufgaben Tätigkeiten wirtschaftlicher Art mit sich bringt".[14] Die öffentlich-rechtlichen Rundfunkanstalten in Deutschland üben insbesondere durch den Verkauf von Sende- und Werbezeiten

---

[7] Jung, in: Calliess/Ruffert, EU-/EG-Vertrag, Art. 86 EG, Rn. 11.

[8] EuGH, Rs. C-41/90 (Höfner u. Elser), Slg. 1991, I-1979, 2016, Rn. 21; EuGH, Rs. C-159 u. 160/91 (Poucet und Pistre), Slg. 1993, I-637, 669, Rn. 17; EuGH, Rs. C-364/92 (SAT Fluggesellschaft), Slg. 1994, I-43, 61, Rn. 18; EuGH, Rs. C-244/94 (Fédération française d'assurances), Slg. 1995, I-4013, 4028, Rn. 14; EuGH, Rs. C-55/96 (Job Centre), Slg. 1997, I-7119, 7147, Rn. 21; EuGH, verb. Rs. C-180-184/98 (Pavel Pavlov), Slg. 2000, I-6451, 6520, Rn. 74; EuGH, Rs. C-218/00 (Cisal di Battistello), Slg. 2002, I-691, 727, Rn. 22.

[9] Badura, in: Classen/Dittmann/Fechner/Gassner/Kilian, Liber amicorum Oppermann, S. 571, 575.

[10] EuGH, Rs. C-41/90 (Höfner u. Elser), Slg. 1991, I-1979, 2016 f., Rn. 21-23; Vgl. auch EuGH, Rs. C-55/96 (Job Centre), Slg. 1997, I-7119, 7146 f., Rn. 20-22; EuGH, Rs. 118/85 (Kommission/Italien), Slg. 1987, 2599, 2623, Rn. 13.

[11] Jung, in: Calliess/Ruffert, EU-/EG-Vertrag, Art. 86 EG, Rn. 11.

[12] EuGH, Rs. 155/73 (Sacchi), Slg. 1974, 409, 430, Rn. 14.

[13] EuGH, Rs. 298/83 (CICCE/Kommission), Slg. 1985, 1105, 1123 f., Rn. 22 u. 24; EuGH, Rs. 311/84 (Télémarketing), Slg. 1985, 3261, 3275, Rn. 17; EuGH, Rs. 260/89 (ERT), Slg. 1991, I-2925, 2962, Rn. 37; EuGH, Rs. C-353/89 (Kommission/Niederlande), Slg. 1991, I-4069, 4098, Rn. 34.

[14] EuGH, Rs. 155/73 (Sacchi), Slg. 1974, 409, 430, Rn. 14.

und bei der Beschaffung von Film- und Übertragungsrechten eine wirtschaftliche Tätigkeit aus.[15] Die Anstalten stehen bei ihrer erwerbswirtschaftlichen Betätigung im Wettbewerb mit dem privaten Rundfunksektor.[16] Sie weisen zudem eine organisatorische Selbstständigkeit auf. Die öffentlich-rechtlichen Rundfunkanstalten sind daher *Unternehmen* i.S.d. Art. 86 EG.

b) Dienstleistungen von allgemeinem wirtschaftlichem Interesse

Zudem müssten die öffentlich-rechtlichen Rundfunkanstalten mit Dienstleistungen von allgemeinem wirtschaftlichem Interesse i.S.d. Art. 86 Abs. 2 EG betraut sein.

Die Ausnahmevorschrift des Art. 86 Abs. 2 EG ist Ausdruck eines Kompromisses zwischen der Zielsetzung eines unverfälschten Wettbewerbs i.S.d. Art. 3 Abs. 1 lit. g) EG und der wirtschaftspolitischen Gestaltungskompetenz der Mitgliedstaaten.[17] Die Norm erlaubt es den Mitgliedstaaten, bestimmte Bereiche der Daseinsvorsorge den Wettbewerbsregeln und damit dem Markt zu entziehen. Durch den Amsterdamer Vertrag hat das Instrument der Gemeinwohlverpflichtung in Art. 16 EG sogar eine Absicherung und Aufwertung erfahren.[18] Den Mitgliedstaaten kommt somit ein weiter Ermessensspielraum bei der Konkretisierung der allgemeinen wirtschaftlichen Interessen zu.[19] Da es sich bei Art. 86 Abs. 2 EG aber um eine Norm handelt, welche die Anwendung der Vorschriften des Vertrages auf Unternehmen einschränkt, muss sie restriktiv ausgelegt werden.[20] Dies betrifft insbesondere auch die Begriffe „betraut" und „Dienstleistungen von allgemeinem wirtschaftlichem Interesse".[21]

---

[15] Koch, Möglichkeiten der Beteiligung, S. 104, Greissinger, Vorgaben des EG-Vertrages, S. 175.

[16] Oppermann, Deutsche Rundfunkgebühren, S. 51.

[17] Jung, in: Calliess/Ruffert, EU-/EG-Vertrag, Art. 86 EG, Rn. 34; v. Burchard, in: Schwarze, EU Kommentar, Art. 86 EG, Rn. 51; vgl. EuGH, Rs. 202/88 (Telekommunikations-Endgeräte), Slg. 1991, I-1223, 1263, Rn. 12.

[18] Jung, in: Calliess/Ruffert, EU-/EG-Vertrag, Art. 86 EG, Rn. 34; Kirchner, ZNER 2002, S. 199, 201; zur Geschichte des Art. 16 EG Schwarze, ZUM 2001, S. 334, 336 f.

[19] V. Burchard, in: Schwarze, EU Kommentar, Art. 86 EG, Rn. 63; Nicolaides, EStAL 2003, S. 183, 188.

[20] EuGH, Rs. 127/73 (BRT/SABAM und Fonior), Slg. 1974, 313, 318, Rn. 19/22; EuGH, Rs. C-242/95 (GT-Link), Slg. 1997, I-4449, 4469, Rn. 50; EuGH, Rs. C-159/94 (Kommission/Frankreich), Slg. 1997, I-5815, 5834, Rn. 53; EuGH, Rs. C-340/99 (TNT Traco), Slg. 2001, I-4109, 4162, Rn. 56; EuG, Rs. T-260/94 (Air Inter), Slg. 1997, II-997, 1042 f., Rn. 135, 138; EuG, Rs. T-106/95 (FFSA), Slg. 1997, II-229, 281, Rn. 173; vgl. Hochbaum, in: Schröter/Jakob/Mederer, Europäisches Wettbewerbsrecht, Art. 86 EG, Rn. 46; Jung, in: Calliess/Ruffert, EU-/EG-Vertrag, Art. 86 EG, Rn. 35; v. Burchard, in: Schwarze, EU Kommentar, Art. 86 EG, Rn. 61.

[21] Hochbaum, in: Schröter/Jakob/Mederer, Europäisches Wettbewerbsrecht, Art. 86 EG, Rn. 46.

Die europäischen Gerichte umschreiben den Begriff der „Dienstleistungen von allgemeinem wirtschaftlichem Interesse" als Leistungen „zugunsten sämtlicher Nutzer, im gesamten Hoheitsgebiet des betreffenden Mitgliedstaats, zu einheitlichen Gebühren und in gleichmäßiger Qualität sowie ohne Rücksicht auf Sonderfälle und auf die Wirtschaftlichkeit jedes einzelnen Vorgangs".[22] Es wird aber auch auf den Regelungsgrad und die Kontrolle durch öffentliche Behörden abgestellt.[23] Der Begriff ist jedenfalls unscharf und bedarf der näheren Konkretisierung.[24] Daher sollen die einzelnen Bestandteile des Begriffs im Folgenden erläutert werden.

aa) *Dienstleistung* von allgemeinem wirtschaftlichem Interesse

Der Begriff „Dienstleistung" in Art. 86 Abs. 2 EG betrifft nicht nur Dienstleistungen i.S.d. Art. 50 EG, sondern auch das Bereithalten, Bereitstellen und die Verteilung von Sachleistungen.[25] Das folgt schon aus dem französischen Begriff des „service public", der erheblich weiter gefasst ist.[26] Der Begriff „Dienstleistung" des Art. 86 Abs. 2 EG umfasst alle wirtschaftlichen Aktivitäten zur Sicherung von Infrastruktur und Daseinsvorsorge. Dazu zählen neben klassischen Dienstleistungen auch die Lieferung von Waren und sonstigen Sachleistungen, wie z.B. Energie.[27] Rundfunk stellt schon eine Dienstleistung i.S.d. Art. 50 EG dar.[28] Daher ist die wettbewerbsrelevante Tätigkeit im Rundfunksektor eine Dienstleistung i.S.d. Art. 86 Abs. 2 EG.[29]

bb) Dienstleistung von *allgemeinem* wirtschaftlichem *Interesse*

Der Begriff des Unternehmens i.S.d. Art. 86 Abs. 2 EG wird maßgeblich durch das Kriterium „allgemeines wirtschaftliches Interesse" bestimmt.[30] Es gibt auf

---

[22] EuGH, Rs. C-320/91 (Corbeau), Slg. 1993, I-2533, 2568, Rn. 15; EuG, Rs. T-528 u.a./93 (Métropole télévision), Slg. 1996, II-649, 690, Rn. 116; EuG, Rs. T-106/95 (FFSA), Slg. 1997, II-229, 254, Rn. 67; vgl. Jung, in: Calliess/Ruffert, EU-/EG-Vertrag, Art. 86 EG, Rn. 36.

[23] Buendia Sierra, Exclusive Rights and State Monopolies, S. 277.

[24] V. Burchard, in: Schwarze, EU Kommentar, Art. 86 EG, Rn. 63; ausführlich zu den verschiedenen Herangehensweisen Nicolaides, EStAL 2003, S. 183, 186 ff.

[25] Buendia Sierra, Exclusive Rights and State Monopolies, S. 277; Hochbaum, in: Schröter/Jakob/Mederer, Europäisches Wettbewerbsrecht, Art. 86 EG, Rn. 49.

[26] Hochbaum, in: Schröter/Jakob/Mederer, Europäisches Wettbewerbsrecht, Art. 86 EG, Rn. 49; vgl. dazu ausführlich Keller, Service public, S. 59 ff.

[27] Jung, in: Calliess/Ruffert, EU-/EG-Vertrag, Art. 86 EG, Rn. 36; Hasselmann, Ausschlusstatbestände, S. 159.

[28] Vgl. dazu oben Gliederungspunkt B.II.2.b)aa)(2).

[29] Hochbaum, in: Schröter/Jakob/Mederer, Europäisches Wettbewerbsrecht, Art. 86 EG, Rn. 50.

[30] Jung, in: Calliess/Ruffert, EU-/EG-Vertrag, Art. 86 EG, Rn. 36.

europarechtlicher Ebene keine exakte Definition dieses Begriffs.[31] Die Reichweite des Begriffs wird vielmehr durch die nationalen Rechtsordnungen festgelegt, denen dabei ein denkbar weiter Gestaltungsspielraum zukommt.[32] Deutlich hervorgehoben wird dies durch die Bestimmung des Art. 16 EG.[33] Dort heißt es:

„Unbeschadet der Artikel 73, 86 und 87 und in Anbetracht des Stellenwerts, den Dienste von allgemeinem wirtschaftlichem Interesse innerhalb der gemeinsamen Werte der Union einnehmen, sowie ihrer Bedeutung bei der Förderung des sozialen und territorialen Zusammenhalts tragen die Gemeinschaft und die Mitgliedstaaten im Rahmen ihrer jeweiligen Befugnisse im Anwendungsbereich dieses Vertrags dafür Sorge, daß die Grundsätze und Bedingungen für das Funktionieren dieser Dienste so gestaltet sind, daß sie ihren Aufgaben nachkommen können".[34]

Die Entscheidung der Mitgliedstaaten kann von Gemeinschaftsorganen und insbesondere der Kommission daher auch nur auf „offenkundige Fehler" hin überprüft werden.[35] Allerdings besteht bei einer zu großen Definitionsfreiheit der Mitgliedstaaten die Gefahr, dass diese selbst über die Reichweite der Ausnahmevorschrift des Art. 86 Abs. 2 EG und damit über den Geltungsbereich des Wettbewerbsrechts entscheiden.[36] Zudem sind die übergeordneten Definitionskriterien einheitlich dem Gemeinschaftsrecht zu entnehmen, da es sich bei den in den Art. 86 und 16 EG verwendeten Begriffen um solche des Gemeinschaftsrechts handelt.[37]

---

[31] Jung, in: Calliess/Ruffert, EU-/EG-Vertrag, Art. 86 EG, Rn. 37; sehr allgemein ist die Definition der Kommission in ihrer Mitteilung zu Leistungen der Daseinsvorsorge in Europa, ABl. EG Nr. C 17 v. 19.1.2001, S. 4, 23.

[32] Bavasso, ELRev. 2002, S. 340, 344.; Jung, in: Calliess/Ruffert, EU-/EG-Vertrag, Art. 86 EG, Rn. 37.

[33] Bavasso, ELRev. 2002, S. 340, 342; v. Burchard, in: Schwarze, EU Kommentar, Art. 86 EG, Rn. 55.

[34] Vgl. dazu auch den sonst weitgehend wortgleichen Art. III-6 des Entwurfs einer europäischen Verfassung, der durch einen S. 2 erweitert ist: „Diese Grundsätze und Bedingungen werden durch Europäische Gesetze festgelegt". Im Verfassungsentwurf werden Dienstleistungen von allgemeinem wirtschaftlichem Interesse zudem in Art. II-36 hervorgehoben.

[35] Jung, in: Calliess/Ruffert, EU-/EG-Vertrag, Art. 86 EG, Rn. 37; vgl. auch die Mitteilung der Kommission zu Leistungen der Daseinsvorsorge in Europa, ABl. EG Nr. C 17 v. 19.1.2001, S. 4, 8, Rn. 22.

[36] Buendia Sierra, Exclusive Rights and State Monopolies, S. 280.

[37] EuGH, Rs. 41/83 (Italienische Republik/Kommission), Slg. 1985, 873, Rn. 30; EuG, Rs. T-260/94 (Air Inter), Slg. 1997 II-997, Rn. 135; Jung, in: Calliess/Ruffert, EU-/EG-Vertrag, Art. 86 EG, Rn. 37.

(1) Eingrenzung

Zum einen wird die Definitionsfreiheit der Mitgliedstaaten dadurch eingegrenzt, dass die Dienstleistung nicht lediglich Einzelinteressen befriedigen darf.[38] Das Merkmal „allgemeiner Charakter" entfällt also, wenn die Dienstleistung nur im Interesse eines begrenzten Personenkreises erbracht wird.[39] Zum anderen muss es sich bei dem allgemeinen Interesse um ein öffentliches handeln,[40] d.h. es muss sich vom Interesse an anderen Tätigkeiten des Wirtschaftslebens besonders unterscheiden.[41] Sonst könnten derartige Dienstleistungen in jedem wirtschaftlichen Bereich existieren, obwohl sie gleich gut oder sogar besser durch den Wettbewerb des freien Markts hervorgebracht würden. Die Kommission betont, dass die Mitgliedstaaten dann befugt sind, Unternehmen mit Dienstleistungen von allgemeinem wirtschaftlichem Interesse zu beauftragen, wenn der Binnenmarkt nicht in der Lage ist, die gleichen Leistungen zu akzeptablen Preisen hervorzurufen.[42]

Nur in Ausnahmefällen führt die Konkurrenzsituation auf dem freien Markt dazu, dass einige Teile der Bevölkerung komplett von den Vorteilen einer am Markt dargebrachten Dienstleistung ausgeschlossen sind.[43] Ein Unternehmen, das Dienstleistungen von allgemeinem wirtschaftlichem Interesse anbietet, zeichnet in der Regel die Verpflichtung aus, seine Leistungen selbst dann anbieten zu müssen, wenn dies dem eigenen wirtschaftlichen Interesse entgegensteht.[44] Das Unternehmen, dessen Tätigkeit von allgemeinem Interesse eingestuft werden kann, ist nicht berechtigt einzig den Gewinn zu maximieren, sondern muss weitreichende, teilweise einer Gewinnmaximierung entgegenstehende Ziele verfolgen.[45]

Eine wichtige Gruppe von Dienstleistungen von allgemeinem wirtschaftlichem Interesse stellen Universaldienste dar. Diese Gruppe umfasst so verschiedene Bereiche wie die Einrichtung und Unterhaltung von öffentlichen Tele-

---

[38] EuGH, Rs. 127/73 (BRT/SABAM und Fonior), Slg. 1974, 313, 318, Rn. 23; vgl. Jung, in: Calliess/Ruffert, EU-/EG-Vertrag, Art. 86 EG, Rn. 38; v. Burchard, in: Schwarze, EU Kommentar, Art. 86 EG, Rn. 63.

[39] EuGH, Rs. 127/73 (BRT/SABAM und Fonior), Slg. 1974, 313, 318, Rn. 23; Hochbaum, in: Schröter/Jakob/Mederer, Europäisches Wettbewerbsrecht, Art. 86 EG, Rn. 51.

[40] V. Burchard, in: Schwarze, EU Kommentar, Art. 86, Rn. 63.

[41] EuGH, Rs. C-179/90 (Porto di Genova), Slg. 1991, I-5889, 5931, Rn. 27; vgl. v. Burchard, in: Schwarze, EU Kommentar, Art. 86 EG, Rn. 63.

[42] Mitteilung der Kommission zu Leistungen der Daseinsvorsorge in Europa, ABl. EG Nr. C 281 v. 26.9.1996, S. 3, 5, Rn. 15.

[43] Mitteilung der Kommission zu Leistungen der Daseinsvorsorge in Europa, ABl. EG Nr. C 281 v. 26.9.1996, S. 3, 5, Rn. 15.

[44] Hasselmann, Ausschlusstatbestände, S. 161.

[45] Eine Unternehmen, das Dienstleistungen von allgemeinem wirtschaftlichem Interesse anbietet, kann daher auch einem Kontrahierungszwang unterliegen.

kommunikationsnetzwerken[46], die Bedienung bestimmter Flugverbindungen[47] oder die Erbringung von Postdienstleistungen[48]. Einen Universaldienst zeichnet aus, dass der Dienst sämtlichen Nutzern im gesamten Staatsgebiet zu einheitlichen Gebühren und in gleichmäßiger Qualität zur Verfügung steht.[49] Die individuellen Belastungen für den Einzelnen sollten sich dabei nicht nach den tatsächlichen Kosten der einzelnen Erbringung richten.[50] So hat der EuGH in der Rechtssache „Corbeau" entschieden, dass die Belgische Post eine Dienstleistung von allgemeinem wirtschaftlichem Interesse anbietet.[51] In diesem Fall wurde die Dienstleistung für jedermann innerhalb des Mitgliedstaates erbracht, unabhängig davon, wie hoch die Kosten für die einzelne individuelle Erbringung der Dienstleistung waren.[52]

(2) Anwendung auf den Rundfunk

Die öffentlich-rechtlichen Rundfunkanstalten sind rechtlich verpflichtet, ein inhaltlich anspruchsvolles und thematisch ausgewogenes Rundfunkprogramm anzubieten. So heißt es beispielsweise in § 5 Abs. 1 S. 1 RfStV-NDR: „Der NDR hat den Rundfunkteilnehmern und Rundfunkteilnehmerinnen einen objektiven und umfassenden Überblick über das internationale, nationale und länderbezogene Geschehen in allen wesentlichen Lebensbereichen zu geben. Sein Programm soll der Information und Bildung sowie der Beratung und Unterhaltung dienen."[53] Die Herstellung und die Verbreitung eines qualitativ hochwertigen Rundfunkprogramms könnte den Anforderungen an ein „allgemeines Interesse" i.S.d. Art. 86 Abs. 2 EG genügen.[54]

Bei der Bestimmung, ob ein allgemeines wirtschaftliches Interesse i.S.d. Art. 86 Abs. 2 EG vorliegt, sind für den Rundfunkbereich die Ausführungen des Rundfunkprotokolls heranzuziehen. Wie oben ausgeführt ändert das Protokoll

---

[46] EuGH, Rs. C-18/88 (RTT), Slg. 1991, I-5941, 5979, Rn. 16.

[47] EuGH, Rs. 66/86 (Ahmed Saeed), Slg. 1989, 803, 853, Rn. 55.

[48] EuGH, Rs. C-320/91 (Corbeau), Slg. 1993, I-2533, 2568, Rn. 15.

[49] V. Burchard, in: Schwarze, EU Kommentar, Art. 86 EG, Rn. 67; vgl. zum Begriff des Unversaldienstes die Mitteilung der Kommission zu Leistungen der Daseinsvorsorge in Europa, ABl. EG Nr. C 281 v. 26.9.1996, S. 3, 6, Rn. 24.

[50] EuGH, Rs. C-393/92 (Almelo), Slg. 1994, I-1477, 1521, Rn. 48.

[51] EuGH, Rs. C-320/91 (Corbeau), Slg. 1993, I-2533, 2568, Rn. 15.

[52] Bartosch, ECLRev. 1999, S. 197, 201.

[53] Beauftragung erfolgt i.V.m. § 1 NDR-StV; ähnliche Formulierungen finden sich in den Vorschriften: § 6 i.V.m. § 1 MDR-StV; § 3 i.V.m. § 2 RadioBremenG; § 15 Saarländisches Mediengesetz; § 3 Abs. 1 und 5 SWR-StV; § 4 i.V.m. § 3 Abs. 1 WDRG; Art. 4 Abs. 1 i.V.m. Art. 2 BayRdfG; § 4 Abs. 1 – 5 RBB-StV; § 3 i.V.m. § 2 HessRdfG; vgl. auch § 1 ARD-StV und § 2 Abs. 1 ZDF-StV.

[54] Zu den Kriterien eines ausgewogenen Programms vgl. näher Born/Prosser, Modern Law Review 2001, S. 679 mit dem Begriff der „ethic of truth-telling"; O'Hagan/Jennings, Journal of Cultural Economics 2003, S. 31, 33 ff.

geltendes Recht nicht, es wird aber bei der näheren Ausgestaltung einzelner Normen berücksichtigt.[55] Im Rundfunkprotokoll wird insbesondere ausgeführt, dass „der öffentlich-rechtliche Rundfunk in den Mitgliedstaaten unmittelbar mit den demokratischen, sozialen und kulturellen Bedürfnissen jeder Gesellschaft sowie mit dem Erfordernis verknüpft ist, den Pluralismus in den Medien zu wahren."[56] Der Begriff des allgemeinen wirtschaftlichen Interesses i.S.d. Art. 86 Abs. 2 EG muss für den Rundfunkbereich protokoll-konform ausgelegt werden.[57] Die Festlegung und Ausgestaltung des Auftrags des öffentlich-rechtlichen Rundfunks ist nach dem Rundfunkprotokoll Sache der Mitgliedstaaten.[58] Die Kommission darf nur bei „offensichtlichen Fehlern" einschreiten.[59] Zudem wird durch das Protokoll betont, dass der Rundfunk kulturelle, soziale und demokratische Aufgaben zum Wohle der Allgemeinheit erfüllt. Die Rundfunkanstalten sind in der Lage, der Öffentlichkeit Programme von hoher Qualität anzubieten und ein großes Programmspektrum bereitzustellen, um die Gesellschaft insgesamt anzusprechen.[60] Es ist mithin europarechtlich anerkannt, dass die Dienstleistung „öffentlich-rechtlicher Rundfunk" grundsätzlich einem öffentlichen Interesse i.S.d. Art. 86 Abs. 2 EG dient.[61]

Diese Einschätzung hält auch einer konkreten Betrachtung des deutschen Modells des öffentlich-rechtlichen Rundfunks stand. So sind elementare Grundsätze, die für die Erbringung eines Universaldienstes gelten, auch beim öffentlich-rechtlichen Rundfunk in Deutschland gegeben. Der Empfang der öffentlich-rechtlichen Rundfunkprogramme wird jedem Nutzer zu gleichen und zu sozialverträglichen Preisen angeboten. Zudem ist der öffentlich-rechtliche Rundfunk im gesamten Bundesgebiet empfangbar. Das Programm der Rundfunkanstalten muss für die Allgemeinheit produziert und von dieser auch empfangbar sein. Einzelinteressen dürfen das Programm nicht dominieren. Sowohl das Programm als auch die Gremien der Rundfunkanstalten sollen einen Querschnitt der Gesellschaft repräsentieren, mithin die Interessen aller gesellschaftlich relevanten

---

[55] Ausführlich dazu oben Gliederungspunkt B.III.

[56] Protokoll über den öffentlich-rechtlichen Rundfunk in den Mitgliedstaaten zum Amsterdamer Vertrag, ABl. EG Nr. C 340 v. 10.1.1997, S. 109.

[57] So auch die Kommission in ihrer Entscheidung v. 24.2.1999, Nr. NN 70/98 (Kinderkanal/Phoenix), Tz. 6.1.2. (die ausführliche Entscheidungsbegründung wurde nicht veröffentlicht, kann aber bei der Kommission angefordert werden); ABl. EG Nr. C 238 v. 21.8.1999, S. 3; vgl. auch Schwarze, ZUM 2000, S. 779, 797.

[58] Hain, MMR 2001, S. 219, 222.

[59] Mitteilung der Kommission über die Anwendung der Vorschriften über Staatliche Beihilfen auf den öffentlich-rechtlichen Rundfunk, ABl. EG Nr. C 320 v. 15.11.2001, S. 5, 9, Rn. 36.

[60] So der Rat in seiner Entschließung v. 25.01.99, ABl. EG Nr. C 30 v. 5.2.1999, S. 5, Rn. 6 f.

[61] Diese Wertung wird auch deutlich in der Mitteilung der Kommission zu Leistungen der Daseinsvorsorge in Europa, ABl. EG Nr. C 17 v. 19.1.2001, S. 4, 17 f.; vgl. auch die Mitteilung der Kommission über die Anwendung der Vorschriften über Staatliche Beihilfen auf den öffentlich-rechtlichen Rundfunk, ABl. EG Nr. C 320 v. 15.11.2001, S. 5, Rn. 5 ff.

Gruppen berücksichtigen. Die Aufgabe des Rundfunks ist es, dem Einzelnen und den gesellschaftlichen Gruppen Gelegenheit zu meinungsbildendem Wirken zu geben und selbst an dem Prozess der Meinungsbildung beteiligt zu sein.[62] Damit befriedigt der öffentlich-rechtliche Rundfunk, als Dienstleistung der Sendeanstalten, nicht lediglich Partikularinteressen. Er wird im Interesse der Allgemeinheit erbracht.

Der öffentlich-rechtliche Rundfunk ist zudem eng mit kulturellen und sozialen Interessen verknüpft, da er die Bevölkerung mit wichtigen Informationen versorgen soll. Das Bundesverfassungsgericht hat den öffentlich-rechtlichen Rundfunk, wie er in der Form von Vollprogrammen dargebracht wird, als herausragend für die demokratische Ordnung befunden.[63] Dabei vollzieht sich nach Ansicht des Bundesverfassungsgerichts die Meinungsbildung nicht nur durch Nachrichtensendungen, politische Kommentare oder Senderreihen über Probleme der Vergangenheit oder der Zukunft, sondern ebenso in Hör- und Fernsehspielen, musikalischen Darbietungen oder Unterhaltungssendungen.[64] Der öffentlich-rechtliche Rundfunk hat mithin eine Schlüsselfunktion in einer demokratischen Gesellschaft inne.

Der öffentlich-rechtliche Rundfunk ist zudem von anderen Wettbewerbsleistungen unterscheidbar. Er ist insbesondere nicht auf dem freien Markt ohne staatliche Intervention realisierbar. Die Herstellung und Verbreitung eines ausgewogenen Programms müsste sich nämlich sonst entweder durch Werbung oder durch sonstige Einnahmen finanzieren lassen. Eine Finanzierung durch den Verkauf von Werbezeiten scheidet indes aus. Diese Finanzierungsform kann ein inhaltliches Abhängigkeitsverhältnis der Rundfunkanstalten von den werbenden Unternehmen bewirken. Ein durch Werbung finanziertes Programm muss zudem „massenattraktiv" sein, d.h. für hohe Einschaltquoten sorgen. Besteht ein solcher Zwang zur Massenattraktivität, ist die Ausgewogenheit des Programms gefährdet. Programmsegmente, die nur für eine Minderheit interessant sind, würden schlicht wegfallen.

Auch ein direkter Verkauf des Programms an die Nutzer (Pay-TV) kann kein ausgewogenes Programm hervorbringen, sondern verhindert dieses sogar. Würde ein Unternehmer ein derartiges Programm verkaufen wollen, müsste er ebenfalls für eine gewisse Massenattraktivität sorgen. Bei geringen Abonnentenzahlen bestünde die Gefahr, dass die Preise stark erhöht würden und damit nicht mehr akzeptabel und sozialverträglich wären. Die demokratische Funktion des öffentlich-rechtlichen Rundfunks kann somit ohne staatliche Intervention auf dem freien Markt nicht gewährleistet werden.[65] Bei der Herstellung und Verbrei-

---

[62] Storr, K&R 2002, S. 464, 471.
[63] BVerfGE 73, 118, 156 f.
[64] BVerfGE 73, 118, 152 unter Hinweis auf BVerfGE 59, 231, 257 f.
[65] So auch die Ausführungen des Rates in seiner Entschließung v. 25.01.99, ABl. EG Nr. C 30 v. 5.2.1999, S. 5, Rn. 5 f.

tung eines ausgewogenen Rundfunkprogramms handelt es sich daher um ein „meritorisches Gut".[66] Derartige Güter zeichnet aus, dass sie unter Marktbedingungen gar nicht oder zumindest nicht in der gewünschten Qualität zur Verfügung stehen.[67]

(3) Ergebnis

Indem die öffentlich-rechtlichen Rundfunkanstalten ein ausgewogenes Programm herstellen und verbreiten, erbringen sie mithin eine Dienstleistung von allgemeinem Interesse i.S.d. Art. 86 Abs. 2 EG.

cc) Dienstleistungen von allgemeinem *wirtschaftlichem* Interesse

Die Dienstleistung müsste zudem eine von wirtschaftlichem Interesse sein. Dadurch werden Unternehmen ausgeschlossen, die karitativen, sozialen oder kulturellen Zwecken dienen, zumindest insoweit, als sie mit ihrer Tätigkeit nicht in den Wettbewerb mit anderen Unternehmen treten.[68] Die Relevanz dieses Prüfungspunkts wird teilweise angezweifelt, da schon die Definition des Unternehmens Elemente des Wettbewerbs und damit wirtschaftliche Elemente enthält.[69] Für einen eingeschränkten Anwendungsbereich der Gruppe von Dienstleistungen von *nicht*-wirtschaftlichem Interesse sprechen auch die neueren Ausführungen der Kommission, in denen solche Tätigkeiten als hoheitliche dargestellt werden, die per se dem Staat vorbehalten sind.[70] Wegen der Staatsfreiheit[71] des Rundfunks käme dann aber eine Einordnung als *nicht*-wirtschaftlich für den öffentlich-rechtlichen Rundfunk nicht in Betracht. Die Kommission hat zudem ausdrücklich festgestellt, dass die öffentlich-rechtlichen Rundfunkanstalten in Deutschland einem wirtschaftlichen Interesse i.S.d. Art. 86 Abs. 2 EG dienen.[72]

---

[66] So auch Greissinger, Vorgaben des EG-Vertrages, S. 241.

[67] Holznagel/Vesting, Sparten- und Zielgruppenprogramme, S. 86; Zur Begriffsbestimmung Andel, Finanzarchiv 42 (1984), S. 630 ff. Zudem ist es schwer, den Marktpreis dieser Güter exakt zu bestimmen; vgl. ausführlich unten Gliederungspunkt C.II.2.a).

[68] Hochbaum, in: Schröter/Jakob/Mederer, Europäisches Wettbewerbsrecht, Art. 86 EG, Rn. 53; Jung, in: Calliess/Ruffert, EU-/EG-Vertrag, Art. 86, Rn. 38; Mitteilung der Kommission zu Leistungen der Daseinsvorsorge in Europa, ABl. EG Nr. C 17 v. 19.1.2001, S. 4, 9, Rn. 28; Mitteilung der Kommission zu Leistungen der Daseinsvorsorge in Europa, ABl. EG Nr. C 281 v. 26.9.1996, S. 3, 5, Rn. 18.

[69] Buendia Sierra, Exclusive Rights and State Monopolies, S. 277.

[70] Mitteilung der Kommission zu Leistungen der Daseinsvorsorge in Europa, ABl. EG Nr. C 17 v. 19.1.2001, S. 4, 9, Rn. 28.

[71] Vgl. dazu oben Gliederungspunkt B.I.1.e).; ausführlich unten Gliederungspunkt C.II.2.b)gg)(1).

[72] In ihrer Entscheidung v. 24.2.1999, Nr. NN 70/98 (Kinderkanal/Phoenix), Tz. 6.3. (die ausführliche Entscheidungsbegründung wurde nicht veröffentlicht, kann aber bei der Kommission beantragt werden); ABl. EG Nr. C 238 v. 21.8.1999, S. 3.

Wie oben schon dargestellt stehen die Anstalten jedenfalls bei ihrer erwerbswirtschaftlichen Betätigung im Wettbewerb mit dem privaten Rundfunksektor. Auch wenn der öffentlich-rechtliche Rundfunk eine geistig-kulturelle Betätigung innehat, so reicht dies nicht aus, die erhebliche ökonomische Seite der Rundfunktätigkeit auszuklammern.[73] Die öffentlich-rechtlichen Rundfunkanstalten erbringen damit auch eine Dienstleistung, die einem wirtschaftlichen Interesse dient.[74]

dd) Ergebnis

Die öffentlich-rechtlichen Rundfunkanstalten üben eine Dienstleistung von allgemeinem wirtschaftlichem Interesse i.S.d. Art. 86 Abs. 2 EG aus.

c) Betrauung

Zuletzt müssten die öffentlich-rechtlichen Rundfunkanstalten mit der Dienstleistung von allgemeinem wirtschaftlichem Interesse auch *betraut* sein.

Der Begriff „Betrauung"[75] bedeutet, dass der Mitgliedstaat einem Unternehmen eine Aufgabe im oben genannten Sinne kraft eines Hoheitsakts der öffentlichen Gewalt, also durch Gesetz oder sonstiges hoheitliches Handeln,[76] überträgt.[77] Eine bloße Erlaubnis erfüllt diese Voraussetzungen nicht, da ihr ein anderer rechtlicher Charakter als eine „Betrauung" innewohnt.[78] Bei der Frage, ob

---

[73] Oppermann, Deutsche Rundfunkgebühren, S. 56.

[74] So im Ergebnis auch Damm, Gebührenprivileg, S. 141 f.; Dörr/Cloß, ZUM 1996, S. 106, 109; Greissinger, Vorgaben des EG-Vertrages, S. 243, Oppermann, Deutsche Rundfunkgebühren, S. 56; Selmer/Gersdorf, Finanzierung des Rundfunks, S. 40 f.

[75] Eine Auslegung nach dem Wortlaut ist insoweit besonders problematisch, da das deutsche Wort rechtstechnisch stärker auf eine hoheitliche Bedeutung hinweist, als beispielsweise die französische („chargé") oder die englische Bezeichnung („entrusted"); vgl. Hochbaum, in: Schröter/Jakob/Mederer, Europäisches Wettbewerbsrecht, Art. 86 EG, Rn. 54.

[76] EuGH, Rs. 10/71 (Staatsanwaltschaft Luxemburg/Muller), Slg. 1971, 723, 730, Rn. 8/12; GA Mayras zu EuGH, Rs. 127/73 (BRT/SABAM und Fonior), Slg. 1974, 320, 327, Ziff. III.; EuGH, Rs. 66/86 (Ahmed Saeed) Slg. 1989, 803, 853, Rn. 55.

[77] EuGH, Rs. 10/71 (Staatsanwaltschaft Luxemburg/Muller), Slg. 1971, 723, 730, Rn. 8/12; EuGH, Rs. 127/73 (BRT/SABAM und Fonior), Slg. 1974, 313, 318, Rn. 19/22; EuGH, Rs. 172/80 (Züchner/Bayerische Vereinsbank), Slg. 1981, 2021, 2030, Rn. 7; EuGH, Rs. C-159/94 (Kommission/Frankreich), Slg. 1997, I-5815, 5836, Rn. 65; vgl. zu letzterer Entscheidung ausführlich Lecheler, EuZW 1998, S. 83, 83; ders./Gundel, RdE 1998, S. 92 ff.; vgl. allg. Hochbaum, in: Schröter/Jakob/Mederer, Europäisches Wettbewerbsrecht, Art. 86 EG, Rn. 54; Jung, in: Calliess/Ruffert, EU-/EG-Vertrag, Art. 86 EG, Rn. 39; v. Burchard, in: Schwarze, EU Kommentar, Art. 86 EG, Rn. 62.

[78] Hochbaum, in: Schröter/Jakob/Mederer, Europäisches Wettbewerbsrecht, Art. 86 EG, Rn. 54; v. Burchard, in: Schwarze, EU Kommentar, Art. 86 EG, Rn 62; Frey, Fernsehen und Pluralismus, S. 139.

ein ausreichender Betrauungsakt vorliegt, ist auf das nationale Recht abzustellen.[79] Wie dargelegt sind die Landesrundfunkanstalten und das ZDF durch gesetzliche Kernvorschriften dazu verpflichtet, ein ausgewogenes Programm darzubieten.[80] Die Vorschriften stellen zweifelsohne Hoheitsakte dar. Lediglich die hinreichende Exaktheit der Beauftragung könnte in Frage gestellt werden. Allerdings muss auch der Begriff der Betrauung protokoll-konform ausgelegt werden.[81] So genügt bei der Beauftragung mit „öffentlich-rechtlichem Rundfunk", also der Herstellung und Verbreitung eines ausgewogenen Programms, eine breitgefasste Definition.[82] Auch die Kommission hat in ihrer Entscheidung „Kinderkanal/Phoenix" für das deutsche Rundfunksystem festgestellt, dass einer zu exakten Auftragsausgestaltung die Staatsfreiheit des öffentlich-rechtlichen Rundfunks entgegensteht und im konkreten Fall eine ausreichende Betrauung angenommen.[83] Die öffentlich-rechtlichen Rundfunkanstalten sind somit mit einer Dienstleistung von allgemeinem wirtschaftlichem Interesse *betraut* worden.

An dieser Stelle reicht die Feststellung aus, dass die öffentlich-rechtlichen Rundfunkanstalten überhaupt mit einer Dienstleistung von allgemeinem wirtschaftlichem Interesse betraut worden sind. Die genaue Reichweite und der Umfang dieser Betrauung muss hier nicht untersucht werden. Ob also *alle* Aktivitäten der Rundfunkanstalten derartige Dienstleistungen darstellen, spielt bei der Einordnung als Unternehmen i.S.d. Art. 86 Abs. 2 EG keine Rolle. Die Transparenzrichtlinie soll gerade Unternehmen erfassen, die neben der Daseinsvorsorge auch in anderen Geschäftsbereichen tätig sind. Als Ergebnis bleibt festzuhalten, dass die Rundfunkanstalten (zumindest in Teilbereichen) eine Dienstleistung von allgemeinem wirtschaftlichem Interesse erbringen, mit der sie auch betraut wurden.

---

[79] Hochbaum, in: Schröter/Jakob/Mederer, Europäisches Wettbewerbsrecht, Art. 86 EG, Rn. 54.

[80] § 5 Abs. 1 i.V.m. § 1 NDR-StV; ähnliche Formulierungen finden sich in den Vorschriften: § 6 i.V.m. § 1 MDR-StV; § 3 i.V.m. § 2 RadioBremenG; § 15 Saarländisches Mediengesetz; § 3 Abs. 1 und 5 SWR-StV; § 4 i.V.m. § 3 Abs. 1 WDRG; Art. 4 Abs. 1 i.V.m. Art. 2 BayRdfG; § 4 Abs. 1 – 5 RBB-StV; § 3 i.V.m. § 2 HessRdfG; vgl. auch § 1 ARD-StV und § 2 Abs. 1 ZDF-StV.

[81] Hain, MMR 2001, S. 219, 222.

[82] Mitteilung der Kommission über die Anwendung der Vorschriften über Staatliche Beihilfen auf den öffentlich-rechtlichen Rundfunk, ABl. EG Nr. C 320 v. 15.11.2001, S. 5, 8, Rn. 33; Eberle, medialex 2002, S. 8, 9; Storr, K&R 2002, S. 464, 471; Schwarze, ZUM 2000, S. 779, 791.

[83] Entscheidung v. 24.2.1999, Nr. NN 70/98 (Kinderkanal/Phoenix), Tz. 6.3. (die ausführliche Entscheidungsbegründung wurde nicht veröffentlicht, kann aber bei der Kommission beantragt werden); ABl. EG Nr. C 238 v. 21.8.1999, S. 3; Einfluss der Staatsfreiheit hervorhebend Schneider-Freyermuth, ZUM 2000, S. 564, 568 f.

d) Weitere Prüfungspunkte

Die weiteren Prüfungspunkte im Rahmen des Art. 86 Abs. 2 EG, nämlich ob es anderweitig zu einer Verhinderung kommen würde und ob ein gegenläufiges Gemeinschaftsinteresse vorliegt, müssen an dieser Stelle nicht behandelt werden. Für die Anwendbarkeit der Transparenzrichtlinie auf die öffentlich-rechtlichen Rundfunkanstalten reicht es aus, dass diese *Unternehmen* i.S.d. Art. 86 Abs. 2 EG sind. Das Vorliegen weiterer Tatbestandsvoraussetzungen des Art. 86 Abs. 2 EG ist für die Bejahung der Unternehmensqualität nicht erforderlich.

e) Ergebnis

Die öffentlich-rechtlichen Rundfunkanstalten sind Unternehmen, die mit einer Dienstleistung von allgemeinem wirtschaftlichem Interesse betraut wurden. Sie stellen also Unternehmen i.S.d. Art. 86 Abs. 2 EG dar.[84]

2. Unternehmen i.S.d. Art. 86 Abs. 1 EG

Bei den öffentlich-rechtlichen Rundfunkanstalten könnte es sich zudem um Unternehmen handeln, denen vom deutschen Staat besondere oder ausschließliche Rechte i.S.d. Art. 86 Abs. 1 EG gewährt werden. Dass sie schon Unternehmen i.S.d. Art. 86 Abs. 2 EG sind, steht einem solchen Ergebnis jedenfalls nicht von vornherein entgegen, sondern es sind Fälle denkbar, bei denen sowohl Art. 86 Abs. 1 als auch Abs. 2 EG nebeneinander einschlägig sind.[85]

a) ausschließliche Rechte

Die öffentlich-rechtlichen Rundfunkanstalten könnten „ausschließliche" Rechte i.S.d. des Art. 86 Abs. 1 EG innehaben. Zunächst ist fraglich, welche Definition des Begriffs „ausschließliche Rechte", der sowohl in Art. 86 Abs. 1 EG als auch im Rahmen der Transparenzrichtlinie auftaucht, verwendet werden muss. In Art. 2 Abs. 1 lit. f) TranspRL werden ausschließliche Rechte definiert als "Rechte, die ein Mitgliedstaat einem Unternehmen durch Rechts- oder Verwaltungsvorschriften gewährt, wenn der Mitgliedstaat die Leistung eines Dienstes oder einer Tätigkeit in einem bestimmten Gebiet einem einzigen Unternehmen vorbehält". Der EuGH hat mehrfach in seinen Entscheidungen zur Transparenzrichtlinie die Definition des „öffentlichen Unternehmens" der Richtlinie verwendet, ohne auf

---

[84] Vgl. EuGH, Rs. 155/73 (Sacchi), Slg. 1974, 409, 430, Rn. 14; EuGH, Rs. 311/84 (Télémarketing), Slg. 1985, 3261, 3275, Rn. 17; Jung, in: Calliess/Ruffert, EU-/EG-Vertrag, Art. 86 EG, Rn. 40; Scheble, Perspektiven der Grundversorgung, S. 294; v. Burchard, in: Schwarze, EU Kommentar, Art. 86 EG, Rn. 65.

[85] Bolsenkötter, ZögU 2001, S. 204, 211.

eine allgemeine Definition zurückzugreifen.[86] Nichts anderes kann für den Begriff der „ausschließlichen Rechte" gelten. Im Rahmen der Transparenzrichtlinie werden Rechtsbegriffe durch die Definitionen der Richtlinie bestimmt.[87] Ein Rückgriff auf die Begriffsbestimmungen der Richtlinie wäre nur dann unzulässig, wenn die Kommission ihr durch Art. 86 Abs. 3 EG eingeräumtes Ermessen überschritten hätte. Die Anknüpfung an das Verhalten des Mitgliedstaates, einem Unternehmen die Leistung eines Dienstes oder einer Tätigkeit in einem bestimmten Gebiet vorzubehalten, erscheint aber sachgerecht. Bei der notwendigen Umschreibung des Anwendungsbereichs der Richtlinie durch die Definition des Begriffs der „ausschließlichen Rechte" hat die Kommission damit nicht ihr Ermessen überschritten.[88]

Den öffentlich-rechtlichen Rundfunkanstalten müsste die Leistung eines Dienstes oder einer Tätigkeit in einem bestimmten Gebiet vorbehalten sein.[89] Der EuGH hat in seiner Entscheidung „Sacchi" angenommen, dass das Recht zu Ausstrahlung von Fernsehsendungen ein ausschließliches Recht darstellt.[90] Damals gab es aber noch keinen Wettbewerb im Rundfunkbereich und die öffentlich-rechtlichen Rundfunkanstalten hatten ein Sendemonopol inne. Durch die Zulassung von Wettbewerb im Rundfunkbereich ist dieses Monopol beendet worden. Den öffentlich-rechtlichen Rundfunkanstalten sind nun weder bestimmte Dienste noch bestimmte Tätigkeiten allein vorbehalten. Es werden ihnen damit keine ausschließlichen Rechte gewährt.[91]

b) besondere Rechte

Die Rundfunkanstalten könnten aber Unternehmen sein, denen „besondere Rechte" gewährt werden. In Art. 2 Abs. 1 lit. g) TranspRL werden „besondere Rechte" definiert als „Rechte, die ein Mitgliedstaat durch Rechts- oder Verwaltungsvorschriften einer begrenzten Zahl von Unternehmen in einem bestimmten Gebiet gewährt". Zudem muss eine von drei weiteren Voraussetzungen gegeben

---

[86] EuGH, Rs. 188-190/80 (Frankreich, Italien und Vereinigtes Königreich/Kommission), Slg. 1982, 2545, 2578, Rn. 23 und 26; EuGH, Rs. 118/85 (Kommission/Italien), Slg. 1987, 2599, 2621, Rn. 5 f.

[87] So auch Schröder, ZUM 2000, S. 209, 220.

[88] Für den Begriff „öffentliches Unternehmen" vgl. EuGH, Rs. 188-190/80 (Frankreich, Italien und Vereinigtes Königreich/Kommission), Slg. 1982, 2545, 2579, Rn. 26.

[89] Vgl. den Wortlaut des Art. 2 Abs. 1 lit. f) TranspRL.

[90] EuGH, Rs. 155/73 (Sacchi), Slg. 1974, 409, 430, Rn. 14.

[91] In jedem Fall erscheint es als zu eng und dem wettbewerbsrechtlichen Verständnis nicht gerecht werdend, hier auf die Tätigkeit der Herstellung und Verbreitung eines ausgewogenen Programms abzustellen. Überdies sind teilweise auch private Anbieter qualitativen Verpflichtungen unterworfen; vgl. die Bestimmungen des § 25 RfStV; §§ 13, 14 ThürRdfG; § 6 Abs. 1 MedG BW.

sein.[92] So liegen „besondere Rechte" dann vor, wenn der Staat die Zahl der Unternehmen auf zwei oder mehrere begrenzt oder mehrere konkurrierende Unternehmen bestimmt, um eine Leistung zu erbringen oder eine Tätigkeit zu betreiben. Diese ersten beiden Voraussetzungen scheiden für den Bereich des Rundfunks aus, da zahlreiche Unternehmen untereinander konkurrieren und der Staat die Zahl auch nicht künstlich begrenzt.[93] In Betracht kommt aber die dritte Voraussetzung. Besondere Rechte liegen danach dann vor, wenn der Staat einem oder mehreren Unternehmen nach anderen als objektiven, angemessenen und nicht diskriminierenden Kriterien besondere Vorteile einräumt, welche die Fähigkeit anderer Unternehmen, die gleiche Tätigkeit in demselben Gebiet unter wesentlich gleichen Bedingungen zu leisten, wesentlich beeinträchtigen.[94]

aa) Begrenzte Unternehmenszahl

Zunächst müsste eine begrenzte Zahl von Unternehmen als Privilegierte in Frage kommen. Dies ist zu bejahen. Bei den öffentlich-rechtlichen Rundfunkanstalten handelt es sich um Unternehmen (s.o.), deren Zahl begrenzt ist.

bb) Einräumung besonderer Vorteile

Weiter müsste der Mitgliedstaat diesen Unternehmen durch Rechts- oder Verwaltungsvorschriften besondere Vorteile in einem bestimmten Gebiet gewähren.[95] Als Vorteil ist hier insbesondere an die gesetzliche Einordnung als Gebührengläubiger i.S.d. Rundfunkgebührenstaatsvertrags zu denken.[96] Der Begriff „besondere Vorteile" wird in der Transparenzrichtlinie nicht zusätzlich definiert. Die Auslegung des Wortlauts hilft nur bedingt weiter. Während der Terminus „Vorteil" eher für ein weites Anwendungsfeld spricht, engt das Wort „besondere" den Anwendungsbereich wieder ein. Der Empfang der Rundfunkgebühr könnte also zunächst als „besonderer Vorteil" i.S.d. Transparenzrichtlinie angesehen werden, welcher durch Rechtsvorschrift[97] gewährt wurde.[98]

---

[92] Es liegen keine Anhaltspunkte vor, dass die Kommission ihre Definitionsbefugnis aus Art. 86 Abs. 3 EG bei der Definition der „besonderen Rechte" in Art. 2 Abs. 1 lit. g) TranspRL überschritten hat.

[93] So auch Storr, K&R 2002, S. 464, 466.

[94] Zudem müssen die obengenannten Kriterien vorliegen, es muss sich also um Rechte handeln, die ein Mitgliedstaat durch Rechts- und Verwaltungsvorschriften einer begrenzten Zahl von Unternehmen in einem bestimmten Gebiet gewährt.

[95] Ob „Gebiet" sich auf den Ort (also Deutschland) oder die Sache (also Rundfunk) bezieht ist unerheblich, da beim öffentlich-rechtlichen Rundfunk beides gegeben ist.

[96] Vgl. Bullinger/Mestmäcker, Multimediadienste, S. 92; Storr, K&R 2002, S. 464, 467.

[97] § 7 RfGebStV, § 9 RfFinStV.

[98] So Bullinger/Mestmäcker, Multimediadienste, S. 92.

Systematische Überlegungen sprechen aber gegen ein weites Verständnis des Begriffs des „besonderen Vorteils" i.S.d. Transparenzrichtlinie. Nähme man die Existenz besonderer Vorteile in allen Konstellationen staatlicher Vorteilsgewährungen an, dann wäre damit der Anwendungsbereich der Transparenzrichtlinie uferlos. Betraut der Staat ein Unternehmen mit Dienstleistungen i.S.d. Art. 86 Abs. 2 EG und „bezahlt" das Unternehmen dafür, kann hierin nicht schon ein besonderer Vorteil gesehen werden. Ansonsten wären Art. 86 Abs. 1 und Abs. 2 EG kongruent. Die Unterscheidung, welche die Richtlinie zwischen beiden Konstellationen trifft, wäre dann aber hinfällig. Das wäre widersinnig, da für eine Anwendbarkeit der Richtlinie im Falle des Art. 86 Abs. 2 EG noch die staatliche Zahlung einer Beihilfe hinzukommen muss.[99]

Die Auffassung, dass Betraute nach Art. 86 Abs. 2 EG fast immer Unternehmen auch i.S.d. Abs. 1 seien,[100] wurde durch die unterschiedlichen Liberalisierungsprozesse in der Gemeinschaft überholt.[101] Bei den meisten Unternehmen der Daseinsvorsorge, so auch bei den öffentlich-rechtlichen Rundfunkanstalten, handelt es sich um ehemalige Monopolisten. Diese hatten vor Öffnung des Wettbewerbs ausschließliche Rechte i.S.d. Art. 86 Abs. 1 EG inne. Würden durch die Öffnung der Märkte sämtliche ehemaligen ausschließlichen in neue besondere Rechte transformiert, so käme es zu einer zeitlich nicht begrenzten Ausdehnung der Kompetenz der Kommission nach Art. 86 Abs. 3 EG.[102] Ehemalige Sonderrechtsträger, die nunmehr Aufgaben der Daseinsvorsorge zu erbringen haben, sind ausschließlich als Unternehmen i.S.d. Abs. 2, nicht dagegen i.S.d. Abs. 1 des Art. 86 zu sehen.[103] Im Übrigen werden in Art. 86 Abs. 1 EG Unternehmen, denen besondere Rechte gewährt werden, mit öffentlichen Unternehmen gleichgestellt. Es liegt daher nahe, als zusätzliches Qualifikationsmerkmal der „besonderen Rechte" und damit des „besonderen Vorteils" eine gewisse Abhängigkeit zum Staat zu verlangen.[104] Am Vorliegen eines Abhän-

---

[99] Zudem entfällt bei einer Bejahung des Art. 86 Abs. 1 EG die Ausschlussmöglichkeit des Art. 4 Abs. 2 lit. c) der Richtlinie.

[100] So aber: Hochbaum, in: Schröter/Jakob/Mederer, Europäisches Wettbewerbsrecht, Art. 86 EG, Rn. 46.

[101] Bartosch, ZIP 1999, S. 1787, 1791; vgl. Mestmäcker, in Immenga/Mestmäcker, EG-Wettbewerbsrecht, Art. 37, 90 EG, Rn. 26: „Vielmehr sind die Tatbestandsmerkmale der beiden Vorschriften (Abs. 1 und 2) verschieden und gesondert zu prüfen".

[102] Bartosch, EuZW 2000, 333, 333 f.; ders., NJW 1999, 3750, 3752; ders., ZIP 1999, 1787, 1789.

[103] Bartosch, ZIP 1999, S. 1787, 1792; in diesem Sinne kann auch der 2. Erwägungsgrund der Änderungsrichtlinie gelesen werden, in dem es heißt: „gewähren die Mitgliedstaaten häufig einzelnen Unternehmen besondere oder ausschließliche Rechte, *oder* sie leisten Zahlungen oder eine andere Art des Ausgleichs an Unternehmen, die mit der Erbringung von allgemeinem wirtschaftlichem Interesse betraut sind." (Hervorhebung durch den Verfasser).

[104] Jung, in: Calliess/Ruffert, EU-/EG-Vertrag, Art. 86 EG, Rn. 14.

gigkeitsverhältnisses kann aber im Falle des öffentlich-rechtlichen Rundfunks gezweifelt werden, da er staatsfrei organisiert ist.[105]

3. Ergebnis

Den öffentlich-rechtlichen Rundfunkanstalten werden schon keine besonderen Vorteile i.S.d. Art. 2 Abs. 1 lit. g) TranspRL gewährt. An den Begriff der „besonderen Vorteile" sind hohe Anforderungen zu stellen, da im Falle eines Unternehmens, das besondere Rechte innehat, die Transparenzrichtlinie auf dieses anwendbar ist, ohne dass weitere Voraussetzungen zu prüfen sind. Nähme man besondere Vorteile aber schon bei jedweder Form von staatlichen Zahlungen an, würde die Unterscheidung, welche die Richtlinie zwischen Unternehmen i.S.d. Art. 86 Abs. 1 und i.S.d. Abs. 2 EG trifft, hinfällig. Die Gewährung von Ausgleichszahlungen, also Zahlungen, die der Staat Unternehmen für die Erbringung bestimmter Dienste leistet, stellt damit keine Einräumung besonderer Vorteile i.S.d. Art. 2 Abs. 1 lit. g) TranspRL dar. Wie oben gezeigt erbringen die öffentlich-rechtlichen Rundfunkanstalten Dienstleistungen von allgemeinem wirtschaftlichem Interesse. Sie erhalten dafür vom Staat eine Vergütung. Die Rundfunkanstalten sind daher Unternehmen i.S.d. Art. 86 Abs. 2 EG und nicht zusätzlich solche i.S.d. Art. 86 Abs. 1 EG.[106]

---

[105] Zum Begriff der Staatsfreiheit vgl. schon oben Gliederungspunkte B.I.1.e).

[106] Diese Auffassung teilt auch die Kommission in ihrem Non-Paper über Dienste von allgemeinem wirtschaftlichem Interesse und staatliche Beihilfen v. 12.11.2002, Rn. 79 f. und Umkehrschluss aus Rn. 81 („Eine andere Form der Finanzierung"); abrufbar unter: http://europa.eu.int/comm/competition/state_aid/others/1759_sieg_de.pdf.

II. Erhalt von staatlichen Beihilfen

1. Einführung

Da die öffentlich-rechtlichen Rundfunkanstalten Unternehmen i.S.d. Art. 86 Abs. 2 EG sind, ist die Transparenzrichtlinie gemäß der Art. 1 Abs. 2 i.V.m. Art. 2 Abs. 1 lit. d) TranspRL auf die öffentlich-rechtlichen Rundfunkanstalten nur dann anwendbar, wenn diese staatliche Beihilfen empfangen, sie in verschiedenen Geschäftsbereichen tätig sind und keine Ausnahmevorschrift der Richtlinie eingreift. Die Anstalten müssten also zunächst für die Dienstleistungen, die sie erbringen, „staatliche Beihilfen in jedweder Form einschließlich Geld- und Ausgleichsleistungen" erhalten.[107]

a) Beihilfebegriff des Art. 2 Abs. 1 lit. d) TranspRL

Überwiegend wird in dieser Normierung eine Kongruenz zu der Bestimmung des Art. 87 Abs. 1 EG gesehen, welcher „Beihilfen gleich welcher Art" sanktioniert.[108] Die Formulierungen in beiden Normen stimmen indes nicht überein. Fraglich ist daher, ob der Beihilfebegriff der Transparenzrichtlinie weiter gefasst ist als der des EG-Vertrages. Art. 2 Abs. 1 lit. d) TranspRL fordert, dass das Unternehmen: „für diese Dienstleistungen staatliche Beihilfen in jedweder Form *einschließlich Geld- und Ausgleichsleistungen* erhält".[109] Art. 87 Abs. 1 EG umfasst zwar auch „Beihilfen gleich welcher Art", was der Formulierung „in jedweder Form" sehr nahe kommt. Einen Zusatz, der „Ausgleichsleistungen" umfasst, sucht man aber vergebens.

Die dogmatische Einordnung von „Ausgleichsleistungen", insbesondere derjenigen, welche für gemeinwohlorientierte Pflichten gezahlt werden, ist im Rahmen des Art. 87 Abs. 1 EG dogmatisch höchst umstritten.[110] Eine unterschiedliche Definitionsreichweite von Art. 87 Abs. 1 EG einerseits und der des Art. 2 Abs. 1 lit. d) TranspRL andererseits hätte daher deutliche Auswirkungen. So könnten Ausgleichszahlungen im Fall des Art. 87 Abs. 1 EG tatbestandlich keine Beihilfen darstellen und daher der Kontrolle durch die Kommission entzogen sein; dieselben Zahlungen müssten aber dennoch in getrennter Buchführung aufgelistet sein.

---

[107] Vgl. den Wortlaut des Art. 2 Abs. 1 lit. d) TranspRL; zur geplanten erneuten Änderung der Transparenzrichtlinie sogleich Gliederungspunkt C.II.1.a) am Ende.

[108] So Eberle, in: ders./Ibler/Lorenz, FS Brohm, S. 58; Hain, MMR 2001, S. 219, 221; Trzaskalik, Transparenzpflichten des Rundfunks, S. 15-17; allerdings jeweils ohne auf die Problematik gesondert einzugehen.

[109] Hervorhebung durch den Verfasser.

[110] Zur dogmatischen Einordnung von Ausgleichszahlungen vgl. ausführlich unten Gliederungspunkt C.II.2.a)cc).

Der unterschiedliche Wortlaut beider Bestimmungen legt die Möglichkeit unterschiedlicher Definitionsreichweiten zumindest nahe, da Ausgleichsleistungen in den Anwendungsbereich der Transparenzrichtlinie ausdrücklich eingeschlossen sind. Auch der EG-Vertrag kennt verschiedene Beihilfebegriffe. So werden in Art. 73 EG Ausgleichszahlungen, die der „Abgeltung bestimmter [...] Leistungen entsprechen" im Verkehrssektor ausdrücklich in den Beihilfebegriff eingeschlossen.[111] Zudem wird in der Transparenzrichtlinie beim Begriff der Beihilfe nicht auf Art. 87 Abs. 1 EG verwiesen, während dies bei den Begriffen „ausschließliche und besondere Rechte" mit einem Verweis auf Art. 86 Abs. 1 EG der Fall ist.[112] Die Richtlinienkompetenz des Art. 86 Abs. 3 EG würde jedenfalls auch Regelungen von Buchführungspflichten für Zahlungen umfassen, die keine Beihilfen i.S.d. Art. 87 Abs. 1 EG darstellen, solange Unternehmen i.S.d. Art. 86 Abs. 1 oder Abs. 2 EG betroffen sind. Die getrennte Buchführung soll ja gerade erst zur Ermöglichung der Beurteilung beitragen, inwieweit eine Zahlung mit den Beihilferegeln vereinbar ist.[113]

Gewichtige Argumente sprechen aber gegen das Vorliegen unterschiedlicher Definitionsreichweiten. Schon in der Transparenzrichtlinie selbst wird kein einheitlicher Beihilfebegriff verwendet. So findet sich neben der Formulierung „einschließlich *Geld*- und Ausgleichs*zahlungen*" des Art. 2 Abs. 1 lit. d) TranspRL auch die Fassung „einschließlich *Zuschüssen, Unterstützung* und Ausgleichs*leistungen*" des Art. 4 lit. c) TranspRL.[114] Daraus kann gefolgert werden, dass die Formulierung in Art. 2 Abs. 1 lit. d) TranspRL etwas unbedacht verwendet wurde und eben keine Erweiterung des Beihilfebegriffs intendiert war. Dafür spricht auch, dass in der Transparenzrichtlinie nur von „staatlichen Beihilfen" gesprochen wird. Es kann aber nicht davon ausgegangen werden, dass die wichtigen Anwendungsfälle von Zahlungen „aus staatlichen Mitteln" des Art. 87 Abs. 1 EG von der Transparenzrichtlinie nicht erfasst werden sollten.

Einer beabsichtigten Erweiterung des Beihilfebegriffs stehen auch systematische Überlegungen entgegen. Wollte die Kommission von der allgemeinen Definition des Begriffs „Beihilfe" i.S.d. Art. 87 Abs. 1 EG abrücken, hätte es nahegelegen, ausdrücklich eine Definition in den Art. 2 TranspRL aufzunehmen.[115] In ihrer Rundfunkmitteilung verwendet die Kommission die Formulierung

---

[111] Vgl. GA Léger in seinen zweiten Schlussanträgen, Rs. 280/00 (Altmark Trans), Slg. 2003, I-7788, 7797 f., Rn. 44 und 47.

[112] Art. 2 Abs. 1 lit. d) TranspRL; vgl. dazu die Begründung zum Gesetzentwurf der Bundesregierung, BR-Drs. 335/01, S. 9.

[113] In diese Richtung geht auch die Argumentation von Hain, MMR 2001, 219, 221, Fn. 28, der aber noch ohne Kenntnis neuerer Rechtsprechung von einem weiten Begriff der Beihilfe in Art. 87 Abs. 1 EG ausgeht.

[114] Hervorhebungen jeweils durch den Verfasser.

[115] So der Fall bei Begriffen wie „staatliches Unternehmen" oder „besondere Rechte".

„staatliche Beihilfen gleich welcher Art" ohne den Zusatz „einschließlich Geld-
und Ausgleichszahlungen", obschon sie dort den Pflichtenkatalog der Transparenzrichtlinie darstellt.[116] Daraus kann gefolgert werden, dass die Kommission
keinen von Art. 87 Abs. 1 EG abweichenden Begriff der Beihilfe einführen
wollte. In der Formulierung des Art. 2 Abs. 1 lit. d) TranspRL spiegelt sich
vielmehr das Beihilfeverständnis der Kommission zur Zeit des Erlasses der
Transparenzrichtlinie wider.[117] Die Beihilfebegriffe des Art. 2 Abs. 1 lit. d)
TranspRL und des Art. 87 Abs. 1 EG sind somit kongruent. Bei der Untersuchung, ob die Finanzierungsmodalitäten der Rundfunkanstalten Beihilfen i.S.d.
Art. 2 Abs. 1 lit. d) TranspRL sind, kann somit auf den Begriff der Beihilfe, wie
er von Literatur und Rechtsprechung zu Art. 87 Abs. 1 EG entwickelt wurde,
zurückgegriffen werden.

Die Kommission plant für das Jahr 2005 eine erneute Änderung der Transparenzrichtlinie.[118] Sie will damit einen eigenen Begriff staatlicher Zuwendungen
einführen.[119] Der Tatbestand des Art. 2 Abs. 1 lit. d) TranspRL soll dann an das
Vorliegen einer „Vergütung in unterschiedlicher Form" im Zusammenhang mit
einer Dienstleistung anknüpfen.[120] Die Kommission müsste aber selbst nach
einer solchen Änderung bei der Prüfung, ob eine derartige Vergütung vorliegt,
auf Elemente des Beihilfebegriffs i.S.d. Art. 87 Abs. 1 EG zurückgreifen. Es
wäre durch die Änderung weder intendiert noch von der Kompetenz der Kommission gedeckt, wenn der Begriff der „Vergütung in unterschiedlicher Form"
z.B. nicht auch das Erfordernis der Staatlichkeit der Zuwendung beinhalten
würde.[121] Insoweit ist es selbst bei einem von der Kommission neu eingeführten
Begriff sinnvoll, staatliche Zuwendungen zunächst anhand der Kriterien des Art.
87 Abs. 1 EG zu prüfen. Erfüllen fragliche Zuwendungen schon diesen Tatbestand, so unterliegen sie in jedem Fall auch dem im Anwendungsbereich weiteren Begriff der „Vergütung in unterschiedlicher Form".[122]

---

[116] Mitteilung der Kommission über die Anwendung der Vorschriften über Staatliche Beihilfen auf den öffentlich-rechtlichen Rundfunk, ABl. EG Nr. C 320 v. 15.11.2001, S. 5, 10, Rn.
51.
[117] So auch Gundel, RIW 2002, S. 222, 226; Nettesheim, EWS 2002, S. 253, 259; zu diesem
Verständnis ausführlich Trzaskalik, Transparenzpflichten des Rundfunks, S. 9-11.
[118] S. den Entwurf einer Richtlinie zur Änderung der Richtlinie 80/723/EWG, abrufbar unter:
http://www.europa.eu.int/comm/competition/state_aid/others/interest/directive_de.pdf; dazu
AfP 2004, S 109.
[119] Vgl. dazu unten Gliederungspunkt D.II.1.
[120] Dazu unten Gliederungspunkt C.II.1.a).
[121] Vgl. zum Erfordernis der Staatlichkeit i.S.d. Art. 87 Abs. 1 EG ausführlich unten
Gliederungspunkt C.II.2.b).
[122] Problematisch bei der Einführung einer neuen Begrifflichkeit durch die Kommission ist,
dass diese von der bisher zum Art. 87 Abs. 1 EG entwickelten Rechtsprechung der europäischen Gerichte losgelöst ist und damit als rechtsunsicher gelten kann.

b) Allgemeine Begriffsmerkmale der Beihilfe i.S.d. Art. 87 Abs. 1 EG

Das Beihilfeverbot des Art. 87 Abs. 1 EG ist eines der zentralen Instrumente des EG-Vertrags zum Schutze des Wettbewerbs.[123] Der Begriff der Subvention wird vom Beihilfebegriff mit umfasst.[124] Daran ist trotz der missverständlichen Formulierung in Art. 4 lit. c) EGKS („Subventionen *oder* Beihilfen")[125] festzuhalten.[126] Dem Begriff der Beihilfe kommt wesentliche Bedeutung zu, da die auf das Vorliegen einer Beihilfe fußenden Art. 87 bis 89 EG die mitgliedstaatliche Souveränität und den wirtschaftspolitischen Handlungsspielraum der Mitgliedstaaten beschränken.[127]

Der Begriff der Beihilfe wurde weder durch den EG-Vertrag oder durch Sekundärrecht, noch durch den EuGH definiert.[128] Der Begriff ist aber nach allgemeiner Ansicht weit auszulegen.[129] Eine abschließende Erfassung sämtlicher Beihilfetatbestände würde leicht zu einer unzulässigen Verengung des Beihilfebegriffs führen.[130] Neben „klassischen Beihilfeformen" wie direkten Zuwendungen oder Bürgschaften, umfasst der Begriff auch komplexere Sachverhalte, wie den Verkauf verbilligter Grundstücke, die einseitige Vergabe von Aufträgen oder den Erlass von begünstigenden Steuergesetzen.[131]

Eine Beihilfe ist eine Maßnahme, die gleich in welcher Form (Tun oder Unterlassen) die Belastungen verringern, die ein Unternehmen unter Marktbedingungen zu tragen hätte.[132] Ein wesentliches Merkmal der Beihilfe ist ihre Einseitigkeit, d.h. die fehlende marktübliche Gegenleistung des Begünstigten.[133] Die Qualifizierung einer Maßnahme als Beihilfe richtet sich daher nicht nach Gründen oder Zielen ihrer Gewährung, sondern ausschließlich nach ihrer Wirkung.[134] Das Unternehmen muss durch die Maßnahme begünstigt werden. Aus dem Wortlaut des Art. 87 Abs. 1 EG lassen sich für die Prüfung, ob eine Maßnahme

---

[123] Dörr, K&R 2001, S. 233, 235.

[124] Cremer, in: Calliess/Ruffert, EU-/EG-Vertrag, Art. 87 EG, Rn. 7; Sánchez Rydelski, Handbuch EU Beihilfenrecht, S. 56.

[125] Hervorhebung durch Verfasser; der EGKS-Vertrag ist mit dem Ablauf seiner fünfzigjährigen Geltungsdauer am 23. Juli 2002 außer Kraft getreten.

[126] Oppermann, Europarecht, Rn. 1111.

[127] Bär-Bouyssière, in: Schwarze, EU-Kommentar, Art. 87 EG, Rn. 26.

[128] Martínez Soria, DVBl. 2001, S. 882, 882.

[129] Cremer, in: Calliess/Ruffert, EU-/EG-Vertrag, Art. 87 EG, Rn. 7.

[130] Cremer, in: Calliess/Ruffert, EU-/EG-Vertrag, Art. 87 EG, Rn. 7; Sánchez Rydelski, Handbuch EU Beihilfenrecht, S. 57.

[131] Bär-Bouyssière, in: Schwarze, EU-Kommentar, Art. 87 EG, Rn. 26.

[132] Cremer, in: Calliess/Ruffert, EU-/EG-Vertrag, Art. 87 EG, Rn. 7.

[133] Mederer/v. Ysendyck, in: Schröter/Jakob/Mederer, Europäisches Wettbewerbsrecht, Art. 87 Abs. 1 EG, Rn. 6.

[134] Cremer, in: Calliess/Ruffert, EU-/EG-Vertrag, Art. 87 EG, Rn. 7.

eine Beihilfe i.S.d. Bestimmung ist, fünf Kriterien ableiten.[135] So muss es sich zunächst um eine *Begünstigung* handeln,[136] die sich zweitens als *staatliche oder aus staatlichen Mitteln* gewährte Maßnahme darstellt.[137] Die Zuwendung darf drittens nur *bestimmten Unternehmen* zukommen (Selektivität)[138] und muss zumindest zu der Möglichkeit einer *Wettbewerbsverfälschung* führen.[139] Schließlich unterliegen Maßnahmen nur dann Art. 87 Abs. 1 EG, wenn sie den *Handel zwischen den Mitgliedstaaten beeinträchtigen.*[140]

Damit die Transparenzrichtlinie auf den öffentlich-rechtlichen Rundfunk anwendbar ist, müssten die Rundfunkanstalten durch eine Maßnahme begünstigt werden, die alle fünf Kriterien erfüllt.

c) Mögliche Beihilfen für den Rundfunk

Es wurden schon zahlreiche Privilegien der öffentlich-rechtlichen Rundfunkanstalten als mögliche Beihilfen ins Visier genommen: von der bevorzugten Kabeleinspeisung,[141] über Steuervergünstigungen,[142] bis hin zur staatlichen Garantie der Insolvenzunfähigkeit.[143] Im Mittelpunkt der wissenschaftlichen Debatte und der juristischen Auseinandersetzung steht aber die Rundfunkgebühr.[144] Sie macht auch den Hauptanteil der Finanzierung des öffentlich-rechtlichen Rundfunks aus.[145] Um eine Unabhängigkeit des öffentlich-rechtlichen Rundfunks zu gewährleisten, wird diese Finanzierungsform immer den Schwerpunkt bilden

---

[135] „Soweit in diesem Vertrag nicht etwas anderes bestimmt ist, sind staatliche oder aus staatlichen Mitteln gewährte Beihilfen gleich welche Art, die durch die Begünstigung bestimmter Unternehmen oder Produktionszweige den Wettbewerb verfälschen oder zu verfälschen drohen, mit dem gemeinsamen Markt unvereinbar, soweit sie den Handel zwischen Mitgliedstaaten beeinträchtigen."

[136] Dazu ausführlich Gliederungspunkt C.II.2.a)

[137] Dazu ausführlich Gliederungspunkt C.II.2.b)

[138] Dazu ausführlich Gliederungspunkt C.II.2.c)

[139] Dazu ausführlich Gliederungspunkt C.II.2.d)

[140] Dazu ausführlich Gliederungspunkt C.II.2.e)

[141] Vgl. dazu Greissinger, Vorgaben des EG-Vertrages, S. 167 ff.

[142] Trzaskalik, Transparenzpflichten des Rundfunks, S. 26.

[143] Vgl. ausführlich Uphoff, Fernsehmarkt und Grundversorgung, S. 122 f.; Storr, K&R 2002, S. 464, 467 (dort aber im Rahmen der „besonderen Rechte" i.S.d. Art. 86 Abs. 1 EG).

[144] Vgl. die Nachweise oben unter Gliederungspunkt B.II.1.

[145] In der Gebührenperiode 2001-2004 erhalten die ARD gut 19,4 Mrd. EUR, das ZDF knapp 6,3 Mrd. EUR und das DeutschlandRadio knapp 760 Mio. EUR an Teilnehmergebühren; vgl. 14. KEF-Bericht, Rn. 285. Den zweitgrößten Einkommensposten stellen die Werbeeinnahmen dar (mit geschätzten rund 850 Mio. EUR für ARD und ZDF im gleichen Zeitraum; vgl. 14. KEF-Bericht, Rn. 293 f.). Letztere Einnahmen stellen keine Beihilfe dar, da keine öffentlichen Gelder fließen.

müssen,[146] während bei anderen Privilegien ein Verzicht oder zumindest eine Modifizierung durchaus denkbar ist.[147]

Aus diesem Grunde wird die Finanzierung durch die Rundfunkgebühr im Mittelpunkt der vorliegenden Untersuchung stehen. Kann schon das Vorliegen einer Beihilfegewährung in der Finanzierung durch die Rundfunkgebühr gesehen werden, reicht dies zur Erfüllung des Tatbestandsmerkmals des Art. 2 Abs. 1 lit. d) TranspRL aus.[148] Ist dies nicht der Fall, können aber auch andere Finanzierungsformen, die zwar nicht die Hauptfinanzierungsfunktion innehaben, aber dennoch als Beihilfe i.S.d. Art. 87 Abs. 1 EG eingestuft werden müssen, zu einer Anwendbarkeit der Transparenzrichtlinie führen.[149]

2. Die Rundfunkgebühr als staatliche Beihilfe?

Damit die Rundfunkgebühr als staatliche Beihilfe i.S.d. Art. 87 Abs. 1 EG angesehen werden kann, müsste ihre Auszahlung bestimmte Unternehmen begünstigen und vom Staat oder aus staatlichen Mitteln gewährt werden. Zudem ist Art. 87 Abs. 1 EG nur einschlägig, wenn die fragliche Leistung zu einer (potentiellen) Wettbewerbsverfälschung und zu einer Beeinträchtigung des Handels zwischen den Mitgliedstaaten führt.[150]

a) Begünstigung

Zunächst müsste die Rundfunkgebühr eine Begünstigung i.S.d. Art. 87 Abs. 1 EG darstellen.

aa) Freiwilligkeit

Die Begünstigung, das erste Element des Beihilfebegriffs, ist die freiwillige Zuwendung eines wirtschaftlichen Vorteils jedweder Art an ein Unternehmen. Bei einer Unfreiwilligkeit des Zuwendungsaktes liegt daher grundsätzlich keine

---

[146] Vgl. dazu die Überlegungen zu Finanzierungsalternativen im Gliederungspunkt C.I.1.b)bb)(2).

[147] Zur Möglichkeit des Verzichts auf Werbeeinnahmen vgl. BVerfG 74, 297, 342; dazu Springer, Die Reform der ARD, S. 175 mit dem Strukturvorschlag der Beschränkung der Werbung (S. 281) oder dem Verbot der Werbefinanzierung (S. 403); kritisch Bosman, ZUM 2003, S. 444, 453.

[148] In einem solchen Fall wird nur kurz auf die anderen Finanzierungsmodalitäten einzugehen sein.

[149] Wenn auch die anderen Tatbestandsvoraussetzungen des Art. 2 Abs. 1 lit. 2) TranspRL vorliegen und keine Ausnahmevorschrift der Richtlinie eingreift.

[150] Lübbig/Martín-Ehlers, Beihilfenrecht der EU, S. 29.

Beihilfe i.S.d. Art. 87 Abs. 1 EG vor.[151] Der EuGH hat eine unfreiwillige Leistung in Fällen von Schadensersatzleistungen[152] oder bei der Erstattung von zu Unrecht erhobenen Leistungen[153] angenommen.

Laut *Oppermann* muss bei der Rundfunkfinanzierung schon das Element der Freiwilligkeit verneint werden. So sei Deutschland verfassungsrechtlich verpflichtet, für die Finanzierung des öffentlich-rechtlichen Rundfunks zu sorgen.[154] Daher bestehe für den deutschen Gesetzgeber, also für die Länder, keine Dispositionsfreiheit „in der Frage des Ob und Wie der öffentlichen Rundfunkfinanzierung."[155] Eine freiwillige Zuwendung i.S.d. Art. 87 Abs. 1 EG scheide mithin aus.[156]

Diese Ansicht verkennt allerdings, dass in den Entscheidungen des EuGH eine Freiwilligkeit nur für solche Zahlungen verneint wurde, welche zuvor ohne Rechtsgrund an die öffentliche Hand geleistet worden waren und daher zurückerstattet werden mussten.[157] Von einer solchen Pflicht zur Beseitigung eines rechtswidrigen Zustandes kann auch in Fällen ausgegangen werden, in denen staatliche Verpflichtungen zur Leistung von Schadensersatz bestanden.[158] In diesen Konstellationen hat der Staat eine Rechtspflicht zur Zahlung inne.[159] Sie sind beihilferechtlich insofern unbedenklich, da in einer Wiederherstellung des status quo ante kein wirtschaftlicher Vorteil gesehen werden kann.

Davon zu unterscheiden sind Sachverhalte, in denen Mitgliedstaaten sozialpolitische Ziele verfolgen, indem sie Unternehmen „aus eigenem Recht Mittel zur Verfügung stellen".[160] Es kann dabei keinen Unterschied machen, ob es sich bei dem zugrundeliegenden Recht um einfaches oder um solches von Verfassungsrang handelt.[161] Ansonsten könnte das nationale Verfassungsrecht beliebig zu einer Umgehung der gemeinschaftsrechtlichen Beihilfekontrolle genutzt werden.[162] Der umfassende Geltungsanspruch des Beihilferechts schließt aber aus,

---

[151] Bär-Bouyssière, in: Schwarze, EU-Kommentar, Art. 87 EG, Rn. 27; Müller-Graff, ZHR 152 (1988), S. 403, 423; kritisch zur Relevanz des Freiwilligkeitskriteriums: Modlich, Nationale Infrastrukturmaßnahmen, S. 56 ff.

[152] EuGH, Rs. 106-120/87 (Asteris/Griechenland), Slg. 1988, 5515, 5540, Rn. 23 f.

[153] EuGH, Rs. 61/79 (Denkavit), Slg. 1980, 1205, 1228, Rn. 31; EuGH, Rs. 811/79 (Ariete), Slg. 1980, 2545, 2555, Rn. 14; EuGH, Rs. 826/79 (MIRECO), Slg. 1980, 2559, 2575, Rn. 15.

[154] Oppermann, Deutsche Rundfunkgebühren, S. 44, mit Verweis auf BVerfGE 90, 60, 90.

[155] Oppermann, Deutsche Rundfunkgebühren, S. 44; ders., ZUM 1996, S. 656, 657.

[156] Oppermann, ZUM 1996, S. 656, 657.

[157] So in EuGH, Rs. 61/79 (Denkavit), Slg. 1980, 1205, 1228, Rn. 31; EuGH Rs. 811/79 (Ariete), Slg. 1980, 2545, 2555, Rn. 14; EuGH, Rs. 826/79 (MIRECO), Slg. 1980, 2559, 2575, Rn. 15.

[158] So in EuGH, Rs. 106-120/87 (Asteris/Griechenland), Slg. 1988, 5515, 5540, Rn. 23 f.

[159] Mederer/v. Ysendyck, in: v. Groeben/Schwarze, EU-/EG-Vertrag, Art. 87 Abs. 1 EG, Rn. 6.

[160] EuGH, Rs. 61/79 (Denkavit), Slg. 1980, 1205, 1228, Rn. 31.

[161] Uphoff, Fernsehmarkt und Grundversorgung, S. 111.

[162] Diese Gefahr sieht auch Oppermann, Deutsche Rundfunkgebühren, S. 44 f.

dass die Mitgliedstaaten selbst durch eine eigene Auferlegung von Rechtspflichten über die Wirkung des Gemeinschaftsrechts disponieren können.[163]

Die Rundfunkgebühr wird von den Rundfunkempfängern aufgrund von § 13 Abs. 2 RfStV[164] i.V.m. § 2 Abs. 2 S. 1 RfGebStV[165] geleistet. Die Länder haben damit aus eigenem Recht eine Verpflichtung zur Zahlung von Mitteln geschaffen und nicht lediglich einen rechtswidrigen Zustand beseitigt. Der Rundfunkgebühr fehlt mithin nicht das Element der Freiwilligkeit i.S.d. Art. 87 Abs. 1 EG.[166]

bb) Wirtschaftlicher Vorteil

Zudem müsste der Erhalt des Rundfunkgebührenaufkommens die Zuwendung eines wirtschaftlichen Vorteils darstellen. Der Mittelzufluss durch die Gebührengelder, als dessen Empfänger die Rundfunkanstalten vorgesehen sind, könnte zunächst unproblematisch als wirtschaftlicher Vorteil angesehen werden. Eine Begünstigung liegt aber nur dann vor, wenn die Leistung einseitig ist, d.h. mit ihr keine marktrelevante Gegenleistung korrespondiert.[167] Die Rundfunkgebührenfinanzierung kann daher nur dann als Begünstigung eingestuft werden, wenn die daraus erfolgenden Vorteile auf dem freien Markt nicht oder nur zu ungünstigeren Konditionen erreichbar gewesen wären.[168]

Ausgehend von der Frage, wann staatliche Kapitalbeteiligungen eine Beihilfe darstellen, wurde von der Kommission das „Prinzip des marktwirtschaftlich handelnden Kapitalgebers" entwickelt.[169] Eine Beihilfe liegt nach diesem Prinzip nur dann vor, wenn ein privater Investor unter den gegebenen Umständen

---

[163] Damm, Gebührenprivileg, S. 86; Modlich, Nationale Infrastrukturmaßnahmen, S. 57 f.; Selmer/Gersdorf, Finanzierung des Rundfunks; S. 29.

[164] Rundfunkstaatsvertrag (RfStV) i.d.F. der Bek. vom 27.7.2001, zuletzt geändert durch Art. 1 des 7. Rundfunkänderungsstaatsvertrages vom 25.9.2003.

[165] Rundfunkgebührenstaatsvertrag (RfGebStV) i.d.F. der Bek. vom 27.7.2001, zuletzt geändert durch Art. 4 des 7. Rundfunkänderungsstaatsvertrages vom 25.9.2003.

[166] So auch Dargel, Rundfunkgebühr, S. 275; Selmer/Gersdorf, Finanzierung des Rundfunks, S. 29; Uphoff, Fernsehmarkt und Grundversorgung, S. 112.

[167] Cremer, in: Calliess/Ruffert, EU-/EG-Vertrag, Art. 87 EG, Rn. 7; Götz, in Dauses: Handbuch des EU-Wirtschaftsrechts, H III, Rn. 24; Mederer/v. Ysendyck, in: v. Groeben/Schwarze, EU-/EG-Vertrag, Art. 87 Abs. 1 EG, Rn. 6; v. Wallenberg, in: Grabitz/Hilf, EU Kommentar, Art. 92 EG, Rn. 7.

[168] Selmer/Gersdorf, Finanzierung des Rundfunks, S. 26; Uphoff, Fernsehmarkt und Grundversorgung, S. 127.

[169] Vgl. dazu die Ausführungen der Kommission: Mitteilung über die Anwendung der Artikel 92 und 93 EWG-Vertrag und des Artikels 5 der Kommissionsrichtlinie 80/723/EWG über öffentliche Unternehmen in der verarbeitenden Industrie, ABl. EG Nr. C 307 v. 13.11.93, S. 3, 6 ff., Rn. 11 – 20; XXVII. Wettbewerbsbericht (1997), Rn. 216; XXIX. Wettbewerbsbericht (1999), Rn. 234 u. 306; XXX. Wettbewerbsbericht (2000), Rn. 304.

keine derartige Kapitalbeteiligung getätigt hätte.[170] Beihilferechtlich unproblematisch ist daher, wenn aus Sicht des Empfängers der staatlichen Leistung diese so oder zu ähnlich günstigen Bedingungen auch am Markt zu erlangen gewesen wäre. Es kann keinem Unternehmen verwehrt sein, auch aus Geschäftstätigkeiten mit der öffentlichen Hand Einnahmen zu erzielen.[171] Das Prinzip des marktwirtschaftlich handelnden Kapitalgebers ist das zentrale Beurteilungskriterium für die Frage, ob eine Maßnahme der öffentlichen Hand zugunsten eines Unternehmens eine staatliche Beihilfe darstellt und ist so auch vom Gerichtshof bestätigt worden.[172] Grundsätzlich findet dieses Prinzip auch im Rundfunkbereich Anwendung.[173]

Allerdings kann der Vergleich mit einem privaten Investor nur weiterhelfen, wenn die öffentlich finanzierte Leistung überhaupt mit einer am Markt erhältlichen Leistung konkurriert und mit dieser verglichen werden kann.[174] Das ist aber im Bereich der Daseinvorsorge problematisch, da die in Frage kommenden Dienste in der Regel gerade nicht vom Markt hervorgebracht werden.[175] Ähnlich verhält es sich mit der Dienstleistung von allgemeinem wirtschaftlichem Interesse, welche die Rundfunkanstalten zu erbringen haben. Die flächendeckende Versorgung der Bevölkerung mit einem Fernseh- und Rundfunkprogramm, das sich als vielseitig und ausgewogen darstellt, ist über den Markt nicht zu realisieren.

Beim öffentlich-rechtlichen Rundfunk handelt es sich vielmehr um ein meritorisches Gut. Die charakteristische Eigenschaft meritorischer Güter besteht darin, dass der Staat ihre Bereitstellung für notwendig erachtet, während sie auf dem freien Markt nicht entstehen.[176] Die Gemeinwohlaufgabe, mit der die Rundfunkanstalten verpflichtet sind, kann nicht dem freien Wettbewerb einander konkurrierender Rundfunkanbieter anvertraut werden.[177] Das Rundfunkgebührenaufkommen vergütet also eine Leistung, die einer Finanzierung über den

---

[170] Bär-Bouyssière, in: Schwarze, EU-Kommentar, Art. 87 EG, Rn. 30.

[171] Müller-Graff, ZHR 152 (1988), S. 403, 418.

[172] EuGH, Rs. 296 u. 318/82 (Leeuwarder Papierwarenfabriek), Slg. 1985, 809, 824 f., Rn. 20 u. 21.; EuGH, Rs. 234/84 (Belgien/Kommission), Slg. 1986, 2263, 2286, Rn. 14; EuGH, Rs. C-301/87 (Frankreich/Kommission), Slg. 1990, I-307, 309 f., Rn. 5; EuGH, Rs. C-303/88 (Italien/Kommission), Slg. 1991, I-1433, 1476, Rn. 21; EuGH, Rs. C-278 bis 280/92 (Spanien/Kommission), Slg. 1994, I-4103, 4153, Rn 21; vgl. Mederer/v. Ysendyck, in: v. Groeben/Schwarze, EU-/EG-Vertrag, Art. 87 Abs. 1 EG, Rn. 13; Rawlinson, in: Lenz/Borchardt, EU-/EG-Vertrag, Art. 87 EG, Rn. 21.

[173] Vgl. Mitteilung der Kommission über die Anwendung der Vorschriften über Staatliche Beihilfen auf den öffentlich-rechtlichen Rundfunk, ABl. EG Nr. C 320 v. 15.11.2001, S. 5, 7, Rn. 17.

[174] Götz, in Dauses: Handbuch des EU-Wirtschaftsrechts, H III, Rn. 24.

[175] Vgl. dazu ausführlich die zweiten Schlussanträge von Generalanwalt Léger, Rs. 280/00 (Altmark Trans), Slg. 2003, I-7788, 7793, Rn. 21 ff.

[176] Ruttig, Einfluss des EG-Beihilfenrechts, S. 159.

[177] Vgl. BVerfGE 12, 205, 261 f.; BVerfGE 57, 295, 324; BVerfGE 83, 238, 298 f.

Markt unzugänglich ist.[178] Sie kann somit auch nicht mit einer am Markt erhältlichen Leistung verglichen werden. Eine Verneinung des Tatbestandsmerkmals der Begünstigung anhand des Prinzips des marktwirtschaftlich handelnden Kapitalgebers scheidet für den öffentlich-rechtlichen Rundfunk mithin aus.

Existiert ein derartiges Korrektiv indes nicht, würde in vielen Bereichen der Daseinsvorsorge und auch beim öffentlich-rechtlichen Rundfunk automatisch eine Begünstigung i.S.d. Art. 87 Abs. 1 EG angenommen werden müssen. Dabei werden Dienstleistungen von allgemeinem wirtschaftlichem Interesse in Art. 86 Abs. 2 EG besonders hervorgehoben und privilegiert. Für Zuwendungen an Unternehmen, die mit Dienstleistungen von allgemeinem wirtschaftlichem Interesse betraut sind, gilt Art. 87 Abs. 1 EG nach Art. 86 Abs. 2 EG nur insoweit, als durch die Anwendung dieser Vorschrift nicht die Erfüllung der ihnen übertragenen Aufgaben rechtlich oder tatsächlich verhindert wird.[179] Auch der öffentlich-rechtliche Rundfunk stellt eine Dienstleistung i.S.d. Art. 86 Abs. 2 EG dar.[180] Fraglich ist daher, ob hier Art. 86 Abs. 2 EG als Korrektiv für Ausgleichszahlungen, die der Staat für die Auferlegung von Gemeinwohlpflichten leistet, der Einordnung einer Maßnahme als Begünstigung i.S.d. Art. 87 Abs. 1 EG entgegensteht. Dies wäre dann der Fall, wenn Art. 86 Abs. 2 EG schon auf der Tatbestandsebene einen Einfluss auf Art. 87 Abs. 1 EG ausüben würde. Derartige Ausgleichszahlungen stellten dann keine Begünstigungen und damit schon tatbestandlich keine Beihilfen i.S.d. Art. 87 Abs. 1 EG dar.

cc) Ausgleichszahlungen für Gemeinwohlpflichten

Das Verbot staatlicher Beihilfen gilt laut Art. 87 Abs. 1 1. HS EG nur „soweit in diesem Vertrag (EG-Vertrag) nicht etwas anderes bestimmt ist." Ausnahmebestimmungen können also der Sanktion des Art. 87 Abs. 1 EG entgegenstehen. Für Beihilfen, die an ein Unternehmen gezahlt werden, das mit Dienstleistungen von allgemeinem wirtschaftlichem Interesse betraut ist, stellt Art. 86 Abs. 2 EG eine solche Ausnahmebestimmung dar.[181] Höchst umstritten ist hierbei jedoch, auf welcher Ebene Art. 86 Abs. 2 EG Auswirkungen auf Art. 87 Abs. 1 EG entfaltet. So kann die Bestimmung schon der Anwendbarkeit des Art. 87 Abs. 1 EG entgegenstehen oder aber erst auf der Ebene der Rechtfertigung berücksichtigt werden. Diese Frage ist nicht nur rein theoretischer Natur, sondern hat durchaus praktische Konsequenzen.[182] Da im ersteren Fall schon tatbestandlich keine Beihilfe vorliegt, entfällt auch der Pflichtenkatalog des Art. 88 Abs. 3 EG.

---

[178] Damm, Gebührenprivileg, S. 91 u. 95.

[179] Bär-Bouyssière, in: Schwarze, EU-Kommentar, Art. 87 EG, Rn. 28.

[180] So oben Gliederungspunkt C.I.1.

[181] EuG, Rs. T-106/95 (FFSA), Slg. 1997, II-229, 279, Rn. 170.

[182] Vgl. dazu Schlussanträge Jacobs, Rs. C-126/01 (GEMO) v. 30.04.2002, Rn. 111 ff. (noch nicht in der Slg.; EStAL 2004, S. 49 ff.).

So müssen Mitgliedstaaten gemäß Art. 88 Abs. 3 EG neue Beihilfen notifizieren (Anmeldepflicht) und vor der Auszahlung an das begünstigte Unternehmen eine Entscheidung der Kommission abwarten (Stillhalteverpflichtung). Zudem muss eine Anwendbarkeit der Transparenzrichtlinie dann verneint werden, wenn schon keine Beihilfe i.S.d. Art. 87 Abs. 1 EG vorliegt. Für die Prüfung der Anwendbarkeit der Transparenzrichtlinie auf den öffentlich-rechtlichen Rundfunk in Deutschland ist diese Streitfrage also von zentraler Bedeutung. Wie oben festgestellt wurde, sind die Rundfunkanstalten Unternehmen, die mit Dienstleistungen von allgemeinem wirtschaftlichem Interesse betraut sind. Auch wenn diese Bestimmung noch weitere Tatbestandsvoraussetzungen kennt, liegt eine Anwendbarkeit des Art. 86 Abs. 2 EG also zunächst nahe. Steht Art. 86 Abs. 2 EG aber der Anwendung des Art. 87 Abs. 1 EG schon auf der Tatbestandsebene entgegen, so könnte eine Anwendbarkeit der Transparenzrichtlinie auf den öffentlich-rechtlichen Rundfunk von vornherein ausscheiden.

Der Frage, welche Auswirkungen die Ausnahmebestimmung des Art. 86 Abs. 2 EG auf Art. 87 Abs. 1 EG hat, soll nun im folgenden Abschnitt nachgegangen werden. Dazu werden zunächst die möglichen Lösungsansätze genauer dargestellt und die Rechtsprechungs- und Kommissionspraxis kritisch beleuchtet. Im Anschluss daran wird sich die Arbeit mit den Reaktionen auseinandersetzen, die insbesondere die neuere Rechtsprechung des EuGH ausgelöst hat. Zuletzt sollen im Rahmen einer eigenen Stellungnahme die Konsequenzen für die Frage herausgearbeitet werden, ob die Rundfunkgebühr eine Begünstigung i.S.d. Art. 87 Abs. 1 EG darstellt.

Die Ausnahmebestimmungen der Art. 87 Abs. 2 und 3 EG kommen dagegen erst auf einer möglichen zweiten Prüfungsstufe zur Anwendung. Mit Hilfe der Art. 87 Abs. 2 und 3 EG können zunächst verbotene Beihilfe nachträglich für zulässig erklärt werden. An einer Einordnung der Maßnahme als Beihilfe i.S.d. Art. 87 Abs. 1 EG ändert das aber nichts. Durch Art. 87 Abs. 2 und 3 EG legitimierte Zahlungen stellen mithin nur eine Ausnahme vom Beihilfe*verbot* dar, bleiben aber Beihilfen.[183]

(1) Tatbestands- und Rechtfertigungslösung

Im Verhältnis der Normen des Art. 87 Abs. 1 und des Art. 86 Abs. 2 EG, lassen sich zwei Lösungsansätze hervorheben: die Tatbestandslösung (oder auch Beihilfeansatz) und die Rechtfertigungslösung (oder auch Ausgleichsansatz).[184]

Nach der Tatbestandslösung[185] sind Ausgleichszahlungen für gemeinwohlorientierte Pflichten bereits begrifflich keine Beihilfen i.S.d. Art. 87 Abs. 1

---

[183] Vgl. Koenig/Kühling/Ritter, EG-Beihilfenrecht, S. 30.
[184] Der Vorschlag von Nettesheim, EWS 2002, S. 253, 258 einer weitergehenden Differenzierung mit einer zusätzlichen Spezialitätslösung hat in der Literatur keine Resonanz gefunden.

EG.[186] *Eberle* macht deutlich, dass eine Beihilfe nur vorliege, wenn ein Unternehmen begünstigt wird. An einer Begünstigung fehle es aber, wenn durch finanzielle Zuwendungen lediglich Lasten ausgeglichen würden, die im Zusammenhang mit der Übernahme von Verpflichtungen im öffentlichen Interesse stünden.[187] Nach *Reich/Helios* muss die Auferlegung der Pflicht zusammen mit der Gewährung eines Ausgleichs betrachtet werden, da es sich dabei um zwei Aspekte desselben staatlichen Eingriffs handele. Übersteigt der Ausgleich nicht die Nettozusatzkosten, könne der Vorgang als „wettbewerbsneutral" eingestuft werden.[188] *Nettesheim* betont, dass die Tatbestandslösung die knappen Ressourcen der Kommission schone. So könne sich die Kommission bei Anwendung der Tatbestandslösung auf problematische Fälle konzentrieren.[189] Laut *Bartosch* vermeidet die Tatbestandslösung die Schwächen der Rechtfertigungslösung. Jene führe dazu, dass die Mitgliedstaaten jede Form öffentlicher Daseinsvorsorge gemäß Art. 88 Abs. 3 EG bei der Kommission anmelden müssten. Zudem verkehre sich die Beweislast zu Lasten der Mitgliedstaaten.[190] Die Tatbestandslösung sorge hingegen für „wettbewerbsrechtliche Waffengleichheit".[191] Folgt man dieser Theorie, so ist die Transparenzrichtlinie auf den Rundfunk nicht anwendbar, da es sich bei der Rundfunkgebühr dann schon tatbestandlich nicht um eine Beihilfe i.S.d. 87 Abs. 1 EG handelt. Dies ist aber gemäß Art. 2 Abs. 1 lit. d) TranspRL eine Anwendungsvoraussetzung der Richtlinie.

Der Rechtfertigungslösung[192] zufolge kann der Charakter einer staatlichen Zuwendung als Ausgleichszahlung für Gemeinwohlpflichten nur auf der Rechtfertigungsebene im Rahmen des Art. 86 Abs. 2 EG berücksichtigt werden. Eine Beihilfe i.S.d. Art. 87 Abs. 1 EG liegt hingegen vor. *Magiera* hebt hervor, dass der Beihilfebegriff ein objektiver Begriff sei. Dieser bestimme sich nur danach,

---

[185] So vertreten von Bartosch, NVwZ 2002, S. 174, 175; Eberle, AfP 2001, S. 477, 479; Nettesheim, EWS 2002, S. 253, 260 ff.; Reich/Helios, Pharmarecht 2002, S. 174, 177 f. (mit Einschränkung für Begünstigungen von einzelnen Unternehmen); Schnelle, EStAL 2002, S. 195, 200 ff.; Kompensationsgedanke für Rundfunkgebühren aufgreifend: Oppermann, Deutsche Rundfunkgebühren, S. 34 – 43; Dörr/Cloß, ZUM 1996, S. 112 – 115.

[186] Nettesheim, EWS 2002, S. 253, 258.

[187] Eberle, AfP 2001, S. 477, 479.

[188] Reich/Helios, Pharmarecht 2002, S. 174, 177.

[189] Nettesheim, EWS 2002, S. 253, 261.

[190] Bartosch, NVwZ 2002, S. 174, 175.

[191] Bartosch, NVwZ 2002, S. 174, 175; so auch Schnelle, EStAL 2002, S. 195, 201.

[192] So vertreten von Bär-Bouyssière, in Schwarze: EU-Kommentar, Art. 87 EG, Rn. 28; Jennert, DVBl. 2002, S. 825, 826 f.; Lübbig/Martín-Ehlers, Beihilfenrecht der EU, S. 179; Magiera, in: Ipsen/Schmidt-Jortzig, FS Rauschning, S. 269, 280 f.; mit Ausnahme für Ausschreibungen Gundel, RIW 2002, S. 222, 230; Nicolaides, Intereconomics 2002, S. 190, 197; Schohe/Arhold, EStAL 2002, S. 33, 42 f.; Kompensationsgedanke für Rundfunkgebühren ablehnend Engel, Europarechtliche Grenzen für Spartenprogramme, S. 20 ff.; Selmer/Gersdorf, Finanzierung des Rundfunks, S. 25 ff.; v. Wallenberg, in: Randelzhofer/Scholz/Wilke, GS Grabitz, S. 867, 871 f.

ob dem Unternehmen ein Vorteil verschafft werde. Ermessenserwägungen müssten daher grundsätzlich ausscheiden und seien erst im Rahmen der Ausnahmebestimmungen der Art. 87 Abs. 3 und 86 Abs. 2 EG zu berücksichtigen.[193] Die Begünstigung besteht laut *Schohe/Arhold* darin, dass „der Staat die Erbringung einer Dienstleistung finanziert, für die es – jedenfalls zu ihren aktuellen Kosten – auf dem Markt keine (oder aus politischer Sicht ausreichende) Nachfrage gibt".[194] *Gundel* macht darauf aufmerksam, dass kaum eine Beihilfe ohne Gegenleistung gewährt wird. Die Tatbestandslösung eröffne daher zahlreiche Umgehungsmöglichkeiten für die Mitgliedstaaten. So könne zum Beispiel die Zahlung mit der Behauptung erfolgen, sie stelle lediglich einen Ausgleich für die Verpflichtung zum Erhalt von Arbeitsplätzen dar.[195] Nur die Rechtfertigungslösung gewährt nach *Jennert*, dass Maßnahmen, welche die durch Auferlegung von öffentlichen Verpflichtungen entstandenen Kosten ausgleichen sollen, der Anmeldepflicht des Art. 88 As. 3 EG unterliegen. Nur so könne eine adäquate Kontrolle durch die Kommission gewährt sein.[196]

Als Einschränkung der Rechtfertigungslösung wird teilweise vertreten, dass in Fällen einer vorangegangenen öffentlichen Ausschreibung die Ausgleichszahlungen schon im Tatbestand ausgeschlossen werden könnten.[197] Dann habe sich ein adäquater Marktpreis gebildet und eine marktneutrale Kompensation könne angenommen werden.[198] Im Rundfunkbereich hat eine öffentliche Ausschreibung indes nicht stattgefunden. Folgt man der Rechtfertigungslösung, so würde eine Bejahung des Tatbestandes des Art. 86 Abs. 2 EG für den öffentlich-rechtlichen Rundfunk nicht der Anwendbarkeit der Transparenzrichtlinie entgegenstehen.[199]

Den Ausgangspunkt der rechtlichen Bewertung beider Lösungsansätze muss die Rechtsprechung des EuGH bilden. Bei ihrer Darstellung soll zunächst die ältere Rechtsprechung skizziert werden, um dann den Einfluss neuerer Rechtsprechung zu beleuchten.

---

[193] Magiera, in: Ipsen/Schmidt-Jortzig, FS Rauschning, S. 269, 280.

[194] Schohe/Arhold, EStAL 2002, S. 33, 42.

[195] Gundel, RIW 2002, S. 222, 225.

[196] Jennert, DVBl. 2002, S. 825, 827.

[197] Gundel, RIW 2002, S. 222, 230; Nicolaides, Intereconomics 2002, S. 190, 197; Schohe/Arhold, EStAL 2002, S. 33, 42 f.

[198] Schohe/Arhold, EStAL 2002, S. 33, 42 f.

[199] Zum gleichen Ergebnis kommt auch die von Nettesheim, EWS 2002, S. 253, 258 entwickelte Spezialitätslösung, die zwar schon den Tatbestand des Art. 87 Abs. 1 EG durch Art. 87 Abs. 1 1. HS („soweit in diesem Vertrag nicht etwas anderes bestimmt ist") und Art. 86 Abs. 2 EG entfallen lässt, die aber dennoch die Maßnahme als Beihilfe definiert.

(2) Rechtsprechung

(a) Ältere Rechtsprechung

In der frühen Entscheidung[200] in der Rechtssache „ADBHU" musste sich der EuGH 1985 mit Ausgleichszahlungen für die Entsorgung von Altöl befassen.[201] Gestützt auf eine EG-Richtlinie[202] sah eine französische Regelung vor, dass die zwingend zu erfolgende Entsorgung von Altöl nur von bestimmten Unternehmen durchgeführt werden sollte, die zuvor vom Staat bestimmt worden waren. Die Association de défense des brûleurs d'huiles usagées (ADBHU), eine Schutzvereinigung der Altölverbrenner, sah hierin unter anderem einen Verstoß gegen das Wettbewerbsrecht. Generalanwalt *Lenz* legte in seinen Schlussanträgen dagegen dar, dass „das Verbot von aus staatlichen Mitteln gewährte Beihilfen [...] nach dem Vertrag keine absolute Geltung [habe], vielmehr sei es nuanciert und lasse [...] Abweichungen zu."[203] Bei den Zahlungen für die Entsorgung des Altöls für bestimmte Unternehmen handele es sich nicht um staatliche Beihilfen, sondern um eine „*Gegenleistung* für Verpflichtungen, die bestimmten Unternehmen im öffentlichen Interesse auferlegt werden."[204] Der EuGH folgte diesen Überlegungen und sah in den Zahlungen lediglich „die Gegenleistung für die von den Abhol- oder Beseitigungsunternehmen erbrachten Leistungen".[205] Aus diesen Aussagen wurde gefolgert, dass finanzielle Ausgleichszahlungen für gemeinwirtschaftliche Pflichten keine staatlichen Beihilfen seien, sondern eine Gegenleistungen für Dienstleistungen an die Allgemeinheit darstellten.[206] Bei dieser Lesart des Urteils würden Zahlungen, die für Dienstleistungen von allgemeinem wirtschaftlichem Interesse erfolgt sind, tatbestandlich keine Beihilfen sein. Art. 86 Abs. 2 EG würde daher schon der Anwendung des Art. 87 Abs. 1 EG entgegenstehen. Eine derart grundlegende Wirkung des Urteils „ADBHU" wurde aber auch angezweifelt. Die Entscheidung erklärt sich laut *Gundel* aus

---

[200] Zeitlich noch früher liegt die Entscheidung Steinicke und Weinling (Rs. 78/76, Slg.1977, 595) in der der EuGH feststellt, dass „Artikel 92 (Art. 87 EG) – mit dem alleinigen Vorbehalt in Artikel 90 Absatz 2 (86 Abs. 2 EG) sämtliche privaten und öffentlichen Unternehmen mit allen ihren Produktionszweigen umfasst" (Rn. 18). Die Formulierung „alleiniger Vorbehalt" ist allerdings ambivalent und lässt einen Schluss auf das Verhältnis beider Normen kaum zu; vgl. Lenz in seinen Schlussanträgen, Rs. C-387/92 (Banco Exterior), Slg. 1994, I-879, 896, Rn. 61.

[201] EuGH, Rs. 240/83 (ADBHU), Slg. 1985, 531.

[202] Richtlinie 75/439 des Rates v. 16. Juni 1975, ABl. EG Nr. L 194 v. 25.7.1975, S. 31 ff.

[203] Schlussanträge Lenz, Rs. 240/83 (ADBHU), Slg. 1995, 532, 536.

[204] Schlussanträge Lenz, Rs. 240/83 (ADBHU), Slg. 1995, 532, 536; Hervorhebung im Original; vgl. dazu Schnelle, EStAL 2002, S. 195, 198.

[205] EuGH, Rs. 240/83 (ADBHU), Slg. 1985, 531, 550, Rn. 18.

[206] So deutlich: Tizzano, in seinen Schlussanträge, Rs. C-53/00 (Ferring), Slg. 2001, I-9069, 9088, Rn. 59.

dem besonderen Sachverhalt des Falles.[207] In der Tat sind zwei Besonderheiten der Ausgangslage bemerkenswert. Erstens war in Art. 13 der Richtlinie, auf welcher die französische Regelung beruhte, eine deutliche Begrenzung vorgesehen. Die Zahlungen durften die tatsächlich festgestellten Kosten der Unternehmen (unter Berücksichtigung eines angemessenen Gewinns) nicht übersteigen und nicht zu nennenswerten Wettbewerbsverzerrungen führen. Generalanwalt *Lenz* hat auf diese Besonderheit ausdrücklich hingewiesen.[208] Zweitens sah die französische Regelung vor, dass die Dienstleistung der Altölentsorgung zunächst ausgeschrieben werden musste. Auch hierin konnte ein zusätzlicher Schutz vor einer möglichen Wettbewerbsverfälschung gesehen werden.

Im Jahre 1994 musste sich der Gerichtshof in der Rechtssache „Banco Exterior" mit der Zulässigkeit einer Steuerbefreiungsvorschrift für öffentliche Kreditinstitute befassen.[209] Eine private Bank hatte hierin eine verbotene staatliche Beihilfe gesehen. Die spanische Regierung hielt die Steuerbefreiung hingegen für gerechtfertigt, da das öffentliche Kreditwesen eine Dienstleistung von allgemeinem wirtschaftlichem Interesse darstellte und die Befreiung ein Mittel zur besseren Erfüllung der den betroffenen Unternehmen übertragenen Aufgaben bildete. Generalanwalt *Lenz*, der schon in der Entscheidung „ADBHU" zuständig gewesen war, sah sich gezwungen, deutlich zum Verhältnis der Vorschriften 86 Abs. 2 und 87 Abs. 1 EG Stellung zu beziehen. Eine klare Beantwortung dieser Frage lasse sich aus der bisherigen Rechtsprechung nicht herleiten.[210] Es komme daher auf den Sinn und Zweck sowie auf die Charakteristika der gemeinschaftlichen Beihilferegelung an. Hierbei sei ein Abwägungsprozess entscheidend. Auf der einen Seite stehe das Interesse der Mitgliedstaaten am Einsatz bestimmter Unternehmen als Instrument der Wirtschafts- und Fiskalpolitik, auf der anderen Seite das Interesse der Gemeinschaft an der Wahrung der Einheit des Gemeinsamen Marktes.[211] Diese Abwägung könne aber nur im Rahmen der Beihilfenaufsicht vorgenommen werden. *Lenz* kommt daher zum Ergebnis, dass „im Verhältnis der Vorschriften des Artikels 90 Absatz 2 (86 Abs. 2 EG) zu den Artikeln 92 und 93 (87 und 88 EG) eine Berufung auf Artikel 90 Absatz 2 vorab nicht zulässig ist".[212] Der EuGH folgte diesen Überlegungen und entschied: „Diese Zuständigkeit der Kommission [zur Überprüfung von Beihilfen] erstreckt sich auch auf staatliche Beihilfen, die den in Artikel 90 Absatz 2 genannten und insbesondere den von den Mitgliedstaaten mit Dienstleistungen von allgemeinem wirtschaftlichem Interesse betrauten Unternehmen gewährt wer-

---

[207] Vgl. Gundel, RIW 2002, S. 222, 224.

[208] Schlussanträge Lenz, Rs. 240/83 (ADBHU), Slg. 1995, 532, 536.

[209] EuGH, Rs. C-387/92 (Banco Exterior), Slg. 1994, I-877.

[210] Schlussanträge Lenz, Rs. C-387/92 (Banco Exterior), Slg. 1994, I-879, 896, Rn. 62.

[211] Schlussanträge Lenz, Rs. C-387/92 (Banco Exterior), Slg. 1994, I-879, 898, Rn. 68.

[212] Schlussanträge Lenz, Rs. C-387/92 (Banco Exterior), Slg. 1994, I-879, 899, Rn. 71.

den."[213] Weiter heißt es: „Solange die Kommission nicht die Unvereinbarkeit einer bestehenden Beihilfe mit dem Gemeinsamen Markt festgestellt hat, braucht somit nicht geprüft zu werden, ob und in welchem Umfang diese Beihilfe gemäß Artikel 90 Absatz 2 EWG-Vertrag vom Verbot des Artikels ausgenommen sein könnte."[214] Aus dieser Aussage kann ein Bekenntnis des EuGH zur Rechtfertigungslösung abgeleitet werden. Die Kommission hat nur dann die Möglichkeit zur Überprüfung von Beihilfen im Rahmen des Art. 88 EG, wenn überhaupt tatbestandlich eine Beihilfe vorliegt. Schließt die Anwendung des Art. 86 Abs. 2 den Art. 87 Abs. 1 EG aber von vornherein aus, ist diese Kontrolle nicht mehr möglich. Da der schon mit der Entscheidung „ADBHU" befasste Generalanwalt *Lenz* jene Entscheidung nicht einmal erwähnte, hielt man das Urteil „ADBHU" für überholt.[215]

In der Rechtssache „FFSA" setzte sich das EuG 1997 zentral mit der Frage des Verhältnisses von Art. 86 Abs. 2 und Art. 87 Abs. 1 EG auseinander.[216] Streitgegenstand war eine Entscheidung der Kommission, in der die Steuervorteile für die französische Post als mit dem Wettbewerbsrecht für vereinbar gehalten wurden. Die Kommission hatte angenommen, dass Art. 86 Abs. 2 EG schon die Anwendbarkeit des Art. 87 Abs. 1 EG ausschließe.[217] Das Gericht folgte dieser Entscheidung nicht. Unter Berufung auf das Urteil „Banco Exterior" stellte es klar, dass die Zuständigkeit der Kommission für die Beurteilung der Vereinbarkeit von Beihilfen gemäß Art. 88 EG sich insbesondere auch auf staatliche Beihilfen erstrecke, die den mit Dienstleistungen von allgemeinem wirtschaftlichem Interesse betrauten Unternehmen gewährt werden.[218] Zwar könne eine unter Art. 87 Abs. 1 EG fallende Maßnahme als mit dem Gemeinsamen Markt vereinbar betrachtet werden, wenn Art. 86 Abs. 2 EG wirksam geltend gemacht werden könne; es liege aber auch in einem solchen Fall eine staatliche Beihilfe vor.[219] Zwar war die Maßnahme im Ergebnis durch Art. 86 Abs. 2 EG gerechtfertigt, also auch nach Ansicht des Gerichts rechtmäßig, eine staatliche Beihilfe lag aber tatbestandlich vor. Das EuG sprach sich damit für die Rechtfertigungslösung aus. Der EuGH hat diese Entscheidung bestätigt, ohne auf die hier interessierende Problematik gesondert einzugehen.[220] Der Gerichtshof stellte lediglich fest, dass die Zahlung einer staatlichen Beihilfe gemäß Art. 86 Abs. 2 EG nicht unter das *Verbot* des Art. 87 Abs. 1 EG falle.[221] Eine Ent-

---

[213] EuGH, Rs. C-387/92 (Banco Exterior), Slg. 1994, I-877, 908, Rn. 17.

[214] EuGH, Rs. C-387/92 (Banco Exterior), Slg. 1994, I-877, 909, Rn. 21.

[215] Vgl. Trzaskalik, Transparenzpflichten des Rundfunks, S. 17.

[216] EuG, Rs. T-106/95 (FFSA), Slg. 1997, II-229, 279, Rn. 165 ff.

[217] Entscheidung v. 8.2.1995, Nr. NN 135/92 (FFSA), ABl. EG Nr. C 262 v. 7.10.1995, S. 11 ff.

[218] EuG, Rs. T-106/95 (FFSA), Slg. 1997, II-229, 279, Rn. 165.

[219] EuG, Rs. T-106/95 (FFSA), Slg. 1997, II-229, 281, Rn. 172.

[220] EuGH, Rs.C-147/97 P (FFSA), Slg. 1998, I-1307.

[221] EuGH, Rs.C-147/97 P (FFSA), Slg. 1998, I-1307, 1327, Rn. 33.

scheidung zugunsten der Tatbestands- oder der Rechtfertigungslösung ist hieran allerdings nicht abzulesen.[222]

Ähnlich wie in der Rechtssache „FFSA" entschied das EuG im Jahre 2000 in der Rechtssache „SIC".[223] Der Entscheidung war ein langwieriger Streit über die Finanzierung des portugiesischen öffentlichen Rundfunks vorausgegangen.[224] Im Jahre 1993 legte die Sociedade Independente de Communicação SA (SIC), ein portugiesischer Privatsender, erstmals Beschwerde gegen die Finanzierung der von der Radiotelevisão Portuguesa SA (RTP) betriebenen Fernsehprogramme bei der Kommission ein. Die RTP ist seit 1992, nach Beendigung ihrer Monopolstellung, eine Aktiengesellschaft mit staatlichem Kapital und betreibt als Konzessionärin drei portugiesische Fernsehkanäle.[225] Nach Auffassung der SIC stellten eine Reihe von Maßnahmen zugunsten der RTP (Zahlungen, Steuerbefreiungen und Investitionszuschüsse), die der portugiesische Staat gewährt hatte, verbotene Beihilfen i.S.d. Art. 87 Abs. 1 EG dar. Die SIC forderte die Kommission auf, das förmliche Verfahren nach Art. 88 Abs. 2 EG einzuleiten und dafür Sorge zu tragen, dass die Zahlungen bis zur endgültigen Entscheidung ausgesetzt werden. Im Oktober 1996 legte die SIC eine weitere Beschwerde ein, und forderte eine zusätzliche Überprüfung der im Zeitraum von 1994 bis 1996 erfolgten Mittelzuweisungen des portugiesischen Staates. Die Kommission war dagegen der Meinung, die staatlichen Maßnahmen stellten offensichtlich keine staatlichen Beihilfen dar.[226] Die Zahlungen seien lediglich ein Ausgleich für öffentliche Aufgaben. Die Finanzierung öffentlicher Aufgaben sei nicht als Beihilfegewährung zu betrachten.[227] Die Kommission müsse daher kein Hauptprüfungsverfahren i.S.d. Art. 88 Abs. 2 EG einleiten. Dem widersprach das EuG. Nach ständiger Rechtsprechung sei das Verfahren nach Art. 88 Abs. 2 EG unerlässlich, sobald die Kommission bei der Prüfung der Frage, ob ein Beihilfevorhaben mit dem Gemeinsamen Markt vereinbar ist, auf ernsthafte Schwierigkeiten stoße.[228] Die Kommission habe fälschlicherweise angenommen, dass keine Beihilfe vorläge. Im Rahmen des Art. 87 Abs. 1 EG würden aber nicht die Gründe oder Ziele einer staatlichen Intervention berücksichtigt, entscheidend sei

---

[222] A.A. Lübbig/Martin-Ehlers, Beihilfenrecht der EU, S. 26, der daraus als Konsequenz abliest, dass das Vorliegen der Tatbestandvoraussetzungen von Art. 86 Abs. 2 EG zur Unanwendbarkeit der Vorschriften über das Beihilfeverbot führt. Magiera, in: Ipsen/Schmidt-Jortzig, FS Rauschning, S. 269, 281, sieht in Rn. 33 des Urteils hingegen eine volle Bestätigung der Rechtsprechung des EuG.
[223] EuG, Rs. T-46/97 (SIC), Slg. 2000, II-2125.
[224] Vgl. schon oben Gliederungspunkt B.II.1.
[225] Vgl. v. Wallenberg, MMR 2001, S. 98, 98 f.
[226] Entscheidung v. 2.10.1996, Beihilfe Nr. NN 141/95, ABl. EG Nr. C 67 v. 4.3.1997, S. 10.
[227] Entscheidung v. 2.10.1996, Beihilfe Nr. NN 141/95, ABl. EG Nr. C 67 v. 4.3.1997, S. 10.
[228] EuG, Rs. T-46/97 (SIC), Slg. 2000, II-2125, 2152, Rn. 71; vgl. dazu Scheuer/Strothmann, MMR 2001, S. 576, 584.

ihre Wirkung. Der Beihilfebegriff sei somit ein objektiver Begriff.[229] Das Gericht stellte folgerichtig klar: „daß der Umstand, daß die staatlichen Stellen einem Unternehmen einen finanziellen Vorteil gewähren, um die Kosten aufgrund der von diesem Unternehmen angeblich übernommenen gemeinwirtschaftlichen Verpflichtungen auszugleichen, keine Auswirkung auf die Qualifizierung dieser Maßnahme als Beihilfe im Sinne von Artikel 92 Absatz 1 des Vertrages (Art. 87 Abs. 1 EG) hat, auch wenn dies bei der Prüfung der Vereinbarkeit der betreffenden Beihilfe mit dem Gemeinsamen Markt gemäß Artikel 90 Absatz 2 des Vertrages (Art. 86 Abs. 2 EG) berücksichtigt werden kann."[230] Das EuG hat sich damit eindeutig zugunsten der Rechtfertigungslösung ausgesprochen. *V. Wallenberg* hat das Urteil und die damit verbundenen Konsequenzen begrüßt.[231] Dass nun Zuwendungen der Mitgliedstaaten an den öffentlich-rechtlichen Rundfunk nicht aus dem Anwendungsbereich des Art. 87 Abs. 1 EG fallen würden, führe dazu, dass das förmliche Prüfverfahren eher eröffnet und eine Kontrolle durch die Kommission damit gewährleistet werde.[232]

Im Jahre 2000 musste sich der EuGH in der Rechtssache „CELF"[233] mit der finanziellen Unterstützung des französischen Staates für eine Vereinigung von Verlegern beschäftigen, die kleinere, unrentable Bestellungen französischer Bücher aus dem Ausland bearbeiteten.[234] Die Kommission hatte diese Zahlungen für staatliche Beihilfen i.S.d. Art. 87 Abs. 1 EG gehalten. Zwar hielt sie zudem die Ausnahmebestimmung des Art. 87 Abs. 3 lit. d) EG für gegeben, die Beihilfe sei indes rechtswidrig gewährt, da Frankreich sie gemäß Art. 88 Abs. 3 EG vorab hätte anmelden müssen. Dagegen war Frankreich der Meinung, beim Versand der französischen Bücher handele es sich um eine Dienstleistung von allgemeinem wirtschaftlichem Interesse i.S.d. Art. 86 Abs. 2 EG. Die Bestimmung überlagere die Anmeldepflicht des Art. 88 Abs. 3 EG. Diesen Überlegungen widersprach der Gerichtshof. Art. 88 Abs. 3 EG sichere den Kontrollmechanismus, der für das Funktionieren des Gemeinsamen Marktes wesentlich sei. Die Verpflichtung gelte für jede neue Beihilfe, unabhängig von der Frage, ob eine solche durch Art. 86 Abs. 2 EG gerechtfertigt wird oder werden kann. Der EuGH wies damit implizit die Tatbestandslösung zurück. Sind Ausgleichzahlungen, die für Dienstleistungen von allgemeinem wirtschaftlichem Interesses i.S.d. Art. 86 Abs. 2 EG gezahlt werden, schon keine Beihilfen gemäß Art. 87 Abs. 1 EG, dann würde eine Anmeldepflicht nach Art. 88 Abs. 3 EG sehr wohl entfallen. Leider nutzte der EuGH die Gelegenheit nicht, sich mit der eigenen alten Rechtsprechung der Entscheidung „ADBHU" oder der Rechtsprechung des

---

[229] EuG, Rs. T-46/97 (SIC), Slg. 2000, II-2125, 2155, Rn. 83.

[230] EuG, Rs. T-46/97 (SIC), Slg. 2000, II-2125, 2155, Rn. 84.

[231] V. Wallenberg, MMR 2001, S. 98, 98 ff.

[232] V. Wallenberg, MMR 2001, S. 98, 104.

[233] In der Literatur wird die Entscheidung zum Teil auch „Frankreich/Kommission" genannt.

[234] EuGH, Rs. C-322/98 (CELF), Slg. 2000, I-4833.

EuG auseinanderzusetzen. Das ist vielleicht auch ein Grund dafür, warum die Bedeutung des Urteils für die Frage des Verhältnisses der Bestimmungen des Art. 87 Abs. 1 und des 86 Abs. 2 EG umstritten ist.[235] Einerseits fand die Entscheidung keine Beachtung.[236] Andererseits ist insbesondere *Magiera* davon ausgegangen, dass die Entscheidung „ADBHU" und damit das Festhalten an der Tatbestandslösung überholt sei.[237]

(b) Neuere Rechtsprechung

In Anbetracht der Rechtsprechung des EuG und den eher zustimmenden Ausführungen des EuGH hat ein Urteil des Gerichtshofs im November 2001 in der Rechtssache „Ferring"[238] für große Beachtung gesorgt.[239] Im Verfahren ging es um eine Abgabenbefreiung, die der französische Staat Arzneimittelgroßhändlern gewährte. Die Großhändler hatten aufgrund eines Gesetzes Belastungen zu tragen. Dieses französische Gesetz sieht als Pflichten vor, dass die Großhändler ein bestimmtes Kontingent an Arzneimitteln dauerhaft vorrätig haben müssen, um die medizinischen Bedürfnisse der Region für mindestens zwei Wochen decken zu können. Zudem müssen sie garantieren, dass eine Lieferung der Medizin innerhalb von 24 Stunden erfolgt. Mit der Abgabenbefreiung für Arzneimittelgroßhändler sollten die durch das Gesetz verursachten Belastungen ausgeglichen werden.

Der Gerichtshof folgte der Argumentation der französischen Regierung. Er befand, dass die Befreiung der Großhändler von der Abgabe, welche Arzneimittelhändler normalerweise zu tragen haben, lediglich für die ihnen auferlegten Pflichten kompensiere. Da sie dadurch keinen Vorteil erhielten, stelle die Abga-

---

[235] Bedeutung bejahend Gundel, RIW 2002, S. 222, 227; GA Léger in seinen zweiten Schlussanträgen, Rs. 280/00 (Altmark Trans), Slg. 2003, I-7788, 7800, Rn. 58; Entscheidung wird nicht erwähnt bei v. Brevern, EWS 2001, S. 586, 587 und bei GA Tizzano in seinen Schlussanträgen zu Rs. C-53/00 (Ferring), Slg. 2001, I-9096, 9087, Rn. 57-60.

[236] V. Brevern, EWS 2001, S. 586, 587; GA Tizzano in seinen Schlussanträgen zu Rs. C-53/00 (Ferring), Slg. 2001, I-9096, 9087, Rn. 57-60.

[237] Magiera, in: Ipsen/Schmidt-Jortzig, FS Rauschning, S. 280 f.; ebenso Ruttig, Einfluss des EG-Beihilfenrechts, S. 153 f.; Trzaskalik, Transparenzpflichten des Rundfunks, S. 17; vgl. Gundel, RIW 2002, S. 222, 224.

[238] EuGH, Rs. C-53/00 (Ferring), Slg. 2001, I-9067.

[239] Vgl. Reaktionen von Alexis, Revue du droit d l'Union européenne 2002, S. 63 ff.; Bartosch, NVwZ 2002, S. 174 f.; ders., EStAL 2002, S. 1; ders., EStAL 2002, S. 183, 184 ff.; Grespan, Competition Policy Newsletter 2002, S. 17 ff.; Gundel, RIW 2002, S. 222 ff.; Haunold/Tumpel/Widhalm, SWI 2002, S. 199 ff.; Jennert, DVBl. 2002, S. 825 ff.; Koenig, EuZW 2001, S. 741, 744 f.; Koenig/Kühling, EWS 2003, S. I; Lindner, EPL 2003, S. 359 ff.; Nettesheim, EWS 2002, S. 253 ff.; Nicolaides, ECLRev. 2002, S. 313 ff.; ders., Intereconomics 2002, S. 190 ff.; Reich/Helios, Pharmarecht 2002, S. 174 ff.; Ruge, EuZW 2002, S. 50 ff.; Schnelle, EStAL 2002, S. 195, 198 ff.; Schohe/Arhold, EStAL 2002, S. 33, 39 ff.; Streinz, JuS 2002, S. 492 ff.; v. Brevern, EWS 2001, S. 586 ff.; Werner, ZEuS 2003, S. 309, 324 ff.

benbefreiung sie nur auf die gleiche Stufe wie die Konkurrenten, welche nicht an die Pflichten gebunden sind.[240] Für den Fall, dass die Höhe der Abgabenbefreiung der Belastung durch die zusätzlichen Pflichten entspreche oder sogar darunter liege, läge damit schon keine Beihilfe i.S.d. Art. 87 Abs. 1 EG vor. Daraus folge aber auch, dass Art. 86 Abs. 2 EG keine Rolle spiele. Für den Fall, dass keine Überkompensation vorliege, sei die Abgabenbefreiung schon keine Beihilfe i.S.d. Art. 87 Abs. 1 EG.[241] Dann bedürfe es auch keiner Ausnahmevorschrift. Eine Überkompensation könne hingegen von Art. 86 Abs. 2 EG in keinem Fall gerechtfertigt werden.[242] Der EuGH hat sich ohne Hinweis auf die Rechtsprechung des EuG auf seine Rechtsprechung in der Rechtssache „ADBHU"[243] ausdrücklich berufen.[244] Somit sind nach Ansicht des Gerichtshofs Ausgleichzahlungen, die für gemeinwohlorientierte Pflichten gezahlt werden, schon keine Beihilfe i.S.d. Art. 87 Abs. 1 EG. Das bedeutet aber auch, dass der Pflichtenkatalog des Art. 88 Abs. 3 EG in derartigen Fällen für die Mitgliedstaaten entfällt. Der Gerichtshof schien damit die Tatbestandslösung zu favorisieren. Die Prüfung der Ausgleichzahlungen durch den EuGH entspricht aber nicht dem Maßstab des Art. 86 Abs. 2 EG. Die Entscheidung ließ daher im Unklaren, welche genauen Anforderungen an Zahlungen, die für Pflichten des Gemeinwohls geleistet werden, zu richten sind, damit sie eine tatbestandsausschließende Wirkung entfalten.

Der EuGH hat sich zur Problematik der Ausgleichszahlungen für Gemeinwohlpflichten im Urteil „Altmark Trans" erneut geäußert.[245] In dem der Rechtssache „Altmark Trans" zugrundeliegenden Ausgangsverfahren ging es um die Erteilung von Genehmigungen für den Linienbusverkehr im Landkreis Stendal. Das Regierungspräsidium Magdeburg hatte der Altmark Trans GmbH Genehmigungen für den Personentransport für bestimmte Strecken erteilt. Zudem erhielt die Altmark Trans GmbH Zahlungen, die sie für das Bedienen unrentabler Streckenabschnitte entschädigen sollte. Nach deutschem Recht wird der Beförderer durch die Genehmigung u.a. verpflichtet, nur die zugelassenen Fahrpreise zu erheben, den genehmigten Fahrplan einzuhalten und der Betriebs- und Beförderungspflicht nachzukommen.[246] Das mit dem Ausgangsfall befasste Gericht legte nun dem EuGH die Frage vor, ob in den Zahlungen eine staatliche Beihilfe i.S.d. Art. 87 Abs. 1 EG zu

---

[240] EuGH, Rs. C-53/00 (Ferring), Slg. 2001, I-9067, 9110, Rn. 27.

[241] EuGH, Rs. C-53/00 (Ferring), Slg. 2001, I-9067, 9110, Rn. 27.

[242] EuGH, Rs. C-53/00 (Ferring), Slg. 2001, I-9067, 9112, Rn. 32 f.

[243] EuGH, Rs. 240/83 (ADBHU), Slg. 1985, 531.

[244] EuGH, Rs. C-53/00 (Ferring), Slg. 2001, I-9067, 9110, Rn. 26.

[245] EuGH, Rs. 280/00 (Altmark Trans), Slg. 2003, I-7747; vgl. ausführlich zum Sachverhalt Schohe/Arhold, EStAL 2002, S. 33, 39 f.

[246] Im konkreten Fall erfolgte die Genehmigung nach §§ 8 Abs. 4, 13 Personenbeförderungsgesetz (i.d.F. v. 8.08.1990, BGBl. I, S. 1690 ff.; geändert durch Gesetz v. 23.07.1992, BGBl. I, S. 1379); vgl. zur nationalen Rechtslage Böck/Thoebald, EWS 2003, S. 409, 410 f.

sehen sei. Generalanwalt *Léger* stellte dazu fest, dass das Urteil „Ferring" bei der Beantwortung dieser Frage direkte Auswirkungen habe.[247] Auch in diesem Fall könne argumentiert werden, dass die Zahlungen lediglich als Ausgleich für die Erfüllung gemeinwohlorientierter Pflichten erfolgten. Allerdings warnte Generalanwalt *Léger* vor einer Übertragung des Urteils „Ferring" auf das Verfahren „Altmark Trans" mit folgender Begründung: „Die Auslegung, die die Sechste Kammer des Gerichtshofes [im Urteil „Ferring"] vorgenommen hat, ist meiner Meinung nach nämlich geeignet, Struktur und Systematik der Vertragsbestimmungen über staatliche Beihilfen tiefgreifend zu ändern."[248] Die Kritik des Generalanwalts *Léger* an der Rechtsprechung des EuGH basiert auf drei Grundüberlegungen.[249] Erstens sei der Beihilfebegriff ein objektiver, sodass eine (soziale) Zielsetzung der fraglichen Regelung nicht schon auf der Tatbestandsebene berücksichtigt werden könne.[250] Zweitens nehme die „Ferring"-Rechtsprechung der Ausnahmebestimmung des Art. 86 Abs. 2 EG einen Großteil ihrer Wirkung, da diese kaum noch Anwendung finde.[251] Drittens führe die Rechtsprechung zu einer Verringerung der Rolle der Kommission bei der Prüfung von Maßnahmen zur Finanzierung öffentlicher Dienstleistungen. Die im Urteil „Ferring" aufgestellten Kriterien böten aber im Gegenzug keinen adäquaten Rahmen für die Kontrolle der Zahlungen, die von den Mitgliedstaaten den mit einer Aufgabe von allgemeinem Interesse betrauten Unternehmen gewährt werden.[252]

Der Generalanwalt war der einzige Beteiligte, der seine Stellungnahme nach der Urteilsverkündung in der Rechtssache „Ferring" abgegeben hatte.[253] Mit Beschluss vom 8. Juni 2002 ordnete der EuGH die Wiedereröffnung der mündlichen Verhandlung in der Rechtssache „Altmark Trans" an.[254] Generalanwalt *Léger* konnte somit in seinen zweiten Schlussanträgen auf Reaktionen auf seine ersten Schlussanträge eingehen und erneut zur Problematik der Ausgleichszah-

---

[247] Erste Schlussanträge Léger, Rs. 280/00 (Altmark Trans), Slg. 2003, I-7747, 7766, Rn. 60.

[248] Erste Schlussanträge Léger, Rs. 280/00 (Altmark Trans), Slg. 2003, I-7747, 7766, Rn. 61.

[249] Vgl. dazu auch die Zusammenfassung in den Schlussanträgen von Stix-Hackl, Rs. C-34/01 bis C-38/01 (Enirisorse) v. 7.11.2002, Rn. 149 (noch nicht in der Slg.; EStAL 2004, S. 85 ff.).

[250] Erste Schlussanträge Léger, Rs. 280/00 (Altmark Trans), Slg. 2003, I-7747, 7770 f., Rn. 77.

[251] Erste Schlussanträge Léger, Rs. 280/00 (Altmark Trans), Slg. 2003, I-7747, 7771, Rn. 79.

[252] Erste Schlussanträge Léger, Rs. 280/00 (Altmark Trans), Slg. 2003, I-7747, 7775, Rn. 90.

[253] Vgl. die zweiten Schlussanträge Léger, Rs. 280/00 (Altmark Trans), Slg. 2003, I-7788, 7788, Rn. 2.

[254] Art. 61 VerfO-EuGH sieht diese Möglichkeit vor. Die Wiedereröffnung kann sowohl von Amts wegen als auch auf Antrag einer Partei angeordnet werden; vgl. Koenig/Sander, EG-Prozessrecht, Rn. 114. Die Wiedereröffnung einer mündlichen Verhandlung geschieht nur in Ausnahmefällen; vgl. Hackspiel, in: Rengeling/Middeke/Gellermann, Handbuch des Rechtsschutzes, § 25, Rn. 15 f.

lungen für Gemeinwohlpflichten Stellung beziehen.[255] Er bekräftigte seine Kritik: Die „Ferring"-Rechtsprechung sei geeignet, die Wirksamkeit sämtlicher Ausnahmebestimmungen des Vertrages im Bereich der staatlichen Beihilfen zu beseitigen.[256] Auch stellten die Verfahrenspflichten des Art. 88 Abs. 3 EG keine unangemessene Bürde für die Mitgliedstaaten dar. Es gebe genug Möglichkeiten, die Verfahrenspflichten im Rahmen der Finanzierung von Dienstleistungen des allgemeinen Interesses abzuschwächen.[257] *Léger* schloss daher seine Ausführungen mit der Feststellung, dass die finanziellen Vorteile, die Behörden eines Mitgliedstaates zum Ausgleich der Kosten der Verpflichtungen des öffentlichen Dienstes gewähren, staatliche Beihilfen i.S.d. Art. 87 Abs. 1 EG darstellten. Art. 86 Abs. 2 EG sei dahin auszulegen, dass er auf dem Gebiet der staatlichen Beihilfen keine unmittelbare Wirkung entfalte.[258]

Der EuGH ist den Ausführungen seines Generalanwalts nicht gefolgt. Er hielt an der in der Rechtssache „Ferring" eingeschlagenen Richtung fest. So machte er deutlich, dass aus seiner Rechtsprechung hervorgehe, dass „eine staatliche Maßnahme nicht unter Artikel 92 Absatz 1 (Art. 87 Abs. 1) EG-Vertrag fällt, soweit sie als Ausgleich anzusehen ist, der die Gegenleistung für Leistungen bildet, die von den Unternehmen, denen sie zugute kommt, zur Erfüllung gemeinwirtschaftlicher Verpflichtungen erbracht werden, sodass diese Unternehmen in Wirklichkeit keinen finanziellen Vorteil erhalten und die genannte Maßnahme somit nicht bewirkt, dass sie gegenüber den mit ihnen im Wettbewerb stehenden Unternehmen in eine günstigere Wettbewerbsstellung gelangen."[259] Der Gerichtshof ist damit im Grundsatz der Tatbestandslösung gefolgt. Allerdings wurden vom EuGH vier konkrete Kriterien für die Frage entwickelt, wann Ausgleichszahlungen schon nicht dem Tatbestand des Art. 87 Abs. 1 EG unterfallen. *Erstens* müsse das begünstigte Unternehmen tatsächlich mit der Erfüllung gemeinwirtschaftlicher und klar definierter Verpflichtungen betraut worden sein (Betrauungs- und Definitionserfordernis).[260] *Zweitens* müssten die Parameter, anhand deren der Ausgleich berechnet wird, zuvor objektiv und transparent aufgestellt worden sein (Transparenzerfordernis).[261] *Drittens* dürfe der Ausgleich nicht über die tatsächlichen Kosten der Verpflichtungserfüllung unter Berücksichtigung der erzielten Einnahmen und eines angemessenen Ge-

---

[255] Vgl. Bartosch, EStAL 2003, S. 1, 1.

[256] Zweite Schlussanträge Léger, Rs. 280/00 (Altmark Trans), Slg. 2003, I-7788, 7798, Rn. 46.

[257] Zweite Schlussanträge Léger, Rs. 280/00 (Altmark Trans), Slg. 2003, I-7788, 7801, Rn. 62; zu den einzelnen Möglichkeiten: Rn. 63 – 72.

[258] So auch schon in den ersten Schlussanträgen Léger, Rs. 280/00 (Altmark Trans), Slg. 2003, I-7747, 7777, Rn. 98.

[259] EuGH, Rs. 280/00 (Altmark Trans), Slg. 2003, I-7747, 7839, Rn. 87.

[260] EuGH, Rs. 280/00 (Altmark Trans), Slg. 2003, I-7747, 7839, Rn. 89.

[261] EuGH, Rs. 280/00 (Altmark Trans), Slg. 2003, I-7747, 7840, Rn. 90.

winns hinausgehen (Angemessenheitserfordernis).[262] *Viertens* und letztens müsse die Höhe des Ausgleichs, wenn schon die Wahl des Unternehmens nicht im Rahmen eines Vergabeverfahrens erfolgt sei, zumindest auf der Grundlage einer Vergleichsanalyse mit einem durchschnittlichen, gut geführten Unternehmen berechnet werden (Vergleichserfordernis).[263] Damit eine Ausgleichszahlung schon nicht vom Tatbestand des Art. 87 Abs. 1 EG umfasst sei, müssten diese vier Kriterien im konkreten Fall kumulativ vorliegen. Der EuGH hat so die Anforderungen, welche an Ausgleichszahlungen für Gemeinwohlpflichten zu stellen sind, näher konkretisiert. Insbesondere das vierte Kriterium kann dabei als besondere Hürde für Unternehmen der Daseinsvorsorge angesehen werden. Ob und inwieweit noch Fälle möglich sind, in denen Art. 86 Abs. 2 EG weiterhin eine Rolle spielen kann, lässt das Urteil offen.

Auch in der Rechtssache „GEMO"[264] hat sich der zuständige Generalanwalt ausführlich mit der „Ferring"-Rechtsprechung auseinandergesetzt und dabei eine dritte Herangehensweise entwickelt.[265] Die Kritik von Generalanwalt *Léger* in der Rechtssache „Altmark Trans" aufgreifend, wendet sich auch Generalanwalt *Jacobs* gegen eine ausschließliche Anwendung der Tatbestandslösung.[266] Allerdings stünden einer allgemeinen Anwendung der Rechtfertigungslösung ebenfalls gewichtige Gründe entgegen. Auch bei der Finanzierung von Dienstleistungen von allgemeinem wirtschaftlichem Interesse müsse ein wirtschaftlicher Vorteil des Unternehmens verneint werden, wenn lediglich für (zusätzliche) Pflichten entschädigt werde. Zudem könne der Pflichtenkatalog des Art. 88 Abs. 3 EG und hier insbesondere die Stillhalteverpflichtung der „Erbringung von Dienstleistungen von allgemeinem Interesse durch Privatunternehmen ernstlich entgegenstehen".[267] Es gebe Fälle, wie z.B. bei der Entsorgung giftiger Abfälle, in denen ein Abwarten einer Entscheidung der Kommission nicht möglich sei. Generalanwalt *Jacobs* schlägt daher einen Mittelweg vor. Es habe eine Unterscheidung zwischen zwei verschiedenen Fallkategorien stattzufinden. Die erste Kategorie umfasse Fälle, „in denen die Finanzierungsmaßnahmen eindeutig eine Gegenleistung für klar definierte Gemeinwohlverpflichtungen darstellen". Das deutlichste Beispiel hierfür seien „Verträge über die Erbringung von Dienstleistungen in öffentlichem Auftrag, die nach Durchführung der Verfahren über die Vergabe öffentlicher Aufträge geschlossen werden". Von dieser Kategorie er-

---

[262] EuGH, Rs. 280/00 (Altmark Trans), Slg. 2003, I-7747, 7840, Rn. 92.

[263] EuGH, Rs. 280/00 (Altmark Trans), Slg. 2003, I-7747, 7840, Rn. 93.

[264] EuGH, Rs. C-126/01 (GEMO) v. 20.11.2003 (noch nicht in der Slg.; EStAL 2004, S. 41 ff.); vgl. ausführlich zum Sachverhalt Schohe/Arhold, EStAL 2002, S. 33, 41.

[265] Schlussanträge Jacobs, Rs. C-126/01 (GEMO) v. 30.04.2002 (noch nicht in der Slg.; EStAL 2004, S. 49 ff.).

[266] Schlussanträge Jacobs, Rs. C-126/01 (GEMO) v. 30.04.2002, Rn. 116 (noch nicht in der Slg.; EStAL 2004, S. 49 ff.).

[267] Schlussanträge Jacobs, Rs. C-126/01 (GEMO) v. 30.04.2002, Rn. 115 (noch nicht in der Slg.; EStAL 2004, S. 49 ff.).

fasste Fälle sollten nach *Jacobs* der Tatbestandslösung unterliegen.[268] In Fällen, in denen nicht von Anfang an klar sei, dass die Finanzierung durch den Mitgliedstaat eine Gegenleistung für genau definierte Gemeinwohlverpflichtungen darstellen, solle hingegen die Rechtfertigungslösung Anwendung finden.[269]

Der EuGH hat die Möglichkeit leider nicht genutzt, sich auch im Rahmen der Rechtssache „GEMO" mit der „Ferring"-Rechtsprechung auseinander zusetzen und für eine Konkretisierung der Kriterien zu sorgen. Der Gerichtshof hat sich in seiner sehr knappen Urteilsbegründung nur mit einer der drei vom Generalanwalt bearbeiteten Fallkonstellationen[270] beschäftigt. In dieser Konstellation konnte ein wirtschaftlicher Vorteil aber schon mit Hilfe des Verursacherprinzips[271] bejaht werden. Obwohl im Ergebnis das Vorliegen einer staatlichen Beihilfe somit angenommen wurde, unterließ es der EuGH, zur Frage der Ausgleichszahlungen Stellung zu beziehen.[272]

Zuletzt hat sich der EuGH in der Rechtssache „Enirisorse" mit dem Urteil „Ferring" und dessen Folgen auseinandergesetzt.[273] In dem zugrundeliegenden Ausgangsverfahren ging es um eine Hafenabgabe, die ein italienisches Gesetz vorsah. Die Abgabe wurde auf ent- und verladende Güter erhoben und kam öffentlichen Einrichtungen zugute, die mit dem Ent- und Verladen in einigen Häfen betraut waren. Die Enirisorse SpA, eine private Konkurrentin, führte das Ent- und Verladen selbstständig durch und musste dennoch die Hafenabgabe entrichten. Die Enirisorse SpA wehrte sich gegen diese Zahlungsverpflichtung unter anderem mit dem Argument, in der Abgabe an die öffentlichen Einrichtungen müsse eine staatliche Beihilfe i.S.d. Art. 87 Abs. 1 EG gesehen werden. Die italienische Regierung wandte dagegen ein, die Hafenabgabe sei „aus sozioökonomischen Gründen notwendig und im öffentlichen Interesse gelegen".[274] Generalanwältin *Stix-Hackl* setzte sich in ihren Schlussanträgen ausführlich mit dem Urteil „Ferring" und den danach erfolgten Stellungnahmen der Generalanwälte auseinander. Sie kommt dabei zu dem Ergebnis, dass die Lösung des Ge-

---

[268] Schlussanträge Jacobs, Rs. C-126/01 (GEMO) v. 30.04.2002, Rn. 119 (noch nicht in der Slg.; EStAL 2004, S. 49 ff.).

[269] Schlussanträge Jacobs, Rs. C-126/01 (GEMO) v. 30.04.2002, Rn. 120 (noch nicht in der Slg.; EStAL 2004, S. 49 ff.); Jacobs nennt als gutes Beispiel für diese Kategorie das Urteil „Banco Exterior" (EuGH, Rs. C-387/92, Slg. 1994, I-877).

[270] Vgl. Schlussanträge Jacobs, Rs. C-126/01 (GEMO) v. 30.04.2002, Rn. 53 (noch nicht in der Slg.; EStAL 2004, S. 49 ff.).

[271] Schlussanträge Jacobs, Rs. C-126/01 (GEMO) v. 30.04.2002, Rn. 66 (noch nicht in der Slg.; EStAL 2004, S. 49 ff.).

[272] EuGH, Rs. C-126/01 (GEMO) v. 20.11.2003, Rn. 44 (noch nicht in der Slg.; EStAL 2004, S. 41 ff.).

[273] EuGH, C-34/01 bis C-38/01 (Enirisorse) v. 27.11.2003 (noch nicht in der Slg.; EStAL 2004, S. 73 ff.).

[274] Vgl. Schlussanträge Stix-Hackl, Rs. C-34/01 bis C-38/01 (Enirisorse) v. 7.11.2002, Rn. 117 (noch nicht in der Slg.; EStAL 2004, S. 85 ff.).

neralanwalts *Jacobs* die vorzugswürdige sei. Demnach sei die Zuweisung an ein Unternehmen nur dann eine staatliche Beihilfe i.S.d. Art. 87 Abs. 1 EG, „wenn diese Mittelzuweisung in keinem offenkundigen und unmittelbaren Zusammenhang mit Lasten im Zusammenhang mit der Erbringung von eindeutig identifizierbaren Leistungen von allgemeinem wirtschaftlichen Interesse steht".[275]

Der EuGH hat dagegen in seiner Entscheidung auf seine Ausführungen in der Rechtssache „Altmark Trans" verwiesen. Damit hat er bekräftigt, dass er auch in Zukunft diese Linie verfolgen wird. Allerdings hat es der Gerichtshof in der Entscheidung versäumt, die vier „Altmark Trans"-Kriterien näher zu beleuchten. Zudem hat er sich nicht zur zukünftigen Rolle des Art. 86 Abs. 2 EG geäußert.

(3) Kommissionspraxis

Die Kommission hat ihren Standpunkt zur Frage des Verhältnisses der Art. 87 Abs. 1 und 86 Abs. 2 EG mehrfach geändert. Zunächst folgte auch sie bis 1997 im Einklang mit der Entscheidung „ADBHU"[276] der Tatbestandslösung.[277] Insbesondere in der Rechtssache „FFSA" vertrat sie den Standpunkt, dass Ausgleichszahlungen im Rahmen des Art. 86 Abs. 2 EG schon tatbestandlich keine Beihilfen seien.[278] Allerdings nahm die Kommission schon in dieser Entscheidung für sich in Anspruch, die Prüfungskompetenz auch für Maßnahmen im Rahmen des Art. 86 Abs. 2 EG innezuhaben.[279] Zudem wandte sie die Rechtfertigungslösung in einigen Bereichen, so z.B. bei der Liberalisierung des Luftverkehrs,[280] an. Dass diese Praxis zunächst nur den Verkehrssektor betraf, kann an dem Vorliegen einer Spezialvorschrift liegen.[281] So bestimmt Art. 73 EG: „Mit diesem Vertrag vereinbar sind Beihilfen, die [...] der Abgeltung bestimmter, mit dem Begriff des öffentlichen Dienstes zusammenhängender Leistungen entsprechen". Der Wortlaut dieser Vorschrift ist eindeutig: Zahlungen, die zur „Abgeltung" gemeinwirtschaftlicher Pflichten geleistet werden, bleiben dennoch tat-

---

[275] Schlussanträge Stix-Hackl, Rs. C-34/01 bis C-38/01 (Enirisorse) v. 7.11.2002, Rn. 161 (noch nicht in der Slg.; EStAL 2004, S. 85 ff.).

[276] EuGH, Rs. 240/83 (ADBHU), Slg. 1985, 531.

[277] Vgl. Alexis, Revue du droit d l'Union européenne 2002, S. 63, 64 u. 85 ff.; v. Brevern, EWS 2001, S. 583, 587; Chérot, Europe 2000, S. 4, 5 f.

[278] Entscheidung v. 8.2.1995, Nr. NN 135/92 (FFSA), ABl. EG Nr. C 262 v. 7.10.1995, S. 11, 15.

[279] Entscheidung v. 8.2.1995, Nr. NN 135/92 (FFSA), ABl. EG Nr. C 262 v. 7.10.1995, S. 11, 14; vgl. auch die Position der Kommission in der Rechtssache „Banco Exterior", dazu: Schlussanträge Lenz, Rs. C-387/92 (Banco Exterior), Slg. 1994, I-879, 894, Rn. 53.

[280] Vgl. die Kommissionsmitteilung zur Anwendung der Artikel 92 und 93 des EG-Vertrages sowie Artikels 61 des EWR-Abkommens auf staatliche Beihilfen im Luftverkehr, ABl. EG Nr. C 350 v. 10.12.1994, S. 5, 9 f.

[281] Gundel, RIW 2002, S. 222, 226.

bestandlich Beihilfen. Der Verkehrsbereich müsste daher in jedem Fall von einer allgemeinen Anwendung der Tatbestandslösung ausgenommen werden.[282]

Durch die Rechtsprechung des EuG beeinflusst,[283] die durch den EuGH indirekt bestätigt wurde,[284] wandte die Kommission dann nach 1997 die Rechtfertigungslösung an. So machte sie in der Entscheidung „BBC News 24" deutlich, dass der Ausgleich von Kosten, die durch gemeinwirtschaftliche Pflichten entstehen, erst im Rahmen der Prüfung des Art. 86 Abs. 2 EG berücksichtigt werden könne.[285] Diesen Ansatz wandte sie auch in der Entscheidung „Kinderkanal/Phoenix" an.[286] Die Herausgabe der Rundfunkmitteilung noch im September 2001 machte deutlich, dass die Kommission dieses Verständnis auch für die weitere Prüfung der europäischen Rundfunkfinanzierung zugrunde legen wollte.[287]

Nach der Entscheidung des EuGH in der Rechtssache „Ferring" fühlte sich die Kommission wieder der Tatbestandslösung verpflichtet. Das wurde u.a. in der für das System der Rundunkfinanzierung wichtigen Entscheidung „BBC Digitalkanäle" deutlich. Mit Brief vom 22. Mai 2002 antwortete die Kommission auf die Anfrage des britischen Ministeriums für Kultur, Medien und Sport.[288] Die britische Regierung hatte die Inbetriebnahme von neun digitalen Fernsehprogrammen anmelden wollen. Sie war also davon ausgegangen, dass in der Finanzierung der Programme durch die Rundfunkgebühr eine staatliche Beihilfe gesehen werden müsse und demnach eine Anmeldepflicht bestehe. Die Kommission teilte diese Ansicht nicht. Lasse man die Gemeinwohlverpflichtungen der BBC außen vor, involviere die Maßnahme zwar eine staatliche Beihilfe i.S.d. Art. 87 Abs. 1 EG.[289] Angesichts neuerer Rechtsprechung seien Ausgleichszahlungen für gemeinwohlorientierte Verpflichtungen, wenn sie nur die Extrakosten decken, aber schon tatbestandlich keine Beihilfe. In der Prüfung, ob im konkreten Fall nur ein Ausgleich für die Extrakosten vorliege, versucht die

---

[282] So auch Léger in seinen zweiten Schlussanträgen, Rs. 280/00 (Altmark Trans), Slg. 2003, I-7788, 7797 f., Rn. 44 u. 47.

[283] EuG, Rs. T-106/95 (FFSA), Slg. 1997, II-229; EuG, Rs. T-46/97 (SIC), Slg. 2000, II-2125.

[284] EuGH, Rs.C-147/97 P (FFSA), Slg. 1998, I-1307; wohl auch EuGH, Rs. C-322/98 (CELF), Slg. 2000, I-4833.

[285] Entscheidung v. 14.12.1999, Nr. NN 88/98 (BBC News 24), Rn. 104, abrufbar unter: http://www.europa.eu.int/comm/secretariat_general/sgb/state_aids/industrie/nn088-98.pdf; ABl. EG Nr. C 78 v. 19.03.2000, S. 6; vgl. PM der Kommission v. 22.05.2002, IP/02/737.

[286] Entscheidung v. 24.2.1999, Nr. NN 70/98 (Kinderkanal/Phoenix), Tz. 6.3. (die ausführliche Entscheidungsbegründung wurde nicht veröffentlicht, kann aber bei der Kommission angefordert werden); ABl. EG Nr. C 238 v. 21.8.1999, S. 3.

[287] Mitteilung der Kommission über die Anwendung der Vorschriften über Staatliche Beihilfen auf den öffentlich-rechtlichen Rundfunk, ABl. EG Nr. C 320 v. 15.11.2001, S. 5 ff.

[288] Entscheidung v. 22.05.02, Beihilfe Nr. N 631/2001 (BBC Digitalkanäle), abrufbar unter: http://europa.eu.int/comm/secretariat_general/sgb/state_aids/industrie/n631-01.pdf.

[289] Entscheidung v. 22.05.02, Beihilfe Nr. N 631/2001 (BBC Digitalkanäle), Rn. 23.

Kommission dann allerdings Elemente des Art. 86 Abs. 2 EG einzubeziehen. So prüft sie, ob die digitalen Programme Teil der Dienstleistung von allgemeinem wirtschaftlichem Interesse i.S.d. Art. 86 Abs. 2 EG sind und ob die BBC damit beauftragt worden ist. Die Kommission kommt zu dem Ergebnis, dass diese Erfordernisse gewährleistet seien und die Höhe der Zahlungen den Extrakosten entspreche. Daher sei schon keine Begünstigung anzunehmen und es handele sich bei der Maßnahme nicht um eine staatliche Beihilfe.[290]

Seit der Entscheidung des EuGH in der Rechtssache „Altmark Trans" prüft die Kommission die Frage, ob eine Beihilfe im konkreten Fall vorliegt, anhand der vier dort aufgestellten Kriterien. In ihren aktuellen Entscheidungen ist sie stets zu dem Ergebnis gekommen, dass die Kriterien gerade nicht vorlagen und hat daher die Mitgliedstaaten aufgefordert, deutlich transparentere Finanzierungssysteme zu entwickeln.[291] Sie geht damit von einer sehr restriktiven Auslegung der „Altmark-Trans"-Kriterien aus.[292] Allerdings zeigen die neueren Entscheidungen auch, dass die Kommission weiterhin von einer Möglichkeit der Rechtfertigung staatlicher Zuwendungen über Art. 86 Abs. 2 EG ausgeht.[293]

(4) Reaktionen der Literatur auf die neuere Rechtsprechung

In der Literatur hat das Urteil „Ferring" ein großes Echo ausgelöst.[294] Teilweise wurde die Argumentation des Gerichtshofes ausdrücklich begrüßt.[295] Nach *Bar-*

---

[290] Entscheidung v. 22.05.02, Beihilfe Nr. N 631/2001 (BBC Digitalkanäle), Rn. 55; vgl. Scheuer/Strothmann, MMR 2002, S. 771, 777.

[291] Aufforderungen an Italien, Portugal u. Spanien mit Schreiben v. 15.10.2003; vgl. PM der Kommission v. 15.10.2003, IP/03/1399; an Frankreich mit Schreiben v. 10.12.2003; vgl. PM der Kommission v. 10.12.2003, IP/03/1686; dazu auch Gorini, IRIS 2003, Nr. 10, S. 4; dies., IRIS 2004, Nr. 2, S. 4. Die Aufforderungen sind im Rahmen des Verfahrens gemäß Art. 88 Abs. 1 EG erfolgt, wonach die Kommission für bestehende Beihilfe den Mitgliedstaaten geeignete Maßnahmen vorschlagen kann.

[292] Vgl. Bartosch, EStAL 2004, S. 1, 1.

[293] Vgl. insb. die Entscheidung v. 15.10.2003, K (2003) 3528 (RAI), ABl. EG Nr. L 119 v. 23.04.2004, S. 1, 25, Rn. 153 und die Entscheidung v. 1.10.2003, Nr. N 37/03 (Digital Curriculum), Rn. 63, abrufbar unter: http://europa.eu.int/comm/secretariat_general/sgb/state_aids/comp-2003/n037-03.pdf; ABl. EG Nr. C 271 v. 12.11.2003; dazu Koenig/Haratsch, ZUM 2004, S. 122 ff.; Rapp-Jung, EStAL 2004, S. 205, 205 f.

[294] Vgl. Alexis, Revue du droit d l'Union européenne 2002, S. 63 ff.; Bartosch, NVwZ 2002, S. 174 f.; ders., EStAL 2002, S. 1; ders., EStAL 2002, S. 183, 184 ff.; Grespan, Competition Policy Newsletter 2002, S. 17 ff.; Gundel, RIW 2002, S. 222 ff.; Haunold/Tumpel/Widhalm, SWI 2002, S. 199 ff.; Jennert, DVBl. 2002, S. 825 ff.; Koenig, EuZW 2001, S. 741, 744 f.; Koenig/Kühling, EWS 2003, S. I; Lindner, EPL 2003, S. 359 ff.; Nettesheim, EWS 2002, S. 253 ff.; Nicolaides, ECLRev. 2002, S. 313 ff.; ders., Intereconomics 2002, S. 190 ff.; Nowak, EuZW 2003, S. 389, 396; Reich/Helios, Pharmarecht 2002, S. 174 ff.; Ruge, EuZW 2002, S. 50 ff.; Schnelle, EStAL 2002, S. 195, 198 ff.; Schohe/Arhold, EStAL 2002, S. 33, 39 ff.; Streinz, JuS 2002, S. 492 ff.; v. Brevern, EWS 2001, S. 586 ff.

tosch kann in dem Urteil eine „lange erhoffte und erwartete Korrektur einer Judikatur des EuG sowie Kommissionspraxis" gesehen werden, „mit der in den letzten Jahren der beihilferechtliche Kontrollstrahl in erheblicher Weise ausgedehnt" worden sei. Auch sei damit die den Mitgliedstaaten unzulässigerweise aufgebürdete Beweislast im Rahmen des Art. 86 Abs. 2 EG aufgehoben.[296] Laut *Reich/Helios* hat der EuGH nun klargestellt, „dass Zuwendungen der öffentlichen Hand, die nur gemeinwirtschaftliche Kosten ausgleichen, keiner Anmeldepflicht bei der Kommission unterliegen". Die entgegenstehende Rechtsprechung des EuG und anderslautende Kommissionsmitteilungen seien insoweit obsolet.[297] Die Frage, ob eine Überkompensation vorliege, müsse nach *Schnelle* richtigerweise im Rahmen des Art. 87 Abs. 1 EG beantwortet werden. Art. 86 Abs. 2 EG habe daher nach dem Urteil „Ferring" für diese Frage keinerlei Relevanz mehr.[298]

Andererseits wurde die Rechtsprechung des EuGH im Urteil „Ferring" auch als „fragwürdig" bezeichnet.[299] Nach *Jennert* führt das Urteil „Ferring" im Ergebnis „eine den Regelungen des Vertrages zuwiderlaufende Sonderbehandlung für Unternehmen mit Aufgaben im gemeinwirtschaftlichen Interesse im Bereich der Beihilfen ein" und verstoße damit gegen Art. 86 Abs. 2 und Art. 87 Abs. 1 EG. Habe die Rechtsprechung Bestand, so wären damit „Maßnahmen, die die durch Auferlegung von öffentlichen Verpflichtungen entstandenen Kosten ausgleichen, der Kontrolle der Kommission entzogen".[300] Die „Ferring"-Rechtsprechung müsse damit „nur als Sonderfall eingestuft werden, der unter keinen Umständen verallgemeinerungsfähig ist".[301] *Gundel* macht auf die Umgehungsgefahren aufmerksam, die durch das Urteil „Ferring" entstehen können. Es sei der Normalfall, dass der Staat eine Gegenleistung erhalte, dies dürfe also nicht von vornherein die Annahme einer „Begünstigung" und damit einer Beihilfe i.S.d. Art. 87 Abs. 1 EG ausschließen. So könnten auch versteckte Beihilfen vorliegen, wenn „die öffentliche Hand in unüblicher Weise auf Jahre hinaus „auf Vorrat" Leistungen eines Unternehmens ankauft, die (abstrakt gesehen ihren Preis wert sein mögen, aber) später möglicherweise nicht benötigt werden".[302] Selbst wenn dem Empfänger kein Gewinn verbleibt, könne schon die Auslastung von Kapazitäten Beihilferelevanz haben, da sie mögliche Verluste verhindert oder zumindest verringert. Bei einem alleinigen Abstellen auf das

---

[295] Bartosch, NVwZ 2002, S. 174 f.; Nettesheim, EWS 2002, S. 253, 256 ff.; Reich/Helios, Pharmarecht 2002, S. 174, 177 f.; Schnelle, EStAL 2002, S. 195, 199 ff.

[296] Bartosch, NVwZ 2002, S. 174, 175.

[297] Reich/Helios, Pharmarecht 2002, S. 174, 178.

[298] Schnelle, EStAL 2002, S. 195, 204.

[299] Jennert, DVBl. 2002, S. 825, 827.

[300] Jennert, DVBl. 2002, S. 825, 827.

[301] Lübbig/Martin-Ehlers, Beihilfenrecht der EU, S. 179.

[302] Gundel, RIW 2002, S. 222, 225.

Vorhandensein einer Gegenleistung, sind laut *Gundel* nur noch Konstellationen als Beihilfe denkbar, in denen der Staat vollständig zweckfrei Geld verschenkt, was aber schon nach nationalem Haushaltsrecht regelmäßig unzulässig sei.[303] Das Urteil „Ferring" sei nicht überzubewerten, wofür auch schon spreche, dass es sich lediglich um eine Kammerentscheidung handele.[304] *Nicolaides* rückt noch ein weiteres Problem in den Vordergrund. Der Staat müsse nicht für jede Verpflichtung eine Entschädigung zahlen.[305] Gerade bei der Berücksichtigung von Umweltstandards trügen Unternehmen erhebliche Kosten ohne entschädigt zu werden.[306] Selbst wenn der Staat aber eine finanzielle Ausgleichszahlung für die Erbringung von Gemeinwohldiensten leisten möchte, müsse diese nicht immer dem vollen Betrag der zusätzlichen Kosten entsprechen. Oftmals reiche ein finanzieller Anreiz aus, um Unternehmen dazu zu bewegen, bestimmte Dienste zu erbringen, da jene auch andere Vorteile daraus ziehen könnten: Kapazitäten würden genutzt und neue Kunden gewonnen.[307] Wie hoch dieser finanzielle Anreiz ausfallen muss, könne nur eine öffentliche Ausschreibung ergeben.[308] Staatliche Zahlungen könnten also immer nur dann schon aus dem Anwendungsbereich des Art. 87 Abs. 1 EG fallen, wenn zuvor eine Ausschreibung und ein Bietverfahren durchgeführt worden sei. In allen anderen Fällen müsse es bei der Rechtfertigungslösung bleiben.[309] *Ruge* hält sogar nach dem Urteil „Ferring" sowohl die Tatbestandslösung, als auch die Rechtfertigungslösung, für „gangbar".[310]

Wegen der Unklarheiten und der unterschiedlichen Einschätzungen zum Urteil „Ferring" war das Folgerurteil in der Rechtssache „Altmark Trans" mit Spannung erwartet worden. Es hat daher auch eine breite Kommentierung hervorgerufen.[311] Einigkeit besteht darin, dass das Urteil „Altmark Trans" ein

---

[303] Gundel, RIW 2002, S. 222, 226.

[304] Gundel, RIW 2002, S. 222, 227, Fn. 65; allerdings ist heute die Vollsitzung zur Ausnahme und die Kammerentscheidung zur Regel geworden; vgl. Oppermann, Europarecht, Rn. 375. Hakenberg/Erlbacher, EWS 2003, S. 201, 205 ist unerfindlich, warum die Sechste Kammer das Verfahren, dessen Bedeutung offensichtlich war, nicht an das Plenum zurückverwiesen hat.

[305] Nicolaides, Intereconomics 2002, S. 190, 195.

[306] Beispielsweise müssen Fluggesellschaften geräuscharme Flugzeuge verwenden, vgl. Nicolaides, Intereconomics 2002, S. 190, 195.

[307] Koenig/Kühling, ZHR 166 (2002), S. 656, 682 nennen für das Beispiel der Deutschen Post AG als Vorteil ein erhöhtes Beförderungsaufkommen und den größeren Branding-Effekt (durch die Vielzahl der aufgestellten Briefkästen).

[308] Nicolaides, Intereconomics 2002, S. 190, 195.

[309] So insbesondere Gundel, RIW 2002, S. 222, 230; Nicolaides, Intereconomics 2002, S. 190, 197; ders., ECLRev. 2002, S. 313, 319; Schohe/Arhold, EStAL 2002, S. 33, 42.

[310] Ruge, EuZW 2002, S. 50, 52; zustimmend Storr, K&R 2002, S. 464, 467.

[311] Arhold, EStAL 2004, S. 167, 168 f.; Bartosch, EStAL 2004, S. 1; ders., EStAL 2003, S. 375 ff.; Baumeister, NZBau 2003, S. 550 ff.; Berschin, WiVerw 2004, S. 1 ff: Böck/Theobald, EWS 2003, S. 409 ff.; Bremer/Wünschmann, WiVerw 2004, S. 51 ff.;

Grundsatzurteil darstellt, es also nicht nur für den Transportsektor gilt.[312] Der Gerichtshof hat sich allgemein zu Ausgleichszahlungen, die für Dienstleistungen von allgemeinem wirtschaftlichem Interesse geleistet werden, geäußert. Zudem sind sich die Kommentatoren weitgehend einig, dass der EuGH seine Rechtsprechung der Urteile „ADBHU" und „Ferring" fortgeführt hat, und damit im Grundsatz der Tatbestandslösung gefolgt ist.[313] Allerdings wird in den vier Kriterien eine deutliche Verschärfung der Tatbestandslösung, so wie sie in der Rechtssache „Ferring" dargelegt wurde, gesehen.[314] Insbesondere das zweite und vierte Kriterium stellen laut *v. Ysendyck/Zühlke* öffentliche Dienstleister vor neue Probleme.[315] Nach *Travers* zeigt gerade das vierte Kriterium eine Präferenz des Gerichtshofs für das Verfahren der öffentlichen Ausschreibung.[316] *Pielow* hat prognostiziert, dass sich dieses Verfahren de facto immer mehr durchsetzen werde.[317] Hat eine Ausschreibung nicht stattgefunden ist laut *Werner/Köster* unklar, ob „öffentliche Unternehmen oder die regelmäßig kostengünstiger arbeitenden Privatunternehmen" als Vergleichsmaßstab heranzuziehen seien.[318] Ungeklärt sei im Rahmen des vierten Kriteriums auch, welcher Vergleichsmaßstab herangezogen werden solle, wenn kein vergleichbares Unternehmen existiere.[319] Erfüllen Unternehmen in einem solchen Fall das Vergleichserfordernis nicht, müsste das Vorliegen einer Beihilfe angenommen werden. Daher hat eine Tatbestandsausnahme i.S.d. „Altmark Trans"-Rechtsprechung nach *Travers* auch nur einen restriktiven Anwendungsbereich.[320] Das würde aber bedeuten, dass in

---

Elste/Wiedemann, WiVerw 2004, S. 9 ff.; Franzius, NJW 2003, S. 3029 ff.; Koenig, BB 2003, S. 2185 ff.; Koenig/Haratsch, EStAL 2003, S. 569 ff.; dies., ZUM 2003, S. 804 ff.; Leibenath, EuR 2003, S. 1052 ff.; Lücke, EWiR 2003, S. 921 f.; Pielow, RdE 2004, S. 44 ff.; Schnelle, EStAL 2003, S. 411 ff.; Selmayr/Kamann, K&R 2004, S. 49 ff.; Sellmann, DVBl. 2003, S. 1211 ff.; Sinnaeve, EStAL 2003, S. 351 ff.; Travers, EStAL 2003, S. 387 ff.; Wachinger, WiVerw 2004, S. 27 ff.; ders., ZögU 2004, S. 56 ff.; Werner/Köster, EuZW 2003, S. 503 f.; Werner/Quante, ZEuS 2004, S. 83 ff.; Wernicke, EuZW 2003, S. 481; v. Wallenberg, ZUM 2004, S. 875, 879; v. Ysendyck/Zühlke, RIW 2003, S. 717 ff; dies., EWS 2004, S. 16 ff.

[312] Statt vieler Pielow, RdE 2004, S. 44, 44 und Sinnaeve, EStAL 2003, S. 351, 356.

[313] Böck/Theobald, EWS 2003, S. 409, 411; Lücke, EWiR 2003, S. 921, 922; Sellmann, DVBl. 2003, S. 1211, 1212; Sinnaeve, EStAL 2003, S. 351, 356; Travers, EStAL 2003, S. 387, 387; Werner/Köster, EuZW 2003, S. 503, 503.

[314] Bartosch, EStAL 2003, S. 375, 385 für das zweite Kriterium; Travers, EStAL 2003, S. 387, 390 und Schnelle, EStAL 2003, S. 411, 413 für das vierte Kriterium; allgemein: Sinnaeve, EStAL 2003, S. 351, 359; Werner/Köster, EuZW 2003, S. 503, 504; v. Ysendyck/Zühlke, RIW 2003, S. 717, 719.

[315] V. Ysendyck/Zühlke, RIW 2003, S. 717, 718; vgl. auch Schnelle, EStAL 2003, S. 411, 412.

[316] Travers, EStAL 2003, S. 387, 390; vgl. auch Schnelle, EStAL 2003, S. 411, 413.

[317] Pielow, RdE 2004, S. 44, 45; ähnlich Bartosch, EStAL 2004, S. 1, 1.

[318] Werner/Köster, EuZW 2003, S. 503, 504.

[319] V. Ysendyck/Zühlke, RIW 2003, S. 717, 718.

[320] Travers, EStAL 2003, S. 387, 390.

vielen Fällen, in denen zuvor eine Rechtfertigung nach Art. 86 Abs. 2 EG möglich war, nun eine staatliche Beihilfe i.S.d. Art. 87 Abs. 1 EG vorliegt, das Urteil mithin zu einer deutlichen Verschärfung geführt hätte.

Bartosch hat argumentiert, dass ein solches Ergebnis durch die Rechtsprechung des EuGH in der Rechtssache „Chronopost" eingeschränkt werde.[321] Dort hatte der Gerichtshof geurteilt, dass die Hilfsleistung eines Monopolisten nicht nach dem Maßstab eines vergleichbaren Unternehmens, sondern nach den tatsächlichen Kosten zu beurteilen sei. Bei einem Unternehmen, das ein Monopol innehabe, gebe es gerade keinen Vergleichsmaßstab.[322] Obwohl dieses Urteil einige Wochen *vor* der Rechtssache „Altmark Trans" entschieden wurde, führe es zu einer Einschränkung des vierten Kriteriums und damit zu einer Entschärfung der obengenannten Folge. Eine Rechtfertigung nach Art. 86 Abs. 2 EG spiele dagegen keine Rolle mehr.[323] Allerdings kritisiert auch *Bartosch*, dass der EuGH im Urteil „Altmark Trans" nicht zu seinen Ausführungen in der Rechtssache „Chronopost" Stellung bezogen hat.[324] *Böck/Theobald* haben dagegen argumentiert, dass sich der EuGH in der Rechtssache „Altmark Trans" an den vom Generalanwalt *Jacobs* vorgeschlagenen vermittelnden Pfad angenähert habe.[325] Das bedeute aber auch, dass Art. 86 Abs. 2 EG immer noch eine Rolle spielen kann. *Sinnaeve* spricht daher von zwei verschiedenen Kompensationszahlungen: eine, basierend auf den vier Kriterien, für die Zwecke des Art. 87 Abs. 1 EG und eine andere, die etwas weiter ist, für das Anwendungsfeld des Art. 86 Abs. 2 EG.[326] Immer dann, wenn ein Unternehmen nicht das vierte Kriterium erfüllt, weil es kein Vergleichsunternehmen und damit keinen Marktpreis gibt, kann es dennoch durch Art. 86 Abs. 2 EG gerechtfertigt sein. Im Rahmen des Art. 86 Abs. 2 EG, aber auch erst dort, würden dann die speziellen Kosten des Unternehmens, das die Dienste ausführt, als Maßstab herangezogen.[327]

(5) Eigene Stellungnahme

Der EuGH ist in seiner Entscheidung „Ferring" zur Tatbestandslösung zurückgekehrt. Er hat dies mit aller Deutlichkeit und unter Rückgriff auf seine Rechtsprechung in der Rechtssache „ADBHU" getan. Auch in der Rechtssache „Altmark Trans" und im Folgenden im Urteil „Enirisorse" hat der Gerichtshof fest-

---

[321] So auch Koenig/Haratsch, EStAL 2003, S. 569, 577; kritisch Travers, EStAL 2003, S. 387, 392.

[322] EuGH, Rs. C-83, 93 u. 94/01 P (Chronopost), Slg. 2003, I-6993, 7042, Rn. 38.

[323] Travers, EStAL 2003, S. 387, 392, der allerdings eine zukünftige Rolle des Art. 86 Abs. 2 EG zunächst erwägt.

[324] Bartosch, EStAL 2003, S. 375, 386; so auch Travers, EStAL 2003, S. 387, 392.

[325] Böck/Theobald, EWS 2003, S. 409, 412; so auch Selmayr/Kamann, K&R 2004, S. 49, 55; v. Ysendyck/Zühlke, RIW 2003, S. 717, 718.

[326] Sinnaeve, EStAL 2003, S. 351, 359.

[327] Sinnaeve, EStAL 2003, S. 351, 359.

gelegt, dass eine „staatliche Maßnahme nicht unter Artikel 92 Absatz 1 (Art. 87 Abs. 1) EG-Vertrag fällt, soweit sie als Ausgleich anzusehen ist, der die Gegenleistung für Leistungen bildet, die von den Unternehmen, denen sie zugute kommt, zur Erfüllung gemeinwirtschaftlicher Verpflichtungen erbracht werden".[328] Vom Grundsatz her muss daher die Tatbestandslösung als ständige Rechtsprechung angesehen werden.

(a) Kritik an der Tatbestandslösung

Diese Entwicklung ist bedauerlich, da gewichtige Argumente gegen eine uneingeschränkte Anwendung der Tatbestandslösung sprechen. Schon die Verfasser des EG-Vertrages sahen die Finanzierung von Dienstleistungen von allgemeinem Interesse durch einen Mitgliedstaat grundsätzlich als eine staatliche Beihilfe an, die jedoch gerechtfertigt sein kann.[329] Das zeigt der Wortlaut des Art. 73 EG. So heißt es dort: „Mit diesem Vertrag vereinbar sind Beihilfen, die [...] der Abgeltung bestimmter, mit dem Begriff des öffentlichen Dienstes zusammenhängender Leistungen entsprechen". Die Bestimmung ist nur schlüssig, wenn Ausgleichszahlungen zur „Abgeltung" bestimmter Leistungen begrifflich eine Beihilfe darstellen.

Auch systematische Überlegungen sprechen gegen eine allgemeine Anwendung der Tatbestandslösung. So macht die Existenz vieler Ausnahmebestimmungen im Beihilferegime nur Sinn, wenn es für diese auch einen Anwendungsbereich gibt. Durch Art. 87 Abs. 3 lit. d) EG kann eine staatliche Beihilfe beispielsweise als mit dem Gemeinsamen Markt vereinbar erklärt werden, wenn es sich um Maßnahmen zur „Förderung der Kultur und der Erhaltung des kulturellen Erbes" handelt.[330] Solche Kulturbeihilfen werden aber vom Staat für die Erbringung von kulturellen Leistungen gezahlt, eine Gegenleistung liegt also vor. Die Leistungen stellen in der Regel auch solche von allgemeinem wirtschaftlichem Interesse dar. Das führt aber nach der Tatbestandslösung schon zum Ausschluss derartiger Zahlungen aus dem Anwendungsbereich des Art. 87 Abs. 1 EG. Eine Beihilfe liegt schon nicht vor, sodass die Zahlung nicht erst mit dem Gemeinsamen Markt für vereinbar erklärt werden muss. Die Ausnahmebe-

---

[328] EuGH, Rs. 280/00 (Altmark Trans), Slg. 2003, I-7747, 7839, Rn. 87; EuGH, C-34/01 bis C-38/01 (Enirisorse) v. 27.11.2003, Rn. 31 (noch nicht in der Slg.; EStAL 2004, S. 73 ff.).

[329] Vgl. Schlussanträge Jacobs, Rs. C-126/01 (GEMO) v. 30.04.2002, Rn. 116 (noch nicht in der Slg.; EStAL 2004, S. 49 ff.).

[330] Teilweise wird sogar vertreten, dass selbst die umfangreiche Verpflichtung der öffentlich-rechtlichen Rundfunkanstalten von dieser Ausnahmebestimmung umfasst ist; so Selmer/Gersdorf, Finanzierung des Rundfunks, S. 86; Damm, Gebührenprivileg, S. 157; Ruttig, Einfluß des EG-Beihilfenrechts, S. 260.

stimmung des Art. 87 Abs. 3 lit. d) EG wäre dann aber niemals anwendbar und folglich sinnlos.[331]

Zuletzt lassen auch teleologische Überlegungen den vom EuGH im Urteil „Ferring" beschrittenen Weg als wenig vorzugswürdig erscheinen. Eine allgemeine Anwendung der Tatbestandslösung bietet für die Mitgliedstaaten Anreize, vermehrt das Vorliegen von „Ausgleichszahlungen" zu bejahen und damit eine Anmeldung der Zahlungen bei der Kommission zu unterlassen.[332] Dadurch besteht die Gefahr, dass wichtige Fälle staatlicher Subventionen der Kontrolle der Kommission zukünftig entgehen. Beispielsweise können Mitgliedstaaten bestimmte Produkte oder Dienstleistungen im Voraus erwerben, ohne zu wissen, ob sie diese jemals brauchen werden. Einen solchen Fall hatte der EuG in der Rechtssache „BAI/Kommission"[333] zu entscheiden, in der Spanien Tausende Fährgutscheine im Voraus gekauft hatte.[334] Das Gericht entschied, dass ein solcher ungewöhnlicher und unmotivierter Kauf sehr wohl als staatliche Beihilfe angesehen werden müsse.[335] In diesem Sinne hat das Gericht auch in der Rechtssache „PSO Ferries" entschieden, der ein vergleichbarer Sachverhalt zugrunde lag.[336]

Aber selbst wenn dem beauftragten Unternehmen kein Profit verbleibt, so kann schon allein in der Auslastung von Kapazitäten ein Wettbewerbsvorteil gesehen werden. Gerade in Rezessionszeiten ist die Vergabe von Aufträgen ein übliches Instrument staatlicher Subventionspolitik.[337] *Nicolaides* hat zudem richtigerweise darauf hingewiesen, dass auch der Ausgleich besonderer Lasten über das erforderliche Maß hinausgehen und damit den freien Wettbewerb gefährden kann.[338] Hierbei sind mehrere Fallvarianten denkbar. Zum einen gibt es gesetzliche Verpflichtungen, die der Staat allen Unternehmen auferlegt, und die vom Markt getragen werden, ohne dass der Staat für die Verpflichtungen finanziell entschädigen muss. So sind im Umweltrecht zahlreiche Pflichten vorgesehen, die Unternehmen erfüllen müssen, ohne dass sie dafür Ausgleichzahlungen erhalten. Und zum anderen muss, selbst wenn ein finanzieller Anreiz notwendig ist, nicht immer auch ein *vollständiger* Ausgleich der Kosten erforderlich sein.

---

[331] Vgl. Gundel, RIW 2002, S. 222, 225.

[332] Schlussanträge Jacobs, Rs. C-126/01 (GEMO) v. 30.04.2002, Rn. 116 (noch nicht in der Slg.; EStAL 2004, S. 49 ff.).

[333] EuG, Rs. T-14/96 (BAI/Komission), Slg. 1999 II-139.

[334] Vgl. Anmerkung Lübbig, EuZW 1999, 671, 671 f.; Gundel, RIW 2002, S. 222, 225; Lübbig/Martín-Ehlers, Beihilfenrecht der EU, S. 179.

[335] EuG, Rs. T-14/96 (BAI/Komission), Slg. 1999 II-139, 164 f.

[336] EuG, Rs. T-116 u. 118/01 (P&O Ferries) v. 5.08.2003, Rn. 117 (noch nicht in der Slg.); obwohl die Entscheidung nach dem Urteil „Altmark Trans" ergangen ist, umgeht das Gericht eine Auseinandersetzung mit der vom EuGH entwickelten Lösung (Rn. 136).

[337] Gundel, RIW 2002, S. 222, 225.

[338] Nicolaides, Intereconomics 2002, S. 190, 190 ff.

Positive Effekte sind meist schon mit der Beauftragung verbunden. In vielen Fällen kann auch ein Teilbetrag als Anreiz zur Pflichtenübernahme genügen. Die Anwendung der Tatbestandslösung läuft im Ergebnis darauf hinaus, dass die Prüfung, ob ein beihilferelevanter Sachverhalt vorliegt, vom Mitgliedstaat selbst durchgeführt und damit in den meisten Fällen verneint werden wird. Nimmt der Mitgliedstaat dann aber eine „Ausgleichszahlung" an, entfällt der Pflichtenkatalog des Art. 88 Abs. 3 EG und die Maßnahme muss nicht bei der Kommission angemeldet werden. Eine solche Lösung birgt aber die Gefahr in sich, dass Mitgliedstaaten zunehmend nationalen Unternehmen versteckte Subventionen gewähren, indem sie ihnen Verpflichtungen auferlegen und dafür Ausgleichszahlungen gewähren. Eine derartige, verstärkte Subventionspraxis der Mitgliedstaaten ist aber nicht nur kostspielig und führt damit zu Haushaltsdefiziten, sondern erhält auf lange Sicht subventionierte Arbeitsplätze.[339]

(b) Ausschluss nur bei Ausschreibung

Wegen dieser grundlegenden Einwände gegen eine Anwendung der Tatbestandslösung ist es bedauerlich, dass der EuGH keinen anderen Lösungsweg gewählt hat. *Gundel* hat vorgeschlagen, Ausgleichszahlungen dann vom Tatbestand des Art. 87 Abs. 1 EG auszunehmen, wenn eine „normale geschäftliche Transaktion" vorliegt.[340] Der Begriff stammt aus der Praxis der Kommission zur Liberalisierung des Luftverkehrs, in der die Kommission danach unterschieden hat, ob die Ausgleichszahlung von vornherein einem bestimmten Unternehmen zugedacht ist, oder die Übernahme der Aufgabe auch anderen Unternehmen offen steht.[341] Gerade in Fällen der Daseinsvorsorge besteht in der Regel kein normaler Markt. Durch eine Ausschreibung, d.h. die Möglichkeit für mehrere Unternehmen die gefragten Dienste anzubieten und dann dafür den Zuschlag zu erhalten, können am ehesten marktnahe Verhältnisse hergestellt werden.[342] In solchen Fällen kann dann von vornherein eine Überkompensation ausgeschlossen werden.[343] Auch der Vorschlag von Generalanwalt *Jacobs* sieht vor, dass die Tatbestandslösung nur in bestimmten Fällen einschlägig sein soll. So nennt er dafür als Beispiel Sachverhalte, in denen zuvor ein Vergabeverfahren durchgeführt wurde.[344] Die weitergehende Anknüpfung an einen „offenkundigen und

---

[339] Vgl. Magiera, in: Ipsen/Schmidt-Jortzig, FS Rauschning, S. 269, 277.

[340] Gundel, RIW 2002, S. 222, 227 ff.; ähnlich Koenig/Kühling, DVBl. 2003, S. 289, 297.

[341] So z.B. in der Kommissionsmitteilung zur Anwendung der Artikel 92 und 93 des EG-Vertrages sowie Artikels 61 des EWR-Abkommens auf staatliche Beihilfen im Luftverkehr, ABl. EG Nr. C 350 v. 10.12.1994, S. 5, 10, Rn. 18.

[342] Vgl. dazu ausführlich Nicolaides, Intereconomics 2002, S. 190, 194 ff.

[343] Koenig/Kühling, DVBl. 2003, S. 289, 297 sehen daher im Ausschreibungsverfahren den „Königsweg" zur Kompensation von gemeinwirtschaftlichen Pflichten.

[344] Schlussanträge Jacobs, Rs. C-126/01 (GEMO) v. 30.04.2002, Rn. 119 (noch nicht in der Slg.; EStAL 2004, S. 49 ff.).

unmittelbaren Zusammenhang" stellt aber eine unnötige Verwässerung der Lösung *Gundels* dar.[345] Es ist Generalanwalt *Léger* zuzustimmen, dass dieser vermittelnde Ansatz *Jacobs* keine Rechtssicherheit gewährleistet, da er zu vage und ungenau ist.[346]

Eine Lösung, die nur bei der Durchführung eines Vergabeverfahrens die Tatbestandslösung anwenden will, in anderen Fällen aber die Rechtfertigungslösung gebrauchen will, stößt indes auch auf Kritik. Sie missachte die gewachsene Bedeutung der Daseinsvorsorge, die in der Wertung des Art. 16 EG deutlich wird. Es ist darauf hingewiesen worden, dass insbesondere die Stillhalteverpflichtung eine ungebührliche Einschränkung des Ermessens der Mitgliedstaaten darstelle.[347] Das Verfahren zur Überprüfung der Beihilfen sei relativ langwierig. Für bestimmte Arten von öffentlichen Dienstleistungen sei es dann schwierig bis unmöglich, die Genehmigung durch die Kommission abzuwarten. Wegen der großen Anzahl der Anwendungsfälle sei eine völlige Überlastung der Kommission zu befürchten.[348]

Generalanwalt *Léger* hat die behauptete Schieflage überzeugend mit drei Argumenten entkräftet. Erstens sind Maßnahmen zur Finanzierung von Tätigkeiten ohne wirtschaftlichen Charakter, sowie Maßnahmen, die den Handel zwischen den Mitgliedstaaten nicht beeinträchtigen können und solche, die den Schwellenwert von 100.000 EUR nicht übersteigen, ohnehin von Art. 87 Abs. 1 EG nicht umfasst.[349] Zweitens hat sich die Kommission an bestimmte Fristen zu halten. So muss sie eine Vorprüfung der Maßnahme innerhalb von zwei Monaten ihrer Anmeldung durchführen.[350] In Fällen, in denen selbst diese Frist zu lange ist, können sich die Mitgliedstaaten bzw. die handelnden Behörden auf Art. 10 EG berufen, der eine Verpflichtung zur loyalen Zusammenarbeit zwischen Gemeinschaftsorganen und Mitgliedstaaten begründet.[351] Drittens existiert

---

[345] Schlussanträge Jacobs, Rs. C-126/01 (GEMO) v. 30.04.2002, Rn. 119 (noch nicht in der Slg.; EStAL 2004, S. 49 ff.); Schlussanträge Stix-Hackl, Rs. C-34/01 bis C-38/01 (Enirisorse) v. 7.11.2002, Rn. 161 (noch nicht in der Slg.; EStAL 2004, S. 85 ff.).

[346] Zweite Schlussanträge Léger, Rs. 280/00 (Altmark Trans), Slg. 2003, I-7788, 7807, Rn. 85 f.

[347] Schlussanträge Jacobs, Rs. C-126/01 (GEMO) v. 30.04.2002, Rn. 115 (noch nicht in der Slg.; EStAL 2004, S. 49 ff.).

[348] Vgl. zweite Schlussanträge Léger, Rs. 280/00 (Altmark Trans), Slg. 2003, I-7788, 7801, Rn. 60, der die Argumente der Verfahrensbeteiligten zitiert.

[349] Zweite Schlussanträge Léger, Rs. 280/00 (Altmark Trans), Slg. 2003, I-7788, 7801 f., Rn. 63.

[350] Zweite Schlussanträge Léger, Rs. 280/00 (Altmark Trans), Slg. 2003, I-7788, 7802 f., Rn. 64 u. 65.

[351] Zweite Schlussanträge Léger, Rs. 280/00 (Altmark Trans), Slg. 2003, I-7788, 7803, Rn. 67 (noch nicht in der Slg.; EStAL 2003, S. 102 ff.).

noch die Möglichkeit einer standardisierten Anmeldung oder der Beantragung einer Gruppenfreistellung.[352]

Eine auf Art. 10 EG basierende Lösung wird allerdings teilweise als zu rechtsunsicher erachtet.[353] *Gundel* hat daher einen weiteren Lösungsvorschlag aufgezeigt. So könnte der Pflichtenkatalog des Art. 88 Abs. 3 EG im Falle von Ausgleichszahlungen beschnitten werden.[354] Diese Lösung stützt sich dabei auf die Wertung des Art. 86 Abs. 2 EG. Dort heißt es zum Bestehen der einschränkenden Wirkung: „*soweit* die Anwendung dieser Vorschriften nicht die Erfüllung der ihnen übertragenen Aufgabe rechtlich oder tatsächlich verhindert."[355] Während die Anmeldepflicht eine Erfüllung von Gemeinwohlpflichten weder rechtlich noch tatsächlich behindern kann, so sind im Rahmen der Stillhalteverpflichtung durchaus Fälle denkbar, in denen die Anwendung der Vorschriften (hier: Art. 88 Abs. 3 S. 3 EG) die Erfüllung der Daseinsvorsorge verhindert. Es bietet sich daher an, diese Verpflichtung im Rahmen der Daseinsvorsorge entfallen zu lassen. Während Mitgliedstaaten dann Maßnahmen weiter anzumelden hätten, müssten sie dagegen nicht auf eine Entscheidung der Kommission warten. Auch Generalanwalt *Tizzano* hat eine solche Lösung in der Rechtssache „Ferring" für den Fall, dass der Gerichtshof eine Beihilfe angenommen hätte, vorgeschlagen.[356] Die Lösung hat den Vorteil, dass die Kommission weiterhin die Möglichkeit hat, staatliche Beihilfen zu kontrollieren, da auch Ausgleichszahlungen angemeldet werden müssen. Andererseits wird die gewachsene Bedeutung der Daseinsvorsorge und damit der Ermessensspielraum, den die Mitgliedstaaten im Rahmen des Art. 86 Abs. 2 EG innehaben,[357] ausreichend gewürdigt. Die Mitgliedstaaten müssten mit einer Maßnahme nicht die Entscheidung der Kommission abwarten. Unterlassen sie dagegen die Anmeldung, hat die Kommission die Möglichkeit, ein Vertragsverletzungsverfahren nach Art. 226 EG einzuleiten.[358]

Wie gezeigt, begegnet die allgemeine Anwendung der Tatbestandslösung erheblichen Bedenken. Denn durch sie besteht die Gefahr, dass wichtige Fälle staatlicher Beihilfen der Kontrolle der Kommission zukünftig entgehen. Die Rechtfertigungslösung kann dagegen eine ausreichende Kontrolle durch die Kommission gewährleisten. Wenn dieser Lösung entgegengehalten wird, sie missachte den Ermessenspielraum der Mitgliedstaaten im Bereich der Daseinsvorsorge, so überzeugt dies nicht. Die Mitgliedstaaten können sich in den Fällen,

---

[352] Zweite Schlussanträge Léger, Rs. 280/00 (Altmark Trans), Slg. 2003, I-7788, 7803, Rn. 68 u. 70.

[353] So Koenig/Kühling, DVBl. 2003, S. 289, 294 f.

[354] Vgl. Gundel, RIW 2002, S. 222, 229 f.

[355] Art. 86 Abs. 2 S. 1 EG; Hervorhebung durch den Verfasser.

[356] Schlussanträge Tizzano, Rs. C-53/00 (Ferring), Slg. 2001, I-9069, 9092, Rn. 77 – 83.

[357] Vgl. dazu Lecheler/Gundel, RdE 1998, S. 92, 93.

[358] Vgl. Gundel, RIW 2002, S. 222, 223.

in denen ein Abwarten einer Kommissionsentscheidung unzumutbar ist, auf Art. 10 EG berufen. Ferner ist denkbar, im Rahmen der Daseinsvorsorge die Stillhalteverpflichtung i.S.d. Art. 88 Abs. 3 EG aufzugeben. An der allgemeinen Überwachungskompetenz der Kommission würde das nichts ändern, da die Mitgliedstaaten weiterhin eine Anmeldepflicht für neue Beihilfen innehätten.

(c) Praktische Folgen der neueren Rechtsprechung

Wie oben gezeigt ist es bedauerlich, dass der EuGH im Grundsatz der Tatbestandslösung und nicht der Rechtfertigungslösung gefolgt ist. Die in den Rechtssachen „ADBHU" und „Ferring" eingeschlagene Linie wurde in den Urteilen „Altmark Trans" und „Enirisorse" dem Grunde nach fortgesetzt und muss so als ständige Rechtsprechung angesehen werden. Trotz den oben geäußerten rechtlichen Bedenken soll aber im Rahmen dieser Arbeit schon aus praktischen Gründen die Rechtsprechung des EuGH zugrunde gelegt werden.

Allerdings gilt selbst nach dieser neueren Rechtsprechung die tatbestandsausschließende Wirkung nur für Zahlungen, welche die in dem Urteil „Altmark Trans" aufgestellten vier Kriterien erfüllen.[359] Es müssen mithin kumulativ das Betrauungserfordernis, das Transparenz-, das Angemessenheits- und das Vergleichserfordernis erfüllt sein. Damit hat der Gerichtshof seine Ausführungen in der Rechtssache „Ferring" konkretisiert und zugleich deutlich eingeschränkt. Dort hatte der EuGH lediglich zwei Kriterien aufgestellt, die der Prüfung von Ausgleichszahlungen zugrunde gelegt wurden. So war erforderlich, dass den begünstigten Unternehmen gemeinwirtschaftliche Verpflichtungen auferlegt sind und dass die Zahlung nicht die sich aus den gemeinwirtschaftlichen Verpflichtungen ergebenden Kosten übersteigt.[360] Dies stellte aber keinen, dem Sinn und Zweck des Art. 86 Abs. 2 EG entsprechenden Kontrollmaßstab der gemeinwirtschaftlichen Dienste dar.[361] Insoweit hat der EuGH durch die Konkretisierung alter und die Einführung neuer Kriterien auf diese Kritik reagiert.[362]

Fraglich ist jedoch, ob die auf den vier Kriterien basierende Lösung des Urteils „Altmark Trans" einen, dem Sinn und Zweck des Art. 86 Abs. 2 EG entsprechenden Kontrollmaßstab garantieren kann. Unklar ist beispielsweise, ob und wann geprüft wird, ob die Anwendung der Vertragsbestimmungen die Er-

---

[359] EuGH, Rs. 280/00 (Altmark Trans), Slg. 2003, I-7747, 7839, Rn. 88; EuGH, C-34/01 bis C-38/01 (Enirisorse) v. 27.11.2003, Rn. 31 (noch nicht in der Slg.; EStAL 2004, S. 73 ff.).

[360] EuGH, Rs. C-53/00 (Ferring), Slg. 2001, I-9067, 9109 f., Rn. 23 u. 27; vgl. erste Schlussanträge Léger, Rs. 280/00 (Altmark Trans), Slg. 2003, I-7747, 7774, Rn. 88.

[361] Erste Schlussanträge Léger, Rs. 280/00 (Altmark Trans), Slg. 2003, I-7747, 7775, Rn. 90; so auch Schlussanträge Jacobs, Rs. C-126/01 (GEMO) v. 30.04.2002, Rn. 116 (noch nicht in der Slg.; EStAL 2004, S. 49 ff.); diese Diskrepanz übersieht Nettesheim, EWS 2002, S. 253, 262, Fn. 97, wenn er als Ergebnis des Urteils „Ferring" festhält, dass die Legitimitätskriterien des Art. 86 Abs. 2 EG in Art. 87 Abs. 1 EG hineinzulesen und dort fruchtbar zu machen sind.

[362] So auch Bartosch, EStAL 2003, S. 375, 384.

füllung der dem Unternehmen übertragenen besonderen Aufgaben verhindert. Ferner gewährleistet der Kontrollrahmen des Art. 86 Abs. 2 EG die Prüfung der Frage, ob die Aufgabe des Unternehmens nicht mit Hilfe von Maßnahmen erreicht werden kann, die den Wettbewerb weniger beschränken.[363] Inwieweit die vier „Altmark Trans"-Kriterien noch Spielraum für diese Prüfung lassen,[364] wird im Urteil nicht beantwortet. Vielmehr ist der EuGH bei der Formulierung der vier Kriterien zu vage geblieben und hat das konkrete Ausmaß des zukünftigen Kontrollrahmens offengelassen.[365] Insoweit hat das Urteil keine Rechtssicherheit geschaffen.[366] Dies ist insbesondere bei näherer Betrachtung des vierten Kriteriums, des Vergleichserfordernisses, problematisch. Die Aufstellung des Vergleichserfordernisses durch den EuGH deutet in eine marktorientierte Richtung. Es zeigt zunächst eine deutliche Präferenz des Gerichthofes für Ausschreibungsverfahren. In einem solchen Fall kann davon ausgegangen werden, dass die Höhe der Ausgleichszahlungen marktgerecht ist. Das Vergleichskriterium stellt damit zunächst eine Annäherung an die Lösung *Gundels* dar, was zu begrüßen ist. Allerdings geht der EuGH weiter, indem er bei Zahlungen ohne vorangegangene Ausschreibung den Vergleich mit einem „durchschnittlichen, gut geführten Unternehmen" für eine tatbestandsauschließende Wirkung ausreichen lässt.

In vielen Bereichen der Daseinsvorsorge dürfte es jedoch schwierig sein, ein derartiges Vergleichsunternehmen zu finden.[367] Diese Dienste zeichnen sich vielfach gerade dadurch aus, dass für sie kein Markt besteht. Daher existieren auch keine Vergleichsunternehmen, welche die gleichen oder ähnliche Dienste anbieten. Da Mitgliedstaaten bei der Frage, wie hoch die Ausgleichszahlungen ausfallen müssen, traditionell die Kosten des speziellen Unternehmens und nicht die eines hypothetischen Marktteilnehmers herangezogen haben, müsste in vielen Fällen das Vorliegen einer Beihilfe i.S.d. Art. 87 Abs. 1 EG bejaht werden. Eine solche Sichtweise überzeugt, wenn in den vier „Altmark"-Kriterien das Korrelat für den mit der einschränkenden Bestimmung des Beihilfebegriffs verbundenen Wegfall der Anmeldepflicht und der Prüfung durch die Kommission

---

[363] Vgl. zum Prüfungsrahmen des Art. 86 Abs. 2 EG die ersten Schlussanträge Léger, Rs. 280/00 (Altmark Trans), Slg. 2003, I-7747, 7773 f., Rn. 87; Lindner, EPL 2003, S. 359, 366.

[364] Selbst wenn eine solche Prüfung erst im Rahmen einer Ex-post-Kontrolle durch die Kommission erfolgt; vgl. dazu Laitenberger, in: Stern/Prütting, Nationaler Rundfunk und Europäisches Gemeinschaftsrecht, S. 7, 35.

[365] So auch allgemein Schnelle, EStAL 2003, S. 411, 412; explizit für einzelne Kriterien vgl. Travers, EStAL 2003, S. 387, 390 für das zweite Kriterium; Sinnaeve, EStAL 2003, S. 351, 357 und v. Ysendyck/Zühlke, RIW 2003, S. 717, 718 für das dritte Kriterium; Werner/Köster, EuZW 2003, S. 503, 504 und v. Ysendyck/Zühlke, RIW 2003, S. 717, 719 für viertes Kriterium.

[366] So auch Böck/Theobald, EWS 2003, S. 409, 413 und Travers, EStAL 2003, S. 387, 392.

[367] So auch Sinnaeve, EStAL 2003, S. 351, 358.

gemäß Art. 88 Abs. 3 EG gesehen wird.[368] Der Wegfall weitgehender Pflichten für die Mitgliedstaaten kann nur in Kauf genommen werden, wenn Ausgleichszahlungen die restriktiven Kriterien erfüllen. Ist dies nicht der Fall, hat also beispielsweise weder eine Ausschreibung noch ein Vergleich mit einem „durchschnittlichen, gut geführten Unternehmen" stattgefunden, leben diese Verpflichtungen wieder auf. Das stellt keine Unbilligkeit für Bereiche dar, in denen kein Markt und damit kein Vergleichsunternehmen existieren. Denn erstens bleibt es dem Mitgliedstaat unbenommen, ein Ausschreibungsverfahren durchzuführen.[369] Zweitens ist eine erhöhte Kontrolle durch die Kommission in Bereichen, in denen kein richtiger Vergleichsmaßstab existiert, auch gerechtfertigt.

Damit ist nichts über das Fortbestehen von Rechtfertigungsmöglichkeiten gesagt. Zur Rolle des Art. 86 Abs. 2 EG hat der EuGH in seiner Entscheidung „Altmark Trans" geschwiegen.[370] Es ist aber sinnvoll, in den oben beschriebenen Fällen weiterhin eine Rechtfertigung über Art. 86 Abs. 2 EG zuzulassen.[371] Dann hätten zwar die Mitgliedstaaten den Pflichtenkatalog des Art. 88 Abs. 3 EG zu befolgen, die Kommission könnte aber nach eingehender Prüfung auch Zahlungen, welche nicht den vier „Altmark Trans"-Kriterien entsprechen, nachträglich genehmigen. Diese Lösung wird auch von der Kommission in ihrer neueren Entscheidungspraxis favorisiert.[372]

Der EuGH muss in seiner zukünftigen Rechtsprechung insbesondere das vierte Kriterium und damit die Rolle des Art. 86 Abs. 2 EG weiter konkretisieren. Folgt er der hier dargestellten Sichtweise, würde dies eine Annäherung an die Lösung *Jacobs* bedeuten, ohne aber mit deren Makel der Ungenauigkeiten behaftet zu sein.[373] Bei Zahlungen, welche die vier Kriterien erfüllen, entfallen die Pflichten des Art. 88 Abs. 3 EG für den Mitgliedstaat. Sie stellen schon keine Beihilfen i.S.d. Art. 87 Abs. 1 EG dar. Das ist legitim, da jene vier Kriterien

---

[368] Sellmann, DVBl. 2003, S. 1211, 1212.

[369] Das dies teilweise selbst im Rundfunksektor möglich ist, zeigt ein Beispiel aus Irland. Hier soll ein Fonds aus einem Teil der Rundfunkgebührenmittel gebildet werden, der für die Finanzierung bestimmter Programminhalte vorgesehen ist. Eine Beantragung von Fördermitteln steht dann grundsätzlich allen Veranstaltern (also auch privaten) offen; vgl. MMR 2004, S. XVII.

[370] Dies hebt auch Leibenath, EuR 2003, S. 1052, 1063 f. hervor.

[371] Diesen Weg gehen auch v. Boetticher/Münder, EuZW 2004, S. 36, 37 f. in einer Untersuchung zu gemeinnützigen Anbietern sozialer Dienstleistungen.

[372] Vgl. insb. die Entscheidung v. 15.10.2003, K (2003) 3528 (RAI), ABl. EG Nr. L 119 v. 23.04.2004, S. 1, 25, Rn. 153 und die Entscheidung v. 1.10.2003, Nr. N 37/03 (Digital Curriculum), Rn. 63, abrufbar unter: http://europa.eu.int/comm/secretariat_general/sgb/state_aids/comp-2003/n037-03.pdf; ABl. EG Nr. C 271 v. 12.11.2003; ausführlich zur Entscheidungspraxis Rapp-Jung, EStAL 2004, S. 205, 205 f; vgl. auch Koenig/Haratsch, ZUM 2004, S. 122 ff., die von einer „Wiedergeburt" des Art. 86 Abs. 2 EG sprechen.

[373] Eine Annäherung des EuGH im Urteil „Altmark Trans" an die von GA Jacobs entwickelten Lösung konstatieren ebenso Böck/Theobald, EWS 2003, S. 409, 412; Selmayr/Kamann, K&R 2004, S. 49, 55; v. Yendyck/Zühlke, RIW 2003, S. 717, 718.

eng umgrenzt sind. Für Zahlungen, welche die Kriterien nicht erfüllen, besteht für die Kommission aber weiterhin die Möglichkeit, eine Rechtfertigung über Art. 86 Abs. 2 EG vorzunehmen.[374] Dies ist insbesondere für Ausgleichszahlungen wichtig, die mangels Ausschreibung und mangels Vergleichbarkeit mit einem anderen Unternehmen das vierte Kriterium nicht erfüllen.

Dieser Interpretation der Rechtsprechung könnte indes das Urteil des EuGH in der Rechtssache „Chronopost" vom 3. Juli 2003 entgegenstehen. Bei dem zugrundeliegenden Sachverhalt ging es um die logistische und kommerzielle Unterstützung, welche die französische Post einem in der Expresszustellung agierenden Unternehmen (SFMI/Chronopost) gewährt hatte. Der EuGH hob eine Entscheidung des EuG auf und erklärte, dass das Gericht „verkennt, dass sich ein Unternehmen wie die Post in einer ganz anderen Situation befindet als ein privates Unternehmen, das unter normalen Marktbedingungen tätig ist."[375] Die Post sei mit einer Dienstleistung von allgemeinem wirtschaftlichem Interesse i.S.v. Art. 86 Abs. 2 EG betraut. Aufgrund der Besonderheiten der Dienstleistung, deren Erbringung das Netz der Post ermöglichen müsse, gehorche die Errichtung und Aufrechterhaltung dieses Netzes nicht rein kommerziellen Erwägungen.[376] Daraus folgte der Gerichtshof: „Da es unmöglich ist, die Situation der Post mit der einer privaten Unternehmensgruppe zu vergleichen, die keine Monopolstellung hat, sind die zwangsläufig hypothetischen normalen Marktbedingungen daher anhand der verfügbaren objektiven und nachprüfbaren Faktoren zu ermitteln."[377] In diesem Fall könnten die konkreten Kosten, die der Post für die logistische und kommerzielle Unterstützung ihrer Tochtergesellschaft entstanden sind, derartige objektive und nachprüfbare Faktoren darstellen.[378] Die Entscheidung des EuGH basiert also gerade nicht, wie dies noch das EuG gefordert hatte, auf den fiktiven Kosten eines privaten Unternehmens, sondern auf den tatsächlichen Kosten der französischen Post.

Daraus hat *Bartosch* gefolgert, dass – obschon das Urteil noch vor der Rechtssache „Altmark Trans" ergangen ist – das Vergleichserfordernis der Rechtssache „Altmark Trans" für Unternehmen, die mit Dienstleistungen von allgemeinem wirtschaftlichem Interesse betraut sind, eingeschränkt werden müsse. Hier gebe es eben keinen Markt und daher reichten als Berechnungsgrundlage die tatsächlichen Kosten aus.[379] Eine solche Sichtweise kann aber kaum überzeugen. Es ist erstaunlich, dass der EuGH in seiner nach der Rechtssache „Ferring" lange erwarteten Entscheidung in der Rechtssache „Altmark Trans" Kriterien aufgestellt haben soll, die schon zu diesem Zeitpunkt einer

---

[374] So auch Leibenath, EuR 2003, S. 1052, 1064 f.; Sinnaeve, EStAL 2003, S. 351.
[375] EuGH, Rs. C-83, 93 u. 94/01 P (Chronopost), Slg. 2003, I-6993, 7041, Rn. 33.
[376] EuGH, Rs. C-83, 93 u. 94/01 P (Chronopost), Slg. 2003, I-6993, 7041, Rn. 36.
[377] EuGH, Rs. C-83, 93 u. 94/01 P (Chronopost), Slg. 2003, I-6993, 7042, Rn. 38.
[378] EuGH, Rs. C-83, 93 u. 94/01 P (Chronopost), Slg. 2003, I-6993, 7042, Rn. 39.
[379] Bartosch, EStAL 2003, S. 375, 384.

Einschränkung bedurften. Es besteht kein Zweifel, dass sich das Urteil „Altmark Trans" auch auf andere Sachverhalte der Daseinsvorsorge übertragen lässt.[380] Sachverhalte, in denen kein Markt besteht und die mit Gemeinwohlpflichten belasteten Unternehmen eine Sonderrolle innehaben, sind aber keine Seltenheit. Es erscheint also doch zumindest verwunderlich, dass der EuGH in der nach der Rechtssache „Chronopost" ergangenen Entscheidung einen Großteil der Anwendungsfälle durch seine vier Kriterien als nicht erfasst wissen wollte, ohne dies gesondert zu erwähnen. Ein weiterer wichtiger Punkt, den *Bartosch* nicht genügend würdigt, sind die Sachverhaltsunterschiede zwischen den Rechtssachen „Chronopost" und „Altmark Trans". Bei „Chronopost" ging es lediglich um Unterstützungsleistungen, welche die französische Post selbst gewährt hatte. Es ging damit um die Beihilfekontrolle von Quersubventionen.[381] Die Frage, ob die mit Gemeinwohlpflichten betraute Post Beihilfen empfängt, wurde nicht behandelt. Bietet aber ein begünstigtes Unternehmen sozusagen auf der zweiten Stufe Leistungen an, so würde eine individuelle Ausschreibung bzw. ein Marktvergleich für jede einzelne Leistung eine enorme Bürde für das Unternehmen darstellen.

Die Lösung von *Bartosch* führt vielmehr zu einer Verwässerung der „Altmark Trans"-Kriterien. Insbesondere das Vergleichserfordernis stellt eine Verschärfung der Tatbestandslösung dar, weswegen eine Entbindung der Mitgliedstaaten vom Pflichtenkatalog des Art. 88 Abs. 3 EG gerechtfertigt ist. Fällt dieses Erfordernis nun in vielen Bereichen einfach weg, so ist der Kontrollverlust, welchen die Kommission erleidet, nicht hinnehmbar. Leider folgt der EuGH in der Rechtssache „Chronopost" wie schon in der Rechtssache „Ferring" Generalanwalt *Tizzano*, ohne auf die weitreichende Wirkung einer solchen Änderung der ohnehin schon sehr umstrittenen Rechtsauffassung einzugehen. Ähnlich wie bei der Rechtssache „Ferring" bedürfte es somit einer weiteren Entscheidung, die den Ausführungen im Urteil „Chronopost" eine allgemeine Rechtswirkung zusprräche. In der anschließend ergangenen Entscheidung „Altmark Trans" wurde diese Möglichkeit nicht nur verpasst, die Ausführungen in diesem Urteil sprechen zudem eine andere, marktorientierte Sprache.

Bartosch scheint inzwischen sogar selbst von seiner Einschätzung zur Rechtssache „Chronopost" abgewichen zu sein. So konstatiert er nun, dass kaum eines der zu untersuchenden Finanzierungssysteme insbesondere des Rundfunkbereichs in der Praxis die vier „Altmark Trans"-Kriterien erfülle.[382] Daher fielen diese Systeme weiter unter Art. 88 Abs. 3 EG und die fraglichen Zahlungen stellten Beihilfe i.S.d. Art. 87 Abs. 1 EG dar. Obwohl also die Entscheidung „Altmark Trans" rechtsdogmatisch in die Richtung der Tatbestandslösung weist,

---

[380] Pielow, RdE 2004, S. 44, 44; Sinnaeve, EStAL 2003, S. 351, 356.

[381] So auch Leibenath, EuZW 2003, S. 509, 510.

[382] Bartosch, EStAL 2004, S. 1, 1 mit einer Darstellung der neueren Kommissionspraxis für den Bereich der Rundfunkfinanzierung.

deuteten die praktischen Konsequenzen sogar auf eine Annäherung zur Rechtsprechung des EuG in der Rechtssache „FFSA" hin.[383] Dort war das Gericht aber eindeutig der Rechtfertigungslösung gefolgt.[384]

(d) Ergebnis

Der EuGH hat in seinen Urteilen „Altmark Trans" und „Enirisorse" seine Rechtsprechung der Rechtssache „Ferring" näher konkretisiert. Nach Ansicht des Gerichtshofs stellen demnach Ausgleichszahlungen für Gemeinwohlpflichten, wenn sie die vier aufgestellten Kriterien erfüllen, schon keine Begünstigung i.S.d. Art. 87 Abs. 1 EG dar. Damit unterliegen derartige Zahlungen auch nicht dem Pflichtenkatalog des Art. 88 Abs. 3 EG, müssen also schon nicht durch den Mitgliedstaat bei der Kommission angemeldet werden. Das Risiko der rechtlichen Fehleinschätzung, dass also einzelne Kriterien gerade nicht vorliegen, tragen die Mitgliedstaaten. Diesen ist in Zweifelsfällen, insbesondere wenn kein Ausschreibungsverfahren durchgeführt wurde, daher anzuraten, die fraglichen Zahlungen weiterhin bei der Kommission anzumelden.[385] Es wäre begrüßenswert gewesen, wenn der EuGH die aufgestellten Kriterien näher konkretisiert hätte. Insbesondere das Vergleichserfordernis deutet auf einen sehr engen Anwendungsbereich der „Altmark Trans"-Ausnahme hin, da in vielen Bereichen der Daseinsvorsorge weder Ausschreibungen stattgefunden haben, noch Vergleichsunternehmen existieren. Für diese Fälle ist es schlüssig, weiterhin die Möglichkeit einer Rechtfertigung durch Art. 86 Abs. 2 EG anzunehmen.[386] Als Ergebnis bleibt festzuhalten, dass Zahlungen, welche alle vier „Altmark Trans"-Kriterien erfüllen, bereits nicht dem Tatbestand des Art. 87 Abs. 1 EG unterfallen. Zahlungen, die z.B. nicht dem Vergleichserfordernis genügen, sind dagegen Beihilfen i.S.d. Art. 87 Abs. 1 EG. Sie unterliegen damit auch der Anmeldepflicht des Art. 88 Abs. 3 EG. Unabhängig davon können sie aber weiterhin insbesondere durch Art. 86 Abs. 2 EG gerechtfertigt sein. Diese Prüfung obliegt der Kommission.

(6) Anwendung auf die Rundfunkgebührenfinanzierung

Nach der oben dargestellten Rechtsprechung des EuGH ist die Rundfunkgebühr dann keine Begünstigung i.S.d. Art. 87 Abs. 1 EG, wenn sie die vier Voraussetzungen kumulativ erfüllt. Ist dies nicht der Fall muss im Rundfunkgebührenaufkommen eine Begünstigung gesehen werden. Für das System der Gebührenfi-

---

[383] Bartosch, EStAL 2004, S. 1, 1.
[384] EuG, Rs. T-106/95 (FFSA), Slg. 1997, II-229, 281, Rn. 172.
[385] So auch Pielow, RdE 2004, S. 44, 46.
[386] So auch insbesondere Leibenath, EuR 2003, S. 1052, 1064 f.

nanzierung erscheint insbesondere die Erfüllung des zweiten und des vierten Kriteriums, des Transparenz- und des Vergleichserfordernisses, problematisch. Nach dem Vergleichserfordernis muss die Höhe des Ausgleichs, wenn schon die Wahl des Unternehmens nicht im Rahmen eines Vergabeverfahrens erfolgt ist, zumindest auf der Grundlage einer Vergleichsanalyse mit einem durchschnittlichen, gut geführten Unternehmen berechnet worden sein.[387] Es hat im Rundfunkbereich kein Vergabeverfahren stattgefunden. Zudem ist es schwer, ein durchschnittliches, gut geführtes Vergleichsunternehmen für den Rundfunkbereich zu finden. In Frage kämen hier nur die privaten Rundfunkanbieter. Diese arbeiten aber ausschließlich marktorientiert und sind dem Wettbewerbsdruck vollständig ausgesetzt. Sie haben zudem keine Verpflichtungen so wie der öffentlich-rechtliche Rundfunk inne, ein weitreichendes und ausgewogenes Programmspektrum abzudecken. Eine Versorgung der Bevölkerung mit einem solchen umfassenden Programm, das in weiten Teilen nicht massenattraktiv ist, kann nur vom öffentlich-rechtlichen Rundfunk und nicht vom privaten Rundfunk dargeboten werden.[388] Da für den öffentlich-rechtlichen Rundfunk mithin kein Vergleichsunternehmen existiert, ist die Kalkulation einer angemessenen Ausgleichszahlung i.S.d. „Altmark Trans"-Rechtsprechung nicht möglich.[389] Die deutsche Rundfunkgebührenfinanzierung erfüllt somit nicht das Vergleichserfordernis.[390] Daran ändert nach der oben vertretenen Auffassung auch die Rechtsprechung des EuGH in der Rechtssache „Chronopost" nichts,[391] insbesondere da dieses Urteil zeitlich vor dem Urteil „Altmark Trans" ergangen ist.

Aber auch die Erfüllung des Transparenzerfordernisses erscheint fraglich. So müssen nach diesem die „Parameter, anhand deren der Ausgleich berechnet wird, zuvor objektiv und transparent" aufgestellt worden sein.[392] Auch hier hat der EuGH nicht weiter erläutert, was er unter den Begriffen „objektiv" und „transparent" versteht.[393] Es ist zwar sehr weitgehend so wie *Schnelle* zu fordern, dass die Berechnung des Ausgleichs stattgefunden haben muss, noch bevor ein bestimmtes Unternehmen beauftragt worden ist.[394] Allerdings sind an die Durchführung einer solchen konkreten Berechnung hohe Anforderungen zu stellen. Es ist klar, dass die Berechnung des Ausgleichs im Vorfeld erfolgen muss.[395] *Bartosch* hat zu Bedenken gegeben, dass durch dieses Kriterium deutlich höhere Anforderungen an die Mitgliedstaaten gestellt werden, als das beim

---

[387] EuGH, Rs. 280/00 (Altmark Trans), Slg. 2003, I-7747, 7840, Rn. 93.
[388] So auch Koenig/Haratsch, EStAL 2003, S. 569, 577.
[389] Vgl. v. Wallenberg, MMR 2004, S. 86, 92.
[390] Zu diesem Ergebnis kommt auch v. Wallenberg, MMR 2004, S. 86, 92.
[391] So aber explizit für den Rundfunkbereich Koenig/Haratsch, EStAL 2003, S. 569, 577.
[392] EuGH, Rs. 280/00 (Altmark Trans), Slg. 2003, I-7747, 7840, Rn. 90.
[393] Kritisch Travers, EStAL 2003, S. 387, 390.
[394] So aber Schnelle, EStAL 2003, S. 411, 413.
[395] Pielow, RdE 2004, S. 44, 45; Schnelle, EStAL 2003, S. 411, 413.

Rechtfertigungstatbestand des Art. 86 Abs. 2 EG der Fall war.[396] Dafür spricht auch die Entscheidung des EuGH in der Rechtssache „Enirisorse".[397] Hier genügten die Angaben der italienischen Regierung nach Ansicht des Gerichtshofes nicht den Anforderungen des zweiten „Altmark"-Kriteriums,[398] obschon die Höhe der fraglichen Abgabe im Vorfeld unter Berücksichtigung der durchschnittlichen Kosten der erbrachten Dienstleistungen festgelegt wurde.[399]

In den meisten Fällen der öffentlichen Daseinsvorsorge ist daher fraglich, ob die hohen Anforderungen an die Berechnung des Ausgleichs als erfüllt angesehen werden können.[400] Das gilt auch für den öffentlich-rechtlichen Rundfunk, wo der Ausgleich bisher nicht konkret im Vorfeld ermittelt werden musste.[401] Auch wenn der Finanzbedarf durch die Kommission zur Ermittlung des Finanzbedarfs der Rundfunkanstalten (KEF) ausführlich berechnet wird,[402] so muss doch nach dem Verständnis der EuGH-Rechtsprechung der notwendige Betrag für den Ausgleich im Vorhinein festgelegt werden. Mit diesem Betrag muss das Unternehmen dann aber auch auskommen. So heißt es im Urteil „Altmark Trans": „Gleicht daher ein Mitgliedstaat, ohne dass zuvor die Parameter dafür aufgestellt worden sind, die Verluste eines Unternehmens aus, wenn sich nachträglich herausstellt, dass das Betreiben bestimmter Dienste im Rahmen der Erfüllung gemeinwirtschaftlicher Verpflichtungen nicht wirtschaftlich durchführbar war, so stellt dies ein finanzielles Eingreifen dar, das unter den Begriff der staatlichen Beihilfe im Sinne von Artikel 92 Absatz 1 (Art. 87 Abs. 1) EG-Vertrag fällt."[403] Wenn aber die Rundfunkfinanzierung unter Einbindung der KEF dem zweiten Kriterium gerecht werden soll,[404] so dürften Defizite der Sendeanstalten gar nicht erst entstehen.[405] Im 14. KEF-Bericht wird aber dem ZDF

---

[396] Bartosch, EStAL 2003, S. 375, 385.

[397] Vgl. dazu v. Wallenberg, MMR 2004, S. 86, 90.

[398] EuGH, C-34/01 bis C-38/01 (Enirisorse) v. 27.11.2003, Rn. 37 (noch nicht in der Slg.; EStAL 2004, S. 73 ff.).

[399] EuGH, C-34/01 bis C-38/01 (Enirisorse) v. 27.11.2003, Rn. 9 (noch nicht in der Slg.; EStAL 2004, S. 73 ff.).

[400] So für den ÖPNV ablehnend: Sellmann, DVBl. 2003, S. 1211, 1212.

[401] V. Ysendyck/Zühlke, RIW 2003, S. 717, 718; kritisch auch Selmayr/Kamann, K&R 2004, S. 49, 58; v. Wallenberg, MMR 2004, S. 86, 91; a.A. Koenig/Haratsch, EStAL 2003, S. 569, 574 f.

[402] Vgl. zum Verfahren unten Gliederungspunkt C.II.2.b)gg)(1); dazu auch Koenig/Haratsch, EStAL 2003, S. 569, 574 f.

[403] EuGH, Rs. 280/00 (Altmark Trans), Slg. 2003, I-7747, 7840, Rn. 91.

[404] So ausdrücklich Koenig/Haratsch, EStAL 2003, S. 569, 575; a.A. Selmayr/Kamann, K&R 2004, S. 49, 58.

[405] Vgl. dazu Pielow, RdE 2004, S. 44, 45: „der Ausgleich erst nachträglich auftretender Unterdeckungen bei der Erfüllung gemeinwirtschaftlicher Verpflichtungen ist folglich auch weiterhin vom Beihilfeverbot erfasst."

ein Defizit von 210 Mio. EUR attestiert.[406] Für dieses Defizit kommt letztlich der Gebührenzahler auf. Zudem kann an einer konkreten Berechnung dann gezweifelt werden, wenn es beispielsweise im 14. KEF-Bericht zu den Aktivitäten im Internetbereich heißt, dass der KEF „eine transparente und aussagekräftige Leistungserfassung der öffentlich-rechtlichen Online-Angebote" im aktuellen Leistungsbericht nicht möglich sei.[407]

dd) Ergebnis

Die deutsche Gebührenfinanzierung des öffentlich-rechtlichen Rundfunks erfüllt weder das Transparenz- noch das Vergleichserfordernis. Für den öffentlich-rechtlichen Rundfunk existiert schon kein Vergleichsunternehmen. Zudem erscheint zweifelhaft, ob eine ausreichende Kostenberechnung im Vorfeld erfolgt ist. Die vier Kriterien wurden vom EuGH im Urteil „Altmark Trans" restriktiv ausgestaltet, um einen Wegfall des Pflichtenkatalogs der Mitgliedstaaten zu rechtfertigen. Daher ist es auch legitim, hohe Anforderungen an die Erfüllung der Kriterien im konkreten Fall zu stellen. Bei Nichterfüllung besteht jedoch weiterhin die Möglichkeit einer Rechtfertigung der Zahlungen über Art. 86 Abs. 2 EG. Allerdings ändert eine solche Rechtfertigung nichts an einer Einordnung der fraglichen Zahlung als Beihilfe i.S.d. Art. 87 Abs. 1 EG. Da im Rahmen der Rundfunkfinanzierung weder das Transparenz- noch das Vergleichserfordernis gewahrt wurden, stellt die Rundfunkgebühr daher eine Begünstigung i.S.d. Art. 87 Abs. 1 EG dar.

---

[406] 14. KEF-Bericht, Tz. 13; zu früheren Defiziten vgl. etwa den 13. KEF-Bericht, Tz. 14 und den 12. KEF-Bericht, Tz. 12.
[407] 14. KEF-Bericht, S. 10, vor Tz. 24; in diesem Sinne schon 13. KEF-Bericht, Tz. 207 f.

b) „staatliche oder aus staatlichen Mitteln gewährte" Begünstigung

Der Tatbestand des Art. 87 Abs. 1 EG stellt zudem auf die Natur des Beihilfegebers ab. Eine Beihilfe liegt demnach nur dann vor, wenn es sich um eine „staatliche oder aus staatlichen Mitteln gewährte" Begünstigung handelt. Die Rundfunkgebühr müsste also eine „staatliche oder aus staatlichen Mitteln gewährte" Beihilfe darstellen.

aa) Tatbestandsalternativen

Der Begriff „aus staatlichen Mitteln gewährte Beihilfen" ist weiter gefasst als der Begriff „staatliche Beihilfen".[408] Die Unterscheidung zwischen „staatlichen" und „aus staatlichen Mitteln gewährte" Beihilfen dient dem EuGH dazu, in den Beihilfebegriff über die unmittelbar vom Staat gewährten Vorteile hinaus, auch diejenigen Begünstigungen, die durch vom Staat benannte oder errichtete Einrichtungen gewährt werden, einzubeziehen.[409] Damit bestätigt der EuGH den Auffangcharakter der weiter gefassten Variante.[410] Beide Begriffe zielen darauf ab, jegliche staatliche Intervention, sei sie mittel- oder unmittelbar, zu umfassen.[411]

Umstritten ist jedoch, ob in jedem Fall „staatliche Mittel" vorliegen müssen und wenn ja, wie stark die staatliche Einflussnahme auf die Mittelvergabe ausgeprägt sein muss. Hierbei ist insbesondere fraglich, ob die geflossenen Gelder zumindest für einen kurzen Zeitraum dem Staatshaushalt oder einem sonstigen öffentlichen Haushalt angehört haben müssen. Zu dieser Frage lassen sich in der Literatur drei Auffassungen erkennen,[412] die den Anwendungsbereich des Merkmals „staatliche oder aus staatlichen Mitteln gewährte" Beihilfen entweder enger oder weiter ziehen.

bb) Anforderungen an die staatliche Einflussnahme

Eine extensive Auffassung[413] in der Literatur lässt jedweden durch staatliche Regulierung bedingten geldwerten Vorteil für die staatliche Zurechenbarkeit

---

[408] Cremer, in: Calliess/Ruffert, EU-/EG-Vertrag, Art. 87 EG, Rn. 10.

[409] EuGH, Rs. C-72, 73/91 (Sloman Neptun), Slg. 1993, I-887, 934, Rn. 19; EuGH, C-189/91 (Kirsammer-Hack), Slg. 1993, I-6185, 6220, Rn. 16.

[410] Ruge, EuZW 2001, S. 247, 248.

[411] Mederer/Triantafyllou, in: v. Groeben/Schwarze, EU-/EG-Vertrag, Art. 87 Abs. 1 EG, Rn. 23.

[412] Koenig/Kühling, NVwZ 2001, S. 768, 769.

[413] V. Bael/Bellis, EU Competition Law, S. 836, Rn. 1205; D'Sa, State Aid Law, S. 75, Rn. 3-28 f.; Holzer, ZUM 1996, S. 274, 277; Otten, ZUM 1997, S. 790, 796; Richter, RdE 1999, S. 23, 24 f.; Salje, RIW 1998, S. 186, 187 f.; Simon, in: Stern/Prütting, Rechtliche und ökonomische Fragen, S. 61, 63; Slotboom, ELRev. 1995, S. 289, 297; Zinow RdE 1997, S. 247, 248;

genügen. Eine Anknüpfung an die Art der finanziellen Übertragung, insbesondere an die Frage, ob eine Belastung eines öffentlichen Haushalts vorliegt, darf nach *Slotboom* nicht entscheidungsrelevant sein. Dies gebiete schon der Wortlaut, der das Tatbestandsmerkmal „aus staatlichen Mitteln" nur für die zweite Alternative zwingend vorschreibe.[414] *Richter* macht deutlich, dass eine Einschränkung auch nicht vom Sinn und Zweck der Norm verlangt wird. Es mache für die Wettbewerbsverfälschung keinen Unterschied, ob ein öffentlicher Haushalt belastet wird oder lediglich Private für die Zahlungen aufkommen.[415] Damit muss laut *Salje* auf die Wirkung einer staatlichen Regelung abgestellt werden.[416] Daraus folgt aber, dass nahezu jedes staatlich-regulierende Handeln, wie zum Beispiel die selektive Anwendung von Kündigungsschutzbedingungen, eine staatliche Beihilfe darstellt.[417] Bei einer derart weitgefasste Auslegung sind kaum Fälle der staatlichen Wirtschaftsförderung denkbar, die nicht unter den Begriff der Beihilfe gefasst werden können.[418]

Eine vermittelnde Auffassung verlangt hingegen den Nachweis eines staatlich gelenkten Mittelflusses als Kriterium.[419] *Bär-Boyssière* nimmt eine solche Lenkung an, wenn der Staat hinlängliche Einflussmöglichkeiten auf die Mittelvergabe hat.[420] *Ritgen* hält es für ausreichend, wenn sich der Staat die Bestimmungsgewalt über die Mittel verschaffen kann.[421] Diese Meinungen knüpfen also an die Kontrolle bzw. die Kontrollmöglichkeit der Mittelvergabe durch den Staat an. *Storr* zielt darauf ab, dass der Staat bei der Erhebung oder der Verteilung Zwang ausübt.[422] Eine freiwillige Abgabe sei daher vom Tatbestand nicht

---

Schlussanträge Darmon, Rs. C-72, 73/91 (Sloman Neptun), Slg. 1993, I-903, 912, Rn. 40 ff.; Schlussanträge VerLoren v. Themaat, Rs. 213-215/81 (Norddeutsches Vieh- und Fleischkontor), Slg. 1982, 3606, 3617.

[414] Slotboom, ELRev. 1995, S. 289, 298.

[415] Richter, RdE 1999, S. 23, 25.

[416] Salje, RIW 1998, S. 186, 187.

[417] Koenig/Kühling, NvWZ 2001, S. 768, 769.

[418] Martínez Soria, DVBl. 2001, S. 882, 883.

[419] Bär-Boyssière, in: Schwarze, EU-Kommentar, Art. 87 EG, Rn 32; Cremer, in: Calliess/Ruffert, EU-/EG-Vertrag, Art. 87 EG, Rn. 11; Dederer/Schneller, RdE 2000, S. 214, 219; Engel, Europarechtliche Grenzen für Spartenprogramme, S. 31; Gent, Mindestpreise und Abnahmezwang, S. 101; Iro, RdE 1998, S. 11, 14; Kapteyn/VerLoren v. Themaat, Introduction to EC Law, S. 815; Kühling, RdE 2001, S. 93, 98; Nettesheim, in: Hrbek/Nettesheim, Europäische Union und mitgliedstaatliche Daseinsvorsorge, S. 39, 61 f.; Pohlmann, Rechtsprobleme der Stromeinspeisung, S. 61; Ress, Kultur und Europäischer Binnenmarkt, S. 130; Ritgen, RdE 1999, S. 176, 182; Rodi, Die Subventionsrechtsordnung, S. 159; Ruttig, Einfluss des EG-Beihilfenrechts, S. 172; Storr, K&R 2002, S. 464, 468.

[420] Bär-Boyssière, in: Schwarze, EU-Kommentar, Art. 87 EG, Rn 32; so auch: Cremer, in: Calliess/Ruffert, EU-/EG-Vertrag, Art. 87 EG, Rn. 11.

[421] Ritgen, RdE 1999, S. 176, 182.

[422] Storr, K&R 2002, S. 464, 468; so auch: Kapteyn/VerLoren v. Themaat, Introduction to EC Law, S. 815.

gedeckt. Für *Engel* steht das Moment der Umgehung im Vordergrund.[423] Um das Tatbestandsmerkmal bejahen zu können reiche es aus, wenn der Staat eine Finanzierungsform wählt, die eine Haushaltbelastung umgeht.[424] Finanziert der Staat also ein Vorhaben durch (Zwangs-)Abgaben, so reiche eine potentielle Belastung des Staatshaushalts aus. *Rodi* nimmt das Vorliegen einer Beihilfe auch dann an, wenn das Erscheinungsbild und die Wirkung der „aus privaten Mitteln" finanzierten Maßnahme mit denen einer staatlich finanzierten Beihilfe vergleichbar sind.[425] All diese Meinungen kommen darin überein, dass zwar ein Mehr an staatlichem Einfluss auf die Mittelvergabe vorliegen muss, eine konkrete Belastung des Staatshaushaltes oder eines anderen öffentlichen Haushalts aber gerade nicht verlangt wird. Nur so könne eine staatliche Umgehung des Beihilferechts durch Maßnahmen zu Lasten Privater, die den Staatshaushalt letztlich unberührt lassen, verhindert werden.[426] Durch die Anforderung einer staatlichen Lenkung sei andererseits die Ausuferung der Beihilfekontrolle ausgeschlossen.[427]

Dagegen verlangt die letzte, restriktive Auffassung,[428] dass die Mittel zunächst in einen öffentlichen Haushalt eingeflossen sind, ehe sie an das Unternehmen ausgezahlt werden. *Lecheler* stellt klar, dass der Staat jedenfalls entscheidenden Einfluss auf die Entscheidung über die Mittelvergabe haben *und* dass diese Entscheidung zu einer Belastung des Staatshaushalts führen muss.[429] Laut *Soltész* spricht der Wortlaut des Art. 87 Abs. 1 EG nicht gegen das Erfordernis der Belastung des Staatshaushalts. Die sprachliche Fassung sei insoweit ambivalent.[430] *Kruse* führt ein systematisches Argument an. Während die Art. 81 bis 86 EG unter dem Titel „Vorschriften für Unternehmen" stehen, hätten die Art. 87 bis 89 EG die Besserstellung bestimmter Unternehmen durch Finanzleis-

---

[423] Engel, Europarechtliche Grenzen für Spartenprogramme, S. 31.

[424] Engel, Europarechtliche Grenzen für Spartenprogramme, S. 31; so auch: Dederer/Schneller, RdE 2000, S. 214, 219; Ruttig, Einfluss des EG-Beihilfenrechts, S. 172.

[425] Rodi, Die Subventionsrechtsordnung, S. 159.

[426] Gent, Mindestpreise und Abnahmezwang, S. 100.

[427] Rodi, Die Subventionsrechtsordnung, S. 159.

[428] Bartosch, NVwZ 2001, S. 643, 644; Bleckmann/Koch, in: Ipsen, Verfassungsrecht im Wandel, S. 305, 312; Dederer, BayVBl. 2001, S. 364, 367; Eberle, in: ders./Ibler/Lorenz, FS Brohm, S. 51 ff.; ders., AfP 2001, S. 477, 479; Falk, ZNER 1998, S. 50, 51 f.; ders., ZIP 1999, S. 738, 739; Lübbig/Martín-Ehlers, Beihilfenrecht der EU, S. 52; Mederer/Triantafyllou, in: v. Groeben/Schwarze, EU-/EG-Vertrag, Art. 87 Abs. 1 EG, Rn. 26; Hakenberg/Tremmel, EWS 1999, S. 167, 168; Just, EWiR 2001, S. 423, 424; Koenig/Kühling, ZUM 2001, S. 537, 540 ff.; dies., NVwZ 2001, S. 768, 769 f.; Lecheler, Einführung in das Europarecht, S. 313; ders., RdE 2001, S. 140, 141 f.; Martínez Soria, DVBl. 2001, S. 881, 882 ff.; Nagel, ZNER 2001, S. 231, 233 f.; ders., ZUR 2001, S. 263, 264; Pünder, NVwZ 1999, S. 1059, 1060; Soltész, EuZW 1998, S. 747, 750 ff.

[429] Lecheler, RdE 2001, S. 140, 141; ders., Einführung in das Europarecht, S. 313.

[430] Soltész, EuZW 1998, S. 747, 751.

tungen der öffentlichen Hand zum Gegenstand.[431] *Koenig/Kühling/Ritter* stellen teleologische Überlegungen in den Vordergrund. Zwar eröffne eine einschränkende Auslegung Umgehungsmöglichkeiten, sie verhindere aber, dass sich das Beihilferecht zu einer allgemeinen Diskriminierungskontrolle entwickle.[432] Zudem könnten oftmals andere Bestimmungen des EG-Vertrages Anwendung finden.[433] Eine Belastung der öffentlichen Hand wird von der engen Auffassung auch dann angenommen, wenn die Beihilfe zur Haushaltsbelastung einer vom Staat benannten öffentlichen oder privaten Einrichtung führt.[434]

cc) Rechtsprechung des EuGH

Die Rechtsprechung des EuGH zur Tragweite des Tatbestandsmerkmals „staatliche Mittel oder aus staatlichen Mitteln" muss als wenig konsistent und nicht immer frei von Widersprüchen bezeichnet werden.[435] So wurde die Notwendigkeit einer staatlichen Einwirkung auf die Mittelvergabe teilweise sehr stark, teilweise auch als eher unbedeutend konstatiert. Im Folgenden soll zunächst die ältere Rechtsprechung dargestellt werden, um anschließend den Einfluss der neueren Urteile „PreussenElektra" und „Stardust Marine" auf die bestehende Rechtsprechung zu würdigen.

(1) Ältere Rechtsprechung

Bei der im Jahre 1977 ergangenen Entscheidung in der Rechtssache „Steinicke und Weinling"[436] ging es um eine Regelung, die vorsah, dass Gelder von privaten Unternehmen in ein Sondervermögen eingezahlt werden mussten. Der EuGH hatte sich mit der Frage zu beschäftigen, ob es sich bei einer solchen Regelung noch um eine „*aus* staatlichen Mitteln gewährte Beihilfe" handelte. Der Gerichtshof führte dazu aus: „Eine staatliche Maßnahme, die bestimmte Unternehmen oder Erzeugnisse begünstigt, verliert die Eigenschaft eines unentgeltlichen Vorteils nicht dadurch, dass sie ganz oder teilweise durch Beiträge finanziert wird, die von Staats wegen von den betreffenden Unternehmen erhoben werden."[437] In der Literatur wurde diese Aussage vielfach dahingehend verstanden,

---

[431] Kruse, ZHR 165 (2001), S. 576, 584.

[432] Koenig/Kühling/Ritter, EG-Beihilfenrecht, S. 75.

[433] Martínez Soria, DVBl. 2001, S. 882, 884.

[434] Mederer, in: v. Groeben/Thiesing/Ehlermann, EU-/EG-Vertrag, Art. 92, Rn. 16.

[435] So auch Soltész, EuZW 1998, S. 747, 748.

[436] EuGH, Rs. 78/76 (Steinicke und Weinling), Slg. 1977, 595.

[437] EuGH, Rs. 78/76 (Steinicke und Weinling), Slg. 1977, 595, 613, Rn. 22.

dass ein öffentlicher Haushalt gerade nicht involviert sein müsse, sondern eine staatlich angeordnete Finanzierung durch private Quellen ausreiche.[438]

Im Gegensatz dazu steht das Urteil „Van Tiggele"[439] aus dem Jahre 1978. In dem Ausgangsverfahren ging es um Mindestverkaufspreise für alkoholische Getränke, die ein Wein- und Spirituosenhändler unterschritten haben sollte. Das vorlegende Gericht stellte dem EuGH die Frage, ob solche Preisregelungen eine Beihilfe darstellten. Der EuGH verneinte diese Frage mit dem Hinweis, dass die Vorteile einer solchen Regelung weder unmittelbar noch mittelbar aus staatlichen Mitteln stammten.[440] Ähnlich urteilte der Gerichtshof in der Rechtssache „Norddeutsches Vieh- und Fleischkontor" und verneinte das Vorliegen einer staatlichen Beihilfe, da die fraglichen Mittel nicht aus dem deutschen Staatshaushalt, sondern aus Gemeinschaftsmitteln gewährt wurden.[441] Der EuGH stellte als entscheidendes Kriterium in beiden Entscheidungen darauf ab, ob der gewährte Vorteil unmittelbar oder mittelbar aus staatlichen Mitteln stammte.[442] Laut *Richter* bewegte sich der EuGH damit auf der bereits in der Rechtssache „Van Tiggele" vertretenen Linie und zerstreute damit jeden noch bestehenden Zweifel daran, dass für beide Tatbestandsalternativen die Belastung des Staatshaushalts als tatbestandliche Restriktion zu fordern sei.[443] Auch *Quigley* hat in dem Urteil eine Festlegung des Gerichtshofs auf eine restriktive Tatbestandsinterpretation gesehen.[444] Es deuteten sich allerdings schon in dieser Entscheidung Zweifel an der Richtigkeit des Kurses an, die der Generalanwalt *VerLoren v. Themaat* äußerte: „Es lässt sich sehr wohl der Standpunkt vertreten, dass auch eine autonome Gewährung finanziell spürbarer Vorteile durch Mitgliedstaaten, die nicht von den Mitgliedstaaten finanziert werden, unter diesen Artikel (Artikel 87 EG) fällt."[445]

In den sich daran anschließenden Urteilen lockerte der EuGH das Kriterium der Belastung eines öffentlichen Haushalts. Nun genügte es dem Gerichtshof, dass der Staat die Möglichkeit einer Kontrolle und Einflussnahme auf die Gewährung der Mittel hatte.[446] In der Rechtssache „Kommission/Frankreich"[447]

---

[438] D'Sa, State Aid Law, S. 75, Rn. 3-28; Engel, Europarechtliche Grenzen für Spartenprogramme, S. 32; Holzer, ZUM 1996, S. 274, 276; Otten, ZUM 1997, S. 790, 796; v. Wallenberg, in: Randelzhofer/Scholz/Wilke, GS Grabitz, S. 867, 873.

[439] EuGH, Rs. 82/77 (Van Tiggele), Slg. 1978, 25.

[440] EuGH, Rs. 82/77 (Van Tiggele), Slg. 1978, 25, Rn. 23/25.

[441] EuGH, Rs. 213-215/81 (Norddeutsches Vieh- und Fleischkontor), Slg. 1982, 3583, 3602, Rn. 24.

[442] Ruge, WuW 2001, S. 560, 565.

[443] Richter, Grenzen der wirtschaftlichen Förderung, S. 104.

[444] Quigley, ELRev. 1988, S. 242, 251.

[445] Schlussanträge VerLoren v. Themaat, Rs. 213-215/81 (Norddeutsches Vieh- und Fleischkontor), Slg. 1982, 3606, 3618.

[446] Ruge, EuZW 2001, S. 242, 247.

[447] EuGH, Rs. 290/83 (Kommission/Frankreich), Slg. 1985, 439.

musste der EuGH im Jahre 1985 über „Solidaritätsleistungen" für Landwirte in Frankreich entscheiden. Das Förderungsprogramm wurde zwar von der Regierung mitinitiiert und durchgeführt, die Mittel waren aber durch private Bankgeschäfte erwirtschaftet worden. Dennoch hielt der EuGH eine Beihilfe i.S.d. Art. 87 Abs. 1 EG für gegeben. Beihilfen seien gerade nicht nur solche, die aus staatlichen Mitteln finanziert werden.[448] *Mederer* hat daraus geschlossen, dass der Staat bei der Beihilfevergabe nicht unmittelbar beteiligt zu sein brauche.[449] Das Urteil stand damit in „klarem Gegensatz zu seiner vorausgegangenen Rechtsprechung".[450] Für *v. Bael/Bellis* zeigte der Fall, dass es gerade nicht notwendig sei, dass die Beihilfe aus staatlichen Mitteln finanziert werde, so lange diese auf staatliches Handeln zurückzuführen sei.[451] Auch in der Rechtssache „Van der Kooy" ließ der Gerichtshof eine staatliche Kontrolle und Einflussnahme genügen.[452] Erdgasvorzugstarife zwischen einem privatrechtlichen Unternehmen mit staatlicher Beteiligung und der Vertretung der landwirtschaftlichen Unternehmer bedurften der nachträglichen Genehmigung des Wirtschaftsministers. Zur Bejahung des Tatbestandsmerkmals „aus staatlichen Mitteln" reichte dem EuGH aus, dass das Unternehmen bei der Festsetzung der Gastarife „unter der Kontrolle und nach den Anweisungen öffentlicher Stellen" handelte.[453] *Pohlmann* hielt damit den für die Bejahung des Tatbestands notwendigen Grad des staatlichen Einflusses für stark reduziert, denn es genügte nun die teilweise Instrumentalisierung eines privaten Wirtschaftsunternehmens.[454] In der Rechtssache „Griechenland/Kommission" reichte bereits das Vorliegen einer unmittelbaren Kontrolle des Staates, welche unter Zuhilfenahme der Bank von Griechenland bei Zinserstattungen durchgeführt wurde, um eine Tatbestandserfüllung zu begründen.[455] Diese Urteile führten zu der Schlussfolgerung, dass es irrelevant sei, ob eine Maßnahme aus staatlichen Mitteln finanziert werde.[456] Nach *Ritgen* kann man die Urteile auch als Gruppe zusammenfassen: Unterstützungsmaßnahmen, die nicht unmittelbar durch den Staat gewährt werden, die dem Staat aber aufgrund besonderer Umstände zugerechnet werden können, werden vom EuGH als Beihilfe qualifiziert.[457] *Ruge* hat dagegen in den Urteilen lediglich eine vorübergehende Phase der Rechtsprechung gesehen.[458]

---

[448] EuGH, Rs. 290/83 (Kommission/Frankreich), Slg. 1985, 439, 449, Rn. 14.

[449] Mederer, in: v. Groeben/Thiesing/Ehlermann, EU-/EG-Vertrag, Art. 92 EG, Rn. 15.

[450] Soltész, EuZW 1998, S. 747, 749.

[451] V. Bael/Bellis, EU Competition Law, S. 836, Rn. 1205.

[452] EuGH, Rs. 67, 68, 70/85 (Van der Kooy), Slg. 1988, 219.

[453] EuGH, Rs. 67, 68, 70/85 (Van der Kooy), Slg. 1988, 219, 272, Rn. 37.

[454] Pohlmann, Rechtsprobleme der Stromeinspeisung, S. 56.

[455] EuGH, Rs. 57/86 (Griechenland/Kommission), Slg. 1988, 2855, 2872, Rn. 13.

[456] Götz, in: Dauses, Handbuch EU-Wirtschaftsrecht, H III, Rn. 25.

[457] Ritgen, RdE 1999, S. 176, 181.

[458] Ruge, EuZW 2001, S. 247, 247.

Eine erneute Abkehr von diesem relativ weitgefassten Verständnis des Tatbestandes vollzog der EuGH 1993 mit der Entscheidung „Sloman Neptun"[459]. Eine Regelung, die es erlaubte, dass Seeleute aus Drittstaaten zu deutlich schlechteren Bedingungen als ihre deutschen Kollegen angeheuert werden konnten, sollte für eine Senkung der Arbeitskosten sorgen und damit die Wettbewerbsfähigkeit der Unternehmen steigern. Die Kommission hielt die Regelung aufgrund der sektoralen Entlastung und der Steuereinbußen für eine Beihilfe. Auch Generalanwalt *Darmon* empfahl dem Gerichtshof, nicht die Herkunft der Mittel zu berücksichtigen, sondern auf die Auswirkungen der Regelung abzustellen.[460] Der EuGH verneinte dies jedoch, da „keine zusätzliche Belastung für den Staat" vorläge und die eventuelle Einbuße an Steuererträgen „einer solchen Regelung immanent" sei.[461] Der Gerichtshof kehrte damit zu seiner restriktiven Auffassung zurück, indem er sich ausdrücklich auf seine „Van Tiggele"-Rechtsprechung bezog.[462] *Slot* hat das Urteil als deutliches Signal hin zu einer restriktiven Tatbestandsauffassung gewertet, da der EuGH weder den Ausführungen des Generalanwalts, noch der Rechtsauffassung der Kommission nachgegeben habe.[463] Der EuGH habe damit bestehende Unklarheiten beseitigt und die Maßgeblichkeit des Kriteriums „Belastung öffentlicher Mittel" bestätigt.[464] Die Entscheidung wurde in der Literatur aber auch kritisiert. Nicht die Herkunft, sondern die Wirkung, die eine Maßnahme auf Unternehmen hat, solle ausschlaggebend sein.[465] *Ross* hat den weitreichenden Effekt des Urteils „Sloman Neptun" als Wendepunkt der Rechtsprechung angezweifelt.[466] Allerdings formulierte der EuGH in den darauffolgenden Urteilen „Kirsammer-Hack"[467], „Viscido"[468], „Ecotrade"[469] und in der Rechtssache „Piaggio"[470] jeweils das Erfordernis der Belastung staatlicher Mittel. Laut *Hakenberg/Tremmel* hat der EuGH durch die Entscheidungen klargestellt, dass es zu einer „unmittelbaren oder mittelbaren Übertragung staatlicher

---

[459] EuGH, Rs. C-72, 73/91 (Sloman Neptun), Slg. 1993, I-887.

[460] Schlussanträge Darmon, Rs. C-72, 73/91 (Sloman Neptun), Slg. 1993, I-903, 912, Rn. 41.

[461] EuGH, Rs. C-72, 73/91 (Sloman Neptun), Slg. 1993, I-887, 934, Rn. 21.

[462] EuGH, Rs. C-72, 73/91 (Sloman Neptun), Slg. 1993, I-887, 933, Rn. 19.

[463] Slot, CMLRev. 1994, S. 137, 142.

[464] Soltész, EuZW 1998, S. 747, 749.

[465] Slotboom, ELRev. 1995, S. 289, 296.

[466] Ross, Yearbook of European Law 1995, S. 79, 82.

[467] EuGH, Rs. C-189/91 (Kirsammer-Hack), Slg. 1993, I-6185 (Fall betreffend die Befreiung von Kleinbetrieben vom deutschen Kündigungsschutzgesetz).

[468] EuGH, Rs. C-52, 53, 54/97 (Viscido), Slg. 1998, I-2629 (Fall betreffend die Befreiung des Unternehmens der italienischen Post von den für befristete Arbeitsverträge geltenden Regelungen).

[469] EuGH, Rs. C-200/97 (Ecotrade), Slg. 1998, I-7907 (Fall betreffend die Anwendung einer italienischen Regelung, die vom allgemeinen Konkursrecht abweicht, auf zahlungsunfähige Großunternehmen); der EuGH bejahte hier zwar eine Beihilfe, wies aber auf das Kriterium „aus staatlichen Mitteln hin" (Rn. 35).

[470] EuGH, Rs. C-295/97 (Piaggio), Slg. 1999, I-3735 (Fallproblematik wie Ecotrade).

Mittel" kommen müsse.[471] Diese liege nur dann vor, wenn die Fördermaßnahme zu einer zusätzlichen Belastung für den Staat oder eine von ihm benannte Einrichtung führt.[472] Für den Gerichtshof stellte das „staatliche Finanzopfer" eines der wesentlichen Elemente der Beihilfe dar.[473] Der EuGH sei damit in „deutlich formulierten Urteilen" dahin zurückgekehrt, die Staatlichkeit der Mittel als eingrenzendes Merkmal von Beihilfevorschriften zu prüfen.[474] Laut *Streinz* entscheidet der EuGH damit seit 1993 „in ständiger Rechtsprechung", dass „die aus anderen als aus staatlichen Mitteln gewährten Vorteile nicht in den Anwendungsbereich der Beihilfevorschriften fallen".[475]

Am Vorliegen einer gefestigten Rechtsprechung konnte dennoch gezweifelt werden. Auch noch nach dem Urteil „Sloman Neptun" griff der EuGH den Rechtsgedanke des Urteils „Van der Kooy" auf.[476] So genügt es dem Gerichtshof im Verfahren „Namur-Les Assurances" (1994), dass der Staat die Erhebung parafiskalischer Abgaben vorschrieb.[477] Parafiskalische Abgaben sind Sonderabgaben, die der Staat zur Finanzierung besonderer Aufgaben einzieht.[478] Sie werden von einer bestimmten Gruppe Zahlungspflichtiger erhoben und sind nicht in den Haushaltsplänen erfasst.[479] Parafiskalische Abgaben werden somit nicht Teil des Staatshaushalts, der Schwerpunkt staatlicher Einflussnahme liegt vielmehr in der Erhebung der Zwangsabgabe und der Kontrolle des Mittelflusses.[480] Mit dem Urteil „Namur-Les Assurances" setzte der EuGH seine Rechtsprechungslinie fort, nach der er schon zuvor Gelder aus parafiskalisch finanzierten Fonds oder Sonderkassen unter den Tatbestand des Art. 87 Abs. 1 EG subsumiert hatte.[481] *Bär-Bouyssière* hat daraus gefolgert, dass die Belastung eines öffentlichen Haushalts keine notwendige Tatbestandsvoraussetzung sei.[482]

---

[471] Hakenberg/Tremmel, EWS 1999, S. 167, 168.

[472] Hakenberg/Erlbacher, EWS 2001, S. 208, 212.

[473] Lecheler, RdE 2001, S. 140, 141.

[474] Falk, ZIP 1999, S. 738, 739.

[475] Streinz, JuS 2001, S. 596, 597.

[476] EuGH, Rs. C-44/93 (Namur-Les Assurances), Slg. 1994, I-3829, 3830 und insbesondere Schlussanträge Generalanwalt Lenz, Rs. C-44/93 (Namur-Les Assurances), Slg. I-3841, 3842, Rn. 44 (Fall betreffend staatliche Garantien, Steuerbefreiungen und Deckung des Haushaltsdefizits).

[477] EuGH, Rs. C-44/93 (Namur-Les Assurances), Slg. 1994, I-3829, 3830.

[478] Lang, in: Tipke/Lang, Steuerrecht, § 3, Rn. 21; vgl. dazu auch Sánchez Rydelski, Handbuch EU Beihilfenrecht, S. 84.

[479] Lang, in: Tipke/Lang, Steuerrecht, § 3, Rn. 21.

[480] Vgl. Quigley, ELRev. 1988, S. 242, 250.

[481] So in den Entscheidungen EuGH, Rs. 47/69 (Frankreich/Kommission), Slg. 1970, 487, 496, Rn. 24; EuGH, Rs. 173/73 (Italien/Kommission), Slg. 1974, 709, 719, Rn. 33/35; EuGH, Rs. 259/85 (Frankreich/Kommission), Slg. 1987, 4393, 4418, Rn. 23; EuGH, Rs. C-78-83/90 (Compagnie commercial de l'Ouest), Slg. 1992, I-1847, 1883, Rn. 35; EuGH, Rs. C-149-150/91 (Sanders), Slg. 1992, I-3899, 3927, Rn. 27; EuGH, Rs. C-17/91 (Lornoy), Slg. 1992,

Für eine extensive Tatbestandsinterpretation sprach auch die Entscheidung des EuG in der Rechtssache „Air France/Kommission" (1996), in welcher dem Gericht die staatliche Aufsicht eines autonomen Finanzinstituts, dessen Aufgaben gesetzlich geregelt waren, zur Bejahung des Tatbestands des Art. 87 Abs. 1 EG ausreichte.[483] Das entscheidende Kriterium war mithin, dass der öffentliche Sektor auf Mittel zur Unterstützung von Unternehmen zurückgreifen konnte. Das Gericht sah in dem durch Zu- und Abflüsse öffentlicher und privater Mittel entstandenen Saldo staatliche Mittel, obgleich diese dem öffentlichen Sektor nicht dauerhaft zur Verfügung standen.[484] Die Entscheidung wurde als klare Absage an staatliche Umgehungsversuche verstanden.[485] Daraus hat *Cremer* geschlossen, dass die Begünstigung gerade nicht aus Haushaltsmitteln stammen müsse.[486] In diese Richtung wies auch die Entscheidung des EuGH in der Rechtssache „Ladbroke" aus dem Jahre 2000. Dort stellte der Gerichtshof fest, dass Art. 87 Abs. 1 EG „alle Geldmittel erfasst, auf die der öffentliche Sektor tatsächlich zur Unterstützung von Unternehmen zurückgreifen kann, ohne dass es dafür eine Rolle spielt, ob diese Mittel auf Dauer zum Vermögen dieses Sektors gehören."[487] In diesen Ausführungen haben *Hakenberg/Erlbacher* ein Plädoyer des Gerichtshofs für eine Ausweitung des Beihilfebegriffs gesehen.[488] Andererseits wurden das Urteil und dessen Bedeutung auch als „Einzelfallentscheidung" abgetan.[489] Für eine extensive Tatbestandsauffassung sprach zudem die ebenfalls im Jahre 2000 ergangene Entscheidung „Deutschland/Kommission", wo der Verzicht des Staates auf Steuereinnahmen in Form von Steuervergünstigungen, als Zufluss staatlicher Mittel gewertet wurde.[490] Die staatliche Zurechnung bestand also in einer gesetzlich vorgesehenen Lenkung, was teilweise als Trend hin zu einem weiten Beihilfeverständnis erkannt wurde.[491] *Heidenhain* hat sogar eine grundlegende Änderung dahingehend für möglich gehalten, dass alle staatlichen Maßnahmen Beihilfecharakter innehaben könnten, ohne

---

I-6523, 6556, Rn. 32; EuGH, Rs. C-266/91 (CELBI), Slg. 1993, I-4337, 4363 f., Rn. 21; EuGH, Rs. C-72/92 (Scharbatke), Slg. 1993, I-5509, 5531, Rn. 18.

[482] Bär-Bouyssière, in: Schwarze, EU-Kommentar, Art. 87 EG, Rn. 32.

[483] EuG, Rs. T-358/94 (Air France/Kommission), Slg. 1996, II-2109.

[484] EuG, Rs. T-358/94 (Air France/Kommission), Slg. 1996, II-2109, 2133, Rn. 65 u. 67.

[485] Hakenberg/Tremmel, EWS 1997, S. 217, 218.

[486] Cremer, in: Calliess/Ruffert, EU-/EG-Vertrag, Art. 87 EG, Rn. 11.

[487] EuGH, Rs. C-83/98 P (Ladbroke), Slg. 2000, I-3271, 3332, Rn. 50.

[488] Hakenberg/Erlbacher, EWS 2001, S. 208, 212.

[489] Roscher, FAZ v. 24.03.2001, S. 23.

[490] EuGH, Rs. C-156/98 (Deutschland/Kommission), Slg. 2000, I-6857, 6893, Rn 28; vgl. dazu Bartosch, ZIP 2000, S. 2010 ff.; Erlbacher, ELR 2000, S. 343 ff; Hakenberg/Erlbacher, EWS 2001, S. 208, 213; Heidenhain, EuZW 2000, 729 ff.; Nowak, EuZW 2001, S. 293, 296; Schohe/Arhold, EStAL 2002, S. 33, 36 f.

[491] Hakenberg/Erlbacher, EWS 2001, S. 208, 213.

dass es auf eine Mittelrelevanz ankomme.[492] Damit war die Interpretation weiterhin zulässig, dass die Belastung eines öffentlichen Haushalts kein notwendiges Tatbestandsmerkmal darstellt.[493] Vielmehr bot laut *Falk* die Rechtsprechung „bis in die jüngere Zeit kein festes Fundament für die dogmatische und praktische Auslegung des Tatbestandsmerkmals".[494]

(2) Neuere Rechtsprechung

Im Jahre 2001 hatte der EuGH Gelegenheit, in der Rechtssache „Preussen-Elektra"[495] zur Streitfrage der Notwendigkeit einer Belastung des Staatshaushalts Stellung zu beziehen und seine Rechtsprechung zu konkretisieren. Generalanwalt *Jacobs* äußerte sich in seinen Schlussanträgen deshalb sehr detailliert zur Problematik der Mittelbelastung.[496] Das Verfahren betraf die Vereinbarkeit des deutschen Stromeinspeisungsgesetzes (StrEG)[497] mit EG-Recht, insbesondere den Beihilfebestimmungen. Das deutsche Gesetz[498] sah vor, dass Stromabnehmer verpflichtet waren, bestimmte Mengen umweltfreundlichen Stroms zu Mindestpreisen, die über dem eigentlichen Marktwert lagen, abzunehmen. Die Kläger hatten argumentiert, dass damit eine verbotene Beihilfe zugunsten der Unternehmer, die den ökologischen Strom produzierten, vorläge.[499] Der EuGH ist dieser Interpretation nicht gefolgt, sondern ließ den Beihilfevorwurf schon am Kriterium der staatlichen Zurechnung scheitern. Der Gerichtshof sah damit in der Finanzierung durch staatliche Mittel ein konstitutives Element.[500] Da es nicht zu einer unmittelbaren oder mittelbaren Übertragung staatlicher Mittel auf die Unternehmen gekommen sei, liege keine Begünstigung aus staatlichen Mitteln vor.[501] Auch könne nicht, so wie von der Kommission vorgetragen, der Anwendungsbereich des Beihilferegimes durch Art. 10 Abs. 2 EG ausgedehnt werden. Eine analoge Anwendung der Rechtsprechung zu Art. 85 i.V.m. Art. 10 EG verbiete sich schon deshalb, da sich Art. 87 EG im Gegensatz zu Art. 85 EG

---

[492] Heidenhain, EuZW 2000, 729, 730.

[493] Bär-Bouyssière, in: Schwarze, EU-Kommentar, Art. 87 EG, Rn. 32.

[494] Falk, ZIP 1999, S. 738, 739; ders., ZNER 1998, S. 50, 51.

[495] EuGH, Rs. C-379/98 (PreussenElektra), Slg. 2001, I-2099.

[496] Schlussanträge Jacobs, Rs. C-379/89 (PreussenElektra), Slg. 2001, I-2103, 2127, Rn. 106 - 186.

[497] Gesetz über die Einspeisung von Strom aus erneuerbaren Energien in das öffentliche Netz (BGBl. 1990 I, 2633), zuletzt geändert durch das Gesetz zur Neuregelung des Energiewirtschaftsrechts (BGBl. 1998 I, 730).

[498] StrEG seit 1.4.2000 außer Kraft, ähnliche Regelungen aber in § 3 des Gesetzes für den Vorrang Erneuerbarer Energien (EEG), BGBl. 2000, 305 ff.

[499] Vgl. Bronckers/v. der Vlies, ECLRev. 2001, S. 458, 459.

[500] Vgl. Bartosch, NVwZ 2001, S. 643, 643.

[501] EuGH, Rs. C-379/98 (PreussenElektra), Slg. 2001, I-2099, 2181, Rn. 59.

unmittelbar auf Maßnahmen der Mitgliedstaaten beziehe.[502] Das deutsche Gesetz wurde als in vollem Umfang mit EG-Recht vereinbar angesehen. Der EuGH schien damit der engen Tatbestandsauslegung gefolgt zu sein. Eine staatlich auferlegte Abgabenpflicht von Privaten, die anderen Privaten zugute kommt, stelle schon deshalb keine Beihilfe i.S.d. Art. 87 Abs. 1 EG dar, da keine staatlichen Mittel involviert seien.[503]

In der Rechtssache „Stardust Marine" äußerte sich der EuGH im Jahre 2002 erneut zu der Frage, ob eine Involvierung „staatliche Mittel" nötig sei und wann solche Mittel vorlägen. In dem der Entscheidung zugrunde liegenden Sachverhalt ging es um Unterstützungsleistungen, welche das Unternehmen „Stardust Marine" von französischen Bankgesellschaften erhalten hatte. Da letztere unter staatlichem Einfluss standen, stellten sie öffentliche Unternehmen dar.[504] Der Gerichthof hatte nun zwei Fragen zu beantworten. Zum einen musste geprüft werden, ob die von den Bankgesellschaften vergebenen Gelder überhaupt „staatliche Mittel" darstellten. Bejahendenfalls musste als zweites untersucht werden, ob die konkrete Maßnahme auch dem Staat zurechenbar war. Der Staat hatte ja gerade nicht selbst gehandelt, sondern es waren – sozusagen auf einer zweiten Stufe – öffentliche Unternehmen selbstständig tätig geworden. Für die hier interessierende Frage, wann „staatliche Mittel" vorliegen, führte Generalanwalt *Jacobs* aus: „Andererseits hat der Gerichtshof entschieden, dass staatliche Mittel im Sinne von Art. 87 Absatz 1 EG nicht unbedingt aus dem Staatshaushalt kommen müssen. Wenn die für eine Maßnahme verwendeten Mittel durch Zwangsbeiträge (z.B. parafiskalische Abgaben) finanziert und dann nach nationalen Vorschriften verteilt werden, müssen sie als staatliche Mittel angesehen werden, auch wenn sie durch von der öffentlichen Hand getrennte (aber trotzdem von ihr kontrollierte) Einrichtungen gesammelt und verwaltet werden."[505] Staatliche Mittel seien somit solche Mittel, „die unmittelbar oder mittelbar unter der rechtlichen Kontrolle oder mit anderen Worten zur Verfügung des Staates stehen."[506]

Der EuGH wiederholte zunächst, dass Vergünstigungen nur dann als Beihilfe i.S.d. Art. 87 Abs. 1 EG eingestuft werden könnten, wenn sie „unmittelbar oder mittelbar aus staatlichen Mitteln gewährt" würden und bestätigte damit sein Urteil „PreussenElektra".[507] Im Folgenden machte der Gerichtshof allerdings

---

[502] EuGH, Rs. C-379/98 (PreussenElektra), Slg. 2001, I-2099, 2182, Rn. 64.

[503] EuGH, Rs. C-379/98 (PreussenElektra), Slg. 2001, I-2099, 2181, Rn. 60.

[504] EuGH, Rs. C-482/99 (Stardust Marine; teilweise auch Frankreich/Kommission), Slg. 2002, I-4397, 4439, Rn. 34.

[505] So Generalanwalt Jacobs in seinen Schlussanträgen, Rs. C-482/99 (Stardust Marine), Slg. 2002, I-4400, 4412, Rn. 39.

[506] So Generalanwalt Jacobs in seinen Schlussanträgen, Rs. C-482/99 (Stardust Marine), Slg. 2002, I-4400, 4412, Rn. 41.

[507] EuGH, Rs. C-482/99 (Stardust Marine), Slg. 2002, I-4397, 4436, Rn. 24.

überraschende Aussagen und folgte damit weitgehend den Ausführungen des Generalanwalts. So erklärte er, dass sich schon aus der Rechtsprechung des Gerichtshofes ergebe, dass „Artikel 87 Absatz 1 EG alle Geldmittel erfasst, auf die die Behörden tatsächlich zur Unterstützung von Unternehmen zurückgreifen können, ohne dass es dafür eine Rolle spielt, ob diese Mittel auf Dauer zum Vermögen des Staates gehören."[508] Unter Verweis auf seine Rechtsprechung in der Rechtssache „Ladbroke" führte der Gerichtshof weiter aus: „Auch wenn die aus der fraglichen Maßnahme resultierenden Beträge nicht auf Dauer dem Staat gehören, genügt folglich der Umstand, dass sie ständig unter staatlicher Kontrolle und somit den zuständigen nationalen Behörden zur Verfügung stehen, damit sie als staatliche Mittel qualifiziert werden können."[509] Der EuGH ließ somit erkennen, dass das Vorliegen staatlicher Mittel bereits dann angenommen werden könne, wenn eine staatliche Kontrolle der Gelder existiere.

dd) Kommissionspraxis

Die Kommission hat in ihrer Praxis den Beihilfebegriff stets weit ausgelegt. Nach ihrer Ansicht muss es für das Vorliegen „staatlicher Mittel" nicht zwingend zu einer Belastung des öffentlichen Haushalts kommen.[510] Dies wird insbesondere bei der Entscheidungspraxis im Rundfunkbereich deutlich.[511] So hat die Kommission in ihrer Entscheidung „Kinderkanal/Phoenix" für das System der deutschen Rundfunkfinanzierung das Vorliegen „staatlicher Mittel" angenommen. Sie fußte diese Einordnung darauf, dass die Rundfunkgebühr eine „verbindliche, gesetzlich festgelegte Gebühr" sei, welche zudem gezahlt werden müsse, „unabhängig davon, ob die Programme der öffentlich-rechtlichen Rundfunkanstalten tatsächlich genutzt werden."[512]

Eine ähnliche Argumentation verfolgte die Kommission auch in ihrer Entscheidung „BBC News 24" und bejahte das Vorliegen „staatlicher Mittel" im Falle des britischen öffentlich-rechtlichen Rundfunks.[513] Dieser Standpunkt wurde durch die Entscheidung „BBC Digitalkanäle" bekräftigt. Hier hieß es sogar, dass die Finanzierung des britischen Fernsehsenders BBC aus „staatlichen

---

[508] EuGH, Rs. C-482/99 (Stardust Marine), Slg. 2002, I-4397, 4440, Rn. 37.

[509] EuGH, Rs. C-482/99 (Stardust Marine), Slg. 2002, I-4397, 4440, Rn. 37.

[510] Vgl. ausführlich zur Argumentation im Verfahren „PreussenElektra" die Schlussanträge Jacobs, Rs. C-379/98 (PreussenElektra), Slg. 2001, I-2103, 2134, Rn. 134 – 149.

[511] Vgl. dazu Tigchelaar, EStAL 2003, S. 169, 172 f.; Laitenberger, in: Stern/Prütting, Nationaler Rundfunk und Europäisches Gemeinschaftsrecht, S. 7, 35.

[512] Entscheidung v. 24.2.1999, Nr. NN 70/98 (Kinderkanal/Phoenix), Tz. 6.1.1. (die ausführliche Entscheidungsbegründung wurde nicht veröffentlicht, kann aber bei der Kommission angefordert werden); ABl. EG Nr. C 238 v. 21.8.1999, S. 3.

[513] Entscheidung v. 14.12.1999, Nr. NN 88/98 (BBC News 24), Rn. 22 u. 23, abrufbar unter: http://www.europa.eu.int/comm/secretariat_general/sgb/state_aids/industrie/nn088-98.pdf; ABl. EG Nr. C 78 v. 19.03.2000, S. 6; vgl. PM der Kommission v. 22.05.2002, IP/02/737.

Mitteln" erfolge, selbst wenn die BBC die Mittel direkt einzöge und die Zahlungen bei dieser verblieben.[514] In einem solchen Fall würden die Einnahmen dennoch unter öffentlicher Kontrolle und damit unter Zugriffsmöglichkeit der zuständigen Behörden verbleiben. Unter Verweis auf die Rechtsprechung der europäischen Gerichte[515] hält die Kommission dies aber für ausreichend, um das Vorliegen „staatlicher Mittel" zu bejahen.[516]

Die Kommission scheint damit nicht an eine durchschlagende Wirkung des Urteils „PreussenElektra" auf die Finanzierung des öffentlich-rechtlichen Rundfunks zu glauben. In ihrer, zeitlich nach der Urteilsverkündung von „Preussen-Elektra" veröffentlichten, Rundfunkmitteilung[517] erwähnt sie diese neue Rechtsprechung nicht einmal. Die Kommission macht dort deutlich, dass die Finanzierung von öffentlich-rechtlichen Rundfunkanstalten im Normalfall als staatliche Beihilfe angesehen werden muss und zählt als mögliche Finanzierungsmodi neben dem Staatshaushalt auch die über eine vom Eigentümer des Fernsehgeräts zu entrichtende Gebühr auf.[518]

Konsequenterweise geht die Kommission auch in ihrer Entscheidung „TV2" zum dänischen öffentlich-rechtlichen Rundfunk vom Vorliegen „staatlicher Mittel" aus.[519] Auch wenn die Gebühren durch die öffentlich-rechtlichen Rundfunkanstalten selbst eingesammelt werden, so sei es doch der dänische Staat, der über die Höhe und die Einzelheiten der Erhebung bestimme. Zudem werde staatlicher Zwang bei der Eintreibung der Gebühren ausgeübt.[520] Die Kommission geht mithin davon aus, dass auch bei Zahlungen Privater, die nicht zu einer Belastung des Staatshaushalts führen, staatliche Mittel vorliegen, wenn der Staat eine ausreichende Kontrolle ausüben kann.[521]

---

[514] Entscheidung v. 22.05.02, Beihilfe Nr. N 631/2001 (BBC Digitalkanäle), Rn. 20, abrufbar unter: http://europa.eu.int/comm/secretariat_general/sgb/state_aids/industrie/n631-01.pdf.

[515] Die Kommission verweist auf die Urteile „Ladbroke" (EuGH, Rs. C-83/98 P, Slg. 2000, I-3271) und „Air France" (EuG, Rs. T-358/94, Slg. 1996, II-2109).

[516] Entscheidung v. 22.05.02, Beihilfe Nr. N 631/2001 (BBC Digitalkanäle), Rn. 20, abrufbar unter: http://europa.eu.int/comm/secretariat_general/sgb/state_aids/industrie/n631-01.pdf.

[517] Mitteilung der Kommission über die Anwendung der Vorschriften über Staatliche Beihilfen auf den öffentlich-rechtlichen Rundfunk, ABl. EG Nr. C 320 v. 15.11.2001, S. 5 ff.

[518] Mitteilung der Kommission über die Anwendung der Vorschriften über Staatliche Beihilfen auf den öffentlich-rechtlichen Rundfunk, ABl. EG Nr. C 320 v. 15.11.2001, S. 5, 7, Rn. 17.

[519] Entscheidung der Kommission v. 19.05.2004, Beihilfe Nr. C 2/03 (ex NN 22/02) (TV2); vgl. PM der Kommission IP/04/666 gleichen Datums; Thuesen, IRIS 2004, Nr. 7, S. 4.

[520] Vgl. die Argumentation im Schreiben der Kommission v. 21.01.2003, Beihilfe Nr. C 2/03 (ex NN 22/02) (TV2), ABl. EG Nr. C 59 v. 14.3.2003, S. 2, 8, Rn. 46; die inoffizielle englische Übersetzung des dänischen Dokuments hat die Association of Commercial Telvision in Europe (ACT), Brüssel, besorgt.

[521] Vgl. Tigchelaar, EStAL 2003, S. 169, 172.

ee) Reaktionen der Literatur auf die neuere Rechtsprechung

Die Entscheidung des EuGH in der Rechtssache „PreussenElektra" fand in der Literatur große Beachtung,[522] zumal die Frage der Vereinbarkeit des StrEG mit den Beihilferegeln des EG-Vertrages zuvor ausgiebig diskutiert worden war.[523] Die Mehrzahl der Stimmen hat in der Entscheidung ein klares Bekenntnis des EuGH zu einer restriktiven Tatbestandsauslegung gesehen.[524] *Streinz* macht deutlich, dass zur Erfüllung des Tatbestands nicht ausreicht, wenn die Vorteile zwar auf Grund gesetzlicher Vorschriften entstanden sind, aber nicht aus staatlichen Mitteln gewährt werden.[525] Laut *Lecheler* hat der Gerichtshof damit am staatlichen Finanzopfer als einem der wesentlichen Elemente der Beihilfe festgehalten. Die Entscheidung der Mittelvergabe müsse zu einer Belastung des Staatshaushalts führen.[526] *Martínez Soria* führt hierbei das Kriterium der Stoffgleichheit ein. Der Vermögensnachteil des Staates stehe unmittelbar in Bezug zum Vermögensvorteil des Unternehmens.[527] Auch *Koenig/Kühling* betonen die Notwendigkeit einer Haushaltsbelastung. Der Begriff des Haushalts umfasse nämlich neben dem Haushalt des Staates auch die Haushalte staatlich eingesetzter öffentlicher oder privater Stellen.[528] Letztere dürften aber nicht mit dem Haushalt des begünstigten Unternehmens verwechselt werden; es müsse in jedem Fall ein staatlich eingesetzter Haushalt zwischengeschaltet sein.[529] *Just* hält fest, dass Beihilfen nur noch Maßnahmen aus staatlichen Mitteln, nicht aber

---

[522] Bartosch, NVwZ 2001, S. 643 ff.; Bronckers/v. der Vlies, ECLRev. 2001, S. 458 ff.; Dederer, BayVBl. 2001, S. 366 ff.; Goosens/Emmerechts, CMLRev. 2001, S. 991 ff.; Just, E-WiR 2001, S. 423 f.; Koenig/Kühling, ZUM 2001, S. 537 ff.; dies., NVwZ 2001, S. 768 ff.; Kühne, JZ 2001, S. 759 ff.; Lecheler, RdE 2001, S. 140 ff.; Lübbig/Martín-Ehlers, Beihilfenrecht der EU, S. 52; Martínez Soria, DVBl. 2001, S. 882 ff.; Nagel, ZUR 2001, S. 263 ff.; Nowak, EuZW 2003, S. 389, 394; Ruge, EuZW 2001, S. 247 f.; Streinz, JuS 2001, S. 596 ff.;.
[523] Verstoß gegen Beihilferecht bejahend: Büdenbender, EWiR 1998, S. 1143, 1144; Dederer/Schneller, RdE 2000, S. 214, 218 ff.; Iro, RdE 1998, S. 11, 12 ff.; Pohlmann, Rechtsprobleme der Stromeinspeisung, S. 48 ff.; Richter RdE 1999, S. 23, 24 ff.; Ritgen, RdE 1999, S. 176, 183; Salje, RIW 1998, S. 186, 187 ff.; Verstoß verneinend: Falk, ZIP 1999, S. 738, 739 ff., ders., ZNER 1998, S. 50, 51 ff.; Fouquet/Zenke, ZNER 1999, S. 61, 63; Gellermann, DVBl. 2000, S. 509, 512 ff.; Nagel, ZNER 2000, S. 100, 107; Pünder, NVwZ 1999, S. 1059, 1060; Raabe/Meyer, NJW 2000, S. 1298, 1300.
[524] Bartosch, NVwZ 2001, S. 643, 644 f.; Dederer, BayVBl. 2001, S. 366, 366 f.; Just, EWiR 2001, S. 423, 424; Koenig/Kühling, ZUM 2001, S. 537, 541 f.; dies., NVwZ 2001, S. 768, 769; Kühne, JZ 2001, S. 759, 759; Lecheler, RdE 2001, S. 140, 141; Lübbig/Martín-Ehlers, Beihilfenrecht der EU, S. 52; Martínez Soria, DVBl. 2001, S. 882, 883 f.; Nagel, ZUR 2001, S. 263, 264; Ruge, EuZW 2001, S. 247, 248; Streinz, JuS 2001, S. 596, 596 f.
[525] Streinz, JuS 2001, S. 596, 597.
[526] Lecheler, RdE 2001, S. 140, 141.
[527] Martínez Soria, DVBl. 2001, S. 882, 884.
[528] Koenig/Kühling, ZUM 2001, S. 537, 543.
[529] Koenig/Kühling, ZUM 2001, S. 537, 546.

Zahlungen Privater aufgrund staatlicher Veranlassung erfassen.[530] Damit scheine die Entscheidung in der Rechtssache „Ladbroke", bei der private Mittel, die ständig unter staatlicher Kontrolle und somit zur Verfügung der staatlichen Behörden standen, als „staatliche Mittel" gewertet wurden, eine Einzelfallentscheidung zu bleiben.[531] Dem Urteil „PreussenElektra" wird eine durchschlagende Wirkung auch auf andere Bereiche bescheinigt.[532] *Koenig/Kühling* haben daher auch das Ende der Beihilfediskussion für den öffentlich-rechtlichen Rundfunk proklamiert.[533]

Eine derart grundlegende Bedeutung des Urteils „PreussenElektra" wird aber auch angezweifelt.[534] *Goossens/Emmerechts* gegeben zu bedenken, dass eine Beihilfe zwar aus staatlichen Mitteln stammen müsse, der Gerichtshof aber eine klare Definition, wann staatliche Mittel vorlägen, schuldig geblieben sei.[535] Das von einem Teil der Literatur postulierte Erfordernis, wonach der Vorteil in den Haushalt einer Einrichtung fließen und aus diesem gewährt werden müsse, lässt sich aber laut *Nettesheim* weder in der Rechtssache „PreussenElektra", noch in der Stellungnahme des Generalanwalts *Jacobs* finden.[536] Letzterer spreche nur davon, dass den Beihilfetatbestand kennzeichne, dass „der Staat in irgendeiner Form die Kontrolle über die fraglichen Mittel" ausübt.[537] Beihilfen lägen bei parafiskalischen Abgaben vor, weil dort die Mittel in das Vermögen des Staates übergehen, bevor sie an das begünstige Unternehmen ausgezahlt werden. Sie lägen aber auch vor, wenn der Staat auf Einkünfte verzichtet, weil sich der Staat dort eines Betrages begebe, auf den er an sich einen Anspruch hätte. Dieses Beispiel belege, dass es Fälle gibt, in denen der Vorteil nicht durch einen besonderen Haushalt fließen muss.[538] Auch *Storr* betont, dass das Erfordernis eines Transfers über eine staatliche Zwischeninstanz nur im Grundsatz, nicht aber generell, gegeben sein muss.[539] Die Anforderungen an die „Staatsnähe" des

---

[530] Just, EwiR 2001, S. 423, 424.

[531] Roscher, FAZ v. 24.03.2001, S. 23.

[532] Streinz, JuS 2001, S. 596, 597.

[533] Koenig/Kühling, ZUM 2001, S. 537, 537; so auch Eberle, AfP 2001, S. 477, 480; kritisch Schmittmann/Kneißl, AfP 2003, S. 245, 246.

[534] Bronckers/v. der Vlies, ECLRev. 2001, S. 458, 464; Goossens/Emmerechts, CMLRev. 2001, S. 991, 1002; Kruse, ZHR 165 (2001), S. 576, 588 ff.; Nettesheim, in: Hrbek/Nettesheim, Europäische Union und mitgliedstaatliche Daseinsvorsorge, S. 39, 61; Storr, K&R 2002, S. 464, 468.

[535] Goossens/Emmerechts, CMLRev. 2001, S. 991, 1002; so auch Roscher, FAZ v. 24.03.2001, S. 23.

[536] Nettesheim, in: Hrbek/Nettesheim, Europäische Union und mitgliedstaatliche Daseinsvorsorge, S. 39, 61.

[537] Schlussanträge Jacobs, Rs. C-379/89 (PreussenElektra), Slg. 2001, I-2103, 2141, Rn. 165.

[538] Nettesheim, in: Hrbek/Nettesheim, Europäische Union und mitgliedstaatliche Daseinsvorsorge, S. 39, 61.

[539] Storr, K&R 2002, S. 464, 468.

Mittelflusses solle daher nicht überspannt werden.[540] *Brockers/v. der Vlies* weisen darauf hin, dass die Beihilferegeln zu den Eckpfeilern der Europäischen Union gehören. Die Aufgabe dieser Regeln, eine Wettbewerbsverzerrung des Binnenmarktes zu verhindern, sei aber bei einer weitreichenden Wirkung des Urteils „PreussenElektra" gefährdet.[541]

Die Entscheidung des EuGH in der Rechtssache „Stardust Marine" wurde in der Literatur ebenfalls beachtet.[542] Allerdings ist dem Urteil nur teilweise eine durchschlagende Wirkung attestiert worden. Für *Bartosch* gelten die Entscheidungsgründe nur für den besonderen Sachverhalt, dass ein *öffentliches* Unternehmen Gelder *weiterleitet*.[543] Dagegen hat der EuGH laut *Schwendinger* ausdrücklich seine Rechtsprechung des Urteils „Ladbroke" bestätigt und damit für die Frage, ob staatliche Mittel betroffen sind, allgemein materielle Kriterien angewandt.[544] Dem stimmen auch *Castendyk/Bark* zu. Der Gerichtshof habe denjenigen Interpretationen eine Absage erteilt, die nach dem Urteil „PreussenElektra" die Voraussetzung „aus staatlichen Mitteln" nur dann für gegeben hielten, wenn der Staatshaushalt unmittelbar belastet wird.[545] *Allibert* hat aus dem Urteil gefolgert, dass private Gelder zu öffentlichen werden können. Das sei beispielsweise der Fall, wenn die fraglichen Gelder in einen Fonds fließen, der vom Staat kontrolliert wird und aus dem nach staatlichen Regeln die Gelder ausschüttet werden.[546] Diesem Ergebnis stimmen auch *Koenig/Kühling* zu, die noch in ihrer Urteilsbewertung zur Rechtssache „PreussenElektra" die restriktive Tatbestandsauslegung vertreten haben. Selbst wenn ein Fonds vom Staat nur zu dem Zwecke eingerichtet sei, um bestimmte Gelder von privaten Quellen auf bestimmte Unternehmen zu übertragen, lägen staatliche Mittel i.S.d. Art. 87 Abs. 1 EG vor.[547] Allerdings müsse die Rechtsprechung des EuGH insoweit

---

[540] Nettesheim, in: Hrbek/Nettesheim, Europäische Union und mitgliedstaatliche Daseinsvorsorge, S. 39, 62.

[541] Bronckers/v. der Vlies, ECLRev. 2001, S. 458, 464.

[542] Alexis, EStAL 2002, S. 149 ff.; Allibert, EStAL 2003, S. 3, 16; Arhold, EStAL 2004, S. 167, 168; Bartosch, NJW 2002, S. 3588, 3591 f.; ders., EStAL 2002, S. 183, 192; Bauer, EWS 2002, S. 374, 374 f.; Castendyk/Bark, ZUM 2003, S. 480, 484; Hancher, EStAL 2003, S. 365, 368 f.; Koenig/Kühling, EStAL 2002, S. 7, 7 u. 10 ff.; Lübbig, WM 2002, S. 1828, 1828 ff.; Nowak, EuZW 2003, S. 389, 394 f.; Reich/Helios, EuZW 2002, S. 474, 474 ff.; Schohe/Arhold, EStAL 2002, S. 33, 37 f.; dies., EStAL 2003, S. 145, 145 f.; Schwendinger, EUI Working Paper Law No. 2003/5, S. 31 ff.

[543] Bartosch, NJW 2002, S. 3588, 3591f.; ders., EStAL 2002, S. 183, 192; so wohl auch Bauer, EWS 2002, S. 374, 374 f.; Schohe/Arhold, EStAL 2002, S. 33, 37 f.; dies., EStAL 2003, S. 145, 145 f.

[544] Schwendinger, EUI Working Paper Law No. 2003/5, S. 37; so im Ergebnis auch Koenig/Kühling, EStAL 2003, S. 7, 13 f.

[545] Castendyk/Bark, ZUM 2003, S. 480, 484.

[546] Allibert, EStAL 2003, S. 3, 16.

[547] Koenig/Kühling, EStAL 2003, S. 7, 17.

kritisiert werden, dass im Hinblick auf die Reichweite des Kriteriums „staatliche Mittel" fundamentale Fragen weiterhin unbeantwortet geblieben seien.[548]

ff) Eigene Stellungnahme

(1) Würdigung der Rechtsprechung des EuGH

Der EuGH hat in der Entscheidung „PreussenElektra" zu der Frage, ob eine Beihilfe aus staatlichen Mitteln finanziert werden muss, festgestellt, dass nur solche Vorteile als Beihilfe anzusehen seien, die unmittelbar oder mittelbar aus staatlichen Mitteln gewährt werden.[549] Weiter heißt es: „Die in dieser Bestimmung vorgenommene Unterscheidung zwischen „staatlichen" und „aus staatlichen Mitteln gewährten" Beihilfen bedeutet nämlich nicht, dass alle von einem Staat gewährten Vorteile unabhängig davon Beihilfen darstellen, ob sie aus staatlichen Mitteln finanziert werden, sondern dient nur dazu, in den Beihilfebegriff die unmittelbar vom Staat gewährten Vorteile sowie diejenigen, die über eine vom Staat benannte oder errichtete öffentliche oder private Einrichtung gewährt werden, einzubeziehen". Generalanwalt *Jacobs* hat sich in seinen Schlussanträgen dezidiert mit der früheren Rechtsprechung auseinandergesetzt und anderslautende Urteile entweder neu eingeordnet oder verworfen.[550] Der EuGH hat zudem diese Linie auch im Urteil „Stardust Marine" weiter verfolgt. Die Notwendigkeit der Involvierung staatlicher Mittel muss daher als ständige Rechtsprechung angesehen werden. Damit ist die extensive Auffassung, die eine derartige Involvierung nur für die zweite Tatbestandsalternative forderte, nicht mehr vertretbar.

Erfolgt die Begünstigung durch staatliche Mittel, ist sie dem Staat grundsätzlich auch zurechenbar. Die Anforderungen an die staatliche Zurechenbarkeit sind dann niedrig anzusetzen.[551] Eine Unterscheidung zwischen einer staatlichen Mittelbelastung und einer staatlichen Zurechnung, so wie sie in einigen Urteilen des EuGH durchgeführt wird,[552] ist nur für die Fälle angezeigt, in denen zwei Stufen bestehen: Werden einem Unternehmen staatliche Mittel zugewiesen, so ist diese Zuwendung dem Staat auch zweifelsohne zuzurechnen. Werden die staatlichen Mittel anschließend vom Unternehmen nach eigener

---

[548] Koenig/Kühling, EStAL 2002, S. 7, 7 u. 10; so auch Alexis, EStAL 2002, S. 149, 154; Schwendinger, EUI Working Paper Law No. 2003/5, S. 40.

[549] EuGH, Rs. C-379/98 (PreussenElektra), Slg. 2001, I-2099, 2181, Rn. 58.

[550] Schlussanträge Jacobs, Rs. C-379/89 (PreussenElektra), Slg. 2001, I-2103, 2130, Rn. 118 – 133, 172 – 175.

[551] Koenig/Kühling/Ritter, EG-Beihilfenrecht, S. 73.

[552] EuGH, Rs. C-482/99 (Stardust Marine), Slg. 2002, I-4397, 4436, Rn. 24; EuGH, Rs. 126/01 (GEMO), Rn. 24; vgl. Bauer, EWS 2002, S. 374, 375 und Castendyk/Bark, ZUM 2003, S. 480, 483.

Entscheidung verwendet und an andere Unternehmen weitergegeben, verlieren sie nicht die Qualität der Staatlichkeit. Fraglich ist in einer solchen Konstellation indes, ob diese Weitergabe auch dem Staat zuzurechnen ist.[553] Obwohl also staatliche Mittel vorliegen, kann dennoch fraglich sein, ob die konkrete Maßnahme dem Staat zurechenbar ist. Bei der Rundfunkfinanzierung interessiert jedoch nur die erste Stufe. Werden bei der Finanzierung der Rundfunkanstalten „staatliche Mittel" verwendet, so ist dies auch dem Staat zuzurechnen. Die Finanzierungsmaßnahme ist dem Staat dagegen nicht zurechenbar, wenn die Rundfunkanstalten keine staatlichen Mittel erhalten.

Immer noch Unklarheit besteht aber in der Frage, was tatsächlich „staatliche Mittel" sind und wann private Mittel zu solchen werden können.[554] Wenn Stimmen in der Literatur aus der Entscheidung „PreussenElektra" entnommen haben, dass staatliche Mittel zwingend eine öffentliche Haushaltsbelastung voraussetzen, so weist insbesondere das Urteil „Stardust Marine" in eine andere Richtung. Dort genügte dem Gerichtshof der Umstand, dass die fraglichen Gelder „ständig unter staatlicher Kontrolle und somit den zuständigen nationalen Behörden zur Verfügung stehen, damit sie als staatliche Mittel qualifiziert werden können."[555] Diese Argumentationslinie hatte das EuG schon in seinem Urteil „Air France/Kommission" und der Gerichtshof in der Rechtssache „Ladbroke" vertreten. In diese Richtung weisen auch die Urteile des EuGH zu parafiskalisch finanzierten Fonds oder Sonderkassen, wo jeweils das Vorliegen einer staatlichen Beihilfe i.S.d. Art. 87 Abs. 1 EG bejaht wurde.[556] So hieß es schon in der Rechtssache „Italien/Kommission": „Da die fraglichen Fonds nach innerstaatlichen Rechtsvorschriften durch Zwangsbeiträge gespeist werden und [...] gemäß diesen Rechtsvorschriften verwaltet und verteilt werden, sind sie als staatliche Mittel im Sinne des Artikels 92 (Art. 87 EG) zu betrachten, selbst wenn ihre Verwaltung nichtstaatlichen Organen anvertraut wäre."[557] Diese Rechtsprechung wurde durch den EuGH erneut bestätigt. So heißt es bei Generalanwalt Jacobs in der Rechtssache „GEMO": „Es entspricht nämlich ständiger Rechtsprechung, dass für eine bestimmte Maßnahme verwendete Gelder dann,

---

[553] Vgl. EuGH, Rs. C-482/99 (Stardust Marine), Slg. 2002, I-4397, 4444, Rn. 51.
[554] So jetzt auch Koenig/Kühling, EStAL 2002, S. 7, 10; ebenso Alexis, EStAL 2002, S. 149, 154.
[555] EuGH, Rs. C-482/99 (Stardust Marine), Slg. 2002, I-4397, 4440, Rn. 37.
[556] EuGH, Rs. 47/69 (Frankreich/Kommission), Slg. 1970, 487, 496, Rn. 24; EuGH, Rs. 173/73 (Italien/Kommission), Slg. 1974, 709, 719, Rn. 33/35; EuGH, Rs. 259/85 (Frankreich/Kommission), Slg. 1987, 4393, 4418, Rn. 23; EuGH, Rs. C-78-83/90 (Compagnie commercial de l'Ouest), Slg. 1992, I-1847, 1883, Rn. 35; EuGH, Rs. C-149-150/91 (Sanders), Slg. 1992, I-3899, 3927, Rn. 27; EuGH, Rs. C-17/91 (Lornoy), Slg. 1992, I-6523, 6556, Rn. 32; EuGH, Rs. C-266/91 (CELBI), Slg. 1993, I-4337, 4363 f., Rn. 21; EuGH, Rs. C-72/92 (Scharbatke), Slg. 1993, I-5509, 5531, Rn. 18; EuGH, Rs. C-44/93 (Namur-Les Assurances), Slg. 1994, I-3829, 3830.
[557] EuGH, Rs. 173/73 (Italien/Kommission), Slg. 1974, 709, 719, Rn. 33/35.

wenn sie durch Zwangsbeiträge finanziert (z.B. parafiskalische Abgaben) und sodann nach innerstaatlichen Rechtsvorschriften verteilt werden, als staatliche Mittel anzusehen sind, auch wenn ihre Aufbringung und Verwaltung nicht staatlichen Organen anvertraut ist."[558]

Es kann somit aus der Rechtsprechung des EuGH geschlossen werden, dass in bestimmten Fällen staatliche Mittel vorliegen, selbst wenn gerade keine zusätzliche Belastung für den Staat existiert. Dies ist insbesondere dann möglich, wenn private Gelder in einen Fonds eingezahlt werden und der Staat irgendwie Einfluss auf diesen Fonds nehmen kann.[559] Private Mittel werden zu staatlichen, wenn sie zunächst in einen Sonderfonds fließen und dann an die begünstigten Unternehmen weitergeleitet werden. Entscheidend für die Staatlichkeit dieser Mittel sind der staatliche Zwang der Zahlungsverpflichtung und die staatliche Kontrolle der Verteilung.[560] Für die Frage, ob das Vorliegen staatlicher Mittel tatbestandlich bejaht werden kann, geht es somit nicht darum, dass die Mittel in einen öffentlichen Haushalt gelangen, sondern darum, dass der Staat über eine Zugriffsmöglichkeit auf die Mittel verfügt und eine Kontrolle über die Mittelvergabe ausüben kann.[561] Allerdings existiert weiterhin wenig Klarheit, in welchen Fällen eine ausreichende „staatliche Kontrolle" besteht und die Mittel dem Staat „zur Verfügung stehen". Damit müsste im jeweiligen Sachverhalt nach Anhaltspunkten staatlicher Einflussnahme gesucht werden. Fraglich ist daher, ob wegen dieser Unklarheiten die restriktive Auffassung zu favorisieren und dem EuGH ein klares Bekenntnis zur einer solchen Tatbestandsauslegung anzuraten ist.

(2) Kritik an der engen Tatbestandsauslegung

Es ist jedoch zu begrüßen, dass der EuGH durch seine Entscheidung „Stardust Marine" und den darin enthaltenen Verweis auf die Rechtsprechung in der Rechtssache „Ladbroke" deutlich gemacht hat, dass die Belastung eines öffentlichen Haushalts keine zwingende Tatbestandsvoraussetzung des Art. 87 Abs. 1 EG darstellt. Es erscheint formalistisch, als einzigen Anhaltspunkt für das Vorliegen staatlicher Mittel zu prüfen, ob die Gelder durch einen öffentlichen Haushalt geflossen sind. Diese Tatsache stellt jedenfalls keine notwendige Vorausset-

---

[558] Schlussanträge Jacobs, Rs. C-126/01 (GEMO), Rn. 54; der Gerichtshof ist in seinem Urteil den Ausführungen des GA weitgehend gefolgt, ohne allerdings ausführlich Stellung zu beziehen; vgl. EuGH, Rs. 126/01 (GEMO), Rn. 27.

[559] So auch Königs, EStAL 2002, S. 19, 21.

[560] So auch die Kommission in ihrem Non-Paper über Dienste von allgemeinem wirtschaftlichem Interesse und staatliche Beihilfen v. 12.11.2002, Rn. 41, abrufbar unter: http://europa.eu.int/ comm/competition /state_aid/others/1759_sieg_de.pdf.

[561] In dieser Richtung weisen auch schon die Ausführungen Jacobs in seinen Schlussanträge, Rs. C-379/89 (PreussenElektra), Slg. 2001, I-2103, 2141, Rn. 165.

zung für die Existenz staatlicher Mittel dar. Vielmehr können in bestimmten Konstellationen private Gelder zu öffentlichen Mitteln werden, auch wenn dies nicht zu einer zusätzlichen Belastung des Staates führt. Insbesondere teleologische Überlegungen sprechen für eine differenzierte Lösung. Die restriktive, rein formale Anknüpfung an die Belastung eines öffentlichen Haushalts birgt die Gefahr in sich, den Mitgliedstaaten zahlreiche Umgehungsmöglichkeiten des Beihilferechts zu eröffnen.[562] Sie lässt eine Zuwendung an ein Unternehmen immer schon dann aus dem Beihilferegime herausfallen, wenn die Zahlungen vom Bürger direkt an das Unternehmen geleistet werden. Statt ein bestimmtes Unternehmen aus dem Staatshaushalt zu unterstützen, braucht ein Mitgliedstaat nur ein Gesetz zu formulieren, das eine direkte Zahlung vom Bürger an das Unternehmen vorsieht. Beispielsweise könnte ein Mitgliedstaat eine Abgabe einführen, die jeder Fluggast eines bestimmten Flughafens zu entrichten hat, die dann direkt der staatlichen Fluggesellschaft zugute kommt.[563]

Das Argument, der Gefahr einer Umgehung der Beihilferegeln könne mit der Anwendung der allgemeinen Vorschriften des EG-Vertrages, insbesondere den Grundfreiheiten, begegnet werden, überzeugt nicht.[564] Zunächst muss festgestellt werden, dass in vielen Fällen, in denen die Rechtsprechung nicht immer ganz schlüssig eine Beihilfe abgelehnt hat, auch keine allgemeine Vorschrift einschlägig war.[565] Zudem ist das Beihilferegime mit den der Kommission übertragenen Befugnissen ein wirksames Instrument zur ständigen Überwachung der Subventionspraxis der Mitgliedstaaten. Wird der Anwendungsbereich dieser Vorschriften unnötig eingeengt, so besteht die Gefahr, dass die Funktionstüchtigkeit der Beihilfekontrolle unterminiert wird.

Als Argument für eine restriktive Tatbestandsauslegung wurde geltend gemacht, dass es im Falle der Rückzahlung einer rechtswidrigen Beihilfe, welche auf direkten Zahlungen Privater an Unternehmen beruhe, zu Schwierigkeiten komme.[566] Es sei dann nicht klar, wer an wen die Rückzahlungen zu leisten habe.[567] Der EuGH hat jedoch praktische Argumente als Rechtfertigungsgrund für das Unterlassen einer Rückforderung nie akzeptiert.[568]

---

[562] Bronckers/v. der Vlies, ECLRev. 2001, S. 458, 463.

[563] Goossens/Emmerechts, CMLRev. 2001, S. 991, 1002.

[564] Vgl. dazu auch Neun, Öffentlich-rechtlicher Rundfunk, S. 323.

[565] Siehe z.B. EuGH, Rs. C-379/98 (PreussenElektra), Slg. 2001, I-2099, 2181, Rn. 59; für den Sachverhalt aber einen Verstoß gegen Art. 30 EG ausdrücklich bejahend Salje, RIW 1998, S. 186, 192.

[566] Eberle, in: ders./Ibler/Lorenz, FS Brohm, S. 51, 62; ders., AfP 2001, S. 477, 479.

[567] Für die Rückzahlung der Rundfunkgebühr besteht aber die klare Regelung des § 7 Abs. 4 RfGebStV.

[568] EuGH, Rs. 63/87 (Kommission/Griechenland), Slg. 1988, 2875, 2892, Rn.14-16; EuGH, Rs. C-349/93 (Kommission/Italien), Slg. 1995, I-343, 357, Rn. 13; EuGH, Rs. C-156/98 (Deutschland/Kommission), Slg. 2000, I-6857, 6913, Rn 112; vgl. Bronckers/v. der Vlies,

(3) Ergebnis

Die Rechtsprechung des EuGH ist es bisher nicht gelungen, verbindliche Kriterien zu entwickeln, in welchen Fällen das Vorliegen staatlicher Mittel angenommen werden kann. Aus der Rechtssache „PreussenElektra" kann lediglich abgeleitet werden, dass bei einer staatlich auferlegten Abgabepflicht Privater an andere Private dann keine staatlichen Mittel involviert sind, wenn der Staat keine weitergehende Verfügungsgewalt innehat. Der Versuch, eine strikte Anbindung an die Belastung eines öffentlichen Haushalts vorzunehmen, kann insbesondere wegen der Rechtsprechungslinie in den Urteilen „Ladbroke" und „Stardust Marine" nicht überzeugen. Eine derartige, restriktive Tatbestandsauslegung ist zudem formalistisch und muss nicht zuletzt wegen einer großen Umgehungsgefahr für die Beihilferegeln abgelehnt werden.

Eine Finanzierung „aus staatlichen Mitteln" kommt mithin auch dann in Betracht, wenn z.B. ein Fonds nach innerstaatlichen Rechtsvorschriften durch Zwangsbeiträge gespeist wird und der Staat eine hinreichende „staatliche Kontrolle" der Mittel innehat, bzw. die Gelder dem Staat „zur Verfügung stehen". Eine staatliche Kontrolle der Gelder kann somit auch dann vorliegen, wenn der Staat bestimmte Fonds für spezielle Zwecke verwendet.[569] Für die Praxis bedeutet dies, dass im konkreten Fall eine Einzelfallbetrachtung vorgenommen werden muss, um zu klären, ob eine hinreichende „staatliche Kontrolle" besteht und die Mittel dem Staat „zur Verfügung stehen". Hierzu kann auch ein Vergleich mit den einschlägigen Entscheidungen des EuGH hilfreich sein.

gg) Anwendung auf die Rundfunkgebührenfinanzierung

Die Rundfunkgebühr wird nicht direkt vom Staat an die Rundfunkanstalten ausgezahlt.[570] Daher kommt für die Finanzierung des Rundfunks nur das Merkmal „aus staatlichen Mitteln" in Betracht.[571] Das deutsche Rundfunkgebührenaufkommen wäre dann eine „aus staatlichen Mitteln gewährte" Begünstigung, wenn die Rundfunkgebühren Zwangsbeiträge darstellten, die in einen Fonds flössen. Zusätzlich müsste eine hinreichende staatliche Kontrolle der Gelder vorliegen. Auf den ersten Blick könnte man hier eine Ähnlichkeit zur Fonds-Rechtsprechung des EuGH feststellen, da auch den öffentlich-rechtlichen Rundfunkanstalten Zahlungen zugute kommen, die über staatlich verfügte Pflichtbei-

---

ECLRev. 2001, S. 458, 464; Heidenhain, EuZW 2000, S. 729, 730. Vergleichbar ist die Situation mit der von insolventen Unternehmen, in denen die komplizierte Ausgangslage auch nicht zu einer restriktiven Tatbestandsauslegung führt; vgl. Kühling, RdE 2001, S. 93, 98.

[569] Koenig/Kühling, EStAL 2002, S. 7, 17.

[570] Keine staatliche Behörde zahlt die Gebühren aus oder verzichtet auf sonst übliche Einkünfte.

[571] So auch Dargel, Rundfunkgebühr, S. 276.

träge finanziert werden und deren Verwendung und Verteilung durch Gesetz geregelt ist. Das System der Rundfunkfinanzierung weist aber einige Besonderheiten auf. Diese sollen im Folgenden dargestellt werden. Anschließend wird untersucht, ob diese Besonderheiten auch eine abweichende Rechtsfolge rechtfertigen.

(1) Bestimmung der Gebührenhöhe

Wichtige grundgesetzliche Eckpfeiler der bundesdeutschen Rundfunkfinanzierung sind zum einen die „Bestands- und Entwicklungsgarantie des Rundfunks",[572] zum anderen das „Gebot der Staatsfreiheit".[573] Diese beiden Pfeiler bilden ein Spannungsfeld. Einerseits muss der Staat für eine Finanzierung des Rundfunks sorgen, die diesem den eigenen Bestand und zusätzliche Entwicklungsmöglichkeiten garantiert. Andererseits verlangt das Postulat der Staatsfreiheit, dass der Staat nicht über den Hebel der Finanzierung Einfluss ausüben kann, sondern die Programmautonomie der Rundfunkanstalten gewahrt bleibt. Das Verfahren zur Bestimmung der Gebührenhöhe muss beide Grundsätze beachten und miteinander in Einklang bringen.

Der Gesetzgeber hat, nachdem das BVerfG das alte Verfahren der Rundfunkfinanzierung für verfassungswidrig erklärt hat,[574] ein komplexes Verfahren entwickelt, das in den §§ 1 bis 7 RfFinStV[575] festgeschrieben ist. So erfolgt die Ermittlung und Festsetzung der Rundfunkgebührenhöhe in drei Schritten. Zunächst melden die Rundfunkanstalten ihren Finanzbedarf bei der KEF an. Dieses, aus Rundfunkexperten bestehende Gremium prüft dann den angemeldeten Finanzbedarf. Die Prüfung ist eine rein fachliche, d.h. es wird lediglich der Maßstab von Wirtschaftlichkeit und Sparsamkeit angelegt, nicht jedoch die Vernünftigkeit oder Zweckmäßigkeit der Programmentscheidungen kontrolliert.[576] Am Ende dieser Prüfung steht die Empfehlung der KEF zur Höhe der Rundfunkgebühr, die als Grundlage für die Festlegung der Rundfunkgebühr durch einen Staatsvertrag der Länder dient.[577] Die Festlegung erfolgt dann im dritten Schritt durch die Ministerpräsidenten bzw. die Landesparlamente.

Es besteht Uneinigkeit in der Frage, inwieweit die Empfehlungen der KEF Bindungswirkung entfalten. Einerseits wird eine weitgehende Bindungswirkung

---

[572] BVerfGE 83, 238, 299; dazu Hartstein/Ring/Kreile/Dörr/Stettner, Rundfunkstaatsvertrag, § 11, Rn. 3.

[573] Vgl. BVerfGE 59, 231, 258; BVerfGE 74, 297, 349; BVerfGE 83, 238, 322; BVerfGE 90, 60, 88.

[574] BVerfGE 90, 60, 96 f.

[575] Rundfunkfinanzierungsstaatsvertrag (RfFinStV) i.d.F. der Bek. vom 27.7.2001, zuletzt geändert durch Art. 2 des 6. Rundfunkänderungsstaatsvertrages vom 20.12.2001.

[576] BVerfGE 90, 60, 103.

[577] § 14 Abs. 4 RfStV.

konstatiert,[578] ja es werden sogar mangels ausreichender Beteiligung der Länder verfassungsrechtliche Bedenken geäußert,[579] andererseits wird der vor allem empfehlende Charakter unterstrichen.[580] Das BVerfG macht deutlich, dass eine Abweichung von der Empfehlung der KEF nur aus Gründen, die vor der Rundfunkfreiheit Bestand haben, erfolgen darf.[581] Diese erschöpften sich im Wesentlichen in den Gesichtspunkten des Informationszugangs und der angemessenen Belastung der Rundfunkteilnehmer.[582] Die Möglichkeit einer Abweichung wird aber ausdrücklich nicht ausgeschlossen.[583] Die letzte Entscheidung verbleibt also bei den Ländern.[584] Diese klare Einflussmöglichkeit der Länder ist auch durch den Vorstoß dreier Ministerpräsidenten deutlich geworden, der sich gegen eine erneute Rundfunkgebührenerhöhung richtete.[585] Der Vorstoß hat bewirkt, dass die Rundfunkgebühr nun nicht, wie von der KEF vorgeschlagen, zum 1. Januar 2005 um 1,09 EUR, sondern zum 1. April 2005 um 0,88 EUR erhöht wird.[586]

(2) Verfahren der Gebühreneinziehung

Die Verpflichtung zur Zahlung der Rundfunkgebühr besteht für jeden, der ein Rundfunkgerät zum Empfang bereithält.[587] Diese Verpflichtung entsteht unabhängig von den Nutzungsgewohnheiten des Empfängers, d.h. auch dann, wenn der Empfänger vorgibt, nie öffentlich-rechtlichen Rundfunk in Anspruch zu nehmen.[588] Die Rundfunkgebühr ist an die zuständige Landesrundfunkanstalt, in deren Bereich sich das Empfangsgerät befindet, zu entrichten. Diese hat dann die jeweiligen Anteile an das ZDF, das Deutschlandradio und die Landesmedienanstalten weiterzuleiten. Der Rundfunkgebühreneinzug wird durch die Gebühreneinzugszentrale (GEZ) durchgeführt, die „im Rahmen einer nicht-rechtsfähigen öffentlich-rechtlichen Verwaltungsgemeinschaft der ARD-

---

[578] Koenig/Kühling, ZUM 2001, S. 537, 539.

[579] Lerche, European Business Organization Law Review 2001, S. 227, 234.

[580] Badura, in: Dittmann/Fechner/Sander, Der Rundfunkbegriff im Wandel der Medien, S. 117, 118.

[581] BVerfGE 90, 60, 103.

[582] BVerfGE 90, 60, 104.

[583] BVerfGE 90, 60, 103.

[584] Damm, Gebührenprivileg, S. 113.

[585] Vgl. FAZ v. 11., 12. und 14.11.03, v. 9.01.04 und v. 18.02.04 (mit der ausdrücklichen Weigerung Sachsens, einer Erhöhung zum 1.01.2005 zuzustimmen); die KEF fordert in ihrem 14. KEF-Bericht dagegen eine Erhöhung der Rundfunkgebühr um 1,09 EUR ab dem 1.01.2005 (Tz. 11).

[586] Vgl. FAZ v. 8.10.2004; v. Wallenberg, ZUM 2004, S. 875, 875.

[587] § 13 Abs. 2 RfStV i.V.m. § 2 Abs. 2 S. 1 RfGebStV.

[588] BVerfGE 90, 60, 91.

Landesrundfunkanstalten und des Zweiten Deutschen Fernsehens"[589] organisiert ist. Die GEZ treibt die Bescheide über rückständige Rundfunkgebühren im Verwaltungszwangsverfahren ein.[590] Zudem besteht ein Auskunftsanspruch, der ebenfalls im Verwaltungszwangsverfahren durchgesetzt werden kann.[591]

(3) Eigene Stellungnahme

Es soll nun geprüft werden, ob im Rahmen der Rundfunkfinanzierung ein Fonds nach innerstaatlichen Rechtsvorschriften durch Zwangsbeiträge gespeist wird und der Staat eine hinreichende „staatliche Kontrolle" der Mittel innehat, bzw. die Gelder dem Staat „zur Verfügung stehen". Dabei muss zunächst festgehalten werden, dass der EuGH zu der Frage, ob bei der Finanzierung der deutschen öffentlich-rechtlichen Rundfunkanstalten „staatliche Mittel" verwendet werden, noch nicht Stellung bezogen hat.[592] Alle Versuche, bestehende Entscheidungen auf das sehr komplexe Rundfunkfinanzierungssystem zu beziehen, stellen mithin lediglich Vergleiche zwischen meist sehr verschiedenen Sachverhalten dar. Eine abschließende Klärung kann nur eine konkrete Entscheidung des Gerichtshofs bringen.

(a) Zwangsbeiträge nach innerstaatlichen Rechtsvorschriften

Der öffentlich-rechtliche Rundfunk finanziert sich aus Beiträgen, die nach innerstaatlichen Rechtsvorschriften erhoben werden. Die Verpflichtung zur Zahlung der Rundfunkgebühr ergibt sich aus § 13 Abs. 2 RfStV i.V.m. § 2 Abs. 2 S. 1 RfGebStV. Die rechtliche Legitimation der Rundfunkfinanzierung stellen mithin Regelungen dar, die unmittelbar auf die Regelungshoheit der Länder zurückzuführen sind.[593] Der Bund muss sich dabei das Verhalten der Bundesländer zurechnen lassen.[594] Die Gebührenpflicht ist an das Bereithalten eines Rundfunkempfangsgeräts gebunden und muss überdies selbst dann gezahlt werden, wenn der öffentlich-rechtliche Rundfunk nicht genutzt wird. Daher liegt auch ein Zwangsbeitrag vor.[595]

---

[589] § 2 der jeweils gleichlautenden Gebührenverfahrens-Satzungen, z.B. Bayern: Satzung über das Verfahren zur Leistung der Rundfunkgebühren, v. 25.11.1993 (GBVl. 1108), zuletzt geändert am 30.01.1997 (GVBl. S. 55).
[590] Sofern die zuständige Landesrundfunkanstalt dies nicht selbst durchführt.
[591] § 4 Abs. 5 RfGebStV.
[592] Dies hebt auch Storr, K&R 2002, S. 464, 468 als Besonderheit hervor.
[593] Holzer, ZUM 1996, S. 274, 277.
[594] EuGH, Rs. 248/84 (Deutschland/Kommission), Slg. 1987, 4013, 4041, Rn. 17; Götz, in: Dauses, Handbuch EU-Wirtschaftsrecht, H III, Rn. 22; Mederer, in: v. Groeben/Thiesing/Ehlermann, EU-/EG-Vertrag, Art. 92 EG, Rn. 13.
[595] So auch Selmer/Gersdorf, Finanzierung des Rundfunks, S. 33; Storr, K&R 2002, S. 464, 468.

135

Diese Tatsache allein reicht aber nach der neueren Rechtsprechung nicht aus, um das Vorliegen staatlicher Mittel zu bejahen. In der Rechtssache „Preussen-Elektra" lag ebenfalls eine staatliche Regelung zur Zahlung von Beiträgen vor. Wenig überzeugend ist daher auch der Versuch, die Rundfunkgebühr als „parafiskalische Abgabe" zu bezeichnen und schon allein deshalb auf eine Involvierung staatlicher Mittel zu schließen.[596] Zunächst existiert keine Definition des EuGH, was genau „parafiskalische Abgaben" sind.[597] Einigkeit besteht lediglich darin, dass es sich um staatliche Abgaben handelt, die eine bestimmte Aufgabe finanzieren und statt in den Staathaushalt in einen Sonderfonds fließen.[598] Problematisch ist auch, eine Definition aus den nationalen Rechtsordnungen herzuleiten, weil diese unterschiedlich sind und europarechtlich nicht bindend sein können. Zudem hat auch der EuGH klargestellt, dass der Schluss von parafiskalischen Abgaben auf staatliche Mittel nicht zwingend ist.[599] Der Gerichtshof hat sich lediglich dahingehend geäußert, dass eine parafiskalische Abgabe je nach Verwendung ihres Aufkommens mit dem Wettbewerbsrecht unvereinbar sein *kann*. Es sind darüber hinaus auch andere Fälle von Zwangsbeiträgen möglich, die staatliche Mittel darstellen.[600] Zuletzt stellt diese Sichtweise nicht auf das Vorliegen einer staatlichen Kontrolle ab, die aber nach neuerer Rechtsprechung („Stardust Marine") für die Involvierung staatlicher Mittel vorliegen muss.

(b) Fonds von staatlichen oder nichtstaatlichen Organen verwaltet

Zudem müssten die Rundfunkgebühren in einem von staatlichen oder nichtstaatlichen Organen verwalteten Fonds gesammelt werden. Dieses Organ müsste zudem eine „vom Staat benannte oder errichtete öffentliche oder private Einrichtung" sein. Als solche Einrichtung kommt nur die GEZ in Betracht.[601] Dem

---

[596] In diese Richtung gehen die Ausführungen bei Engel, Europarechtliche Grenzen für Spartenprogramme, S. 32; Ruttig, Einfluss des EG-Beihilfenrechts, S. 169; Selmayr/Kamann, K&R 2004, S. 49, 52; Storr, K&R 2002, S. 464, 468.

[597] Verwendung des Begriffs ohne Definition beispielsweise in EuGH, Rs. C-130/93 (Lamaire), Slg. 1994, I-3215, 3215; vgl. Voß, in: Grabitz/Hilf, EU Kommentar, vor Art. 90 EG, Rn. 1.

[598] Quigley, ELRev. 1988, S. 242, 250; Voß, in: Grabitz/Hilf, EU Kommentar, vor Art. 90 EG, Rn. 1.

[599] EuGH, Rs. C-78-83/90 (Compagnie commercial de l'Ouest), Slg. 1992, I-1847, 1883, Rn. 35; EuGH, Rs. C-149-150/91 (Sanders), Slg. 1992, I-3899, 3927, Rn. 27; EuGH, Rs. C-17/91 (Lornoy), Slg. 1992, I-6523, 6556, Rn. 32; EuGH, Rs. C-266/91 (CELBI), Slg. 1993, I-4337, 4363 f., Rn. 21.

[600] Schlussanträge Jacobs, Rs. C-126/01 (GEMO), Rn. 54 (noch nicht in der Slg.; EStAL 2004, S. 49 ff.); GA Jacobs zeigt a.a.O. deutlich nach der Entscheidung „PreussenElektra" auf, dass parafiskalische Abgaben nur ein Unterfall von Zwangsbeiträgen sind.

[601] Die KEF kommt hingegen nicht in Betracht, da sie lediglich im Vorfeld die Höhe der Rundfunkgebühren beeinflusst; vgl. Koenig/Kühling, ZUM 2001, S. 537, 545; Nettesheim, in:

werden im Wesentlichen drei Argumente entgegengehalten. Zunächst sei die GEZ nicht rechtsfähig, sondern ein Teil der Organisationsstruktur der Rundfunkanstalten. Der „Fonds" sei somit in die begünstigten Unternehmen eingegliedert. Zudem habe der Staat nur die Möglichkeit der Errichtung eingeräumt. Zuletzt fehle es auch an einer Haushaltsbelastung, da die GEZ keinen eigenen Haushalt habe.

Diese Einwände können nicht überzeugen. So werden die Gebührengelder gesammelt und dann nach einem Verteilungsschlüssel weitergegeben. Die Voraussetzungen für das Vorliegen eines Fonds sind damit gegeben. Die Verteilung der Gelder, so wie sie die Regelung des § 9 RfFinStV vorsieht, ist auch nur möglich, wenn die Beträge zunächst gesammelt und dann aufgeteilt werden. Die Regelung steht der Möglichkeiten einer direkten Zahlung von Gebührenschuldner an die Begünstigten entgegen. Eine Zwischeninstanz zwischen Abgabenpflichtigen und Begünstigen ist, abgesehen von ihrer rechtlichen Ausgestaltung, organisationstechnisch mithin unumgehbar.

Wenn der EuGH davon spricht, dass die Vorteile „über eine vom Staat benannte oder errichtete öffentliche oder private Einrichtung gewährt werden", ist die GEZ vom Wortlaut durchaus gedeckt.[602] Man wird jedenfalls kaum erwarten können, dass sich der EuGH mit der Interpretation, die GEZ sei nur eine „in die öffentlich-rechtlichen Rundfunkanstalten eingegliederte Annahme- und Weiterleitungseinheit" zufrieden gibt und damit das Vorliegen staatlicher Mittel verneinen wird.[603] Eine derartige, sich auf nationales Recht stützende Betrachtung erscheint künstlich. Die GEZ hat sehr wohl eine eigenständige Funktion, was auch die verschiedenen und weitgehenden Befugnisse dieser Institution zeigen. Hier ist beispielsweise die Möglichkeit der Ausübung von Verwaltungszwang im Rahmen der Gebühreneintreibung zu nennen. Es ist dabei unbeachtlich, dass der Staat nur die Möglichkeit der Errichtung der GEZ eingeräumt hat. Diese Möglichkeit beruht auf der staatsvertraglichen Regelung der § 3 Abs. 4 und § 7 Abs. 3 S. 2 RfGebStV. Die GEZ ist damit von staatlichen Stellen zumindest „benannt".[604] Zudem ist die Gefahr einer Wettbewerbsverfälschung viel größer, wenn der Fonds vom begünstigten Unternehmen selbst eingerichtet werden darf.

Wenn eine Haushaltsbelastung der GEZ verlangt wird und eine Ablehnung mit dem Argument erfolgt, die GEZ habe keinen eigenen Haushalt,[605] verlässt diese Sichtweise den Boden der Rechtsprechung des EuGH. Das Erfordernis der Haushaltsbelastung enthielt schon nicht die Entscheidung „PreussenElektra",

---

Hrbek/Nettesheim, Europäische Union und mitgliedstaatliche Daseinsvorsorge, S. 39, 60 f.; a.A.: Hasselmann, Ausschlusstatbestände, S. 29.

[602] EuGH, Rs. C-379/89 (PreussenElektra), Slg. 2001, I-2099, 2181, Rn. 58.

[603] So aber bei Koenig/Kühling, ZUM 2001, S. 537, 545; vgl. dazu Nettesheim, in: Hrbek/Nettesheim, Europäische Union und mitgliedstaatliche Daseinsvorsorge, S. 39, 61.

[604] So auch Schmittmann/Kneißl, AfP 2003, S. 245, 246.

[605] Koenig/Kühling, ZUM 2001, S. 537, 545 f.

sondern es wurde vielmehr hineingelesen. Ein derartiges Erfordernis muss aber nach der neueren Rechtsprechung gerade nicht vorliegen. Aus den Rechtssachen „Stardust Marine", „Ladbroke" und „Air France" lässt sich ableiten, dass staatliche Mittel sogar dann vorliegen, wenn sich die fraglichen Gelder immer schon im Vermögen des begünstigten Unternehmens befunden haben.[606] Als Ergebnis kann somit festgehalten werden, dass die GEZ wegen ihrer zahlreichen Befugnisse eine Einrichtung ist, die vom Staat benannt ist. Sie ist zudem mit der Verwaltung der Gebührengelder beauftragt, die in einem Fonds zusammenfließen.

(c) Staatliche Kontrolle und Verfügungsmöglichkeit

Zuletzt könnte eine Involvierung staatlicher Mittel bei der Rundfunkfinanzierung ausscheiden, wenn keine staatliche Kontrolle und keine staatliche Verfügungsmöglichkeit vorliegen. So wurde insbesondere das Gebot der Staatsfreiheit angeführt, um das Vorliegen einer staatlichen Einflussnahme auszuschließen.[607] Eine solche, vom nationalen Rechtsverständnis geprägte Sichtweise kann aber auf der Ebene des Europarechts nicht überzeugen.

Zunächst bestimmen die Länder letztinstanzlich über die Höhe der Rundfunkgebühr. Auch wenn die KEF bei der Bestimmung der Höhe eine tragende Rolle innehat, so zeigen gerade jüngere Entwicklungen, dass „das letzte Wort" bei den Ländern und damit bei staatlichen Stellen liegt. Im Übrigen kann selbst in der KEF eine staatliche Stelle i.S.d. Wettbewerbsrechts gesehen werden, da ihre Mitglieder von den Landesparlamenten bestimmt werden.[608] Weiter haben die Länder durch die Regelung des § 9 RfFinStV das exakte Verhältnis bestimmt, wie die Gelder aus dem Fonds verteilt werden. Eine derartige, in einem Staatsvertrag verankerte Entscheidung steht aber einer individuellen Entscheidung staatlicher Stellen in nichts nach. Damit haben die Länder sehr wohl eine Kontrollfähigkeit über die Höhe und die Verteilung der Mittel inne.[609] Zudem weist auch das Verfahren der Gebühreneintreibung eine staatliche Kontrolle auf. So wird bei einer Zahlungsverweigerung Verwaltungszwang ausgeübt.[610] Die GEZ treibt Bescheide über rückständige Rundfunkgebühren im Verwaltungszwangsverfahren ein.[611] Zudem besteht ein weitgehender Anspruch auf Aus-

---

[606] EuG, Rs. T-358/94 (Air France/Kommission), Slg. 1996, II-2109, 2133, Rn. 65 u. 67; EuGH, Rs. C-83/98 P (Ladbroke), Slg. 2000, I-3271, 3332, Rn. 50; EuGH, Rs. C-482/99 (Stardust Marine), Slg. 2002, I-4397, 4440, Rn. 37.

[607] Betz, MP 1997, S. 2, 10; Koenig/Kühling, ZUM 2001, S. 537, 545; Michel, in: Stern/Prütting, Rechtliche Fragen der Finanzierung, S. 55, 59.

[608] Vgl. die Regelung des § 4 Abs. 4 RfFinStV.

[609] Dieses Maß an staatlicher Einflussnahme genügt auch Koenig/Kühling, EStAL 2002, S. 7, 17.

[610] Auf diese Besonderheit verweist ausdrücklich Tigchelaar, EStAL 2003, S. 169, 173.

[611] Sofern die zuständige Landesrundfunkanstalt dies nicht selbst durchführt.

kunft, der ebenfalls im Verwaltungszwangsverfahren durchgesetzt werden kann.[612]

Das Abstellen auf das Prinzip der Staatsfreiheit schließlich überzeugt schon deshalb nicht, da dieses Prinzip lediglich eine staatliche Einwirkung auf die *Programmgestaltung* verhindern will. Der Tatsache, dass der Staat für eine Finanzierung des öffentlich-rechtlichen Rundfunks aufkommt, steht die Staatsfreiheit nicht entgegen. Der Staat hat ja sogar eine Finanzierungsgarantie für den öffentlich-rechtlichen Rundfunk inne.[613] Durch das Prinzip der Staatsfreiheit soll weder eine Wettbewerbsverfälschung verhindert, noch die Interessen der privaten Konkurrenten geschützt werden.[614] Insoweit wirkt sich die Staatsfreiheit bei der Frage der Mittelerhebung und der Verteilung der Gelder nicht in einer Weise aus, die eine staatliche Kontrolle i.S.d. Rechtsprechung des EuGH ausschließt.

Vergleicht man die Besonderheiten der Rundfunkfinanzierung mit der Entscheidung „PreussenElektra", so fallen zudem große Unterschiede auf. In dem dort zugrundeliegenden Sachverhalt war schon kein Fonds gebildet, aus welchem die Gelder nach staatlichen Regeln hätten verteilt werden können.[615] Ferner waren die Beiträge, welche die Stromunternehmen zu zahlen hatten, an ein marktrelevantes Verhalten und zwar den tatsächlichen Verbrauch gekoppelt. Die Rundfunkgebühr ist dagegen gerade nicht abhängig von der tatsächlichen Nutzung des öffentlich-rechtlichen Rundfunks.[616] Zudem mussten im Fall „PreussenElektra" Unternehmen bei einer Zahlungsverweigerung anderer Unternehmen jene vor einem ordentlichen Gericht verklagen. Generalanwalt Jacobs führt dazu aus: „ Sie [die zu zahlenden Beträge] haben niemals den privaten Sektor verlassen. Weigert sich eines der Unternehmen, seine Verpflichtungen aus dem StrEG 1998 zu erfüllen, so muss das andere die Gerichte in Anspruch nehmen."[617] Das Verfahren zur Durchsetzung der Pflicht zur Zahlung der Rundfunkgebühr weist dagegen hoheitliche Gewalt auf.

Die so dargestellten Unterschiede rechtfertigen es, bei dem System der deutschen Rundfunkfinanzierung von einer ausreichenden staatlichen Kontrolle auszugehen und damit das Vorliegen staatlicher Mittel zu bejahen. Die Gelder aus privater Hand werden in einen Fonds eingezahlt und nach genau vorgeschriebenen staatlichen Regeln verteilt. Dabei besteht die Verpflichtung zur Zahlung unabhängig von der tatsächlichen Nutzung des öffentlich-rechtlichen Rundfunks. Bei einer Zahlungsverweigerung wird der Zahlungsanspruch durch

---

[612] § 4 Abs. 5 RfGebStV.

[613] Vgl. BVerfGE 89, 144, 152 ff.

[614] So auch Schwendinger, EUI Working Paper Law No. 2003/5, S. 61.

[615] Im Übrigen lagen in allen oben dargestellten Rechtssachen der engen Auffassung keine staatlich gebildeten Fonds vor.

[616] Diese Besonderheit rechtfertigt laut Tigchelaar, EStAL 2003, S. 169, 172 eine unterschiedliche Rechtsfolge.

[617] Schlussanträge Jacobs, Rs. C-379/98 (PreussenElektra), Slg. 2001, I-2103, 2141, Rn. 166.

das Verwaltungszwangsverfahren eingetrieben. An diesem Verfahren wird deutlich, dass die GEZ mit einer Vielzahl von Verwaltungsbefugnissen im Bereich der Gebühren ausgestattet ist. Sie stellt eine von den Sendeanstalten losgelöste Institution dar, welche die eingenommene Finanzmasse nach einem vorgegebenen Schlüssel verteilt.[618] Bei der GEZ handelt es sich somit um eine „vom Staat benannte Einrichtung" i.S.d. Rechtsprechung des EuGH.[619]

hh) Ergebnis

Als Ergebnis kann somit festgehalten werden, dass der Staat in Form der Länder hoheitliche Befugnisse auf die GEZ übertragen hat, die einen Sonderfonds verwaltet. Bei dem Rundfunkgebührenaufkommen handelt es sich mithin um staatliche Mittel.[620] Die Zuwendungen erfolgen über eine vom Staat benannte Stelle. Es liegt damit eine „aus staatlichen Mitteln gewährte" Begünstigung i.S.d. Art. 87 Abs. 1 EG vor.

---

[618] Kruse, ZHR 165 (2001), S. 576, 590.

[619] Zustimmend Schmittmann/Kneißl, AfP 2003, S. 245, 246.

[620] Diesem Ergebnis zustimmend: Damm, Gebührenprivileg, S. 113; Degenhart, Öffentlich-rechtlicher Rundfunk und Freizeitparks, S. 130; Frey, ZUM 1999, S. 528, 533; Hain, MMR 2001, 219, 221 f.; Holzer, ZUM 1996, S. 274, 277; Kruse, ZHR 165 (2001), S. 576, 588 ff.; Nettesheim, in: Hrbek/Nettesheim, Europäische Union und mitgliedstaatliche Daseinsvorsorge, S. 39, 61 f.; Selmer/Gersdorf, Finanzierung des Rundfunks, S. 33; Soltész, EuZW 1998, S. 747, 752; Storr, K&R 2002, S. 464, 468; a.A.: Eberle, ZUM 1995, S. 763, 767; Oppermann, ZUM 1996, S. 656, 657; Otten, ZUM 1997, S. 790, 798.

c) Selektivität

Der Beihilfebegriff verlangt zudem, dass die Begünstigung bestimmten Unternehmen oder Produktionszweigen zugute kommt.[621] Wie schon oben gezeigt, unterliegen die öffentlich-rechtlichen Sendeanstalten dem Unternehmensbegriff des europäischen Wettbewerbsrechts.[622] Dieser Begriff ist auch auf die Art. 87 ff. EG anwendbar.[623] Die Kommission geht in ihrer Entscheidungspraxis ebenfalls davon aus, dass die öffentlich-rechtlichen Rundfunkanstalten in Deutschland Unternehmen i.S.d. Art. 87 Abs. 1 EG darstellen.[624] Fraglich ist aber, ob die Begünstigung *bestimmten* Unternehmen zugute kommt.

aa) Begriffsbestimmung

Das Kriterium der Bestimmtheit bzw. das der Spezifität liegt vor, wenn ein einzelnes Unternehmen eine Begünstigung erhält, ebenso wenn eine nach bestimmten Kriterien umschriebene Gruppe von Unternehmen begünstigt wird.[625] Durch dieses Kriterium werden allgemeine Fördermaßnahmen der Konjunktur- und Wirtschaftspolitik, welche die Volkswirtschaft als Ganzes treffen, aus dem Anwendungsbereich der Beihilferegeln ausgeschlossen.[626] Allerdings kommt es hierbei nicht auf die Formulierung der Maßnahme, sondern auf ihre tatsächliche Wirkung an,[627] wobei das Merkmal der Selektivität weit auszulegen ist.[628]

bb) Anwendung auf die Rundfunkgebührenfinanzierung

Nach § 9 RfFinStV kommt das Rundfunkgebührenaufkommen nahezu vollständig den öffentlich-rechtlichen Rundfunkanstalten zugute.[629] Die Finanzierung

[621] Cremer, in: Calliess/Ruffert, EU-/EG-Vertrag, Art. 87 EG, Rn. 8.

[622] Vgl. dazu oben Gliederungspunkt C.I.1.a).

[623] Koenig/Kühling, in: Streinz, EU-/EG-Vertrag, Art. 87, Rn. 48 f.; vgl. auch Cremer, in: Calliess/Ruffert, EU-/EG-Vertrag, Art. 87 EG, Rn. 8; Greissinger, Vorgaben des EG-Vertrages, S. 175; Koch, Möglichkeiten der Beteiligung, S. 104; Ruttig, Einfluss des EG-Beihilfenrechts, S. 162 f.; Uphoff, Fernsehmarkt und Grundversorgung, S. 123.

[624] So z.B. in ihrer Entscheidung v. 24.2.1999, Nr. NN 70/98 (Kinderkanal/Phoenix), Tz. 6.1. (die ausführliche Entscheidungsbegründung wurde nicht veröffentlicht, kann aber bei der Kommission beantragt werden); ABl. EG Nr. C 238 v. 21.8.1999, S. 3.

[625] Bar-Bouyssière, in: Schwarze, EU-Kommentar, Art. 87 EG, Rn. 35.

[626] Bar-Bouyssière, in: Schwarze, EU-Kommentar, Art. 87 EG, Rn. 34; Cremer, in: Calliess/Ruffert, EU-/EG-Vertrag, Art. 87 EG, Rn. 9.

[627] Cremer, in: Calliess/Ruffert, EU-/EG-Vertrag, Art. 87 EG, Rn. 9.

[628] Mederer, in: Schröter/Jakob/Mederer, Europäisches Wettbewerbsrecht, Art. 87 EG, Rn. 38; Cremer, in: Calliess/Ruffert, EU-/EG-Vertrag, Art. 87 EG, Rn. 9.

[629] Die Grundgebühr kommt nach Abs. 1 der ARD und dem „Deutschlandradio" zugute; die Fernsehgebühr wird nach Abs. 2 zwischen der ARD und dem ZDF aufgeteilt. Der Fernseh-

privater Veranstalter aus der Rundfunkgebühr ist gemäß § 43 S. 2 RfStV ausdrücklich ausgeschlossen. Den privaten Anbietern wird damit die Möglichkeit genommen, am Rundfunkgebührenaufkommen teilzuhaben. Die Begünstigung kommt mithin bestimmten Unternehmen zugute.

Es überzeugt allerdings wenig, in dem Ausschluss der privaten Anbieter vom Gebührenaufkommen eine eigenständige Beihilfe i.S.d. Art. 87 Abs. 1 EG zu sehen.[630] Dass die Zuwendungen des Staates mit begünstigender Wirkung nur bestimmten Unternehmen zugute kommen, ist ein eigener Punkt im Schema der Beihilfenprüfung (Selektivität). Fehlt es an der selektiven Wirkung, so liegt schon keine Beihilfe i.S.d. Art. 87 Abs. 1 EG vor. Liegt sie vor, kann hierin aber keine eigenständige Beihilfe gesehen werden.[631]

cc) Ergebnis

Die Begünstigung durch die Rundfunkgebühr kommt nur den öffentlich-rechtlichen Rundfunkanstalten und damit bestimmten Unternehmen zugute.[632]

d) Möglichkeit der Verfälschung des Wettbewerbs

Ferner müsste die Begünstigung der öffentlich-rechtlichen Rundfunkanstalten durch das Rundfunkgebührenaufkommen den Wettbewerb verfälschen oder zumindest zu verfälschen drohen.

aa) Begriffsbestimmung

Der Begriff „Verfälschung" in Art. 87 Abs. 1 EG ist extensiv zu verstehen, da die Vorschrift darauf abzielt, Wettbewerbsverzerrungen in jedweder Form zu vermeiden.[633] Es ist nicht erforderlich, dass der Wettbewerb tatsächlich verfälscht wird. Vielmehr reicht die Möglichkeit aus, dass die Wettbewerbsverfälschung durch die Beihilfe eintritt.[634] Der Prüfungspunkt beschränkt den Anwen-

---

kulturkanal ARTE hat nur dann Anspruch auf einen Anteil des Gebührenaufkommens, wenn sich ARD und ZDF nicht an dem Gemeinschaftsprojekt beteiligen. Zuletzt entfallen zwei vom Hundert des Aufkommens an die Landesmedienanstalten (§§ 9, 10 Abs. 1 RfFinStV).

[630] So aber Selmer/Gersdorf, Finanzierung des Rundfunks, S. 27.

[631] Damm, Gebührenprivileg, S. 96; Greissinger, Vorgaben des EG-Vertrages, S. 170.

[632] Damm, Gebührenprivileg, S. 114; Greissinger, Vorgaben des EG-Vertrages, S. 163; Koch, Möglichkeiten der Beteiligung, S. 103; Oppermann, Deutsche Rundfunkgebühren, S. 51; Ruttig, Einfluss des EG-Beihilfenrechts, S. 163; Uphoff, Fernsehmarkt und Grundversorgung, S. 126.

[633] V. Wallenberg, in: Grabitz/Hilf, EU Kommentar, Art. 92 EG, Rn. 23.

[634] Dazu klarstellend EuG, Rs. T-92 u. 103/00 (Diputatión Foral de Álava), Slg. 2002, II-1385, 1417, Rn. 77; EuG, Rs. T-35/99 (Keller/Kommission), Slg. 2002, II-261, 305, Rn. 85; vgl. allgemein v. Wallenberg, in: Grabitz/Hilf, EU Kommentar, Art. 92 EG, Rn. 25.

dungsbereich des Art. 87 Abs. 1 EG daher nur unwesentlich.[635] Eine Beihilfe ist insbesondere dann wettbewerbsverfälschend, wenn sie die Stellung des Begünstigten auf dem sachlich, zeitlich und räumlich relevanten Markt zu Lasten ihrer (potentiellen) Konkurrenten verbessert.[636] Für die Bestimmung eines Wettbewerbsverhältnisses kommt es daher auf den relevanten Produktmarkt an.[637]

Teilweise wird vertreten, dass jeder Beihilfegewährung eine wettbewerbsverfälschende Wirkung immanent sei.[638] Dies folge aus dem Gebot der wirtschaftlichen Logik, da jeder staatlich gewährte Vorteil die Wettbewerbsposition des Begünstigten verbessere. Der EuGH ist dieser Einschätzung nicht gefolgt und hat hervorgehoben, dass die Möglichkeit der Wettbewerbsverfälschung aus den konkreten Umständen hergeleitet werden müsse.[639] Dazu habe eine Betrachtung der Situation des betroffenen Marktes, also eine genaue Marktanalyse, zu erfolgen.[640]

Diese Ansicht überzeugt, da ein extensives Verständnis schon vom Wortlaut des Art. 87 Abs. 1 EG nicht gedeckt ist, der ausdrücklich neben der Begünstigung eine zusätzliche Wettbewerbsverfälschung fordert.[641] In den Fällen, in denen eine Begünstigung allen Unternehmen auf einem relevanten Markt zugute kommt, führt zudem nur eine Marktanalyse zu verwertbaren Ergebnissen.[642] Um eine mögliche Wettbewerbsverfälschung festzustellen, muss also die Konkurrenzlage, die ohne Subventionierung bestehen würde, mit der bestehenden Lage verglichen werden.[643]

---

[635] Nowak, EuZW 2003, S. 389, 396.

[636] Cremer, in: Calliess/Ruffert, EU-/EG-Vertrag, Art. 87 EG, Rn. 12.

[637] Mederer, in: Schröter/Jakob/Mederer, Europäisches Wettbewerbsrecht, Art. 87 EG, Rn. 43.

[638] GA Capotorti, in: Schlussanträgen zu EuGH, Rs. 730/79 (Philip Morris), Slg. 1980, 2693, 2698 f.; Kommission, in: EuGH, Rs. 304/85 (Falck/Kommission), Slg. 1987, 871, 878 f.; Engel, Europarechtliche Grenzen für Spartenprogramme, S. 32 f.

[639] So wohl schon EuGH, Rs. 730/79 (Philip Morris), Slg. 1980, 2671, 2688 f., Rn. 11; deutlicher EuGH, Rs. 296 u. 318/82 (Leeuwarder Papierwarenfabriek), Slg. 1985, 809, 824, Rn. 24; EuGH, Rs. 248/84 (Deutschland/Kommission), Slg. 1987, 4013, 4041, Rn. 18; vgl. Dörr/Closs, ZUM 1996, S. 105, 117; Oppermann, Deutsche Rundfunkgebühren, S. 64.

[640] EuGH, Rs. 296 u. 318/82 (Leeuwarder Papierwarenfabriek), Slg. 1985, 809, 824, Rn. 24.

[641] Art. 87 Abs. 1 EG: „durch die Begünstigung bestimmter Unternehmen oder Produktionszweige den Wettbewerb verfälschen oder verfälschen drohen".

[642] So auch Cremer, in: Calliess/Ruffert, EU-/EG-Vertrag, Art. 87 EG, Rn. 13.

[643] Bei dieser Marktanalyse kommt es zwar grundsätzlich auf den Zeitpunkt vor der erstmaligen Subventionierung an. Bestand aber zu diesem Zeitpunkt überhaupt keine Wettbewerbslage, so wie dies auch beim Rundfunk der Fall war, so kann daraus nicht gefolgert werden, dass eine Wettbewerbsverfälschung von vornherein ausgeschlossen ist (so argumentiert aber Oppermann, Deutsche Rundfunkgebühren, S. 65 f.). Eine solche Wertung ist dem Wettbewerbsrecht fremd, was dadurch deutlich wird, dass Art. 87 Abs. 1 EG gerade auch potentielle Märkte schützt (vgl. Cremer, in: Calliess/Ruffert, EU-/EG-Vertrag, Art. 87 EG, Rn. 14).

Der Streit, inwiefern Art. 87 Abs. 1 EG eine bestimmte Intensität bzw. eine Spürbarkeit der Wettbewerbsverfälschung erfordert,[644] hat indes kaum noch praktische Relevanz. Am 12. Januar 2001 hat die Kommission die Verordnung (EG) Nr. 69/2001 über die Anwendung der Artikel 87 und 88 EG auf „De-minimis"-Beihilfen angenommen.[645] Darin heißt es, dass Beihilfen, die 100.000 EUR pro Unternehmen in einem Zeitraum von drei Jahren nicht überschreiten, von Art. 87 Abs. 1 EG nicht erfasst werden.[646] Überschreitet die Zuwendung diesen Wert, so muss von einer Spürbarkeit ausgegangen werden.[647] Besteht also auf den relevanten Märkten ein Wettbewerb zwischen dem begünstigten Unternehmen und Konkurrenzunternehmen und liegt die staatliche Zuwendung über der genannten Grenze, kann jedenfalls eine potentielle Wettbewerbsverfälschung i.S.d. Art. 87 Abs. 1 EG festgestellt werden.[648]

bb) Anwendung auf die Rundfunkgebührenfinanzierung

(1) Relevante Märkte

Für den Rundfunkbereich kommen vier Märkte als sachlich relevant in Betracht: der Werbemarkt, der Programmmarkt, der Programmbeschaffungs- und der Programmverwertungsmarkt.[649]

Unter dem Begriff „Werbemarkt" wird die Nachfragekonkurrenz bei der Akquirierung von Werbekunden verstanden. Die privaten Anbieter müssen sich

---

[644] Vgl. dazu Bär-Bouyssière, in: Schwarze, EU-Kommentar, Art. 87 EG, Rn. 38; Cremer, in: Calliess/Ruffert, EU-/EG-Vertrag, Art. 87 EG, Rn. 15; Lecheler, Einführung in das Europarecht, S. 314; Mederer, in: Schröter/Jakob/Mederer, Europäisches Wettbewerbsrecht, Art. 87 EG, Rn. 45.

[645] ABl. EG Nr. L 10 v. 13.01.2001, S. 30 ff; vgl. Lecheler, Einführung in das Europarecht, S. 314.

[646] Art. 2 Abs. 1 u. 2 der Verordnung Nr. 69/2001 v. 12.01.2001, ABl. EG Nr. L 10 v. 13.01.2001, S. 30, 31; Vgl. Non-Paper der Kommission über Dienste von allgemeinem wirtschaftlichem Interesse und staatliche Beihilfen v. 12.11.2002, Rn. 47, abrufbar unter: http://europa.eu.int/comm/competition/state_aid/others/1759_sieg_de.pdf; Kilb, JuS 2003, S. 1072, 1075.

[647] Mederer, in: Schröter/Jakob/Mederer, Europäisches Wettbewerbsrecht, Art. 87 EG, Rn. 45, geht von einer rechtsgestaltenden Wirkung aus. Zur rechtlichen Bewertung der Verordnung vgl. Cremer, in: Calliess/Ruffert, EU-/EG-Vertrag, Art. 87 EG, Rn. 1b und 15.

[648] Götz, in Dauses: Handbuch des EU-Wirtschaftsrechts, H III, Rn. 29 hat richtigerweise darauf hingewiesen, dass dieser Schwellenwert nichts an der Tatbestandsmäßigkeit einer Zahlung als Beihilfe ändert, es also durchaus Zahlungen von geringerem Wert gibt, die dennoch Beihilfen darstellen. Sie werden jedoch von der Kommission nicht mehr überwacht, was durch die Verfahrensherrschaft der Kommission gedeckt ist und wogegen keine rechtlichen Bedenken bestehen. Der Umkehrschluss, dass ein Überschreiten der Schwelle eine Spürbarkeit indiziert, ist m.E. dagegen zulässig; so auch Nowak, EuZW 2003, S. 389, 396.

[649] Statt vieler: Oppermann, Deutsche Rundfunkgebühren, S. 59.

in Gänze durch Aktivitäten auf diesem Markt finanzieren. Aber auch für die öffentlich-rechtlichen Sendeanstalten stellen die Werbeeinnahmen eine wichtige Einnahmequelle dar.[650] Der Markt für Fernsehwerbung orientiert sich stark an Einschaltquoten. Je höher die zu erwartenden Einschaltquoten für einen bestimmten Sendeplatz sind, desto höher sind auch die Einnahmen, die durch den Verkauf von Werbezeiten erzielt werden können. Wegen der Werberestriktionen der Art. 15 ff. RfStV konkurrieren die öffentlich-rechtlichen Rundfunkanstalten auf dem Werbemarkt nur vor 20 Uhr mit privaten Anbietern.

Teilweise wird zwischen dem Werbemarkt und einem davon zu trennenden Programmmarkt unterschieden.[651] Der Begriff „Programmmarkt" umschreibt die eigentliche Sendetätigkeit, also den Wettbewerb um ein möglichst (massen-) attraktives Programm. Dem wird entgegengehalten, dass es auf diesem Markt keine Austauschbeziehung zwischen Anbieter und Rezipienten und damit auch keinen Markt gebe.[652] Der Begriff des Programmmarktes ist aber eng verzahnt mit dem des Werbemarktes, da die Attraktivität eines Programms direkte Auswirkungen auf die am Markt erzielbaren Werbeeinnahmen hat. Um die Attraktivität des Programms gibt es einen harten Wettbewerb. Dieser Wettbewerb endet aber nicht in den werbefreien Zeiten.[653] Nur wenn ein Sender insgesamt ein attraktives Programm anbietet, ist es für Unternehmen interessant, Werbezeiten dieses Senders zu kaufen. Der Programmmarkt hat damit direkte Auswirkungen auf den Werbemarkt.[654] Bei der Betrachtung einer möglichen Verfälschung des Wettbewerbs müssen Programm- und Werbemarkt daher in einer Art Gesamtschau betrachtet werden. Eine Einzelbetrachtung greift zu kurz und lässt wichtige Elemente des Wettbewerbs hinsichtlich der werbefreien Sendezeiten unberücksichtigt.[655]

Weiter besteht eine Wettbewerbssituation auf dem Programmbeschaffungs- und dem Programmverwertungsmarkt. Der Programmbeschaffungsmarkt umfasst die Bereiche Erwerb von Übertragungsrechten und Beschaffung von Sendematerial („Rechte-Handel").[656] Im weiteren Sinne erfasst er die Rekrutierung von Mitarbeitern und den Erwerb von Sendeanlagen.[657] Der Markt der Pro-

---

[650] Trotz konjunktureller Einbrüche rechnet die KEF mit Werbeeinnahmen der ARD im Zeitraum 2001-2004 in Höhe von 386,2 Mio. EUR und für das ZDF in Höhe von 490,3 Mio. EUR; vgl. 14. KEF-Bericht, Tz. 293 f.

[651] Engel, Europarechtliche Grenzen für Spartenprogramme, S. 34; Simon, in: Stern/Prütting, Rechtliche und ökonomische Fragen, S. 61, 65; Uphoff, Fernsehmarkt und Grundversorgung, S. 134 f.; Selmer/Gersdorf, Finanzierung des Rundfunks, S. 46.

[652] So Dargel, Rundfunkgebühr, S. 281; Koch, Möglichkeiten der Beteiligung, S. 106.

[653] Ruttig, Einfluss des EG-Beihilfenrechts, S. 179.

[654] Damm, Gebührenprivileg, 120 f; Selmer/Gersdorf, Finanzierung des Rundfunks, S. 46 f.

[655] Greissinger, Vorgaben des EG-Vertrages, S. 194, hält daher eine Aufspaltung in Werbe- und Programmmarkt ebenfalls für künstlich.

[656] Oppermann, Deutsche Rundfunkgebühren, S. 68.

[657] Damm, Gebührenprivileg, S. 119.

grammverwertung besteht dagegen in der sekundären Programmverwertung, d.h. dem Verkauf von Verwertungsrechten aus der eigenen Produktion.

(2) Möglichkeit der Verfälschung

Durch die Erhebung der Rundfunkgebühr müsste es nun auf einem der oben genannten Märkte zu einer potentiellen Wettbewerbsverfälschung zu Gunsten der öffentlich-rechtlichen Rundfunkanstalten kommen. Eine Verfälschung liegt dann vor, wenn die Marktbedingungen infolge der Begünstigung zugunsten einzelner Wettbewerber verändert werden.[658]

Wie oben dargestellt, müssen für die Frage einer möglichen Wettbewerbsverfälschung im Werbe- und Programmmarkt diese beiden Märkte zusammen betrachtet werden. Die Gebührenfinanzierung bewirkt keine unmittelbare Privilegierung auf dem Werbemarkt. Allerdings könnte dies im Programmmarkt und dadurch mittelbar auch im Werbemarkt der Fall sein.[659] Dem öffentlich-rechtlichen Rundfunk stehen finanzielle Mittel zur Verfügung, mit denen er ein qualitativ hochwertiges Programm produzieren kann und zudem Eigenwerbung veranstalten darf. Gelingt es den Rundfunkanstalten auf diese Weise die Attraktivität und die Bekanntheit ihres Programms zu erhöhen, so steigen damit auch die Werbeeinnahmen.[660] Private Anbieter müssen die Programmtätigkeit in Gänze über Werbeeinnahmen finanzieren. Sie stehen daher vollständig unter dem Druck des Marktes. Die öffentlich-rechtlichen Anstalten können dagegen öffentliche Gelder zur Steigerung der Qualität ihres Programms und damit mittelbar zur Erhöhung der Werbeeinnahmen verwenden. Staatliche Mittel führen mithin zu einer potentiellen Verfälschung des Wettbewerbs auf dem Werbe- und dem Programmmarkt, da sie die Marktbedingungen zugunsten der öffentlich-rechtlichen Rundfunkveranstalter verändern können.

An diesem Ergebnis ändert auch das Vorliegen von Werberestriktionen für den öffentlich-rechtlichen Rundfunk nichts.[661] Jedenfalls vor 20 Uhr besteht ein direkter Wettbewerb der verschiedenen Anbieter. Die Aktivitäten der öffentlich-rechtlichen Rundfunkanstalten haben aber auch zu werbefreien Zeiten Einfluss auf den Programmmarkt und damit eine mittelbare Wirkung auf den Werbemarkt. Das Rundfunkgebührenaufkommen stellt eine Erweiterung des wirtschaftlichen Bewegungsspielraums der öffentlich-rechtlichen Rundfunkanstalten dar, die ihre Konkurrenzsituation zu Lasten der privaten Anbieter verbessern kann.[662]

---

[658] EuGH, Rs. 730/79 (Phillip Morris), Slg. 1980, S. 2671, 2688 f., Rn. 11; EuGH, Rs. 248/84 (Deutschland/Kommission), Slg. 1987, S. 4013, 4041, Rn. 18.
[659] Damm, Gebührenprivileg, S. 123.
[660] So auch Selmer/Gersdorf, Finanzierung des Rundfunks, S. 49.
[661] So aber Oppermann, Deutsche Rundfunkgebühren, S. 62.
[662] Selmer/Gersdorf, Finanzierung des Rundfunks, S. 49.

Dies wird auch bei der Betrachtung der Wettbewerbssituation im Programmbe-schaffungs- und Programmverwertungsmarkt deutlich. Das Gebührenaufkom-men sorgt in diesen Märkten für eine gestärkte Wettbewerbsposition der öffent-lich-rechtlichen Rundfunkanstalten.[663] Diese können auf sicheres Kapital zu-rückgreifen, während die privaten Anbieter teure Senderechte erst über Werbung refinanzieren müssen.[664] Die Gebührenfinanzierung ermöglicht den Sendeanstal-ten überdies eine längerfristige Planung. Sie sind also von kurzzeitigen wirt-schaftlichen Schwankungen unabhängig. Die öffentlich-rechtlichen Rundfunk-anstalten können daher auch in Verträgen mit längeren Laufzeiten als solvente Käufer auftreten.

Besonders deutlich werden dieser Wettbewerbsvorteil und die damit drohen-de potentielle Verfälschung des Wettbewerbs beim Erwerb der Übertragungs-rechte für die Fußballbundesliga durch die öffentlich-rechtlichen Rundfunkan-stalten. So waren die Sendeanstalten in der Lage, mit 65 Millionen EUR einen Preis zu bezahlen, der wohl über dem Marktwert dieser Rechte lag, nach Ansicht der privaten Anbieter jedenfalls nicht allein durch Werbeeinnahmen refinanzier-bar war.[665] Aber selbst wenn der von den Anstalten gezahlte Kaufpreis marktge-recht gewesen sein sollte, so zeigt doch das konkrete Beispiel zumindest die Möglichkeit einer Verfälschung des Programmbeschaffungsmarktes.

Zudem kann das Rundfunkgebührenvorkommen insbesondere im Bereich der kulturell anspruchsvollen Programmsegmente („Hochkultur") den Wettbewerb verfälschen. Dies gilt sowohl für den Ankauf oder die Herstellung, als auch für die Verwertung derartiger Segmente.[666] Da diese Programmsegmente in der Regel mangels Massenattraktivität nicht durch Werbeeinnahmen refinanzierbar sind, scheiden sie für private Anbieter weitgehend aus. Die öffentlich-rechtlichen Rundfunkanstalten können aber wegen der gesicherten Einnahme-quelle des Rundfunkgebührenaufkommens auch kulturell anspruchsvolle Pro-grammsegmente produzieren, ja, sie sind dazu sogar verpflichtet. Im Rahmen des Rechteverkaufs können sie diese zusätzlich verwerten. Eine potentielle Wettbewerbsverfälschung liegt mithin sowohl auf dem Programmbeschaffungs-, als auch auf dem Programmverwertungsmarkt vor.

---

[663] Damm, Gebührenprivileg, S. 122.

[664] Koch, Möglichkeiten der Beteiligung, S. 107.

[665] Vgl. FR v. 27.06.03 und FAZ v. 28.06.03; der VPRT hat argumentiert, dass der Rechte-kauf ein „krasses Beispiel" für eine Störung des Fernsehmarktes sei und diesen Vorgang daher auch in die Beschwerde aufgenommen, welche der Verband bei der Kommission einge-legt hat; vgl. FAZ v. 23.06.03.

[666] Koch, Möglichkeiten der Beteiligung, S. 107

(3) „Hinkender" Wettbewerb

Oppermann gibt zu bedenken, dass es sich bei der Wettbewerbssituation in den fraglichen Märkten um einen „hinkenden Wettbewerb" handele. Der öffentlichrechtliche Rundfunk erleide durch die Verpflichtung zur Erbringung eines ausgewogenen Programms als Daseinsvorsorge einen Nachteil.[667] Wenn der Wettbewerb überhaupt verfälscht werde, dann nur zu Lasten der öffentlichrechtlichen Rundfunkanstalten.

Diesem Einwand stehen aber systematische Überlegungen entgegen. Die Frage, wie Pflichten, die bestimmten Unternehmen vom Staat auferlegt werden, im Rahmen des Art. 87 Abs. 1 EG zu bewerten sind, ist Teil der Prüfung, ob überhaupt eine Begünstigung vorliegt. Innerhalb des Prüfungspunktes „Begünstigung" werden die durch die Auferlegung von Gemeinwohlpflichten entstehenden Belastungen seit der Rechtsprechung in den Urteilen „Ferring" und „Altmark Trans" ausreichend gewürdigt.[668] Selbst wenn eine Ausgleichszahlung nicht die vier dort entwickelten Kriterien erfüllt, ist sie aber an dem Maßstab des Art. 86 Abs. 2 EG zu messen. Die Norm ist als Rechtfertigungsgrund für Gemeinwohlpflichten konzipiert. In den anderen Prüfungspunkten des Art. 87 Abs. 1 EG kann die Auferlegung von Gemeinwohlpflichten dagegen nicht berücksichtigt werden.

Die Verpflichtung, die Bevölkerung mit einem ausgewogenem Programm zu versorgen, kann also das Vorliegen einer Begünstigung ausschließen, wenn die vier in der Rechtssache „Altmark Trans" entwickelten Kriterien vorliegen.[669] Diese Verpflichtung der Rundfunkanstalten ist aber nicht geeignet im Rahmen der Prüfung, ob die Möglichkeit einer Wettbewerbsverfälschung besteht, in einer Art Gesamtbetrachtung das oben gefundene Ergebnis zu revidieren.

cc) Ergebnis

Die Begünstigung der öffentlich-rechtlichen Rundfunkanstalten durch das Rundfunkgebührenaufkommen führt zu einer potentiellen Wettbewerbsverfälschung sowohl auf dem Programm- und Werbemarkt, als auch auf dem Programmbeschaffungs- und Programmverwertungsmarkt. Bei der Finanzierung der Anstalten durch die Rundfunkgebühr ist mithin zumindest die Möglichkeit einer Wettbewerbsverfälschung i.S.d. Art. 87 Abs. 1 EG gegeben.

---

[667] Oppermann, Deutsche Rundfunkgebühren, S. 67.

[668] Vgl. dazu ausführlich oben Gliederungspunkt C.II.2.a)cc).

[669] Dies ist wie oben gezeigt in Deutschland nicht der Fall; vgl. Gliederungspunkt C.II.2.a)dd).

e) Beeinträchtigung des Handels zwischen den Mitgliedstaaten

Zuletzt müsste die staatliche Zuwendung in Form der Rundfunkgebühr zu einer potentiellen Beeinträchtigung des Handels zwischen den Mitgliedstaaten führen.

aa) Begriffsbestimmung

Das Merkmal der Handelsbeeinträchtigung hat die Aufgabe, den Geltungsbereich des Beihilfeaufsichtsrechts gegenüber dem innerstaatlichen Recht der Mitgliedstaaten abzugrenzen.[670] Das Gemeinschaftsrecht erstreckt sich daher nur auf Begünstigungen, die sich auf den Handel zwischen den Mitgliedstaaten auswirken.[671]

Der Begriff des Handels umfasst dabei nicht nur den Warenaustausch, sondern auch den Dienstleistungsverkehr.[672] Der Handel zwischen den Mitgliedstaaten ist beeinträchtigt, wenn die Ein- oder die Ausfuhr von Waren oder Dienstleistungen durch die Beihilfe erleichtert oder erschwert wird, wobei eine Möglichkeit der Beeinträchtigung ausreicht.[673] So führt auch diese Tatbestandsvoraussetzung zu keiner wesentlichen Beschränkung des Anwendungsbereichs des Art. 87 Abs. 1 EG.[674] Entscheidend ist allein, dass sich der innergemeinschaftliche Handel unter dem Einfluss der Beihilfe anders entwickelt oder entwickeln könnte als ohne die Beihilfegewährung.[675] Daher sind Auswirkungen auf den zwischenstaatlichen Handel bereits dann gegeben, wenn der Begünstigte

---

[670] Mederer/Strohschneider, in: Schröter/Jakob/Mederer, Europäisches Wettbewerbsrecht, Art. 87 EG, Rn. 46.

[671] Dementsprechend ist es verfehlt, von einer Entbehrlichkeit der Zwischenstaatlichkeitsklausel auszugehen; vgl. Cremer, in: Calliess/Ruffert, EU-/EG-Vertrag, Art. 87 EG, Rn. 17; so aber Modlich, Nationale Infrastrukturmaßnahmen, S. 93; ähnlich auch Müller-Graff, ZHR 152 (1988), S. 403, 433, der aber die Klausel wegen der „Protektionsversuche der Mitgliedstaaten einerseits und im Interesse der Arbeitsentlastung der Beihilfenaufsicht andererseits" gleichwohl für akzeptabel hält.

[672] Cremer, in: Calliess/Ruffert, EU-/EG-Vertrag, Art. 87 EG, Rn. 16; Mederer/Strohschneider, in: Schröter/Jakob/Mederer, Europäisches Wettbewerbsrecht, Art. 87 EG, Rn. 47; Selmer/Gersdorf, Finanzierung des Rundfunks, S. 52; Kommissionsentscheidung v. 21.12.2000, Beihilfe Nr. N 258/2000 (Freizeitbad Dorsten), ABl. EG Nr. C 172 v. 16.6.2001, S. 15, ausführliche Begründung abrufbar unter: http://europa.eu.int/comm/secretariat_general/ sgb/state_aids/comp-2000/n258-00.pdf.

[673] Bär-Bouyssière, in: Schwarze, EU-Kommentar, Art. 87 EG, Rn. 39; Koch, Möglichkeiten der Beteiligung, S. 110 f.; Oppermann, Deutsche Rundfunkgebühren, S. 68; Selmer/Gersdorf, Finanzierung des Rundfunks, S. 52; Uphoff, Fernsehmarkt und Grundversorgung, S. 140.

[674] Nowak, EuZW 2003, S. 389, 396.

[675] Cremer, in: Calliess/Ruffert, EU-/EG-Vertrag, Art. 87 EG, Rn. 16; Mederer/Strohschneider, in: Schröter/Jakob/Mederer, Europäisches Wettbewerbsrecht, Art. 87 EG, Rn. 48.

auch nur teilweise in einem Bereich tätig ist, in dem ein erheblicher zwischenstaatlicher Handel stattfindet.[676]

Aus dem Anwendungsbereich der Art. 87 bis 89 EG können nur die Begünstigungen ausgeklammert werden, die ausschließlich Auswirkungen auf den innerstaatlichen Handel haben.[677] Bei Beihilfen mit lediglich lokalen, regionalen oder nationalen Auswirkungen fehlt es daher am Merkmal der Zwischenstaatlichkeit.[678] Dies ist dann jedoch nicht der Fall, wenn das begünstigte Unternehmen in andere Mitgliedstaaten exportiert oder, obwohl nur im Inland tätig, mit Produkten oder Dienstleistungsanbietern aus anderen Mitgliedstaaten konkurriert.[679] Von den europäischen Gerichten heißt es dazu: „Eine staatliche oder aus staatlichen Mitteln gewährte Finanzhilfe beeinflusst den innergemeinschaftlichen Handel, wenn sie die Stellung eines Unternehmens gegenüber konkurrierenden Unternehmen im innergemeinschaftlichen Handel stärkt."[680] Die wettbewerbsverfälschende Wirkung der Beihilfe führt also zu einer Beeinträchtigung des innergemeinschaftlichen Handels, wenn das begünstigte Unternehmen in Konkurrenz zu Unternehmen aus anderen Mitgliedstaaten steht.[681] Dies ist insbesondere dann der Fall, wenn das begünstigte Unternehmen in andere Mitgliedstaaten exportiert,[682] die Ware oder die Dienstleistung also grenzüberschreitend gehandelt wird.[683]

---

[676] Bär-Bouyssière, in: Schwarze, EU-Kommentar, Art. 87 EG, Rn. 39.

[677] Zu dem Streit, ob ein bestimmter Grad der Handelsbeeinträchtigung erforderlich ist, können die Überlegungen zur Verordnung über „De-minimis"-Beihilfen fruchtbar gemacht werden; s. o. Gliederungspunkt C.II.2.d); vgl. dazu Mederer/Strohschneider, in: Schröter/Jakob/Mederer, Europäisches Wettbewerbsrecht, Art. 87 EG, Rn. 49 ff.; dazu auch Uphoff, Fernsehmarkt und Grundversorgung, S. 141.

[678] Kommissionsentscheidung v. 21.12.2000, Beihilfe Nr. N 258/2000 (Freizeitbad Dorsten), ABl. EG Nr. C 172 v. 16.06.2001, S. 15, ausführliche Begründung abrufbar unter: http://europa.eu.int/ comm/secretariat_general/sgb/state_aids/comp-2000/n258-00.pdf; Cremer, in: Calliess/Ruffert, EU-/EG-Vertrag, Art. 87 EG, Rn. 17; Koenig/Kühling, EuZW 2000, S. 197, 200; Selmer/Gersdorf, Finanzierung des Rundfunks, S. 53.

[679] Cremer, in: Calliess/Ruffert, EU-/EG-Vertrag, Art. 87 EG, Rn. 17.

[680] EuG, Rs. T-55/99 (CETM/Kommission), Slg. 2000, II-3207, 3210, Rn. 5; so auch EuGH, Rs. C-310/99 (Italien/Kommission), Slg. 2002, I-2289, 2347, Rn. 84.

[681] EuGH, Rs. 173/73 (Italien/Kommission), Slg. 1974, 709, 720, Rn. 44/45; EuGH, Rs. 730/79 (Philip Morris), Slg. 1980, 2671, 2688 f., Rn. 11; EuGH, Rs. 310/ 85 (Deufil), Slg. 1987, 901, 924 f., Rn. 10 u. 12; EuGH, Rs. 248/84 (Deutschland/Kommission), Slg. 1987, 4013, 4041, Rn. 18; EuGH, Rs. C-113/00 (Spanien/Kommission), Slg. 2002, I-7601, 7642, Rn. 30.

[682] EuGH, Rs. 310/ 85 (Deufil), Slg. 1987, 901, 925, Rn. 11 f.; EuGH, Rs. 67, 68, 70/85 (Van der Kooy), Slg. 1988, 219, 276, Rn. 59.

[683] Mederer/Strohschneider, in: Schröter/Jakob/Mederer, Europäisches Wettbewerbsrecht, Art. 87 EG, Rn. 50.

bb) Anwendung auf die Rundfunkgebührenfinanzierung

Um eine potentielle Beeinträchtigung des Handels zwischen den Mitgliedstaaten bejahen zu können, müssten die durch das Rundfunkgebührenaufkommen begünstigten Rundfunkanstalten grenzüberschreitend tätig sein oder zumindest auf einem Markt Aktivitäten ausüben, in dem erheblicher zwischenstaatlicher Handel stattfindet.

In Betracht kommt hier zunächst wieder der Werbemarkt. Es muss festgestellt werden, dass durch die modernen Übertragungstechniken (Satellit und Kabel) die Rundfunkanbieter nicht mehr nur auf eine nationale Verbreitung beschränkt sind.[684] So haben die deutschen öffentlich-rechtlichen Programme Zuschauer auch in anderen europäischen Ländern, beispielsweise in Österreich.[685] In Deutschland herrscht zumindest vor 20 Uhr Wettbewerb auf dem Markt für Fernsehwerbung. Dieser ist international geprägt, da ausländische Programme über Satellit oder Kabel eingespeist werden.[686] Ferner kommen die Werbekunden auch aus dem Ausland und planen teilweise sogar europaweite Werbekampagnen.[687] Die öffentlich-rechtlichen Rundfunkanstalten stehen daher in Konkurrenz mit Unternehmen aus anderen Mitgliedstaaten. Eine Beeinträchtigung ist darüber hinaus schon deshalb denkbar, da potentielle Neuanbieter, gerade auch aus dem Ausland, vom Markteintritt abgehalten werden könnten, wenn staatlich finanzierte Sender die nationalen Märkte beherrschen.[688] Eine potentielle Beeinträchtigung des Handels zwischen den Mitgliedstaaten ist somit auf dem Werbemarkt gegeben.[689]

Aus den gleichen Überlegungen ergibt sich weiter, dass auch für den Programmmarkt das Kriterium der Zwischenstaatlichkeit des Handels bejaht werden kann.[690] Der Programmmarkt steht im internationalen Wettbewerb, da die öffentlich-rechtlichen Rundfunkanstalten Zuschauer in anderen Mitgliedstaaten haben und ausländische Programmanbieter ebenfalls auf dem deutschen Markt

---

[684] Koch, Möglichkeiten der Beteiligung, S. 111.

[685] Simon, in: Stern/Prütting, Rechtliche und ökonomische Fragen, S. 61, 65, nennt zusätzlich noch Belgien und die Niederlande.

[686] Damm, Gebührenprivileg, S. 130.

[687] Uphoff, Fernsehmarkt und Grundversorgung, S. 140; Damm, Gebührenprivileg, S. 130.

[688] Simon, in: Stern/Prütting, Rechtliche und ökonomische Fragen, S. 61, 65.

[689] So auch die Kommission in ihrer Mitteilung über die Anwendung der Vorschriften über Staatliche Beihilfen auf den öffentlich-rechtlichen Rundfunk, ABl. EG Nr. C 320 v. 15.11.2001, S. 5, 7, Rn. 18; vgl. auch Selmer/Gersdorf, Finanzierung des Rundfunks, S. 53; von zwischenstaatlichen Handelsbeziehungen geht selbst Oppermann, Deutsche Rundfunkgebühren, S. 69, aus; zu dessen, dieses Ergebnis einschränkenden Überlegungen sogleich.

[690] A.A. Oppermann, Deutsche Rundfunkgebühren, S. 69, der jedoch zu eng nur auf den Handelsverkehr zwischen den Rundfunkteilnehmern abstellt.

senden.[691] Eine potentielle Beeinträchtigung des Handels zwischen den Mitgliedstaaten ist also ferner auch auf dem Programmmarkt gegeben.[692] Auch der Programmbeschaffungs- und der Programmverwertungsmarkt sind international sehr umkämpft. Der Export von Rundfunkprogrammen gehört zur typischen Erscheinungsform der Rundfunkbetätigung.[693] Ein möglicher Verkauf von Produktionen an andere Mitgliedstaaten wird meist in den Kalkulationen der Herstellungskosten mit einberechnet. Der Markt für Programmrechte ist, besonders bei Spielfilmen und Sportübertragungen, längst nicht mehr durch nationale Grenzen beschränkt.[694] Ferner existiert sogar ein grenzüberschreitender Wettbewerb um Moderatoren.[695] Wie oben schon gezeigt, stellt die Gebührenfinanzierung in diesen Märkten einen möglichen Wettbewerbsvorteil dar, da sie z.B. bei kostenintensiven Senderechten als sicheres Kapital gelten muss.[696] Zuletzt kann also auch für den Programmbeschaffungs- und den Programmverwertungsmarkt eine potentielle Beeinträchtigung des Handels zwischen den Mitgliedstaaten bejaht werden.[697]

Es findet demnach auf den vier in Frage kommenden Märkten ein innergemeinschaftlicher Handel statt. Die öffentlich-rechtlichen Rundfunkanstalten sind auf diesen Märkten tätig. Sie werden durch das Rundfunkgebührenaufkommen in ihrer Position gestärkt. Eine potentielle Beeinträchtigung des Handels zwischen den Mitgliedstaaten i.S.d. Art. 87 Abs. 1 EG liegt mithin vor. Diese Position vertritt auch die Kommission, die in ihrer Rundfunkmitteilung davon ausgeht, dass eine staatliche Finanzierung öffentlich-rechtlicher Rundfunkanstalten „generell" den Handel zwischen den Mitgliedstaaten beeinträchtigt.[698]

Oppermann hat dem entgegengehalten, dass eine Beeinträchtigung des Handels beim deutschen Modell der Rundfunkfinanzierung ausgeschlossen werden könne.[699] Der Begriff der Beeinträchtigung sei mit einem „unverdienten Kostenvorteil" gleichzusetzen. Die Rundfunkgebühr sei aber kein solcher unverdienter

---

[691] Greissinger, Vorgaben des EG-Vertrages, S. 204.

[692] Engel, Europarechtliche Grenzen für Spartenprogramme, S. 38 f.; Uphoff, Fernsehmarkt und Grundversorgung, S. 140 f.; Ruttig, Einfluss des EG-Beihilfenrechts, S. 185; Greissinger, Vorgaben des EG-Vertrages, S. 204 f.; Damm, Gebührenprivileg, S. 130; Simon, in: Stern/Prütting, Rechtliche und ökonomische Fragen, S. 61, 65.

[693] Selmer/Gersdorf, Finanzierung des Rundfunks, S. 53.

[694] Ruttig, Einfluss des EG-Beihilfenrechts, S. 185.

[695] Simon, in: Stern/Prütting, Rechtliche und ökonomische Fragen, S. 61, 65.

[696] Selmer/Gersdorf, Finanzierung des Rundfunks, S. 49.

[697] So auch die Kommission in ihrer Mitteilung über die Anwendung der Vorschriften über Staatliche Beihilfen auf den öffentlich-rechtlichen Rundfunk, ABl. EG Nr. C 320 v. 15.11.2001, S. 5, 7, Rn. 18; vgl. auch Simon, in: Stern/Prütting, Rechtliche und ökonomische Fragen, S. 61, 65; Tigchelaar, EStAL 2003, S. 169, 171.

[698] Mitteilung der Kommission über die Anwendung der Vorschriften über Staatliche Beihilfen auf den öffentlich-rechtlichen Rundfunk, ABl. EG Nr. C 320 v. 15.11.2001, S. 5, 7, Rn. 18.

[699] Oppermann, Deutsche Rundfunkgebühren, S. 70 ff.

Kostenvorteil, da sie das angemessene Entgelt für die Erfüllung der den deutschen öffentlich-rechtlichen Rundfunkanstalten auferlegten Verpflichtungen darstelle und lediglich diese wirtschaftlich nachteilige „Bepackung" ausgleiche. Da die Höhe der Ausgleichszahlungen durch mehrere Kontrollmechanismen „gedeckelt" sei, könne eine (potentielle) Beeinträchtigung ausgeschlossen werden.[700]

Diese einschränkenden Überlegungen können indes, wie schon gezeigt, nur beim Prüfungspunkt der Begünstigung oder bei einer nachträglichen Rechtfertigung der Beihilfe geltend gemacht werden.[701] Nur dort kann die Tatsache, dass ein Unternehmen mit Gemeinwohlpflichten beauftragt wurde, Berücksichtigung finden. Ein erneutes Heranziehen im Rahmen jedes Prüfungspunkts widerspricht der Systematik des Beihilfetatbestands. Der potentiellen Beeinträchtigung des innergemeinschaftlichen Handels steht eine Beauftragung mit Gemeinwohlpflichten also nicht entgegen.

cc) Ergebnis

Im Rundfunkbereich findet innergemeinschaftlicher Wettbewerb sowohl im Werbemarkt und im Programmmarkt, als auch im Programmbeschaffungs- und Programmverwertungsmarkt statt. Die öffentlich-rechtlichen Rundfunkanstalten sind in diesen Märkten sowohl in Deutschland, als auch in anderen Mitgliedstaaten tätig.[702] Für die Bejahung des Tatbestandsmerkmals der potentiellen Beeinträchtigung des Handels zwischen den Mitgliedstaaten ist das ausreichend. An diesem Ergebnis ändern auch die Gemeinwohlpflichten der Rundfunkanstalten nichts, da eine derartige Belastung nur bei der Einordnung der Zahlung als Begünstigung oder aber bei möglichen Rechtfertigungstatbeständen berücksichtigt werden kann. Die Begünstigung der öffentlich-rechtlichen Rundfunkanstalten durch das Rundfunkgebührenaufkommen führt somit zu einer potentiellen Beeinträchtigung des Handels zwischen den Mitgliedstaaten i.S.d. Art. 87 Abs. 1 EG.

f) Gesamtergebnis

Die öffentlich-rechtlichen Rundfunkanstalten erhalten als Gläubiger der Rundfunkgebühr eine staatliche Beihilfe i.S.d. Art. 87 Abs. 1 EG. Sie werden durch den Geldtransfer zunächst begünstigt. Daran ändern auch die vom EuGH in der neueren Rechtsprechung entwickelten Grundsätze nichts. Die Finanzierung des

---

[700] Oppermann, Deutsche Rundfunkgebühren, S. 71.

[701] Vgl. oben Gliederungspunkt C.II.2.d)bb)(3); in diesem Sinne auch Greissinger, Vorgaben des EG-Vertrages, S. 206, der jedoch die Überlegungen lediglich auf der Rechtfertigungsebene beachten will.

[702] Im Werbemarkt allerdings nur vor 20 Uhr.

Rundfunks durch die Gebühr erfüllt nicht die vier in der Rechtssache „Altmark Trans" aufgestellten Kriterien und kann damit auch nicht von vornherein aus dem Anwendungsbereich des Art. 87 Abs. 1 EG ausgeschlossen werden. Zudem werden die öffentlich-rechtlichen Rundfunkanstalten mit staatlichen Mitteln begünstigt. Eine Übertragung der Rechtsprechung des EuGH in der Rechtssache „PreussenElektra" auf das System der Gebührenfinanzierung überzeugt nicht, da deutliche Sachverhaltsunterschiede überwiegen. Bei der Rundfunkgebühr wird ein Fonds gebildet. Die Verteilung der Gelder aus diesem ist staatlich genau festgelegt. Zudem werden die finanziellen Mittel bei Zahlungsrückständen durch staatlichen Zwang eingetrieben. Daher handelt es sich beim Rundfunkgebührenaufkommen nicht um „private", sondern vielmehr um staatliche Mittel. Die Begünstigung kommt nur den öffentlich-rechtlichen Rundfunkanstalten und damit nur bestimmten Unternehmen zugute. Weiter führt die Begünstigung der öffentlich-rechtlichen Rundfunkanstalten durch das Rundfunkgebührenaufkommen zu einer potentiellen Verfälschung des Wettbewerbs sowohl auf dem Programm- und Werbemarkt, als auch auf dem Programmbeschaffungs- und Programmverwertungsmarkt, wodurch der Handel zwischen den Mitgliedstaaten beeinträchtigt werden kann. Da alle Tatbestandsvoraussetzungen des Art. 87 Abs. 1 EG mithin vorliegen, stellt das Rundfunkgebührenaufkommen eine staatliche Beihilfe i.S.d. Art. 87 Abs. 1 EG dar.

3. Sonstige Finanzierungsmodi als Beihilfe?

Wie oben gezeigt, stellt die staatliche Zuwendung durch das Rundfunkgebührenaufkommen eine staatliche Beihilfe i.S.d. Art. 87 Abs. 1 EG dar. Die für eine Anwendbarkeit der Richtlinie gemäß Art. 2 Abs. 1 lit. d) TranspRL geforderte Zahlung einer staatlichen Beihilfe „in jedweder Form einschließlich Geld- und Ausgleichsleistungen" ist bei der Finanzierung des öffentlich-rechtlichen Rundfunks durch die Rundfunkgebühr also gegeben.

Der Vollständigkeit halber soll dennoch kurz auf die anderen Privilegien eingegangen werden, die den öffentlich-rechtlichen Rundfunkanstalten zugute kommen und welche möglicherweise Beihilfen i.S.d. Art. 87 Abs. 1 EG darstellen. Es sind dies die Steuervergünstigungen für den öffentlich-rechtlichen Rundfunk, die staatliche Garantie in Form einer Insolvenzunfähigkeit der Rundfunkanstalten und schließlich die bevorzugte Einspeisung in die Kabelnetze.

a) Steuervergünstigungen

Öffentlich-rechtliche Rundfunkanstalten unterhalten zumindest bei der Veranstaltung von Werbesendungen einen Betrieb gewerblicher Art. i.S.d. § 1 Abs. 1 Nr. 6 i.V.m. § 4 KStG.[703] Damit unterliegen sie in diesem Bereich der Körperschafts- und der Gewerbesteuer.[704]

Den öffentlich-rechtlichen Rundfunkanstalten werden durch § 8 Abs. 1 S. 2 KStG Steuervergünstigungen eingeräumt. Dort heißt es: „Bei den inländischen öffentlich-rechtlichen Rundfunkanstalten beträgt das Einkommen aus dem Geschäft der Veranstaltung von Werbesendungen 16 vH der Entgelte (§ 10 Abs. 1 des Umsatzsteuergesetzes) aus Werbesendungen." Diese Pauschalierung des Einkommens führt zu einer Herabsetzung der steuerlichen Bemessungsgrundlage um 84 % des für körperschaftssteuerpflichtige juristische Personen üblichen Werts. Zudem bestimmt § 7 S. 3 GewStG, dass das nach § 8 Abs. 1 S. 2 KStG ermittelte Einkommen auch als Gewerbeertrag gilt. Der Gewerbeertrag ist gemäß § 6 GewStG Besteuerungsgrundlage für die Gewerbesteuer. Damit führt die Sonderregelungen der § 8 Abs. 1 S. 2 KStG i.V.m. § 7 S. 3 GewStG für die öffentlich-rechtlichen Rundfunkanstalten zugleich auch zu einer Senkung der Gewerbesteuerlast.

---

[703] Geiger/Klingebiel/Wochinger, in: Dötsch/Eversberg/Jost/Witt, Die Körperschaftsteuer, § 8 Abs. 1 KStG n.F., Rn. 168; für eine Ausweitung der Steuerpflicht auch auf andere Tätigkeitsbereiche wohl Güroff, in: Glanegger/Güroff, GewStG, § 2 Rn. 164.

[704] Vgl. Balmes, in: Herrmann/Heuer/Raupach, Einkommenssteuer- und Körperschaftssteuergesetz, § 8 KStG, Rn. 25.

Diese Sonderregelung, die zunächst nur für das ZDF galt,[705] wurde eingeführt, da eine volle Besteuerung der Werbeeinkünfte zu einer Erhöhung der Rundfunkgebühr geführt hätte.[706] Die Regelung ist sowohl in ihrer ursprünglichen Form, als auch in ihrer jetzigen Form auf verfassungsrechtliche Bedenken gestoßen.[707]

In der teilweisen Befreiung der öffentlich-rechtlichen Rundfunkanstalten von der Steuerlast könnte zudem eine Beihilfe i.S.d. Art. 87 Abs. 1 EG gesehen werden.[708] Dazu müssten es sich bei der Steuerentlastung um eine Begünstigung aus staatlichen Mitteln handeln, die bestimmten Unternehmen zugute kommt und die geeignet ist, den Wettbewerb zu verfälschen und den innergemeinschaftlichen Handel zu beeinträchtigen.

aa) Begünstigung

Wie oben dargestellt ist der Begriff „Beihilfe" weit auszulegen und umfasst jedwede Maßnahme, die gleich in welcher Form (Tun oder Unterlassen) die Belastungen verringern, die ein Unternehmen normalerweise zu tragen hat.[709] Unter den weiten Beihilfebegriff fallen auch Steuernachlässe und Abgabenbefreiungen.[710] In diesen Fällen verzichtet der Staat auf (Steuer)einnahmen, die er normalerweise erzielt hätte. Die Senkung der Körperschafts- und Gewerbesteuerlast unterliegt damit grundsätzlich dem Beihilfebegriff des Art. 87 Abs. 1 EG.

Eine Begünstigung eines Unternehmens liegt immer dann vor, wenn das Unternehmen eine Zuwendung erhält, die keine marktgerechte Gegenleistung für eine erbrachte Leistung darstellt.[711] Hinsichtlich der von den öffentlich-rechtlichen Rundfunkanstalten erbrachten Dienstleitungen der Daseinsvorsorge kann hier nach oben verwiesen werden.[712] Auch wenn die Steuernachlässe als

---

[705] Vgl. Balmes, in: Herrmann/Heuer/Raupach, Einkommensteuer- und Körperschaftssteuergesetz, § 8 KStG, Rn. 25; Geiger/Klingebiel/Wochinger, in: Dötsch/Eversberg/Jost/Witt, Die Körperschaftssteuer, § 8 Abs. 1 KStG n.F., Rn. 170; Güroff, in: Glanegger/Güroff, GewStG, § 6, Rn. 1.

[706] Balmes, in: Herrmann/Heuer/Raupach, Einkommensteuer- und Körperschaftssteuergesetz, § 8 KStG, Rn. 25.

[707] Zur alten Regelung ausführlich Ossenbühl, in: Jakobs/Knobbe-Keuk/Picker/Wilhelm, FS Flume, S. 201, 201 ff; zur neuen Regelung Balmes, in: Herrmann/Heuer/Raupach, Einkommensteuer- und Körperschaftssteuergesetz, § 8 KStG, Rn. 25; Güroff, in: Glanegger/Güroff, GewStG, § 6, Rn. 1.

[708] So Trzaskalik, Transparenzpflichten des Rundfunks, S. 26, allerdings zu der alten Regelung, die nur das ZDF betraf.

[709] Cremer, in: Calliess/Ruffert, EU-/EG-Vertrag, Art. 87 EG, Rn. 7.

[710] EuGH, Rs. C-53/00 (Ferring), Slg. 2001, I-9067, 9109, Rn. 20; Cremer, in: Calliess/Ruffert, EU-/EG-Vertrag, Art. 87 EG, Rn. 18; Koschyk, Steuervergünstigungen als Beihilfen nach Art. 92 EG, S. 333.

[711] Cremer, in: Calliess/Ruffert, EU-/EG-Vertrag, Art. 87 EG, Rn. 7.

[712] Vgl. ausführlich oben Gliederungspunkt C.II.2.a)cc).

Gegenleistung für die Erbringung bestimmter Leistungen gewährt werden, ändert sich an der rechtlichen Einordnung dieser Gegenleistung als Beihilfe nichts. Da die in der Rechtssache „Altmark Trans" aufgestellten vier Kriterien beim deutschen Modell der Rundfunkfinanzierung nicht erfüllt sind, bleibt es bei einer Einordnung der Zuwendungen als Beihilfe i.S.d. Art. 87 Abs. 1 EG. Eine Begünstigung der öffentlich-rechtlichen Rundfunkanstalten durch die Sonderregelung des § 8 Abs. 1 S. 2 KStG liegt somit vor.

bb) „staatliche oder aus staatlichen Mitteln gewährte" Begünstigung

Anders als bei der Finanzierung durch die Rundfunkgebühr, liegt bei einem Steuernachlass schon eine „staatliche" und nicht nur eine „aus staatlichen Mitteln gewährte" Begünstigung vor, da staatliche Haushalte direkt belastet werden. Dabei ist unbeachtlich, dass beim Verzicht auf Steuern gerade keine Gelder fließen. Die Belastung des Haushaltes kann auch im Rahmen eines Einnahmeverzichtes erfolgen.[713]

cc) Selektivität

Zudem ist auch eine selektive Wirkung gegeben. Die öffentlich-rechtlichen Rundfunkanbieter sind explizit als Begünstigte in § 8 Abs. 1 S. 2 KStG genannt. Eine Steuervergünstigung für private Anbieter ist nicht vorgesehen.

dd) Möglichkeit der Verfälschung des Wettbewerbs

Bei der Frage, ob eine potentielle Wettbewerbsverfälschung vorliegt, kann nach oben verwiesen werden.[714] Auf den relevanten Märkten herrscht zwischen den privaten und öffentlich-rechtlichen Anbietern Wettbewerb, der auch durch eine Steuervergünstigung verfälscht werden kann. Die Begünstigung übersteigt zudem auch die Schwelle der Verordnung über „De-minimis"-Beihilfen[715]. Eine Spürbarkeit der Wettbewerbsverfälschung kann damit jedenfalls angenommen werden.[716]

---

[713] Vgl. Mederer/Triantafyllou, in: Schröter/Jakob/Mederer, Europäisches Wettbewerbsrecht, Art. 87 EG, Rn. 27.
[714] Vgl. oben Gliederungspunkt C.II.2.d).
[715] Über 100.000 EUR; vgl. Verordnung Nr. 69/2001 v. 12.01.2001, ABl. EG Nr. L 10 v. 13.01.2001, S. 30 ff.
[716] Damit kann die Frage, ob eine Spürbarkeit überhaupt vorliegen muss, dahinstehen.

ee) Beeinträchtigung des Handels zwischen den Mitgliedstaaten

Die Möglichkeit der Verfälschung des Wettbewerbs findet zudem auf Märkten statt, auf denen eine innergemeinschaftliche Konkurrenzsituation existiert. Damit ist auch der Handel zwischen den Mitgliedstaaten potentiell beeinträchtigt.

ff) Ergebnis

Bei der Steuererleichterung durch § 8 Abs. 1 S. 2 KStG, die sich sowohl auf die Körperschafts- als auch auf die Gewerbesteuer auswirkt, handelt es sich um eine Beihilfe i.S.d. Art. 87 Abs. 1 EG, durch welche die öffentlich-rechtlichen Rundfunkanstalten begünstigt werden.

b) Insolvenzunfähigkeit

Zudem könnte es sich bei der staatlich garantierten Insolvenzunfähigkeit um eine Beihilfe i.S.d. Art. 87 Abs. 1 EG handeln.[717]

Die Länder sind verfassungsrechtlich aus Art. 5 Abs. 1 S. 2 GG dazu verpflichtet, den Bestand des öffentlich-rechtlichen Rundfunks zu sichern.[718] Damit müssen sie für eine adäquate Finanzierung der öffentlich-rechtlichen Rundfunkanstalten sorgen. Die finanzielle Gewährleistungspflicht gebietet es den Ländern, die Zahlungsunfähigkeit der Anstalten abzuwenden und notfalls selbst für deren Verbindlichkeiten einzustehen.[719] Das führt zu einer Insolvenzunfähigkeit der Rundfunkanstalten.[720] Sie ist teilweise staatsvertraglich geregelt. So heißt es beispielsweise in § 32 ZDF-StV: „Ein Insolvenzverfahren über das Vermögen des ZDF ist unzulässig."[721]

Die durch die Länder garantierte Insolvenzunfähigkeit hat auch praktische Folgen. Gemäß § 17 Abs. 2 des Gesetzes zur Verbesserung der betrieblichen Altersvorsorge (BetrAVG) gelten die §§ 7 bis 15 des BetrAVG für Anstalten des öffentlichen Rechts dann nicht, wenn bei diesen das Insolvenzverfahren nicht zulässig oder kraft Gesetzes ausgeschlossen ist.[722] Die Ausnahmevorschrift betrifft damit auch den öffentlich-rechtlichen Rundfunk.[723] Daraus folgt, dass die öffentlich-rechtlichen Anstalten für ihre Mitarbeiter keine Beiträge zur Insol-

---

[717] Dazu Stulz-Herrnstadt, Rundfunkfinanzierung, S. 160 ff.; vgl. allgemein zur Insolvenzunfähigkeit der öffentlich-rechtlichen Rundfunkanstalten Bethge, DÖV 1988, S. 97 ff.; ders., MP 1991, S. 720 ff.; Kempen, DÖV 1988, S. 547 ff.

[718] BVerfGE 89, 144, 152 ff.

[719] BVerfGE 87, 181, 198; BVerfGE 89, 144, 154.

[720] BVerfGE 89, 144, 153; vgl. Storr, K&R 2002, S. 464, 467.

[721] So auch § 1 Abs. 3 NDR-Staatsvertrag und § 1 Abs. 3 MDR-Staatsvertrag.

[722] Vgl. dazu schon Bethge, MP 1991, S. 720, 720 f.

[723] Blomeyer/Otto, BetrAVG-Kommentar, § 17, Rn. 163.

venzversicherung im Rahmen der betrieblichen Altersvorsorge leisten müssen.[724]

Eine staatlich garantierte Insolvenzunfähigkeit kann an sich schon eine Beihilfe i.S.d. Art. 87 Abs. 1 EG darstellen. So sind staatliche Garantien Beihilfen i.S.d. Art. 87 Abs. 1 EG, wenn sie am Markt nicht oder nur zu einem höheren Zinssatz bereitgestellt werden.[725] Auch die Kommission geht davon aus, dass günstige Finanzierungsbedingungen für Unternehmen, deren Rechtsform eine Insolvenzfähigkeit ausschließt oder welchen eine staatliche garantierte Verlustübernahme zuteil wird, Beihilfen darstellen.[726] Diese deutlich formulierte Position kann als Reaktion auf die staatlich garantierte Anstaltslast und die Gewährträgerhaftung bei den deutschen Landesbanken gewertet werden.[727]

Auch bei der staatlich garantierten Insolvenzunfähigkeit der öffentlich-rechtlichen Rundfunkanstalten liegt damit eine Beihilfe i.S.d. Art. 87 Abs. 1 EG vor. Im Verfahren gegen Dänemark bezüglich der Finanzierung des Fernsehsenders TV2 ist die Kommission davon ausgegangen, dass staatliche Garantien im Rahmen der Kreditbeschaffung den Tatbestand des Art. 87 Abs. 1 EG erfüllen.[728] An dem begünstigenden Moment könnte es nur dann fehlen, wenn kein konkreter wirtschaftlicher Vorteil für die öffentlich-rechtlichen Rundfunkanstalten vorläge.[729] Haftet aber die öffentliche Hand im Verhältnis zu Dritten für Kredite, so kann darin sehr wohl eine konkrete Begünstigung gesehen werden.[730] Im Übrigen führt die staatlich garantierte Insolvenzunfähigkeit, wie oben gezeigt, zu einer konkreten, selektiven Besserstellung gegenüber anderen Unternehmen. Die staatlich garantierte Insolvenzunfähigkeit der öffentlich-rechtlichen

---

[724] Dazu ausführlich Uphoff, Fernsehmarkt und Grundversorgung, S. 65.

[725] Cremer, in: Calliess/Ruffert, EU-/EG-Vertrag, Art. 87 EG, Rn. 18.

[726] Mitteilung über die Anwendung der Beihilfevorschriften auf Beihilfen in Form von Haftungsverpflichtungen und Bürgschaften aus dem Jahre 1999 (ABl. EG 2000 Nr. C 71, S. 14).

[727] Bär-Bouyssière, in: Schwarze, EU-Kommentar, Art. 87 EG, Rn. 41. Die Kontroverse darüber, ob diese Instrumente der Gläubigersicherung Beihilfen i.S.d. Art. 87 Abs. 1 EG darstellen, hat durch einen Vorschlag der Kommission v. 8.5.2001 an Brisanz verloren; vgl. ausführlich Cremer, in: Calliess/Ruffert, EU-/EG-Vertrag, Art. 87 EG, Rn. 18; für eine derartige Einordnung: Hasselmann, Ausschlusstatbestände, S. 266 ff; Koenig, EuZW 1995, S. 595, 602; Schmid/Vollmöller, NJW 1998, S. 716, 720; Schroeder, ZHR 161 (1997), S. 805, 827. gegen eine solche Einordnung: Löhr, Anstaltslast und Gewährträgerhaftung, S. 230; Schneider/Busch, EuZW 1995, S. 602, 608.

[728] Entscheidung der Kommission v. 19.05.2004, Beihilfe Nr. C 2/03 (ex NN 22/02) (TV2); vgl. die Argumentation in dem Schreiben der Kommission v. 21.01.2003, Beihilfe Nr. C 2/03 (ex NN 22/02) (TV2), ABl. EG Nr. C 59 v. 14.3.2003, S. 2, 7, 8 u. 13, Rn. 36, 42 u. 95; die inoffizielle englische Übersetzung des dänischen Dokuments hat die Association of Commercial Telvision in Europe (ACT), Brüssel, besorgt.

[729] So aber Damm, Gebührenprivileg, S. 98.

[730] Ruttig, Einfluss des EG-Beihilfenrechts, S. 160 f.; Stulz-Herrnstadt, Rundfunkfinanzierung, S. 177.

Rundfunkanstalten stellt mithin eine staatliche Beihilfe i.S.d. Art. 87 Abs. 1 EG dar.

c) Bevorzugte Einspeisung

Zum Teil wurde auch gegen die bevorzugte Einspeisung in die Kabelnetze der Beihilfevorwurf erhoben.[731] Da die Kapazität der Kabelnetze begrenzt ist, muss eine Auswahlentscheidung hinsichtlich der Belegung erfolgen. Bei dieser Entscheidung werden Programme, die als gesetzlich bestimmt gelten, bevorzugt behandelt.[732] Davon profitieren aber die öffentlich-rechtlichen Programme, da sie als gesetzlich bestimmt gelten.[733]

Der Vorwurf, in der bevorzugten Kabeleinspeisung liege eine staatliche Beihilfe i.S.d. Art. 87 Abs. 1 EG, kann indes nicht überzeugen. Hierbei fehlt schon das Merkmal der „staatlichen oder aus staatlichen Mittel gewährten" Begünstigung, da es jedenfalls zu keiner Involvierung staatlicher Mittel kommt.[734] Im Verfahren „Kinderkanal/Phoenix" hat die Kommission richtigerweise deutlich gemacht, dass im Falle der Bestimmungen über den Zugang zum Kabelnetz weder ein Verzicht auf Einnahmen des Staates noch eine aktive Weitergabe von finanziellen Mitteln an die Rundfunkanstalten vorliegt.[735] In der bevorzugten Einspeisung der öffentlich-rechtlichen Programme ins Kabelnetz durch die Landesgesetze kann mithin keine Beihilfe i.S.d. Art. 87 Abs. 1 EG gesehen werden.

4. Ergebnis

Die Finanzierung des öffentlich-rechtlichen Rundfunks durch die Rundfunkgebühr erfüllt den Tatbestand des Art. 87 Abs. 1 EG und stellt damit eine staatliche Beihilfe dar. Das Tatbestandsmerkmal des Art. 2 Abs. 1 lit. d) TranspRL „staatliche Beihilfen in jedweder Form einschließlich Geld- und Ausgleichsleistungen" ist bei der Finanzierung des öffentlich-rechtlichen Rundfunks durch die Rundfunkgebühr also erfüllt. Zudem werden die öffentlich-rechtlichen Rund-

---

[731] So Engel, Europarechtliche Grenzen für Spartenprogramme, S. 86.

[732] Vgl. etwa § 21 Abs. 1 Landesmediengesetz Baden-Württemberg; § 18 Abs. 1 Mediengesetz Nordrhein-Westfalen; ähnlich auch Art. 32 Landesmediengesetz Bayern.

[733] Greissinger, Vorgaben des EG-Vertrages, S. 168.

[734] Greissinger, Vorgaben des EG-Vertrages, S. 169; in diese Richtung weisen auch die Ausführungen von Selmer/Gersdorf, Finanzierung des Rundfunks, S. 34. Darüber hinaus können auch teleologische Gründe geltend gemacht werden: Wenn ein Mitgliedstaat befugt ist, ein Unternehmen mit Dienstleistungen von allgemeinem wirtschaftlichem Interesse zu beauftragen, so muss es diesem auch möglich sein, dafür Sorge zu leisten, dass diese Dienste auch in Anspruch genommen werden.

[735] Entscheidung v. 24.2.1999, Nr. NN 70/98 (Kinderkanal/Phoenix), Tz. 6.1.2. (die ausführliche Entscheidungsbegründung wurde nicht veröffentlicht, kann aber bei der Kommission angefordert werden); ABl. EG Nr. C 238 v. 21.8.1999, S. 3.

funkanstalten auch durch Steuervergünstigungen und die staatliche garantierte Insolvenzunfähigkeit begünstigt. Diese Privilegien stellen ebenfalls staatliche Beihilfen i.S.d. Art. 87 Abs. 1 EG. In der Bevorzugung der Rundfunkanstalten bei der Kabeleinspeisung kann hingegen keine staatliche Beihilfe gesehen werden.

III. Tätigkeit in verschiedenen Geschäftsbereichen

Damit eine Anwendbarkeit der Transparenzrichtlinie auf den öffentlich-rechtlichen Rundfunk bejaht werden kann, müssten die Rundfunkanstalten zudem gemäß Art. 2 Abs. 1 lit. d) i.V.m. Art. 1 Abs. 2 TranspRL in verschiedenen Geschäftsbereichen tätig sein.

1. Einführung

Der Begriff „verschiedene Geschäftsbereiche" wird in Art. 2 Abs. 1 lit. e) TranspRL definiert als „auf der einen Seite alle Produkte oder Dienstleistungen, für die ein Unternehmen besondere oder ausschließliche Rechte erhalten hat, oder alle Dienstleistungen von allgemeinem wirtschaftlichem Interesse, mit denen ein Unternehmen betraut worden ist sowie auf der anderen Seite jedes andere getrennte Produkt oder jede andere Dienstleistung des Unternehmens". Die Pflichten der Transparenzrichtlinie gelten also nur dann, wenn das fragliche Unternehmen sowohl im privilegierten Sonderrechtsbereich als auch im nicht-privilegierten Wettbewerbsbereich tätig ist.[736]

Das Hauptproblem besteht darin, die Grenzlinie zwischen Sonder- und Wettbewerbsbereich zu ziehen. Dies ist deshalb sehr schwierig, weil die Mitgliedstaaten sehr großzügig bestimmen können, welche Dienstleistungen für sie solche von allgemeinem wirtschaftlichem Interesse sind. Diese Rechtstellung der Mitgliedstaaten wurde im Bereich des Rundfunks zudem noch durch das Rundfunkprotokoll verstärkt.[737] Der Rundfunkbereich unterliegt daher nur einer sehr beschränkten Kontrolle durch die Kommission.[738] Allerdings ist auch schon gezeigt worden, dass eine willkürliche Ausklammerung von Bereichen und Dienstleistungen, die der freie Markt ebenso gut selbst hervorbringen könnte, dem Ziel eines uneingeschränkten Binnenmarktes entgegensteht.[739]

Dieses wettbewerbsrechtliche Spannungsfeld wird insbesondere am Prüfungspunkt „Tätigkeit in verschiedenen Geschäftsbereiche" der Transparenzrichtlinie deutlich. Umso gegensätzlicher sind auch die vertretenen Positionen. Während die Rundfunkanstalten ihr gesamtes Tätigkeitsfeld dem Sonderrechtsbereich zuordnen,[740] sehen Vertreter der privaten Sender in vielen Aktivitäten

---

[736] Zur Terminologie vgl. Britz, DVBl. 2000, S. 1641, 1642; Koenig/Kühling, in: Streinz, EU-/EG-Vertrag, Art. 86 EG, Rn. 84.

[737] Protokoll über den öffentlich-rechtlichen Rundfunk in den Mitgliedstaaten zum Amsterdamer Vertrag, ABl. EG Nr. C 340 v. 10.1.1997, S. 109.

[738] Schwarze, ZUM 2000, 779, 797.

[739] S.o. Gliederungspunkte A.I. und C.I.1.b)bb); vgl. Magiera, in: Ipsen/Schmidt-Jortzig, FS Rauschning, S. 269, 270.

[740] So dezidiert Eberle, in: ders./Ibler/Lorenz, FS Brohm, S. 51, 51 ff.

der öffentlich-rechtlichen Anstalten solche des Wettbewerbsbereichs.[741] Mit einer derartigen Zuordnung ist indes nichts über die Zulässigkeit der fraglichen Aktivitäten gesagt. Im Rahmen des europäischen Wettbewerbsrechts darf ein Unternehmen der Daseinsvorsorge sehr wohl auch in Bereichen aktiv sein, die nicht dem Sonderrechtsbereich zurechenbar sind. Mit Hilfe der Transparenzrichtlinie soll lediglich ein Mittelfluss von staatlichen Beihilfen i.S.d. Art. 87 Abs. 1 EG vom privilegierten in den nicht-privilegierten Bereich verhindert werden.

Zur Beantwortung der Frage, ob die öffentlich-rechtlichen Rundfunkanstalten auch im Wettbewerbsbereich tätig sind, sollen zunächst die europarechtlichen Vorgaben dargestellt werden. Hierbei steht im Vordergrund, welche Anforderungen das europäische Wettbewerbsrecht an eine Privilegierung i.S.d. Art. 86 Abs. 2 EG und damit eine Einordnung fraglicher Aktivitäten in den Sonderrechtsbereich stellt. Im Anschluss daran soll in einem groben Überblick der gesetzliche Aufgabenbereich der öffentlich-rechtlichen Rundfunkanstalten dargestellt werden. Das nationale Recht muss für die Abgrenzung der verschiedenen Geschäftsbereiche immer als Ausgangspunkt gewählt werden. Nur der Mitgliedstaat selbst kann bestimmen, welche Tätigkeiten er dem Sonderrechtsbereich zuordnen möchte und welche nicht. Nach diesen allgemeinen Ausführungen soll zuletzt anhand von konkreten Beispielen geprüft werden, ob die öffentlich-rechtlichen Rundfunkanstalten tatsächlich in „verschiedenen Geschäftsbereichen" tätig sind, ob sie also auch zusätzlich zu ihren Gemeinwohlpflichten Dienstleistungen im Wettbewerbsbereich anbieten. Hier wird der Schwerpunkt auf dem Tätigkeitsfeld der Wirtschaftswerbung liegen. Es sollen aber auch andere Tätigkeiten der öffentlich-rechtlichen Rundfunkanstalten, insbesondere die Bildung von Tochterunternehmen und das Merchandising, beleuchtet werden.

2. Europarechtliche Vorgaben

a) Einleitung

Wie oben dargestellt ist die Festlegung und Ausgestaltung des Auftrags des öffentlich-rechtlichen Rundfunks grundsätzlich Sache der Mitgliedstaaten. Dies ist die Folge einer protokollkonformen Auslegung der Begriffe des Art. 86 Abs. 2 EG.[742] Die Kommission ist insoweit auf eine Missbrauchskontrolle und auf ein Einschreiten bei „offensichtlichen Fehlern" beschränkt. Andererseits bedeutet dies nicht, dass das Rundfunkprotokoll zu einer vollständigen Ausklammerung des Bereiches aus dem Wettbewerbsrecht führt, den die Mitgliedstaaten als „öffentlich-rechtlichen Rundfunk" deklarieren. So heißt es im Protokoll ausdrück-

---

[741] Vgl. die Beschwerde des VPRT vom April 2003; vgl. AfP 2003, S. 258; Doetz, MMR 2003, S. 429 f.
[742] S.o. Gliederungspunkt C.I.1.b)bb)(2).

lich, dass die Handels- und Wettbewerbsbedingungen in der Gemeinschaft nicht in einem Ausmaß beeinträchtigt werden dürfen, das dem gemeinsamen Interesse zuwiderläuft.[743]

b) Dienstleistung von allgemeinem wirtschaftlichem Interesse

Die Kommission hat deutlich gemacht, dass auch im Rundfunksektor bestimmte Aktivitäten niemals Dienstleistungen von allgemeinem wirtschaftlichem Interesse i.S.d. Art. 86 Abs. 2 EG sein können. Wollte ein Mitgliedstaat dennoch ein Unternehmen mit einer derartigen „privilegierten" Dienstleistung betrauen, so läge hierin ein offensichtlicher Fehler. Nach Ansicht der Kommission muss für die Beantwortung der Frage, ob ein offensichtlicher Fehler vorliegt, auf die Bestimmungen des Rundfunkprotokolls zurückgegriffen werden.[744] Eine Privilegierung kommt nach Ansicht der Kommission nur dann in Betracht, wenn eine Dienstleistung auch den „demokratischen, sozialen und kulturellen Bedürfnissen jeder Gesellschaft" entspricht. Als Beispiel für einen offensichtlichen Fehler nennt die Kommission in ihrer Rundfunkmitteilung die Beauftragung mit „elektronischem Handel".[745] Ein Mitgliedstaat könnte demnach seine öffentlichrechtlichen Rundfunkanstalten nicht mit der Tätigkeit „elektronischer Handel" beauftragen und diese Aktivität als Dienstleistung von allgemeinem wirtschaftlichem Interesse deklarieren.[746]

Die Auffassung der Kommission ist zutreffend und spiegelt die Wertungen der Art. 16 und 86 Abs. 2 EG, sowie des Rundfunkprotokolls wider. Auch im Rundfunkbereich findet keine vollständige Ausklammerung des europäischen Wettbewerbs statt. Der Bereich „öffentlich-rechtlicher Rundfunk" verdient nur solange eine Privilegierung, solange dieser auch den ihm zuerkannten Qualitäten gerecht wird. Mitgliedstaaten können daher nicht weitgehende Bereiche aus dem europäischen Wettbewerbsrecht ausklammern, indem sie solche dem Begriff des „öffentlich-rechtlichen Rundfunks" zuordnen. Das allgemeine Beispiel des „elektronischen Handels" soll an dieser Stelle genügen. Es wird deutlich, dass trotz einer weitgehenden Definitionsfreiheit der Mitgliedstaaten europarechtliche Einschränkungen in der Frage existieren, was „öffentlich-rechtlicher Rundfunk" sein darf, bzw. welche Aktivitäten privilegiert und dem europäischen

---

[743] Protokoll über den öffentlich-rechtlichen Rundfunk in den Mitgliedstaaten zum Amsterdamer Vertrag, ABl. EG Nr. C 340 v. 10.1.1997, S. 109.

[744] Mitteilung der Kommission über die Anwendung der Vorschriften über Staatliche Beihilfen auf den öffentlich-rechtlichen Rundfunk, ABl. EG Nr. C 320 v. 15.11.2001, S. 5, 9, Rn. 36.

[745] Mitteilung der Kommission über die Anwendung der Vorschriften über Staatliche Beihilfen auf den öffentlich-rechtlichen Rundfunk, ABl. EG Nr. C 320 v. 15.11.2001, S. 5, 9, Rn. 36.

[746] Der Mitgliedstaat darf den Sendeanstalten allerdings diese Tätigkeit erlauben, die Möglichkeit der Privilegierung entfällt aber für diesen Bereich.

Wettbewerbsbereich entzogen werden dürfen.[747] Diese Wertung wird bei der Einzelbetrachtung der verschiedenen Aktivitäten der deutschen öffentlich-rechtlichen Rundfunkanstalten zu beachten sein.

c) Betrauung

Weiter ändert auch das Rundfunkprotokoll nichts daran, dass die Mitgliedstaaten das fragliche Unternehmen mit der Dienstleistung von allgemeinem wirtschaftlichem Interesse betraut, die öffentliche Aufgabe mithin festgelegt und ausgestaltet haben müssen.[748] Diese Notwendigkeit wird vielmehr durch das Protokoll unterstrichen, wonach der öffentlich-rechtliche Auftrag „von den Mitgliedstaaten [...] übertragen, festgelegt und ausgestaltet wird".[749] Daraus folgt, dass für jeden privilegierten Aufgabenbereich der öffentlich-rechtlichen Rundfunkanstalten sowohl eine hinreichend konkrete Betrauung als auch eine möglichst genaue Auftragsdefinition vorliegen muss.[750] Das Rundfunkprotokoll entbindet also die Mitgliedstaaten nicht von einer Definition der Aufgabe „öffentlich-rechtlicher Rundfunk", sondern setzt eine derartige Konkretisierung voraus.[751]

Eine Betrauung i.S.d. Art. 86 Abs. 2 EG beinhaltet damit die genaue Definition des öffentlich-rechtlichen Auftrags und eine Übertragung dieses Auftrags an ein Unternehmen. Die Kommission weist zutreffend darauf hin, dass die Dienstleistung aber auch so erbracht werden muss, wie dies zwischen Staat und beauftragten Unternehmen vereinbart wurde.[752] Daher sollte die Qualität der Erbringung von einer geeigneten Behörde überwacht werden. Zuletzt kommt nach Ansicht der Kommission eine Privilegierung im Rahmen des Art. 86 Abs. 2 EG nur dann in Betracht, wenn die Finanzierung der betreffenden Maßnahme verhältnismäßig ist.[753]

---

[747] So auch Greissinger, Vorgaben des EG-Vertrages, S. 149 f.

[748] Bullinger, Die Aufgaben des öffentlichen Rundfunks, S. 31.

[749] Protokoll über den öffentlich-rechtlichen Rundfunk in den Mitgliedstaaten zum Amsterdamer Vertrag, ABl. EG Nr. C 340 v. 10.1.1997, S. 109.

[750] Darauf weist die Kommission in ihrer Mitteilung über die Anwendung der Vorschriften über Staatliche Beihilfen auf den öffentlich-rechtlichen Rundfunk, ABl. EG Nr. C 320 v. 15.11.2001, S. 5, 8, Rn. 31, hin.

[751] Bullinger, Die Aufgaben des öffentlichen Rundfunks, S. 53.

[752] Mitteilung der Kommission über die Anwendung der Vorschriften über Staatliche Beihilfen auf den öffentlich-rechtlichen Rundfunk, ABl. EG Nr. C 320 v. 15.11.2001, S. 5, 9, Rn. 41.

[753] Mitteilung der Kommission über die Anwendung der Vorschriften über Staatliche Beihilfen auf den öffentlich-rechtlichen Rundfunk, ABl. EG Nr. C 320 v. 15.11.2001, S. 5, 10, Rn. 47.

d) Ergebnis

Als Ergebnis bleibt festzuhalten, dass die Mitgliedstaaten grundsätzlich selbst entscheiden können, welche Aufgaben sie den öffentlich-rechtlichen Rundfunkanstalten übertragen. Allerdings müssen sie für eine Privilegierung im Rahmen des Art. 86 Abs. 2 EG den Aufgabenbereich möglichst genau definieren und die Rundfunkanstalten mit den Aufgaben auch betrauen. Liegen diese Voraussetzungen vor, verbleibt der Kommission nur eine Missbrauchskontrolle, sodass sie nur offensichtliche Fehler ahnden kann. Ein solcher offensichtlicher Fehler liegt vor, wenn die Privilegierung eines bestimmten Aufgabenbereichs nicht den Wertungen des Rundfunkprotokolls entspricht. Eine Privilegierung durch Art. 86 Abs. 2 EG kommt nach Ansicht der Kommission daher richtigerweise nur dann in Betracht, wenn eine Aufgabe auch den „demokratischen, sozialen und kulturellen Bedürfnissen jeder Gesellschaft" entspricht.[754]

3. Aufgabenbereich der öffentlich-rechtlichen Rundfunkanstalten

Im Folgenden soll nun der Aufgabenbereich der öffentlich-rechtlichen Rundfunkanstalten dargestellt werden. Nur wenn die Anstalten mit einer bestimmten Aufgabe beauftragt wurden, kommt eine Betrauung und damit eine Privilegierung i.S.d. Art. 86 Abs. 2 EG in Betracht. Andernfalls muss die fragliche Tätigkeit dem Wettbewerbsbereich zugerechnet werden. Während der Schwerpunkt der Diskussion im nationalen Rundfunkrecht auf der Zulässigkeit bestimmter Aktivitäten liegt, steht somit bei der Frage nach einer Tätigkeit in „verschiedenen Geschäftsbereichen" i.S.d. Transparenzrichtlinie im Vordergrund, ob eine Beauftragung der Sendeanstalten und damit eine Verpflichtung zur Tätigkeit besteht.

Der Aufgabenbereich der öffentlich-rechtlichen Rundfunkanstalten setzt sich aus den Einzelbereichen der Grundversorgung, der Zusatzversorgung und den Hilfstätigkeiten zusammen.[755] Die Grundversorgung stellt den wichtigsten Teil und damit den qualifizierten Kernbereich der Rundfunkaufgaben dar.[756] Die Notwendigkeit ihrer Erfüllung leitet sich unmittelbar aus Art. 5 Abs. 1 S. 2 GG ab.[757] Die nähere Ausgestaltung des Aufgabenbereichs der öffentlich-rechtlichen

---

[754] Mitteilung der Kommission über die Anwendung der Vorschriften über Staatliche Beihilfen auf den öffentlich-rechtlichen Rundfunk, ABl. EG Nr. C 320 v. 15.11.2001, S. 5, 9, Rn. 36.

[755] Gersdorf, Grundzüge des Rundfunkrechts, Rn. 304.

[756] Vgl. Ricker/Schiwy, Rundfunkverfassungsrecht, Kapitel F, Rn. 14 und ausführlich Scheble, Perspektiven der Grundversorgung, S. 24 ff.

[757] Hesse, Rundfunkrecht, 4. Kapitel, Rn. 4.

Rundfunkanstalten ist maßgeblich durch die Rechtsprechung des Bundesverfassungsgerichts in seinen Rundfunkurteilen erfolgt.[758]

a) Grundversorgung

aa) Verfassungsrechtliche Determinanten

Die öffentlich-rechtlichen Rundfunkanstalten sind Träger der grundrechtlichen Rundfunkfreiheit aus Art. 5 Abs. 1 S. 2 GG.[759] Es gibt hinsichtlich der öffentlich-rechtlichen Rundfunkanstalten keine negative Rundfunkfreiheit. Die Rundfunkfreiheit ist vielmehr eine „dienende Freiheit", die der freien individuellen und öffentlichen Meinungsbildung zu dienen hat.[760] Das Bundesverfassungsgericht leitet daraus einerseits die Freiheit des Rundfunks vor staatlicher Beherrschung und Einflussnahme (Staatsfreiheit) ab, andererseits müsse der Gesetzgeber eine positive Ordnung gewährleisten, die eine Vielfalt von Meinungen im Rundfunk ermöglicht.[761] Diese Meinungsvielfalt soll durch die Grundversorgung gesichert werden, welche als Aufgabe den öffentlich-rechtlichen Rundfunkanstalten übertragen worden ist. Nach der Rechtsprechung des Bundesverfassungsgerichts umfasst die Grundversorgung die essentiellen Funktionen des Rundfunks für die demokratische Ordnung ebenso wie für das kulturelle Leben in der Bundesrepublik.[762]

Der Begriff der Grundversorgung wurde erstmals im „Niedersachsen-Urteil" definiert, in dem das Bundesverfassungsgericht hervorhob, dass die Grundversorgung Sache der öffentlich-rechtlichen Anstalten sei, weil sie einen großen Teil der Bevölkerung erreichen könnten und zugleich aufgrund der Gebührenfinanzierung nicht auf hohe Einschaltquoten angewiesen seien.[763] Die Grundversorgung umfasst drei Elemente: den Erhalt einer Übertragungstechnik für die Allgemeinheit, einen inhaltlichen Standard der Programme im Sinne des Rundfunkauftrages und die Sicherung gleichgewichtiger Vielfalt.[764] Dazu gehören sowohl Sendungen für Minderheiten, als auch massenattraktive Bestandteile,

---

[758] BVerfGE 12, 205, 259 ff. („Deutschland-Fernsehen-GmbH"); BVerfGE 31, 314, 321 ff. („Mehrwertsteuer"); BVerfGE 57, 295, 325 ff. („FRAG-Urteil"); BVerfGE 73, 118, 152 ff. („Niedersachsen"); BVerfGE 74, 297, 323 ff. („Baden-Württemberg-Beschluss"); BVerfGE 83, 238, 295 ff. („Nordrhein-Westfalen"); BVerfGE 87, 181, 197 ff. („Hessen-3-Beschluss"); BVerfGE 90, 60, 87 ff. („Rundfunkgebührenurteil"); BVerfGE 97, 228, 252 ff. („Fernsehkurzberichterstattung").

[759] Fechner, Medienrecht, Rn. 793.

[760] Fechner, Medienrecht, Rn. 812.

[761] Fechner, Medienrecht, Rn. 813.

[762] BVerfGE 73, 118, 157 f.

[763] BVerfGE 73, 118, 157.

[764] BVerfGE 74, 297, 326.

sowie Unterhaltungssendungen.[765] Grundversorgung bedeutet also keine Mindestversorgung, auf die öffentlich-rechtlicher Rundfunk beschränkt werden kann, während private Anbieter alles andere erledigen.[766] Der Staat muss im Rahmen der Grundversorgung die durch die Rundfunkfreiheit geschützte Programmautonomie berücksichtigen.[767] So steht den Rundfunkanstalten zu, über Inhalt und Form der Programme zu entscheiden (Programmfreiheit).[768]

Wegen der herausragenden Bedeutung der Grundversorgung für die Meinungsbildung, muss der Staat dafür Sorge tragen, dass die Rundfunkanstalten ihre Aufgaben auch unter sich verändernden Umständen erfüllen können. Dafür muss der Bestand der Anstalten gesichert sein und sie müssen über ausreichende finanzielle Mittel verfügen. Zudem muss der öffentlich-rechtliche Rundfunk in der Lage sein, technischen Fortschritt mitzumachen und sich für neue Formen und Inhalte zu öffnen.[769] Der Staat hat damit eine Bestands- und Entwicklungsgarantie für den öffentlich-rechtlichen Rundfunk inne.[770]

bb) Einfachgesetzliche Ausgestaltung

Die Grenzstellung des öffentlich-rechtlichen Rundfunks besteht darin, dass einerseits eine weitgehende staatliche Unabhängigkeit herrscht, andererseits eine staatliche Kontrolle vorgesehen ist.[771] Inhalte und Formen von Sendungen sind grundsätzlich der Entscheidung durch die Rundfunkanstalten vorbehalten, sodass der Gesetzgeber höchstens ein Programmgerüst vorgeben darf.[772] Die Ordnung des Rundfunks ist dagegen die Pflicht des Gesetzgebers. Er muss eine gesetzliche Ordnung schaffen, die sicherstellt, dass der Rundfunk den verfassungsrechtlich vorausgesetzten Dienst leistet.[773] Die Aufgaben dürfen aber durch Gesetz nur insoweit konkretisiert werden, dass die Programmfreiheit der öffentlich-rechtlichen Rundfunkanstalten sowie ihre Funktionsfähigkeit gebührend berücksichtigt werden.[774] Die Kompetenz zum Erlass von Rechtsvorschriften im Bereich des Rundfunks liegt bei den Bundesländern (Art. 70 GG).[775] Diese ha-

---

[765] Hesse, Rundfunkrecht, 4. Kapitel, Rn 5.

[766] BVerfGE 74, 297, 326.

[767] Hesse, Rundfunkrecht, 4. Kapitel, Rn 17.

[768] BVerfGE 90, 60, 92.

[769] BVerfGE 83, 238, 326.

[770] Ruttig, Einfluss des EG-Beihilfenrechts, S. 73 f.; Fechner, Medienrecht, Rn. 815.

[771] Fechner, Medienrecht, Rn. 838.

[772] Fechner, Medienrecht, Rn. 840.

[773] Fechner, Medienrecht, Rn. 839.

[774] Bullinger, Die Aufgaben des öffentlichen Rundfunks, S. 24 f.

[775] Fechner, Medienrecht, Rn. 882.

ben die Rundfunkanstalten mit der Erbringung der Grundversorgung einfachgesetzlich oder staatsvertraglich beauftragt.[776]

b) Tätigkeit außerhalb der Grundversorgung

Die öffentlich-rechtlichen Rundfunkanstalten dürfen aber auch Aufgaben wahrnehmen, die nicht dem Begriff der Grundversorgung unterfallen. Das Bundesverfassungsgericht hat insoweit auch vom Funktionsauftrag des öffentlich-rechtlichen Rundfunks gesprochen. Teilweise wurde angenommen, dass der Begriff der Grundversorgung von dem des Funktionsauftrags ersetzt werden könne.[777] Das Bundesverfassungsgericht ist aber nie vom Begriff der Grundversorgung abgewichen, sondern hat klargestellt, dass die Rundfunkanstalten auch in anderen Bereichen tätig werden dürfen. Richtiger ist es daher, den Funktionsauftrag als Oberbegriff für die Bereiche Grundversorgung und Zusatzversorgung im Rahmen der Programmtätigkeit zu sehen.[778] Grundversorgung und Zusatzversorgung ergeben zusammengenommen also den Funktionsauftrag der öffentlich-rechtlichen Rundfunkanstalten.

aa) Programmtätigkeit

Die öffentlich-rechtlichen Rundfunkanstalten dürfen auch außerhalb der Grundversorgung Programme, beispielsweise regionale und lokale Programme, veranstalten. Dem Gesetzgeber ist es als Ausfluss der Rundfunkfreiheit untersagt, die Veranstaltung bestimmter Rundfunkprogramme zu verbieten oder die Veranstaltung solcher Programme ausschließlich privaten Anbietern vorzuhalten (Selbstverwaltungsrecht der Anstalten).[779] Das Bundesverfassungsgericht hat klargestellt, dass die Veranstaltung von lokalem und regionalem Rundfunk, von Spartenprogrammen sowie von rundfunkähnlichen Kommunikationsdiensten (wie z.B. Videotext) zwar nicht zur Grundversorgung gehört, aber zulässig sind.[780] Auch wenn diese Entscheidung etwas weiter zurück liegt und sich die Reichweite des Begriffs der Grundversorgung durchaus ändern kann, so wird doch deut-

---

[776] Vgl. § 1 i.V.m. § 5 Abs. 1 S. 1 NDR-StV; § 6 i.V.m. § 1 MDR-StV; § 3 i.V.m. § 2 RadioBremenG; § 15 Saarländisches Mediengesetz; § 3 Abs. 1 und 5 SWR-StV; § 4 i.V.m. § 3 Abs. 1 WDRG; Art. 4 Abs. 1 i.V.m. Art. 2 BayRdfG; § 4 Abs. 1 – 5 RBB-StV; § 3 i.V.m. § 2 HessRdfG; vgl. auch § 1 ARD-StV und § 2 Abs. 1 ZDF-StV.

[777] Holznagel/Vesting, Sparten- und Zielgruppenprogramme, S. 55; vgl. Brenner, Gewährleistung des Funktionsauftrages, S. 82; Hesse, Rundfunkrecht, 4. Kapitel, Rn. 19.

[778] So auch Gersdorf, Grundzüge des Rundfunkrechts, Rn. 313.

[779] Ricker/Schiwy, Rundfunkverfassungsrecht, Kapitel F, Rn. 24; Fechner, Medienrecht, Rn. 841; Herrmann, Rundfunkrecht, S. 250.

[780] Damm, Gebührenprivileg, S. 27 ff.; vgl. auch Bleckmann, Öffentlich-rechtliche Spartenprogramme, S. 60 ff.

lich, dass es einen über die Grundversorgung hinausgehenden Funktionsauftrag gibt, der eine umfangreiche Programmtätigkeit umfasst.

bb) Hilfstätigkeiten

Die Rundfunkfreiheit umfasst aber auch Tätigkeiten, die über die Programmtätigkeit hinausgehen und damit nicht mehr dem Funktionsauftrag zuzurechnen sind. Sie werden mit dem Begriff der Hilfstätigkeiten (auch Annextätigkeiten oder Randbetätigungen)[781] umschrieben.[782] Unter Hilfstätigkeiten versteht man solche Aktivitäten, die im Vorfeld der Programmveranstaltung stattfinden, die Haupttätigkeit mithin fördern.[783] Hier ist in erster Linie die Programmherstellung zu nennen, die eine notwendige Voraussetzung der Programmveranstaltung darstellt. Der Bereich der Hilfstätigkeiten umfasst aber auch die Beteiligung an programmherstellenden Unternehmen und die Veröffentlichung von Druckwerken.[784] Zu den Hilfstätigkeiten i.w.S. gehören auch Finanzierungstätigkeiten. Hierzu zählen die Erhebung der Rundfunkgebühren, der Bereich der Wirtschaftswerbung oder die so genannte fiskalische Randnutzung. Eine fiskalische Randnutzung liegt dann vor, wenn Ressourcen, die nicht benötigt werden, gegen Entgelt verwertet werden.[785] Hierzu zählen die Vermietung von Studios und Sendeanlagen außerhalb der Betriebszeiten oder der Verkauf von Programmrechten. Die Zulässigkeit von Finanzierungstätigkeiten folgt aus dem Gebot wirtschaftlicher und sparsamer Haushaltsführung sowie dem Selbstverwaltungsrecht der Anstalten.[786]

cc) Beauftragung für Bereiche außerhalb der Grundversorgung

Die Beauftragung der öffentlich-rechtlichen Rundfunkanstalten umfasst, da sie nicht durch die Grundversorgung begrenzt ist, eine umfassende Programmtätigkeit.[787] Der Programmauftrag gilt beispielsweise auch für den lokalen und regionalen Rundfunk. Auch die Programmherstellung ist als notwendige Vorausset-

---

[781] Vgl. dazu Lent, Rundfunkdienste, S. 220 f.; Degenhart, Öffentlich-rechtlicher Rundfunk und Freizeitparks, S. 40 ff.

[782] Gersdorf, Grundzüge des Rundfunkrechts, Rn. 321.

[783] Lent, Rundfunkdienste, S. 220.

[784] Hesse, Rundfunkrecht, 4. Kapitel, Rn. 40; Gersdorf, Grundzüge des Rundfunkrechts, Rn. 322 f.; Ricker/Schiwy, Rundfunkverfassungsrecht, Kapitel F, Rn. 46.

[785] Lent, Rundfunkdienste, S. 221.

[786] Gersdorf, Grundzüge des Rundfunkrechts, Rn. 326; Hesse, Rundfunkrecht, 4. Kapitel, Rn. 42.

[787] Vgl. § 1 i.V.m. § 5 Abs. 1 S. 1 NDR-StV; § 6 i.V.m. § 1 MDR-StV; § 3 i.V.m. § 2 RadioBremenG; § 15 Saarländisches Mediengesetz; § 3 Abs. 1 und 5 SWR-StV; § 4 i.V.m. § 3 Abs. 1 WDRG; Art. 4 Abs. 1 i.V.m. Art. 2 BayRdfG; § 4 Abs. 1 – 5 RBB-StV; § 3 i.V.m. § 2 HessRdfG; vgl. auch § 1 ARD-StV und § 2 Abs. 1 ZDF-StV.

zung der Programmveranstaltung von diesem Auftrag mit umfasst. Das Gebot der Staatsfreiheit verbietet es, den öffentlich-rechtlichen Rundfunkanstalten den exakten Umfang ihrer Programmtätigkeit vorzuschreiben. Die Anstalten haben insoweit ein Selbstverwaltungsrecht inne.[788]

Daraus kann aber nicht gefolgert werden, dass die Rundfunkanstalten mit all ihren Aktivitäten beauftragt wurden. Das Bundesverfassungsgericht hat in seinem 7. Rundfunkurteil (Hessen-3-Beschluss) auf die Gefahr einer mangelnden Grenzziehung hingewiesen. So heißt es dort: „Sie [die Rundfunkanstalten] bieten keine hinreichende Gewähr dafür, daß sie sich bei der Anforderung der vor allem von den Empfängern aufzubringenden finanziellen Mittel im Rahmen des Funktionsnotwendigen halten. Rundfunkanstalten haben wie jede Institution ein Selbstbehauptungs- und Ausweitungsinteresse, das sich gegenüber der ihnen auferlegten Funktion verselbstständigen kann. Das gilt erst recht unter den Bedingungen des Wettbewerbs mit privaten Veranstaltern, die sowohl in der Beschaffung ihrer Gelder als auch in der Gestaltung ihrer Programme freier sind."[789]

Wegen des Ausweitungsinteresses der Anstalten gibt es gemäß des 8. Rundfunkurteils (Gebührenurteil) einen „rechtlich umgrenzten Rundfunk*auftrag*".[790] Eine solche Beauftragung mit einer Tätigkeit kann aber nur bejaht werden, wenn auch eine *Verpflichtung* zu dieser Tätigkeit besteht. Das ist zumindest in den Fällen fraglich, in denen bestimmte Aktivitäten selbstständig normiert sind und die betreffenden Vorschriften lediglich eine Möglichkeit zur Betätigung einräumen.[791] So dürfen die öffentlich-rechtlichen Rundfunkanstalten z.B. Druckwerke mit programmbezogenem Inhalt herausgeben.[792] In den gängigen Formulierungen wird diesen aber nur die Möglichkeit eingeräumt und keine Verpflichtung dazu ausgesprochen. Die Rundfunkanstalten haben damit lediglich ein Recht zur Herausgabe von Druckwerken.[793] Das Feststellen einer Beauftragung fällt auch im Bereich der fiskalischen Randnutzung schwer. Die Zulässigkeit der Tätigkeiten, wie die Vermietung eines Studios, ergibt sich aus dem Gebot wirtschaftlicher und sparsamer Haushaltsführung, sowie dem Selbstverwaltungsrecht der

---

[788] Vgl. ausführlich Schreier, Das Selbstverwaltungsrecht der Rundfunkanstalten, insb. S. 193 ff.

[789] BVerfG 87,181, 202.

[790] BVerfGE 90, 60, 103; Hervorhebung durch Verfasser.

[791] Hain, MMR 2001, S. 219, 223.

[792] Vgl. z.B. § 3 Abs. 7 WDRG; Art. 4 a Abs. 2 BayRG; 4 Abs. 2 ZDF-StV; 4 Abs. 2 ARD-StV.

[793] Ausführlich Siekmann, Programminformationen der Rundfunkanstalten, S. 41 ff.; eine Pflicht zur Tätigkeit kann nur dann angenommen werden wenn unzureichende Programmerläuterungen zu einem beachtlichen Risiko von Informationsdefiziten führen (vgl. Siekmann, a.a.O., S. 249).

Anstalten.[794] Eine Verpflichtung der Sendeanstalten zu derartigen Hilfstätigkeiten begründet dieser Grundsatz indes nicht.[795]

c) Ergebnis

Im Ergebnis bleibt festzustellen, dass es drei Bereiche zulässiger Aktivitäten der öffentlich-rechtlichen Rundfunkanstalten gibt, deren trennscharfe Abgrenzung schwer fällt. Es sind dies die Grundversorgung, die Zusatzversorgung und der Bereich der Hilfstätigkeiten.

Die öffentlich-rechtlichen Rundfunkanstalten sind zur Veranstaltung der Grundversorgung verpflichtet. Die Grundversorgung umfasst ein ausgewogenes (Voll)-Programm, das die Meinungsvielfalt sichert und für die Gesamtheit der Bevölkerung empfangbar ist.[796] Der Staat ist dazu verpflichtet, den öffentlich-rechtlichen Rundfunkanstalten die Finanzierung der „Aufgabe Grundversorgung" zu sichern. Der Begriff der Grundversorgung ist nach Auffassung des Bundesverfassungsgerichts „gegenständlich und zeitlich offen",[797] was eine genaue Grenzziehung zusätzlich erschwert.[798]

Die finanzielle Gewährleistungspflicht endet indes nicht bei der Grundversorgung.[799] Die öffentlich-rechtlichen Rundfunkanstalten haben einen Funktionsauftrag inne, der über den Bereich der Grundversorgung hinausgeht. Das Bundesverfassungsgericht hat klargestellt, dass die öffentlich-rechtlichen Rundfunkanstalten auch jenseits des Grundversorgungsauftrags Programme darbringen können, sofern diese geeignet sind, meinungsbildend zu wirken.[800] Der Bereich der Zusatzversorgung umfasst beispielsweise die Veranstaltung von Sparten- und Regionalprogrammen, von Videotext und von anderen rundfunkähnlichen Kommunikationsdiensten.[801]

Ein dritter hier mit Hilfstätigkeiten umschriebener Bereich umfasst Aktivitäten, die im weitesten Sinne die Haupttätigkeit der Rundfunkanstalten fördern. Zu ihnen zählen so verschiedene Tätigkeiten wie die Programmbeschaffung, Unternehmensbeteiligungen oder die Vermietung von Sendestudios. Gerade in diesem Bereich gibt es in vielen Fällen keine einfachgesetzlichen Bestimmungen, sodass der Umfang der zulässigen Hilfstätigkeiten unklar ist.[802] Zwar ist richtig,

---

[794] Hesse, Rundfunkrecht, 4. Kapitel, Rn. 42.

[795] Hain, MMR 2001, S. 219, 222.

[796] Scheble, ZUM 1995, S. 383, 390.

[797] BVerfGE 83, 238, 299.

[798] Damm, Gebührenprivileg, S. 27.

[799] BVerfGE 87, 181, 204; vgl. Scheble, ZUM 1995, S. 383, 389.

[800] BVerfGE 74, 297, 326.

[801] Zur Veranstaltung von Spartenprogrammen vgl. Kresse, ZUM 1996, S. 59, 61 f.

[802] Ricker/Schiwy, Rundfunkverfassungsrecht, Kapitel F, Rn. 45; vgl. auch Mand, Erwerbswirtschaftliche Betätigung der Rundfunkanstalten, S. 234; Neun, Öffentlich-rechtlicher Rundfunk, S. 118.

dass Rundfunk verfassungsrechtlich staatsfrei ausgestaltet werden muss und die Rundfunkanstalten daher auch eine weitgehende Programmautonomie innehaben, der Gesetzgeber kann und muss aber auch mit der notwendigen rechtsstaatlichen Bestimmtheit den organisationsrechtlichen Rahmen setzen.[803] Zudem räumen zahlreiche Bestimmungen lediglich die Möglichkeit der öffentlich-rechtlichen Rundfunkanstalten zu einer Betätigung ein.[804] Es ist daher fraglich, ob von einer Beauftragung der Anstalten mit derartigen Tätigkeiten gesprochen werden kann.

4. Einzelne Aktivitäten der öffentlich-rechtlichen Rundfunkanstalten

Es sollen nun einzelne Aktivitäten der öffentlich-rechtlichen Rundfunkanstalten dahingehend untersucht werden, ob sie möglicherweise dem Wettbewerbsbereich zuzuordnen sind. Dies ist dann der Fall, wenn die Tätigkeiten nicht der Privilegierung des Art. 86 Abs. 2 EG unterliegen, also nicht dem Sonderrechtsbereich zuzuordnen sind. Eine solche Bewertung ist dann zwingend, wenn die öffentlich-rechtlichen Rundfunkanstalten entweder schon nicht mit der fraglichen Aufgabe hinreichend konkret betraut wurden oder eine solche Aufgabe keine Dienstleistung i.S.d. Art. 86 Abs. 2 EG darstellen kann, mithin ein, von der Kommission als „offensichtlicher Fehler" bezeichneter Mangel vorliegt.[805]

Bei der Beurteilung, ob die einzelnen Tätigkeiten des Rundfunks dem gemeinschaftsrechtlichen Begriff der Dienstleistung von allgemeinem wirtschaftlichem Interesse i.S.d. Art. 86 Abs. 2 EG unterliegen, spielen Termini des nationalen Rechts eine untergeordnete Rolle. So hat die Kommission in ihrer Entscheidung „Kinderkanal/Phoenix" hervorgehoben, dass es nicht ihre Aufgabe sei, den deutschen Begriff der „Grundversorgung" auszuloten und auf eine mögliche Kongruenz mit dem Begriff der privilegierten Dienstleistung zu überprüfen.[806] Auch wenn Aktivitäten im deutschen Rundfunkverfassungsrecht nicht unter den Begriff der „Grundversorgung" subsumiert werden, können sie sehr wohl nach EG-Recht als Dienstleistung von allgemeinem wirtschaftlichem Inte-

---

[803] Vgl. dazu Neun, Öffentlich-rechtlicher Rundfunk, S. 313, der darin die notwendige Vorbedingung für die praktische Durchführbarkeit der Segmentierungspflicht aus der Transparenzrichtlinie sieht.

[804] Für die Veröffentlichung von Druckwerken etwa § 3 Abs. 7 WDRG; Art. 4 a Abs. 2 BayRG; 4 Abs. 2 ZDF-StV; 4 Abs. 2 ARD-StV; für eine Zusammenarbeit mit Dritten z.B. in § 45 WDRG; Art. 3 Abs. 2 BayRdfG; §§ 5, 36 SWR-StV und § 3 ZDF-StV.

[805] Im Rahmen der Finanzierung muss sich diese auch verhältnismäßig sein; vgl. Mitteilung der Kommission über die Anwendung der Vorschriften über Staatliche Beihilfen auf den öffentlich-rechtlichen Rundfunk, ABl. EG Nr. C 320 v. 15.11.2001, S. 5, 10, Rn. 47.

[806] Kommission in ihrer Entscheidung v. 24.2.1999, Nr. NN 70/98 (Kinderkanal/Phoenix), Tz. 6.3. (die ausführliche Entscheidungsbegründung wurde nicht veröffentlicht, kann aber bei der Kommission angefordert werden); ABl. EG Nr. C 238 v. 21.8.1999, S. 3; vgl. dazu Simboeck, Communications Law 1999, S. 187, 189.

resse angesehen werden.[807] Allerdings muss auch für diese Aktivitäten eine hinreichend konkrete Betrauung vorliegen.

In der Diskussion um die Anwendbarkeit der Transparenzrichtlinie auf den öffentlich-rechtlichen Rundfunk wurden zahlreiche Aktivitäten genannt, die nicht mehr dem Sonderrechtsbereich zuzurechnen seien.[808] So soll eine Privilegierung für Tätigkeiten in Bereichen wie der Wirtschaftswerbung, des Merchandisings, der Tochtergesellschaften oder der Zusatzangebote im Internet, ausscheiden. Es kann in dieser Arbeit nicht darum gehen, alle Aktivitäten der öffentlich-rechtlichen Rundfunkanstalten darzustellen und eine Zuordnung zum Wettbewerbs- oder zum Sonderrechtsbereich vorzunehmen. Für die Bejahung der Frage der Anwendbarkeit der Transparenzrichtlinie reicht schon aus, dass sich die Tätigkeit in *einem* Sektor dem Wettbewerbsbereich zuordnen lässt. Die Arbeit wird sich daher zunächst eingehend mit der Tätigkeit des Verkaufs von Sendezeiten zum Zwecke der Wirtschaftswerbung beschäftigen. Ist schon diese Aktivität dem Wettbewerbsbereich zuzurechnen, werden die weiteren Tätigkeiten nur kurz dargestellt.

a) Wirtschaftswerbung

aa) Einführung

Einen wichtigen, wenn auch deutlich kleineren Teil der Einnahmen der öffentlich-rechtlichen Rundfunkanstalten machen solche aus dem Verkauf von Sendezeiten zum Zwecke der Wirtschaftswerbung aus. Diese Einnahmen bergen einerseits die Gefahr in sich, dass durch sie ein mittelbarer Einfluss auf die Programmgestaltung ausgeübt werden könnte. Da nur hohe Einschaltquoten Werbeaufträge garantieren, könnten die Rundfunkanstalten versucht sein, nur noch massenattraktive Programme anzubieten. Einer solchen Entwicklung sollen in erster Linie die Werberestriktionen der Art. 15 ff. RfStV entgegenwirken. Andererseits stärkt die Finanzierung aus Werbeeinnahmen aber auch die Staatsfreiheit des öffentlich-rechtlichen Rundfunks. Das Bundesverfassungsgericht hat daher die Mischfinanzierung, also die Finanzierung sowohl durch die Rundfunkgebühr als auch durch Werbeeinnahmen, ausdrücklich begrüßt.[809]

Damit der Bereich der Wirtschaftswerbung dem Sonderrechtsbereich unterfällt, müsste es sich bei dieser Aktivität um eine Dienstleistung von allgemeinem

---

[807] Kommission in ihrer Entscheidung v. 24.2.1999, Nr. NN 70/98 (Kinderkanal/Phoenix), Tz. 6.3. (die ausführliche Entscheidungsbegründung wurde nicht veröffentlicht, kann aber bei der Kommission angefordert werden); ABl. EG Nr. C 238 v. 21.8.1999, S. 3.

[808] So insbesondere die Beschwerde des VPRT vom April 2003; vgl. AfP 2003, S. 258; Doetz, MMR 2003, S. 429 f.; so auch Hain, MMR 2001, S. 219, 222 ff.; Trzaskalik, Transparenzpflichten des Rundfunks, S. 20 ff.

[809] BVerfGE 83, 238, 310 f.; BVerfGE 90, 60, 91; vgl. dazu Freis, ZEuS 1999, S. 109, 116 ff.

wirtschaftlichem Interesse i.S.d. Art. 86 Abs. 2 EG handeln. Dazu müssten die öffentlich-rechtlichen Rundfunkanstalten mit dieser Aufgabe hinreichend konkret betraut worden sein. Zudem dürfte kein offensichtlicher Fehler i.S.d. Missbrauchskontrolle der Kommission vorliegen.

bb) Mangelnde Betrauung

Die Veranstaltung von Wirtschaftswerbung, also der Verkauf von Sendezeiten an andere Unternehmen, gehört nicht zum Kernbereich der Grundversorgung.[810] Sie muss vielmehr als Hilfstätigkeit in Form einer Finanzierungstätigkeit angesehen werden.[811] Der Verkauf von Sendezeiten zum Zwecke der Wirtschaftswerbung ist den Rundfunkanstalten – mit Einschränkungen – erlaubt worden.[812] So lautet die gängige Formulierung: „kann Sendezeiten für Werbezwecke [...] vergeben".[813]

Schon der Wortlaut spricht lediglich für die Einräumung der Möglichkeit und nicht für eine Verpflichtung der Rundfunkanstalten.[814] In dem Verfahren „Kinderkanal/Phoenix" war die Kommission ebenfalls davon ausgegangen, dass die Ermächtigung des § 19 Abs. 2 RfStV zur Veranstaltung zweier Spartenkanäle mit der Formulierung „können" nicht dem Betrauungsakt i.S.d. Art. 86 Abs. 2 EG genügt.[815] Auch wenn die Kommission im Ergebnis eine Betrauung bejahte, so doch nur, da zusätzliche Vereinbarungen vorlagen und die Länder eine Änderung der Formulierung (statt „können" den Begriff „sollen") in Aussicht gestellt hatten.[816] Sinn und Zweck des Betrauungsaktes ist es, dass sich sowohl der Mitgliedstaat als auch das beauftragte Unternehmen im klaren sind, dass sie eine Verpflichtung eingehen. Bei der Einräumung einer Möglichkeit fehlt diese Klarheit. Es kann daher davon ausgegangen werden, dass die üblicherweise gewählten Formulierungen, die den Landesrundfunkanstalten und dem ZDF die Mög-

---

[810] So Starck, in: VPRT, Öffentlich-rechtlicher Rundfunk und Werbefinanzierung, S. 31.

[811] Gersdorf, Grundzüge des Rundfunkrechts, Rn. 325.

[812] §§ 13 ff. RfStV; vgl. beispielsweise auch § 4 Abs. 3 WDRG; Art. 4 Abs. 3 BayRG; § 29 ZDF-StV.

[813] So in Art. 4 Abs. 3 BayRG.

[814] Beim Bayerischen Rundfunkgesetz sprechen auch systematische Grundsätze für eine solche Interpretation; so sind die Verpflichtungen in Art. 4 Abs. 2 einzeln aufgeführt, während die Wirtschaftswerbung in Abs. 3 geregelt ist.

[815] Kommission in ihrer Entscheidung v. 24.2.1999, Nr. NN 70/98 (Kinderkanal/Phoenix), Tz. 6.3. (die ausführliche Entscheidungsbegründung wurde nicht veröffentlicht, kann aber bei der Kommission angefordert werden); ABl. EG Nr. C 238 v. 21.8.1999, S. 3

[816] Vgl. dazu die Kommission in ihrer Entscheidung v. 24.2.1999, Nr. NN 70/98 (Kinderkanal/Phoenix), Tz. 6.3., Fn. 13 (die ausführliche Entscheidungsbegründung wurde nicht veröffentlicht, kann aber bei der Kommission angefordert werden); ABl. EG Nr. C 238 v. 21.8.1999, S. 3

lichkeit zu Wirtschaftswerbung einräumen, nicht die Anforderungen an einen Betrauungsakt i.S.d. Art. 86 Abs. 2 EG erfüllen.

Eberle nimmt hingegen einen allgemeinen Funktions*auftrag* an, der auch den Verkauf von Werbung einschließen soll.[817] Eine solche Annahme überzeugt indes kaum. Denn zunächst könnte nach der Rechtsprechung des Bundesverfassungsgerichts den öffentlich-rechtlichen Rundfunkanstalten die Veranstaltung von Wirtschaftswerbung auch gänzlich untersagt werden.[818] Zudem kann der Staat wohl kaum die öffentlich-rechtlichen Rundfunkanstalten verpflichten, für einen ausreichenden Verkauf von Sendezeiten zu sorgen. Ob Unternehmen im Programm der öffentlich-rechtlichen Rundfunkanstalten werben, entzieht sich dem Einflussbereich der Anstalten. Ein solcher Funktionsauftrag wäre zuletzt, wie oben gezeigt, nicht bestimmt genug.

cc) Keine Dienstleistung von allgemeinem wirtschaftlichem Interesse

Selbst wenn man wie *Eberle* einen Funktionsauftrag und damit eine Art Gesamtbeauftragung der Sendeanstalten annimmt, welche auch die Veranstaltung von Wirtschaftswerbung umfasst, und darüber hinaus eine hinreichend konkrete Betrauung bejaht, so ist fraglich, ob die Veranstaltung von Wirtschaftswerbung überhaupt eine Dienstleistung von allgemeinem wirtschaftlichem Interesse i.S.d. Art. 86 Abs. 2 EG darstellen kann. Hier könnte ein offensichtlicher Fehler i.S.d. Missbrauchskontrolle vorliegen, welcher der Kommission ermöglicht, bestimmte Tätigkeiten von einer Privilegierung auszuschließen.

Die Länder haben kein Bedürfnis, für eine Daseinsvorsorge mit Wirtschaftswerbung zu sorgen. Es existiert kein staatliches Interesse, das auf einem nicht funktionierenden Werbemarkt zur Geltung gebracht werden müsste.[819] Vielmehr regelt der Markt Angebot und Nachfrage von Werbezeiten selbst, sodass der Staat nur für allgemeine Reglementierungen sorgen muss. Es spricht zudem vieles dafür, die Werbefinanzierung nicht zum Grundrecht der Rundfunkfreiheit öffentlich-rechtlicher Anstalten zu zählen.[820] Jedenfalls erfüllt der Verkauf von Sendezeiten zum Zwecke der Wirtschaftswerbung nicht den „demokratischen, sozialen und kulturellen Bedürfnissen jeder Gesellschaft", wie dies aber vom Rundfunkprotokoll als Voraussetzung einer Privilegierung des öffentlich-

---

[817] Eberle, in: ders./Ibler/Lorenz, FS Brohm, S. 51, 66; so auch Hermann, Rundfunkrecht, S. 269, Rn. 96, der von einer Zugehörigkeit zum Funktionsbereich spricht; a.A. Hain, MMR 2001, S. 219, 223.

[818] BVerfG 74, 297, 342; vgl. dazu Springer, Die Reform der ARD, S. 175 mit dem Strukturvorschlag der Beschränkung der Werbung (S. 281) oder dem Verbot der Werbefinanzierung (S. 403).

[819] Trzaskalik, Transparenzpflichten des Rundfunks, S. 21; kritisch auch Fröhlinger, RuF 1993, S. 59, 64.

[820] Fechner, Medienrecht, Rn. 810; a.A.: Ricker/Schiwy, Rundfunkverfassungsrecht, Kapitel F, Rn. 34.

rechtlichen Rundfunks verlangt wird. Daher kann der Bereich der Wirtschaftswerbung nicht durch Art. 86 Abs. 2 EG privilegiert werden.

Diese Auffassung wird auch von der Kommmission geteilt. Sie geht davon aus, dass der Verkauf von Sendezeiten für Werbung eine kommerzielle, nichtgemeinwirtschaftliche Tätigkeit darstellt.[821] Zudem ist es nach Ansicht der Kommission nicht möglich, dass ein Mitgliedstaat diese Aktivität zu einer Dienstleistung von allgemeinem wirtschaftlichem Interesse deklariert. Dies wird im Verfahren gegen Dänemark bezüglich der Finanzierung des Fernsehsenders TV2 besonders deutlich. Im Dänischen Recht wird die Veranstaltung von Werbung nicht als wirtschaftliche Tätigkeit, sondern als Teil der Dienstleistung von allgemeinem wirtschaftlichem Interesse, der Daseinsvorsorge, angesehen.[822] Die Kommission hat hingegen deutlich gemacht, dass der Verkauf von Werbezeiten nicht als Teil einer Dienstleistung von allgemeinem wirtschaftlichem Interesse aufgefasst werden kann.[823] Auch wenn die Kommission im dänischen Fall von einer staatlichen Beauftragung ausgeht, hält sie diese für nicht konform mit der Bestimmung des Art. 86 Abs. 2 EG. Nach Ansicht der Kommission liegt in der Beauftragung der Sendeanstalten mit der „Gemeinwohlaufgabe Wirtschaftswerbung" daher ein „offensichtlicher Fehler" i.S.d. Rundfunkmitteilung.[824] Dem Mitgliedstaat ist also verwehrt, den öffentlich-rechtlichen Rundfunkanstalten die Aktivität Wirtschaftswerbung als Gemeinwohlaufgabe zu übertragen.

Mit dieser Einschätzung der Kommission ist aber nichts über die Zulässigkeit von derartigen Aktivitäten ausgesagt. Die Definition des öffentlich-rechtlichen Auftrags darf eben nicht mit der Frage nach den zulässigen Finanzierungsmodi verwechselt werden, die für die Dienste der Daseinsvorsorge gewählt werden. In der Rundfunkmitteilung heißt es dazu wörtlich: „Demnach können öffentlich-rechtliche Sendeanstalten zu Einnahmezwecken zwar kommerziellen Tätigkeiten nachgehen (z.B. Verkauf von Sendeplatz für Werbung), doch sind diese

---

[821] So in ihrer Mitteilung über die Anwendung der Vorschriften über Staatliche Beihilfen auf den öffentlich-rechtlichen Rundfunk, ABl. EG Nr. C 320 v. 15.11.2001, S. 5, 11, Rn. 58 i.V.m. Rn. 9, Fn. 3; so auch in ihrem Non-Paper über Dienste von allgemeinem wirtschaftlichem Interesse und staatliche Beihilfen v. 12.11.2002, Rn. 80; abrufbar unter: http://europa.eu.int/comm/competition/state_aid/others/1759_sieg_de.pdf.

[822] Vgl. das Schreiben der Kommission v. 21.01.2003, Beihilfe Nr. C 2/03 (ex NN 22/02) (TV2), ABl. EG Nr. C 59 v. 14.3.2003, S. 2, 6 u. 10; Rn. 28 u. 58; die inoffizielle englische Übersetzung des dänischen Dokuments hat die Association of Commercial Telvision in Europe (ACT), Brüssel, besorgt. Die Kommission bezieht sich insbesondere auf § 6b des Television- and Broadcasting Acts (lov om radio- og fjernsynsvirksomhed). Dieses Gesetz wurde mittlerweile geändert. In § 23 des neuen Television- and Broadcasting Acts findet sich aber eine entsprechende Regelungen.

[823] So im Schreiben der Kommission v. 21.01.2003, Beihilfe Nr. C 2/03 (ex NN 22/02) (TV2), ABl. EG Nr. C 59 v. 14.3.2003, S. 2, 10, Rn. 58.

[824] Mitteilung der Kommission über die Anwendung der Vorschriften über Staatliche Beihilfen auf den öffentlich-rechtlichen Rundfunk, ABl. EG Nr. C 320 v. 15.11.2001, S. 5, 9, Rn. 36.

nicht als Teil des öffentlich-rechtlichen Auftrags anzusehen."[825] Die Zulässigkeit des Systems der Mischfinanzierung ist damit von der Kommission ausdrücklich hervorgehoben worden. Das ändert aber nichts an der Einordnung der Wirtschaftswerbung in den Wettbewerbsbereich und der damit einhergehenden Verpflichtung zur getrennten Buchführung.

dd) Erforderlichkeit der getrennten Buchführung

Die Pflicht zur getrennten Buchführung für den Bereich der Wirtschaftswerbung müsste aber auch der Zielsetzung der Transparenzrichtlinie entsprechen, also auch erforderlich i.S.d. Art. 86 Abs. 3 EG sein. Dies wäre dann der Fall, wenn der Kommission eine angemessene und wirksame Anwendung der Wettbewerbsregeln des EG-Vertrages ansonsten verwehrt wäre.[826] Sie muss insbesondere kontrollieren können, dass nur solche staatlichen Beihilfen gewährt werden, die i.S.v. Art. 87 Abs. 1 EG mit dem gemeinsamen Markt vereinbar sind.[827]

Der Markt für Wirtschaftswerbung wird empfindlich gestört, wenn die öffentlich-rechtlichen Rundfunkveranstalter ihre Werbezeiten zu Niedrigpreisen anbieten (Werbedumping).[828] Zu einem solchen Verhalten könnten die Sendeanstalten tendieren, da auf diese Weise ihre Konkurrenten, die ausschließlich von Werbeeinnahmen leben, empfindlich getroffen würden. Sie könnten sich das leisten, da auch bei sinkenden Werbeeinnahmen eine ausreichende Finanzierung des öffentlich-rechtlichen Rundfunks verfassungsrechtlich garantiert ist. Die Kommission lässt keinen Zweifel daran, dass die staatliche Kompensation der damit verbundenen Mindereinnahmen eine verbotene staatliche Beihilfe i.S.d. Art. 87 Abs. 1 EG darstellt.[829] Im dänischen Verfahren hatte sie auch zunächst angenommen, dass der öffentlich-rechtliche Sender TV2 auf dem privaten Werbemarkt marktübliche Preise unterboten hat.[830] In ihrer entgültigen Entscheidung

---

[825] Mitteilung der Kommission über die Anwendung der Vorschriften über Staatliche Beihilfen auf den öffentlich-rechtlichen Rundfunk, ABl. EG Nr. C 320 v. 15.11.2001, S. 5, 9, Rn. 36.

[826] Vgl. die Formulierung im 2. Erwägungsgrund der Änderungsrichtlinie und weiter oben den Gliederungspunkt B.II.2.a)bb).

[827] So wörtlich im 2. Erwägungsgrund der Änderungsrichtlinie.

[828] So der Vorwurf in der Beschwerde des VPRT vom April 2003; vgl. AfP 2003, S. 258; Doetz, MMR 2003, S. 429 f.

[829] So im Schreiben der Kommission v. 21.01.2003, Beihilfe Nr. C 2/03 (ex NN 22/02) (TV2), ABl. EG Nr. C 59 v. 14.3.2003, S. 2, 12, Rn. 76 mit Verweis auf die Mitteilung der Kommission über die Anwendung der Vorschriften über Staatliche Beihilfen auf den öffentlich-rechtlichen Rundfunk, ABl. EG Nr. C 320 v. 15.11.2001, S. 5, 11, Rn. 58.

[830] Schreiben der Kommission v. 21.01.2003, Beihilfe Nr. C 2/03 (ex NN 22/02) (TV2), ABl. EG Nr. C 59 v. 14.3.2003, S. 2, 12, Rn. 76

hat die Kommission indes keine Belege dafür gefunden, dass TV2 auf eine Optimierung seiner Werbeeinnahmen verzichtet hat.[831]

Um zu überprüfen, ob die öffentlich-rechtlichen Rundfunkanstalten Werbedumping betreiben, benötigt die Kommission verlässliches Zahlenmaterial. Getrennte Buchführung bedeutet die getrennte Aufzeichnung von Ausgaben und Einnahmen für den jeweiligen Bereich. Bei dem anzuwendenden Kostenrechnungssystem sind die Ziele der Transparenzrichtlinie zu beachten. Daher müssen in dem vom Sonderrechtsbereich getrennten Bereich der Wirtschaftswerbung die marktüblichen Kosten für Sendezeiten in Rechnung gestellt werden, während sie für den Sonderrechtsbereich als Einnahmen notiert werden. So kann ein verbilligter Verkauf von Sendezeiten und damit ein Werbedumping durch die öffentlich-rechtlichen Rundfunkanstalten verhindert werden.[832]

ee) Ergebnis

Der Verkauf von Sendezeiten zum Zwecke der Wirtschaftswerbung unterfällt nicht dem Sonderrechtsbereich, stellt also keine Dienstleistung von allgemeinem wirtschaftlichem Interesse i.S.d. Art. 86 Abs. 2 EG dar. Für eine solche Einordnung fehlt es schon an einem Betrauungsakt, der die Sendeanstalten zur Veranstaltung von Wirtschaftswerbung verpflichtet. Es überzeugt nicht, eine solche Betrauung der öffentlich-rechtlichen Rundfunkanstalten im Rahmen einer Gesamtbetrauung „Funktionsauftrag" anzunehmen. Zum einen wird damit die Frage der zulässigen Finanzierungsformen mit derjenigen nach den Möglichkeiten einer staatlichen Verpflichtung im Rahmen des Art. 86 Abs. 2 EG vermengt. Zum anderen lässt die Kommission richtigerweise keinen Zweifel daran, dass die Beauftragung eines Unternehmens mit dem Verkauf von Sendezeiten einen offensichtlichen Fehler darstellt, die Möglichkeit einer Privilegierung für diesen Bereich mithin nicht gegeben ist. Hierin wäre ein Verstoß gegen das europäische Wettbewerbsrecht, insbesondere der Art. 86 Abs. 2 i.V.m. Art. 10 Abs. 2 EG, zu sehen.

Damit sind die öffentlich-rechtlichen Rundfunkanstalten in „verschiedenen Geschäftsbereichen" i.S.d. Transparenzrichtlinie tätig. Greift keine Ausnahmebestimmung ein, würde damit die Richtlinie auf den öffentlich-rechtlichen Rundfunk anwendbar sein. Für den Bereich der Wirtschaftswerbung würde dies bedeuten, dass Einnahmen und Ausgaben getrennt von solchen des Sonderrechtsbereichs geführt werden müssten.

---

[831] Entscheidung der Kommission v. 19.05.2004, Beihilfe Nr. C 2/03 (ex NN 22/02) (TV2); vgl. PM der Kommission IP/04/666 gleichen Datums.
[832] Vgl. zur Lösung in der Praxis des Verkaufs von Werbezeiten Trzaskalik, Transparenzpflichten des Rundfunks, S. 26.

b) Sonstige Aktivitäten

Für die Bejahung der Frage, ob die Transparenzrichtlinie auf den öffentlich-rechtlichen Rundfunk anwendbar ist, genügt die Feststellung, dass die Rundfunkanstalten jedenfalls in *einem* Bereich tätig sind, der keine Dienstleistung von allgemeinem wirtschaftlichem Interesse i.S.d. Art. 86 Abs. 2 EG darstellt, oder mit dem sie nicht hinreichend betraut wurden. Dennoch sollen kurz einige weitere Aktivitäten der öffentlich-rechtlichen Rundfunkanstalten skizziert werden, die in der Diskussion um die Anwendbarkeit der Transparenzrichtlinie ins Visier genommen wurden. Es sind dies die Bildung von Tochtergesellschaften, die Aktivitäten im Rahmen des ZDF-Medienparks, die Veranstaltung von Zusatzangeboten im Internetbereich, das Merchandising und das Betreiben von Spartenprogrammen.

aa) Tochtergesellschaften

Die öffentlich-rechtlichen Rundfunkanstalten haben frühzeitig begonnen, eigene private Tochtergesellschaften oder zusammen mit privaten Produzenten gemeinsame Unternehmungen zu gründen, an denen sie mit Werten von einem Drittel bis 100% beteiligt sind.[833] Um wettbewerbsorientiert zu arbeiten und die zur Verfügung stehenden Ressourcen optimal zu nutzen, wird immer stärker die Ausgliederung und Gründung von privatrechtlichen Tochterunternehmen betrieben.[834] Ein zunehmender Teil von Produktionen der Fernsehsendungen im öffentlich-rechtlichen Rundfunkprogramm wird von diesen Unternehmen als Auftragsproduktionen hergestellt.[835] Die Tochterunternehmen sind dabei nicht nur für die öffentlich-rechtlichen Rundfunkanstalten tätig, sondern produzieren auch für privatwirtschaftliche Auftraggeber und damit auch „für die kommerziellen Medienkonkurrenten".[836]

Beteiligungen an programmherstellenden Unternehmen gehören zum Bereich der Hilfsgeschäfte.[837] Die Möglichkeit hierzu ist den Rundfunkanstalten gesetzlich eingeräumt worden.[838] Ähnlich wie für den Bereich der Wirtschaftswerbung sprechen auch hier die Formulierungen eher für eine Möglichkeit als für eine

---

[833] Schröder, ZUM 2000, S. 209, 210 u. 221; allg. Engler, Kooperationen im Rundfunk, S. 77 ff.; vgl. die Beispiele im 12. KEF-Bericht, Rn. 580.

[834] Hahn, ZUM 2001, S. 775, 775; vgl. dazu den 10. KEF-Bericht, Rn. 544; den 11. KEF-Bericht, Rn. 374; den 12. KEF-Bericht, Rn 580 und den 13. KEF-Bericht, Tz. 503.

[835] Schröder, ZUM 2000, S. 209, 210.

[836] Krempel, Rundfunk-Beteiligungsunternehmen, S. 205; Schröder, ZUM 2000, S. 209, 210; Seidel, ZUM 2001, S. 13, 14 mit dem Beispiel der Produktionsfirma Studio Hamburg; dazu auch der 13. KEF-Bericht, Tz. 504.

[837] Gersdorf, Grundzüge des Rundfunkrechts, Rn. 322; kritisch Pelny, ZUM 2001, S. 564, 566.

[838] So z.B. in § 45 WDRG; Art. 3 Abs. 2 BayRdfG; §§ 5, 36 SWR-StV und § 3 ZDF-StV.

Verpflichtung. Insoweit lässt sich schon an einer Betrauung i.S.d. Art. 86 Abs. 2 EG zweifeln. Allerdings können die Aktivitäten der Tochterunternehmen im Rahmen von Auftragsproduktionen von der Beauftragung der öffentlich-rechtlichen Rundfunkanstalten gedeckt sein.[839]

In den Fällen, in denen Tochterunternehmen auch für privatwirtschaftliche Auftraggeber tätig sind, kann allerdings darin keine Dienstleistung von allgemeinem wirtschaftlichem Interesse gesehen werden. Eine Produktion für kommerzielle Medienkonkurrenten entspricht kaum den „demokratischen, sozialen und kulturellen Bedürfnissen jeder Gesellschaft". Zumindest in den Fällen, in denen die Beteiligung den Wert von 50% überschreitet, sind die Tochterunternehmen den öffentlich-rechtlichen Rundfunkanstalten zuzurechnen. Produzieren diese Unternehmen dann aber für privatwirtschaftliche Auftraggeber, so sind diese nicht mehr im Rahmen ihrer gemeinwohlorientierten Pflichten tätig, sondern im Wettbewerbsbereich und damit in „einem anderen Geschäftsbereich" i.S.d. Transparenzrichtlinie. Indem die öffentlich-rechtlichen Rundfunkanstalten Tochtergesellschaften gebildet haben, die auch im Wettbewerbsbereich tätig sind und an denen die Rundfunkanstalten eine Mehrheitsbeteiligung innehaben, sind die Anstalten in verschieden Geschäftsbereichen i.S.d. Transparenzrichtlinie tätig.[840]

bb) ZDF-Medienpark

Dass die öffentlich-rechtlichen Rundfunkanstalten in verschiedenen Geschäftsbereichen tätig sind, wird auch bei dem Projekt „Medienpark" deutlich. Zwar hat sich das ZDF jetzt zunächst von dem Projekt gelöst, es aber auch nur „auf Eis gelegt".[841] Zudem können für die hier interessierende Fragestellung auch Schlüsse aus der zurückliegenden Planungsphase des „Medienparks" gezogen werden. Der „Medienpark" soll(te) als Freizeitpark mit Fahrgeschäften dem Zuschauer das Medium Fernsehen näher bringen. Das Vorhaben orientiert sich dabei in seiner Grundstruktur an bewährten Mustern stationärer Freizeitanlagen.[842] Inhaltlich-thematisch stützt sich das Konzept des Medienparks auf Programmmarken und Charaktere des ZDF.

---

[839] So wohl die Argumentation von Eberle, in: ders./Ibler/Lorenz, FS Brohm, S. 51, 66.

[840] Für diese rechtliche Einschätzung ist die Frage irrelevant, ob die öffentlich-rechtlichen Rundfunkanstalten schon weitgehend eine getrennte Buchführung eingeführt haben. In der Arbeit geht es um die Frage der Anwendbarkeit der Transparenzrichtlinie, für deren Bejahung es notwendig ist, dass das begünstigte Unternehmen in verschiedenen Geschäftsbereichen tätig ist. Diese abstrakte Frage ist unabhängig davon, ob in Teilbereichen ein dem der Transparenzrichtlinie entsprechendes Instrumentarium schon errichtet worden ist. Zu praktischen Umsetzungsfragen siehe unten Gliederungspunkt D.I.

[841] Vgl. dazu FAZ v. 13.06.2003 und FR v. 13.06.2003.

[842] Brenner, Gewährleistung des Funktionsauftrages, S. 208.

Es wurde der Vorwurf erhoben, das Projekt verstoße gegen deutsches Rundfunkrecht[843] und gegen europäisches (Beihilfe-)recht.[844] Das OLG Koblenz ist diesen Vorwürfen nicht gefolgt. Das Gericht hat eine zulässige Randnutzung angenommen, die nicht gegen die § 2 und § 3 ZDF-StV verstoße.[845] Allerdings sucht man in den Bestimmungen des ZDF-Staatsvertrags vergeblich nach Formulierungen, die zu einer Errichtung eines Freizeitparks verpflichten und damit eine Betrauung i.S.d. Art. 86 Abs. 2 EG darstellen könnten. Zudem erfüllt die Planung eines „Medienparks" nur schwerlich demokratische, soziale und kulturelle Bedürfnissen der Gesellschaft. Sie ist nicht im Sonderrechtsbereich, sondern vielmehr im Wettbewerbsbereich angesiedelt. Die Gefahr einer Wettbewerbsverfälschung wird besonders deutlich, wenn in diesen Wettbewerbsbereich staatliche Mittel fließen. Das ZDF hat aber ihre hundertprozentige Tochtergesellschaft mit der Projektentwicklung beauftragt, welche zusammen mit einem privaten Investor ein weiteres Unternehmen gegründet hat.[846] So sind, auch wenn für die Entwicklung und das Betreiben des Parks keine Gebührengelder verwendet werden sollten, wohl doch zumindest in der Planungsphase Gelder aus dem Gebührenaufkommen in das Projekt „Medienpark" geflossen.

cc) Zusatzangebote im Internet

Teilweise werden auch die Zusatzangebote, welche die öffentlich-rechtlichen Rundfunkanstalten im Internet anbieten, als mögliche Aktivitäten des Wettbewerbsbereichs genannt.[847] Derartige Zusatzangebote, wie beispielsweise Online-Spiele, „Chatangebote", Marktplätze oder Informationsdatenbanken, sind ferner dem Vorwurf ausgesetzt, rundfunkrechtlich unzulässig zu sein.[848] Anfangs bestand kaum Klarheit, was öffentlich-rechtlicher Rundfunk im Rahmen dieses neuen Mediums darf und was nicht.[849]

---

[843] Brenner, Gewährleistung des Funktionsauftrages, S. 208 f.; Degenhart, ZUM 2001, S. 357, 358 ff.; a.A. Dörr, K&R 2003, S. 138 f.; Gounalakis, Funktionsauftrag, S. 176 ff.; Hesse, Rundfunkrecht, 4. Kapitel, Rn. 42.

[844] Degenhart, ZUM 2001, S. 357; 379 ff.; a.A. Gounalakis, Funktionsauftrag, S. 192 f.

[845] Urteil des OLG Koblenz v. 21.08.2001 (Rs. 4 U 957/00), ZUM 2001, S. 800, 803; vgl. dazu Degenhart, K&R 2003, S. 396 f.; Dörr, K&R 2003, S. 138, 138 f; ders., K&R 2003, S. 398; Pelny, ZUM 2002, S. 86 ff.

[846] Vgl. Ausführungen in OLG Koblenz, ZUM 2001, S. 800, 800 f. und Mand, Erwerbswirtschaftliche Betätigung der Rundfunkanstalten, S. 16.

[847] So Storr, K&R 2002, S. 464, 472 f.; Beschwerde des VPRT vom April 2003; vgl. AfP 2003, S. 258; Doetz, MMR 2003, S. 429 f.

[848] Degenhart, ZUM 1998, S. 333, 346; Rath-Glawatz, AfP 2003, S. 9, 12; Tschentscher, AfP 2001, S. 93, 94.

[849] Die Notwendigkeit einer besonderen gesetzlichen Legitimation wurde verneint von Michel, ZUM 1998, S. 350, 357.

Die nationale Rechtslage hat allerdings an Klarheit gewonnen.[850] Den Rundfunkanstalten wurde es zunächst gestattet, Mediendienste i.S.v. § 2 Abs. 2 Nr. 4 Mediendienste-Staatsvertrag mit vorwiegend programmbezogenem Inhalt anzubieten.[851] Werbung und Sponsoring sind in diesen Mediendiensten nicht zugelassen.[852] Die einfachgesetzliche Rechtslage ist durch den 7. Rundfunkänderungsstaatsvertrag (RfÄStV) weiter verschärft worden.[853] Die bisherige Regelung, die *vorwiegend* programmbezogene Inhalte forderte, wurde durch die Formulierung „mit programmbezogenem Inhalt" ersetzt. Zwar besteht auch hier das Problem, dass der Wortlaut eher für die Einräumung einer Möglichkeit, als für eine Verpflichtung spricht. Andererseits wird durch den Programmbezug deutlich, dass auch die Aktivitäten im Internetbereich einen Ausfluss der Kernaufgabe „öffentlich-rechtlicher Rundfunk" darstellen. Die Formulierungen der Staatsverträge werden wohl daher den Anforderungen an einen Betrauungsakt i.S.d. Art. 86 Abs. 2 EG entsprechen. Zudem können die Mitgliedstaaten die Versorgung der Bevölkerung mit zusätzlichen programmbegleitenden und programmbezogenen Informationen im Rahmen des Internets grundsätzlich einem Unternehmen als Dienstleistung von allgemeinem wirtschaftlichem Interesse anvertrauen.

Es ist zwar durchaus denkbar, dass die öffentlich-rechtlichen Rundfunkanstalten Informationen angeboten haben[854] oder weiterhin anbieten, die diesen Anforderungen nicht mehr entsprechen, mithin nicht programmbezogen sind. Das würde einen Verstoß gegen nationales Rundfunkrecht bedeuten. Funktionieren die Sanktionsmechanismen dann nicht richtig, d.h. sorgt der Mitgliedstaat dennoch weiterhin für ausreichende Finanzierung des Unternehmens, so können dies durchaus Anzeichen für eine verbotene Beihilfe i.S.d. Art. 87 Abs. 1 EG sein. Daher werden die Mitgliedstaaten durch die Kommission auch ausdrücklich aufgefordert, eine ausreichende Kontrolle durch Aufsichtsorgane zu gewährleisten.[855] In unzulässigen Zusatzangeboten, also Angeboten, denen der Programmbezug fehlt, können aber nicht Aktivitäten des Wettbewerbsbereichs gesehen werden. Sonst müsste ein deutsches Gesetz – bei Anwendbarkeit der Transparenzrichtlinie – eine getrennte Buchführung für einen Bereich verlangen, der schon rundfunkrechtlich nicht zulässig ist. Eine getrennte Buchführung für

---

[850] Vgl. zur nationalen Rechtslage Rath-Glawatz, AfP 2003, S. 9, 9 f.

[851] § 4 Abs. 3 ARD-StV; § 4 Abs. 3 ZDF-StV; § 4 Abs. 3 DeutschlandRadio-StV.

[852] So ausdrücklich für die ARD und das ZDF: § 4 Abs. 3 S. 2 ARD-StV; § 4 Abs. 3 S. 2 ZDF-StV.

[853] Allgemein zur Änderung Hesse, Rundfunkrecht, 4. Kapitel, Rn. 21; Hufnagel/Nolte, AfP 2003, S. 315, 315 f.

[854] Vgl. die konkreten Beispiele einiger Internetdienste bei Rath-Glawatz, AfP 2003, S. 9, 11 ff., deren Betrieb allerdings teilweise schon wieder beendet wurde.

[855] Mitteilung der Kommission über die Anwendung der Vorschriften über Staatliche Beihilfen auf den öffentlich-rechtlichen Rundfunk, ABl. EG Nr. C 320 v. 15.11.2001, S. 5, 9, Rn. 41.

Tätigkeiten, die das Unternehmen gar nicht anbieten darf, stellt aber eine Systemfremdheit dar, die wohl schon nicht erforderlich i.S.d. Art. 86 Abs. 3 EG wäre. Sämtliche Ausgaben, die durch „Internetaktivitäten" verursacht werden, müssen vielmehr dem Sonderrechtsbereich zugeordnet werden. Überschreiten dann die Rundfunkanstalten ihre gesetzlichen Befugnisse und wird dieses Verhalten durch nationale Kontrollorgane nicht geahndet, kann die Kommission anhand der Zahlen des Sonderrechtsbereichs eine Überkompensierung und damit eine verbotene Beihilfe i.S.d. Art. 87 Abs. 1 EG feststellen.[856] Eine getrennte Buchführung für Tätigkeiten, die das Unternehmen gar nicht anbieten darf, ist aber im Rahmen der Transparenzrichtlinie nicht erforderlich.

dd) Merchandising

Anders muss die Erforderlichkeit einer getrennten Buchführung hingegen für Aktivitäten bewertet werden, die den öffentlich-rechtlichen Rundfunkanstalten zwar erlaubt sind, die aber nicht mehr unter den Gemeinwohlbegriff der Versorgung mit programmbezogenen Inhalten zu ziehen ist. Hier ist insbesondere der Verkauf von Merchandisingprodukten hervorzuheben, der verstärkt im Internet, aber auch in der realen Welt stattfindet. Die öffentlich-rechtlichen Anstalten haben neben anstaltseigenen Geschäften umfangreiche Einkaufsmöglichkeiten im Online-Bereich geschaffen.[857]

Auch hier ist die Grenzziehung zwischen zulässiger und unzulässiger Tätigkeit schwierig.[858] Ausuferndes E-Commerce ist den Rundfunkanstalten spätestens seit dem 7. RfÄStV verboten. Programmbegleitende Materialien (Bücher, Videos und ähnliche Produkte) und andere Formen des Merchandisings, die im Zusammenhang mit der Programmtätigkeit stehen, werden aber auch in Zukunft zulässige wirtschaftlichen Randbetätigungen darstellen.[859] Wie im Bereich der Wirtschaftswerbung, wird man schon kaum eine hinreichend konkrete Betrauung, also eine Verpflichtung, für den Bereich des Merchandisings erkennen können. Zudem entspricht der Verkauf von Merchandisingprodukten nur schwerlich den „demokratischen, sozialen und kulturellen Bedürfnissen jeder Gesellschaft". Es lässt sich hierin somit keine Dienstleistung von allgemeinem wirtschaftlichem Interesse sehen.

---

[856] So ist auch der Ansatz der Kommission in ihrem Schreiben v. 21.01.2003, Beihilfe Nr. C 2/03 (ex NN 22/02) (TV2), ABl. EG Nr. C 59 v. 14.3.2003, S. 2, 7, Rn. 42; die inoffizielle englische Übersetzung des dänischen Dokuments hat die Association of Commercial Telvision in Europe (ACT), Brüssel, besorgt.

[857] Vgl. dazu Brenner, Gewährleistung des Funktionsauftrages, S. 209.

[858] Differenzierend: Mand, Erwerbswirtschaftliche Betätigung der Rundfunkanstalten, S. 147 f.

[859] Fechner, Medienrecht, Rn. 845; Degenhart, Öffentlich-rechtlicher Rundfunk und Freizeitparks, S. 44; Rath-Glawatz, AfP 2003, S. 9, 11; a. A. Brenner, Gewährleistung des Funktionsauftrages, S. 209.

Während sich also über den Programmbezug eines Funkweckers oder einer Leselampe[860] (und damit über die rundfunkrechtliche Zulässigkeit des Verkaufs dieser Objekte) streiten lässt, so ist die Gefahr einer wettbewerbsrechtlichen Schieflage in diesem Bereich deutlich erkennbar. Die öffentlich-rechtlichen Anstalten könnten versucht sein, um ihre Popularität zu steigern, Produkte zu deutlich unter dem Marktwert liegenden Preisen anzubieten. Gelingt ihnen das nur, weil sie den entgangenen Gewinn aus Gebührengeldern finanzieren können, so liegt eine klassische Quersubvention vor, die Unternehmen, welche ähnliche Produkte anbieten, empfindlich schaden kann und die zu einer Wettbewerbsverfälschung führt.

Der Verkauf von Merchandisingprodukten, sei es im Internet oder in anstaltseigenen Geschäften, muss dem Wettbewerbsbereich zugeordnet werden. Es liegt bereits keine hinreichend konkrete Betrauung vor. Zudem kann diese Aktivität auch keine Dienstleistung von allgemeinem wirtschaftlichem Interesse darstellen. Sie entspricht keinesfalls demokratischen, sozialen oder kulturellen Bedürfnissen der Gesellschaft. Der Verkauf von Merchandisingprodukten ist dem Wettbewerbsbereich zuzuordnen.

ee) Spartenkanäle

Auch die Veranstaltung von Spartenkanälen ist als möglicher Wettbewerbsbereich und damit als „verschiedener Geschäftsbereich" i.S.d. Transparenzrichtlinie genannt worden.[861] Die Kommission hat in ihrer Entscheidung „Kinderkanal/Phoenix" hingegen die Möglichkeit der Privilegierung im Rahmen des Art. 86 Abs. 2 EG für die deutschen Spartenkanäle ausdrücklich bejaht. Auch wenn eine hinreichende Betrauung nur unter Zuhilfenahme zusätzlicher Vereinbarungen angenommen wurde, so überzeugt doch das Ergebnis, dass die Veranstaltung von Spartenprogrammen eine Dienstleistung von allgemeinem wirtschaftlichem Interesse darstellt. Ein solches Ergebnis beachtet die Wertungen des Rundfunkprotokolls in zweierlei Hinsicht. Zum einen führt eine protokollkonforme Auslegung des Begriffs der „Betrauung" dazu, dass für die Beauftragung mit „öffentlich-rechtlichem Rundfunk", also der Herstellung und Verbreitung eines ausgewogenen Programms, eine breitgefasste Definition genügt.[862] Die Kommission hat in ihrer Entscheidung „Kinderkanal/Phoenix" für das deutsche Rundfunksystem festgestellt, dass einer exakten Auftragsausgestaltung im

---

[860] So z.B. im Online-Shop des WDR unter http://www.wdrladen.de (Stand: März 2004).

[861] Storr, K&R 2002, S. 464, 472.

[862] Mitteilung der Kommission über die Anwendung der Vorschriften über Staatliche Beihilfen auf den öffentlich-rechtlichen Rundfunk, ABl. EG Nr. C 320 v. 15.11.2001, S. 5, 8, Rn. 33; Storr, K&R 2002, S. 464, 471; Schwarze, ZUM 2000, S. 779, 791.

Programmbereich die Staatsfreiheit des öffentlich-rechtlichen Rundfunks entgegensteht und im konkreten Fall eine ausreichende Betrauung angenommen.[863]

Zum anderen berücksichtigt das Ergebnis das Kriterium, dass die Dienste den „demokratischen, sozialen und kulturellen Bedürfnissen jeder Gesellschaft" entsprechen. Das ist beim Spartenkanal „Kinderkanal" der Fall, da ein gesellschaftliches Interesse an werbefreier Kinderunterhaltung besteht. Aber auch der Sender „Phoenix" befriedigt mit politischen Hintergrundinformationen und der Übertragung von Bundestagsdebatten demokratische Bedürfnisse. Ähnlich dürfte das Ergebnis auch für die Sender ARTE und 3Sat, sowie für die drei digitalen Sender des ZDF lauten, welche Theater, Informationen und Dokumentationen anbieten. Dieser Einschätzung entsprechen auch die Ausführungen des Bundesverfassungsgerichts. So heißt es im 5. Rundfunkurteil (Baden-Württemberg-Beschluss) zur Zulässigkeit von Spartenkanälen, dass öffentlich-rechtliche Spartenprogramme meinungsbildende Beiträge des Kultur- und Bildungsbereichs enthalten, welche von privaten Anbietern nicht zu erwarten seien.[864] Dies ist bei den Spartenkanälen „Phoenix" und „Kinderkanal" auch nach Ansicht der Kommission der Fall. Ein gebührenfinanzierter öffentlich-rechtlicher Sportkanal würde diese Kriterien nicht erfüllen.[865]

Die öffentlich-rechtlichen Rundfunkanstalten sind mit der Veranstaltung von Spartenprogrammen hinreichend konkret beauftragt worden. Die Programme entsprechen sozialen und kulturellen Bedürfnissen der Gesellschaft. In ihnen können daher auch Dienste von allgemeinem wirtschaftlichem Interesse i.S.d. Art. 86 Abs. 2 EG gesehen werden. Die Veranstaltung der konkreten Spartenprogramme ist mithin nicht dem Wettbewerbs-, sondern vielmehr dem Sonderrechtsbereich zuzuordnen.

5. Ergebnis

Die öffentlich-rechtlichen Rundfunkanstalten sind nicht lediglich im Sonderrechtsbereich, sondern auch im Wettbewerbsbereich tätig. Insbesondere für den Bereich der Wirtschaftswerbung scheidet eine Privilegierung i.S.d. Art. 86 Abs. 2 EG aus. Auch die Bildung von Tochterunternehmen und deren Aktivitäten sowie das Merchandising und die Planung eines Medienparks gehören nicht zu den Kernaufgaben der Rundfunkanstalten, mit denen sie beauftragt wurden. Die öffentlich-rechtlichen Rundfunkanstalten sind mithin in verschiedenen Geschäftsbereichen i.S.d. Transparenzrichtlinie tätig. Greift keine Ausnahmebestimmung ein, ist die Richtlinie damit auf den öffentlich-rechtlichen Rundfunk

---

[863] Entscheidung v. 24.2.1999, Nr. NN 70/98 (Kinderkanal/Phoenix), Tz. 6.3. (die ausführliche Entscheidungsbegründung wurde nicht veröffentlicht, kann aber bei der Kommission beantragt werden); ABl. EG Nr. C 238 v. 21.8.1999, S. 3.
[864] BVerfGE 74, 297, 346.
[865] So auch Storr, K&R 2002, S. 464, 472.

anwendbar. Den Rundfunkanstalten wäre damit der genaue Nachweis über die Finanzierung sowohl ihrer Tätigkeiten im Sonderrechtsbereich (Kernaufgabe), als auch ihrer Tätigkeiten im Wettbewerbsbereich (z.b. der Verkauf von Sendezeiten für Werbung) in getrennten Büchern abzuverlangen.[866]

IV. Spezialvorschriften

Gemäß Art. 3a Abs. 2 TranspRL gelten die Verpflichtungen zur getrennten Buchführung nicht für Geschäftsbereiche, die bereits von anderen Spezialvorschriften der Gemeinschaft erfasst sind. Die neugefasste Transparenzrichtlinie soll keine bestehenden Verpflichtungen aus dem EG-Vertrag oder aus Spezialvorschriften ändern oder gar aufheben. Die Neufassung will im Gegenteil für eine Rechtsangleichung von Bereichen, in denen schon Vorschriften zur getrennten Buchführung bestehen, mit solchen, wo dies nicht der Fall ist, sorgen.[867] Die Transparenzrichtlinie verfolgt dabei nicht den schon in einigen Wirtschaftsbereichen beschrittenen Weg sektorspezifischer Transparenzregelungen, sondern will eine generelle Transparenz erreichen.[868] Bei der Richtlinie handelt es sich somit um ein horizontal wirkendes Instrumentarium.[869]

Bereiche, in denen schon Spezialvorschriften bestehen, sind beispielsweise der Post-, der Telekommunikations- und der Energiemarkt.[870] Für den öffentlich-rechtlichen Rundfunk existieren solche Spezialvorschriften dagegen nicht. Wie schon oben ausgeführt, stellt auch das Rundfunkprotokoll als Auslegungsbestimmung keine Spezialvorschrift i.S.d. Art. 3a Abs. 2 TranspRL dar.[871] Das Protokoll sieht keine eigenständigen Segmentierungs- oder Buchführungspflichten vor und steht damit einer Anwendbarkeit der Transparenzrichtlinie nicht entgegen.[872] Eine Anwendung der Transparenzrichtlinie auf den öffentlich-rechtlichen Rundfunk ist somit auch nicht wegen bestehender Spezialvorschriften i.S.d. Art. 3a Abs. 2 TranspRL ausgeschlossen.

---

[866] Sog. Segmentierungspflicht; vgl. Neun, Öffentlich-rechtlicher Rundfunk, Grenzen des Wachstums, S. 310.

[867] Vgl. dazu den 9. Erwägungsgrund der Änderungsrichtlinie.

[868] Bolsenkötter/Poullie, ZögU 2001, S. 204, 210.

[869] Beck/Münger, in: Donges/Puppis, Die Zukunft des öffentlichen Rundfunks, S. 239, 250.

[870] So z.B. in Art. 14 der RL 97/67/EG v. 15.12.97 über gemeinsame Vorschriften für die Entwicklung des Binnenmarktes der Postdienste der Gemeinschaft und die Verbesserung der Dienstequalität (ABl. EG 1998 Nr. L 15, S. 14); in Art. 14 der RL 96/92EG v. 19.09.96 betreffend gemeinsame Vorschriften für den Elektrizitätsbinnenmarkt (ABl. EG 1997 Nr. L 27, S. 20); in Art. 13 der RL 98/30/EG v. 22.06.98 betreffend gemeinsame Vorschriften für den Erdgasbinnenmarkt (ABl. EG 1998 Nr. L 204, S. 1).

[871] Vgl. dazu oben Gliederungspunkt B.III.

[872] So auch Hain, MMR 2001, S. 219, 220.

V. Ausnahmebestimmung des Art. 4 Abs. 2 lit. c) TranspRL

Die öffentlich-rechtlichen Rundfunkanstalten könnten aber durch eine Ausnahmebestimmung von der Anwendbarkeit der Transparenzrichtlinie entbunden sein. Art. 4 Abs. 2 TranspRL nennt in lit. a) bis c) drei Ausnahmen, von denen die ersten beiden aber eindeutig nicht einschlägig sind: Wie oben schon festgestellt wurde, sind die Tätigkeiten der Rundfunkanstalten dazu geeignet, den freien Handel zwischen den Mitgliedstaaten merklich zu beeinträchtigen.[873] Die öffentlich-rechtlichen Rundfunkanstalten haben zudem einen Jahresnettoumsatz, der deutlich über der Grenze des Art. 4 Abs. 2 lit. b) von 40 Mio. EUR liegt.[874] Insoweit kommt als Ausnahmebestimmung nur die des Art. 4 Abs. 2 lit. c) TranspRL in Betracht. Die Kommission plant, diese Ausnahmebestimmung zu streichen, damit alle staatlichen Zuwendungen an Unternehmen von allgemeinem wirtschaftlichem Interesse auch nach der neueren Rechtsprechung des EuGH von der Richtlinie erfasst sind.[875]

Nach Art. 4 Abs. 2 lit. c) gilt die Richtlinie nicht für „Unternehmen, die mit der Erbringung von Dienstleistungen von allgemeinem wirtschaftlichem Interesse i.S.v. Artikel 86 Absatz 2 EG-Vertrag betraut wurden, sofern die ihnen gewährten staatlichen Beihilfen in jeglicher Form einschließlich Zuschüssen, Unterstützung oder Ausgleichsleistungen für einen angemessenen Zeitraum im Rahmen eines offenen, transparenten und nicht diskriminierenden Verfahrens festgesetzt wurden."[876]

1. Unternehmen i.S.d. Art. 86 Abs. 2 EG

Wie oben bereits festgestellt wurde, sind die öffentlich-rechtlichen Rundfunkanstalten Unternehmen, die mit der Erbringung von Dienstleistungen von allgemeinem wirtschaftlichem Interesse i.S.d. Art. 86 Abs. 2 EG betraut worden sind. Hierbei ist es unerheblich, dass die Rundfunkanstalten *auch* in Bereichen tätig sind, die keine Dienstleistung von allgemeinem wirtschaftlichem Interesse darstellen bzw. Aktivitäten ausüben, mit denen sie zumindest nicht betraut (durch einen Betrauungsakt i.S.d. Art. 86 Abs. 2 EG) worden sind. Jedenfalls existiert ein Kernbereich an Aufgaben, die eine solche Dienstleistung darstellen und mit

---

[873] S.o. Gliederungspunkt C.II.2.e).

[874] In der Gebührenperiode 2001-2004 erhalten die ARD gut 19,4 Mrd. EUR, das ZDF knapp 6,3 Mrd. EUR und das DeutschlandRadio knapp 760 Mio. EUR allein an Teilnehmergebühren (vgl. 14. KEF-Bericht, Rn. 285). Bei der ARD wird man hinsichtlich des Jahresnettoumsatzes eine Gesamtbetrachtung vornehmen müssen; vgl. dazu Hain, MMR 2001, S. 219, 224, Fn. 68.

[875] S. den Entwurf einer Richtlinie zur Änderung der Richtlinie 80/723/EWG, abrufbar unter: http://www.europa.eu.int/comm/competition/state_aid/others/interest/directive_de.pdf; dazu AfP 2004, S 109.

[876] Art. 4 Abs. 2 lit. c) TranspRL.

deren Erfüllung die öffentlich-rechtlichen Rundfunkanstalten auch betraut worden sind. Sie sind somit Unternehmen i.S.d. Art. 86 Abs. 2 EG.[877]

2. Offenes transparentes Verfahren

Zudem müssten die den Rundfunkanstalten gewährten Beihilfen, also in erster Linie das Rundfunkgebührenaufkommen, im Rahmen eines offenen, transparenten und nicht diskriminierenden Verfahrens festgesetzt worden sein.

a) Einführung

Auch in diesem Punkt gibt es konträre Rechtsauffassungen dazu, welche Kriterien an ein solches Verfahren zu stellen sind und ob im System der deutschen Gebührenfestsetzung ein derartiges Verfahren gesehen werden kann. *Eberle* sieht durch die Einbindung der KEF die Kriterien „offen, transparent und nicht diskriminierend" als erfüllt an. Damit unterfielen die Rundfunkanstalten „jedenfalls dieser Ausnahmevorschrift" und seien „von der Pflicht zur getrennten Buchführung entbunden."[878] *Britz* sieht hingegen die Kriterien „offen, transparent und nicht diskriminierend" nur dann als gegeben an, wenn das Verfahren einer Ausschreibung gewählt wurde.[879] Da weder bei der Festsetzung der Rundfunkgebühr noch bei der Auswahl des Begünstigten eine Ausschreibung stattgefunden hat,[880] würde die Ausnahmevorschrift danach für die öffentlich-rechtliche Rundfunkfinanzierung nicht greifen.

b) Bewertung

Schon der Wortlaut der Ausnahmevorschrift lässt an der Position *Eberles* zweifeln. Auch wenn die Worte „offen, transparent und nicht diskriminierend" Interpretationsspielräume zulassen, so deutet doch insbesondere das Wort „offen" auf ein Ausschreibungs- bzw. ausschreibungsähnliches Verfahren hin.[881] Zum Teil wird vorgeschlagen, dass für Bereiche, bei denen eine Bewerbung von Unternehmen um den öffentlichen Auftrag ausgeschlossen ist, die Ausnahmebestimmung extensiver ausgelegt werden müsse. In solchen Fällen genügten auch Ver-

---

[877] Vgl. ausführlich dazu oben Gliederungspunkt C.I.1.

[878] Eberle, in: ders./Ibler/Lorenz, FS Brohm, S. 51, 65.

[879] Britz, DVBl. 2000, S. 1641, 1649; so auch Bartosch ZIP 1999, S. 1787, 1792.

[880] Dass hier durchaus zwischen dem Verfahren zur Stellung des Unternehmens und dem zur Ermittlung der Zahlung zu trennen ist, zeigt der Vergleich mit der Ausnahmevorschrift, wie sie noch in einem Vorentwurf der Richtlinie geplant war. Dort hieß es: „ [...] oder die im Rahmen eines solchen Verfahrens mit Dienstleistungen von allgemeinem wirtschaftlichen Interesse gemäß Artikel 86 Absatz 2 EG-Vertrag *betraut* wurden." (Hervorhebung durch Verfasser); ABl. EG Nr. C 377 v. 29.12.1999, S. 2, 5.

[881] So auch Hain, MMR 2001, S. 219, 224.

fahren, bei denen ein unabhängiges Gremium (so wie die KEF) eingeschaltet werde, das über die Höhe der finanziellen Zuwendungen entscheidet.[882] Eine solche Interpretation lässt sich aber nur schwer mit dem Wortlaut vereinbaren, da derartige Verfahren zwar durchaus als „transparent" bezeichnet werden können. Das Merkmal „offen" hätte dann aber keine eigenständige, sondern lediglich eine deklaratorische Bedeutung.

Diese Einschätzung wird auch durch systematische Überlegungen gestützt. Die Formulierung „nach objektiven, angemessenen und nicht diskriminierenden Kriterien" des Art. 2 Abs. 1 lit. g) TranspRL bei der Definition besonderer Rechte ist deutlich weiter und verzichtet auf das Merkmal „offen". Bei dieser Definitionsnorm geht es um die *Auswahl* eines Unternehmens, welche nach vorher bestimmbaren Kriterien erfolgt. Ob indes das Unternehmen einen Vorteil erlangt, der über den Wert einer marktüblichen Gegenleistung hinausgeht, kann mit Hilfe dieser Kriterien nicht vorab bestimmt werden. Die Kommission hat daher in der Bestimmung des Art. 4 Abs. 2 lit. c) TranspRL bewusst eine enge Formulierung gewählt hat, um nur in Ausnahmefällen Unternehmen von dem Pflichtenkatalog der Richtlinie zu entbinden. Sie ist in ihrer Rundfunkmitteilung daher auch davon ausgegangen, dass die Ausgleichszahlungen der öffentlich-rechtlichen Sendeanstalten in den Mitgliedstaaten nicht im Rahmen eines offenen, transparenten und diskriminierungsfreien Verfahrens festgesetzt wurden.[883]

Zwar ist insoweit die Ausnahmeregelung streng genommen überflüssig, da im Rahmen eines Ausschreibungsverfahrens lediglich der Marktpreis widergespiegelt wird und nach neuerem Verständnis dann keine Beihilfe i.S.d. Art. 87 Abs. 1 vorliegt, die Transparenzrichtlinie also aus diesem Grunde schon keine Anwendung findet.[884] Wird ein Unternehmen mit der Erbringung von Dienstleistungen von allgemeinem wirtschaftlichem Interesse betraut und wird die Höhe des Ausgleichs in einem Ausschreibungsverfahren bestimmt, dürften die in der Rechtssache „Altmark Trans" aufgestellten vier Kriterien jedenfalls erfüllt sein. Zum Zeitpunkt des Erlasses der Richtlinie stellte dies aber keine gefestigte Rechtsprechung dar, sondern war lediglich der Kommissionspraxis entnommen. Die Kommission wollte damit nur die eigene Praxis festschreiben.[885]

Hintergrund der Ausnahmevorschrift ist es, dass jedenfalls dann eine Überkompensation und eine Quersubventionierung ausgeschlossen werden kann, wenn die staatliche Zahlung nicht über einem, der Dienstleistung entsprechenden, Marktwert liegt. Ein solcher Marktwert bildet sich regelmäßig in einem

---

[882] Trzaskalik, Transparenzpflichten des Rundfunks, S. 13.

[883] Mitteilung der Kommission über die Anwendung der Vorschriften über Staatliche Beihilfen auf den öffentlich-rechtlichen Rundfunk, ABl. EG Nr. C 320 v. 15.11.2001, S. 5, 10, Rn. 52.

[884] So (allerdings noch vor „Altmark Trans") Britz, DVBl. 2000, S. 1641, 1649.

[885] Der aktuelle Entwurf zur Änderung der Transparenzrichtlinie sieht daher auch eine Streichung dieses Ausnahmetatbestandes vor; vgl. oben Gliederungspunkt C.V.

Ausschreibungsverfahren. Die Bestimmung eines adäquaten Marktwertes ist allerdings auch in einem Gutachterverfahren möglich. Selbst wenn aber – entgegen der hier angeführten Argumente – ein Gutachterverfahren für die Ausnahmevorschrift genügen soll, so dürfen bei der Bewertung eines solchen Verfahrens nicht Sinn und Zweck der Ausnahmevorschrift aus den Augen verloren werden. Die Transparenzrichtlinie und damit die getrennte Buchführungspflicht soll eine Überwachung von Überkompensationen und Quersubventionierungen durch die Kommission erleichtern. Die Mitgliedstaaten dürfen an Unternehmen der Daseinsvorsorge nicht mehr Geld auszahlen, als zur Erbringung dieser Pflichten notwendig ist, und jene Unternehmen dürfen die erhaltenen Vorteile nur im Sonderrechtsbereich und nicht im Wettbewerbsbereich einsetzen. Hier zeigen sich aber drei im Folgenden darzustellende eklatante Mängel hinsichtlich der Zielsetzung des, maßgeblich durch die KEF und die Landesrechnungshöfe bestimmten, Kontrollsystems der Rundfunkfinanzierung:

Erstens bestehen, wie oben dargestellt, schon Unklarheiten hinsichtlich der Reichweite des Auftrags der Rundfunkanstalten. Dieser Mangel kann aber weder durch ein Ausschreibungs-, noch durch ein Gutachterverfahren behoben werden. Nur wenn eine klare Auftragsdefinition vorhanden ist, können potentielle Bieter Angebote unterbreiten, wodurch sich ein Marktpreis herausbildet, oder aber ein dazu berufenes Gremium überprüfen, ob eine Ausgleichszahlung angemessen ist.

Zweitens ist, selbst wenn man von einem hinreichend bestimmbaren Auftrag der Rundfunkanstalten ausgeht, die Kontrolle, ob der Auftrag auch ausgeführt wird, ebenfalls nicht ausreichend. Üben die Landesrechnungshöfe ohnehin nur einen mittelbaren Einfluss bei der Bestimmung der Gebührenhöhe aus, so haben sie jedenfalls nicht die Aufgabe, die tatsächliche Erfüllung des Rundfunkauftrags zu überprüfen. Sie befassen sich lediglich mit der Frage der Wirtschaftlichkeit und Sparsamkeit bei der Haushalts- und Wirtschaftsführung.[886] Zudem sehen einige Vorschriften, wie z.B. § 30 Abs. 3 des ZDF-Staatsvertrages vor,[887] dass der Adressatenkreis der Berichte äußert begrenzt ausfällt.[888] Aber auch die KEF kann der Überprüfung der Auftragserfüllung und damit der Kontrolle möglicher Überkompensierung nicht gerecht werden. Dazu heißt es von der KEF in ihrem 13. Bericht zur eigenen Tätigkeit: „Die Kommission hat sich im 10. Bericht (Tz. 39 ff.) grundsätzlich zu der Frage geäußert, wie weit ihr Auftrag und ihre Kompetenzen reichen, die Einhaltung des Rundfunkauftrages zu prüfen. Sie

---

[886] Vgl. dazu Pelny, ZUM 2003, S. 643, 652.

[887] S. 3 der Norm sieht als Adressaten der Prüfungsberichte lediglich den Intendanten, den Vorsitzenden des Verwaltungsrates, den Vorsitzenden des Fernsehrates und die Landesregierungen vor.

[888] Vgl. z.B. auch § 35 Abs. 2 MDR-Staatsvertrag, der den Adressatenkreis des Prüfungsberichts auf den Verwaltungsrat, den Intendanten und die Ministerpräsidenten der Länder beschränkt.

ist dabei zu dem Ergebnis gelangt, dass ihr hierbei *keine vertiefte* Prüfung zukommt und sie deshalb nur klar erkennbare Überschreitungen des Rundfunkauftrags aufzugreifen hat."[889]

Drittens übt die KEF ähnliche Zurückhaltung auch bei der Kontrolle möglicher Quersubventionen aus. So heißt es ebenfalls im 13. KEF-Bericht: „Darüber hinausgehende Erwartungen an die Kommission, die sie etwa als eine Art Hüterin der Wettbewerbsneutralität sehen würden, gehen über ihren Auftrag hinaus. So ist z.b. die häufig gestellte Frage nach eventuellen Quersubventionen für die Kommission vor allem insoweit von Belang, als sich Finanz- bzw. Leistungsströme zwischen den Anstalten und ihren Beteiligungen *erhöhend* auf den Finanzbedarf auswirken würden."[890] Das bedeutet, dass soweit Quersubventionen nicht zu einer Erhöhung der Gebührenhöhe führen, sie sich im Rahmen der Wirtschaftlichkeit und Sparsamkeit bewegen und damit von der KEF nicht geahndet werden. Solange mithin positive Erträge erwirtschaftet werden und damit der Gebührenbedarf gemindert wird, fördert dies nach Ansicht der KEF die Wirtschaftlichkeit der Rundfunkunternehmen.[891] Eine Ertragssteigerung ist aber gerade auch bei Leistungen zu Dumpingpreisen, welche den freien Wettbewerb empfindlich stören, möglich. Das Verständnis der KEF wird insbesondere im Bereich der Beteiligungen an (Töchter)-Unternehmen deutlich. Der KEF sind Einzelprüfungen der Beteiligungen nach eigener Aussage nicht möglich.[892] Sie kann die zahlreichen Mehr- und Minderheitsbeteiligungen auch gar nicht überschauen.[893] Dennoch fordert die KEF schon in ihrem 10. Bericht eine Öffnung dieser Unternehmen auch für Dritte außerhalb des öffentlich-rechtlichen Bereichs, da so eine wirtschaftlichere Nutzung der Kapazitäten durch zusätzliches Auftragsvolumen ermöglicht werde.[894] Ob die zusätzlichen Aufträge zu marktüblichen Preisen abgerechnet werden, überprüft die KEF aber gerade nicht. Diese Kontrolle kann auch nicht von den Landesrechnungshöfen wahrgenommen werden, da deren Prüfungskompetenz nur in einigen Fällen in diesem Sinne erweitert wurde.[895]

---

[889] 13. KEF-Bericht, Tz. 499; Hervorhebung im Original (dort allerdings drucktechnisch durch „Fettdruck" hervorgehoben).

[890] 13. KEF-Bericht, Tz. 498; Hervorhebung durch Verfasser.

[891] Trzaskalik, Transparenzpflichten des Rundfunks, S. 25.

[892] 13. KEF-Bericht, Tz. 521.

[893] In diesem Sinne hat sich der Vorsitzende der KEF, Rainer Conrad, im Rahmen der „Medientage München" am 22.10.2003 geäußert.

[894] 10. KEF-Bericht, Tz. 542 u. 544.

[895] So aber in § 35 Abs. 2 SWR-StV; Art. 13 Abs. 3 BayR-Gesetz; zu den Grenzen der Finanzkontrolle über Beteiligungsgesellschaften ausführlich, Hahn, ZUM 2001, S. 775 ff.

c) Ergebnis

Sowohl der Wortlaut der Ausnahmevorschrift des Art. 4 Abs. 2 lit. c) TranspRL, als auch der systematische Vergleich mit Art. 2 Abs. 1 lit. g) TranspRL sprechen dafür, dass erstere Vorschrift nur Ausschreibungs- oder ausschreibungsähnliche Verfahren umfasst. Selbst wenn man davon ausgeht, dass auch Gutachterverfahren den Anforderungen „offen, transparent und nicht diskriminierend" entsprechen können, so muss maßgeblich darauf abgestellt werden, ob die Zielrichtung der Transparenzrichtlinie mit der des Gutachterverfahrens übereinstimmt. Das Verfahren zur Festsetzung der Rundfunkgebühr genügt diesen Anforderungen nicht, da weder die KEF noch die Landesrechnungshöfe in ausreichender Form Überkompensationen und Quersubventionierungen kontrollieren. Das Rundfunkgebührenfestsetzungsverfahren entspricht somit nicht den Voraussetzungen des Art. 4 Abs. 2 lit. c) TranspRL.[896] Die Ausnahmevorschrift entbindet die öffentlich-rechtlichen Rundfunkanstalten nicht von der Anwendbarkeit der Transparenzrichtlinie.[897]

---

[896] So im Ergebnis auch Neun, Öffentlich-rechtlicher Rundfunk, S. 313.

[897] So auch die Kommission in ihrer Mitteilung der Kommission über die Anwendung der Vorschriften über Staatliche Beihilfen auf den öffentlich-rechtlichen Rundfunk, ABl. EG Nr. C 320 v. 15.11.2001, S. 5, 10, Rn. 52.

D. Umsetzung und Zukunft der Transparenzrichtlinie

I. Nationale Umsetzung der Richtlinie und Pflichten des Rundfunks

Wie dargestellt, ist die Transparenzrichtlinie somit auf den öffentlich-rechtlichen Rundfunk in Deutschland anwendbar. Die Richtlinie richtet sich indes nicht an Unternehmen (also nicht an die Rundfunkanstalten), sondern bedarf der Umsetzung durch die einzelnen Mitgliedstaaten.[1] Die genaue Ausgestaltung der sich aus der Transparenzrichtlinie für die öffentlich-rechtlichen Rundfunkanstalten ergebenden Pflichten hängt somit von der nationalen Umsetzung der Richtlinie ab. Daher soll zunächst dargestellt werden, ob überhaupt und wenn ja, wie die Transparenzrichtlinie in deutsches Recht umgesetzt wurde. Anschließend soll der Pflichtenkatalog, den die Richtlinie selbst vorsieht, skizziert werden. Hierbei wird zu untersuchen sein, ob sich eine Kongruenz zur nationalen Rechtslage feststellen lässt und wenn nicht, welche Problemfelder sich bei einer ordnungsgemäßen Umsetzung ergeben.

1. Nationale Umsetzung

Gemäß Art. 2 der Änderungsrichtlinie mussten die Mitgliedstaaten bis zum 31. Juli 2001 die für eine Änderung erforderlichen Verwaltungsvorschriften erlassen. Die betroffenen Unternehmen sollten damit einen ausreichenden Vorlauf haben, um sich bis zum 1. Januar 2002 auf die neue Situation einzustellen.[2] Einige Mitgliedstaaten sind dieser Umsetzungspflicht nicht rechtzeitig nachgekommen, sodass die Kommission Vertragsverletzungsverfahren gegen die betroffenen Mitgliedstaaten eingeleitet hat.[3] Deutschland hat die Vorgaben der Transparenzrichtlinie auf Bundesebene durch das auf Art. 74 Abs. 1 Nr. 11 GG gestützte[4] „Transparenz-Richtlinie-Gesetz" (TranspRLG) umgesetzt.[5] Dabei wurden die Formulierungen der Richtlinie überwiegend beibehalten und keine weitergehenden Ergänzungen aufgenommen.[6] Fraglich ist aber, ob Deutschland damit der eigenen Umsetzungspflicht aus Art. 2 Abs. 2 der Änderungsrichtlinie in ausreichendem Maße nach-

---

[1] Vgl. Art. 2 und Art. 4 der Änderungsrichtlinie.

[2] Vgl. dazu die Begründung zum Gesetzentwurf der Bundesregierung, BR-Drs. 335/01, S. 8.

[3] Die Kommission hat beschlossen, wegen der gegen Finnland, Frankreich, Irland, Italien, Portugal und Schweden laufenden Verfahren den Gerichtshof anzurufen. In der gleichen Sache hat die Kommission ein Verfahren gegen Belgien und Luxemburg eröffnet; vgl. PM der Kommission v. 8.01.03, IP/03/19.

[4] Vgl. die Begründung zum Gesetzentwurf der Bundesregierung, BR-Drs. 335/01, S. 8.

[5] BGBl. 2001 I, 2141 ff.; vgl. Poullie, ZögU 2001, S. 487, 487.

[6] In der Gesetzesbegründung heißt es dazu, dass eine „weitgehend wortlautgetreue Überführung der Regelungen der Änderungsrichtlinie in deutsches Recht" erfolgt sei; BR-Drs. 335/01, S. 9.

gekommen ist. Dies wäre nur dann der Fall, wenn sich aus dem TranspRLG für *alle* betroffenen Unternehmen, also auch für die öffentlich-rechtlichen Rundfunkanstalten, der Richtlinie entsprechende Verpflichtungen ergäben.

Als Bundesgesetz findet das TranspRLG aber in Bereichen, die der ausschließlichen Gesetzgebung der Länder unterstehen, keine Anwendung.[7] Die Verpflichtung zur getrennten Buchführung setzt die Verpflichtung zur Buchführung im Sonderrechtsbereich voraus. Dies bedeutet aber eine Buchführungspflicht für den Bereich der Kerntätigkeit der Rundfunkanstalten. Eine derartige Normierung gehört zum Kompetenztitel Rundfunkwesen. Für das Rundfunkwesen liegt die Umsetzungszuständigkeit damit bei den Ländern und müsste daher durch diese erfolgen.[8]

Aus dem TranspRLG erwachsen mithin keine Verpflichtungen für den öffentlich-rechtlichen Rundfunk.[9] Die Länder haben sich bisher geweigert, eine Umsetzung der Transparenzrichtlinie in Angriff zu nehmen.[10] Sie seien dazu nicht verpflichtet, da die Einbeziehung der KEF und auch der Landesrechnungshöfe ausreichende Transparenz gewährleiste.[11] Wie oben gezeigt, ist diese Rechtsposition fehlerhaft, da die Einbeziehung der KEF oder der Landesrechungshöfe den Kriterien der Ausnahmebestimmung des Art. 4 Abs. 2 lit. c) TranspRL nicht genügt.

Da eine ordnungsgemäße Umsetzung der Transparenzrichtlinie mithin nicht erfolgt ist,[12] besteht die Gefahr, dass die Kommission gegen Deutschland ein Vertragsverletzungsverfahren gemäß Art. 226 EG eröffnet.[13] Dabei würde dem Bund das Verhalten der Länder zugerechnet.[14] Dass dies noch nicht geschehen ist, kann nur auf die Tatsache zurückgeführt werden, dass in Deutschland – im Gegensatz zu anderen Mitgliedstaaten – durch das TranspRLG zumindest eine teilweise Umsetzung der Richtlinie stattgefunden hat.[15]

---

[7] So auch Doetz MMR 2003, S. 429, 430; Pelny, ZUM 2003, S. 643, 644; a.A. wohl Neun, Öffentlich-rechtlicher Rundfunk, S. 310.

[8] Trzaskalik, Transparenzpflichten des Rundfunks, S. 31; vgl. allgemein zu Zuständigkeitskonflikten bei der Umsetzung von EG-Richtlinien Haslach, DÖV 2004, S. 12, 12 ff.

[9] Vgl. Doetz MMR 2003, S. 429, 430; Pelny, ZUM 2003, S. 643, 644.

[10] Pelny, ZUM 2003, S. 643, 644; vgl. epd medien, Nr. 78/2000 v. 30.09.2000.

[11] Vgl. epd medien, Nr. 78/2000 v. 30.09.2000.

[12] Dieser Pflichtverletzung besteht auch dann, wenn ein Mitgliedstaat (zu Unrecht) davon ausgeht, dass die Voraussetzungen der Befreiungsklausel (Art. 4 Abs. 2 lit. c) TranspRL) gegeben sind. Dies festzustellen ist allein Sache der Kommission; vgl. dazu Trzaskalik, Transparenzpflichten des Rundfunks, S. 31.

[13] Pelny, ZUM 2003, S. 643, 653.

[14] Das bedeutet auch, dass der Bund gemäß dem Grundsatz der Bundestreue die Länder von ihrer Rechtsposition abbringen muss; vgl. Pelny, ZUM 2003, S. 643, 644.

[15] Die Kommission geht ebenfalls davon aus, dass die Bundesregierung gegen ihre Verpflichtung aus der Transparenzrichtlinie verstoßen hat; vgl. MMR 2004, S. XII.

2. Pflichtenkatalog der Transparenzrichtlinie

Es soll nun der Pflichtenkatalog, den die Transparenzrichtlinie für Unternehmen i.S.d. Art. 86 Abs. 2 EG vorsieht, skizziert werden, um daraus Rückschlüsse auf mögliche Pflichten der öffentlich-rechtlichen Rundfunkanstalten zu ziehen. Die genaue Ausgestaltung des Pflichtenkatalogs hängt indes von der Umsetzung der Richtlinie in deutsches Recht ab, die bisher nicht erfolgt ist. Für eine ordnungsgemäße Umsetzung sind die Bestimmungen der Richtlinie aber von zentraler Bedeutung. Das wird offensichtlich, wenn die Umsetzung, so wie dies auf Bundesebene durch das TranspRLG geschehen ist, eine weitgehend wortlautgetreue Überführung der Regelungen der Änderungsrichtlinie darstellt. Daher sollen im Anschluss die Problemfelder und Unklarheiten des Pflichtenkatalogs der Transparenzrichtlinie dargestellt werden.

a) Einführung

Gemäß Art. 1 Abs. 2 TranspRL müssen die Mitgliedstaaten gewährleisten, dass sich die Finanz- und Organisationsstruktur von Unternehmen, die zur Erstellung einer getrennten Buchführung verpflichtet sind, in getrennten Büchern genau widerspiegelt. Aus diesen Büchern soll klar ersichtlich werden: „a) eine nach den verschiedenen Geschäftsbereichen getrennte Aufstellung der Kosten und Erlöse [und] b) eine genaue Angabe der Methode, nach der die Kosten und Erlöse den verschiedenen Geschäftsbereichen zugeordnet und zugewiesen werden."[16]
Für die öffentlich-rechtlichen Rundfunkanstalten bedeutet dies die Verpflichtung eines genauen Nachweises über die Kosten und Erlöse der Kernaufgabe, also der Tätigkeit im Sonderrechtsbereich, und der Aktivitäten im Wettbewerbsbereich in jeweils getrennten Büchern.[17] Zweck dieser Segmentierung ist es, eventuelle Transaktionen zwischen den Geschäftsbereichen sichtbar zu machen, weil nur so Quersubventionen durch die Kommission aufgedeckt werden können.[18] Informationsrechte aufgrund der Transparenzrichtlinie hat daher gemäß Art. 5 Abs. 2 TranspRL auch nur die Kommission. Die Publizität der nach der Transparenzrichtlinie bereitzustellenden Informationen ist deutlich eingeschränkt, weswegen die Angabe genauer Kosten und Erlöse vertretbar ist.[19] Die

---

[16] Art. 1 Abs. 2 lit. a) und b) TranspRL.
[17] Neun, Öffentlich-rechtlicher Rundfunk, S. 310.
[18] Britz, DVBl. 2000, S. 1641, 1648.
[19] Deutlich weitergehende Publizitätsbestimmungen enthalten z.B. die sektorspezifischen Regelungen in Art. 14 (Aufnahme von Informationen in den Jahresabschluss) der RL 96/92 EG v. 19.09.96 betreffend gemeinsame Vorschriften für den Elektrizitätsbinnenmarkt (ABl. EG 1997 Nr. L 27, S. 20) und ähnlich auch Art. 13 der RL 98/30/EG v. 22.06.98 betreffend gemeinsame Vorschriften für den Erdgasbinnenmarkt (ABl. EG Nr. L 204, S. 1).

Angaben müssen der Kommission für einen Zeitraum von fünf Jahren nach Ende des Wirtschaftsjahres, auf das sich die Angaben beziehen, zur Verfügung stehen.[20]

Für die verpflichteten Unternehmen, also auch für den öffentlich-rechtlichen Rundfunk in Deutschland, sieht die Transparenzrichtlinie eine Segmentierung der Kosten nach Geschäftsbereichen vor. Wie dieser Segmentierungspflicht nachzukommen ist, regelt konkretisierend Art. 3a TranspRL. Die Bestimmung ist als Kernvorschrift formuliert und statuiert die notwendigen Maßnahmen, die zu ergreifen sind, um die Transparenz gemäß Art. 1 Abs. 2 TranspRL zu gewährleisten.[21]

Auch diese Vorschrift ist sehr allgemein gehalten. So sollen interne Konten, die den verschiedenen Geschäftsbereichen entsprechen, getrennt geführt werden.[22] Weiter ist vorgesehen, dass „alle Kosten und Erlöse auf Grundlage einheitlich angewandter und objektiv gerechtfertigter Kostenrechnungsgrundsätze korrekt zugeordnet und zugewiesen werden."[23] Zuletzt müssen die Kostenrechnungsgrundsätze, die der getrennten Buchführung zugrunde liegen, eindeutig bestimmt sein.[24] Die Transparenzrichtlinie macht damit, ähnlich wie Art. 8 der Richtlinie 97/33/EG,[25] keine weiteren Angaben zur Kostenrechnung.[26] Die verpflichteten Unternehmen müssen mithin kein bestimmtes System der Kosten- und Leistungsrechnung anwenden, solange die Grundsätze eindeutig bestimmbar sind.[27] In jedem Fall müssen die Unternehmen allgemeine Segmentierungs- und Kostenrechnungsgrundsätze beachten.[28]

b) Probleme der Kostenrechnung

Die Transparenzrichtlinie enthält somit keine detaillierten Angaben zur Kostenrechnung. Die Kommission hat sich auf kein bestimmtes System der Kosten- und Leistungsrechnung festlegen wollen. Auch der deutsche Gesetzgeber hat sich zu Rechnungsfragen im TranspRLG nicht geäußert. Das Gesetz (wie auch

---

[20] Vgl. Bolsenkötter/Poullie, ZögU 2001, S. 204, 208.

[21] Art. 5 Abs. 2 TranspRL.

[22] Art. 3a Abs. 1 lit. a) TranspRL.

[23] Art. 3a Abs. 1 lit. b) TranspRL.

[24] Art. 3a Abs. 1 lit. c) TranspRL.

[25] Richtlinie v. 30.06.97 über die Zusammenschaltung in der Telekommunikation im Hinblick auf die Sicherstellung eines Universaldienstes [...], ABl. EG 1997 Nr. C 199, S. 32.

[26] Vgl. Britz, DVBl. 2000, S. 1641, 1649; anders z.B. Art. 14 Abs. 3 lit. b) PostRL (ABl. EG 1998 Nr. L 15, S. 14); dazu ausführlich Niederprüm, Quersubventionierung, S. 36; sowie Art. 14 ElektrizitätsbinnenmarktRL (ABl. EG 1997 Nr. L 27, S. 20) und Art. 13 ErdgasRL (ABl. EG 1998 Nr. L 204, S. 1).

[27] Bolsenkötter/Poullie, ZögU 2001, S. 204, 212.

[28] Zu den verschiedenen Grundsätzen ausführlich Bolsenkötter/Poullie, ZögU 2001, S. 204, 213 ff.

die Richtlinie) verzichtet auf eine Spezifizierung der anzuwendenden Kosten-rechnungsgrundsätze, um die Freiheit der Unternehmen bei der Wahl ihres Kos-tenrechnungssystems nicht über das unbedingt notwendige Maß hinaus einzu-schränken.[29] Diese Begründung ist indes nicht unproblematisch, da schwierige Frage wie die der Abgrenzung der Geschäftsbereiche und die der Gemeinkosten nicht gelöst, sondern den Unternehmen aufgebürdet wurden.[30]

aa) Problem der Abgrenzung der Geschäftsbereiche

Bei der Definition der verschiedenen Geschäftsbereiche in Art. 2 Abs. 1 lit. d) heißt es über den Wettbewerbsbereich unscharf: „sowie auf der anderen Seite jedes andere getrennte Produkt oder jede andere Dienstleistung des Unterneh-mens." Diese Formulierung spricht dafür, dass für jedes einzelne Produkt bzw. jede einzelne Dienstleistung des Wettbewerbsbereichs eine getrennte Buchfüh-rung durchzuführen ist.[31] Eine Separierung zwischen dem gesamten Sonder-rechtsbereich und dem gesamten nicht-privilegierten Wettbewerbsbereich ist somit nicht ausreichend.[32] Innerhalb des Wettbewerbsbereichs muss – anders als im Sonderrechtsbereich – eine Separierung nach Geschäftssparten stattfinden.[33] Ein solches Vorgehen kann allerdings zu künstlichen und praktisch kaum zu realisierenden Ergebnissen führen. Es ist *Bolsenkötter/Poullier* zuzustimmen, dass ein Herunterbrechen in zu „kleine Karos" weder sach- noch zielgerecht ist.[34] Vielmehr müssen die Ziele der Richtlinie berücksichtigt werden.[35] Zu kon-trollieren, ob staatliche Beihilfen i.S.d. Art. 87 Abs. 1 EG in den Wettbewerbs-bereich geflossen sind, ist auch dann möglich, wenn einzelne Aktivitäten dieses Bereichs in der Buchführung zusammengefasst werden. Hier versäumen es lei-der sowohl die Transparenzrichtlinie, als auch das deutsche TranspRLG, den Unternehmen klare Vorgaben zu machen.[36]

---

[29] So in der Begründung zum Gesetzentwurf der Bundesregierung, BR-Drs. 335/01, S. 8.
[30] Kritisch auch Führmeyer, Quersubventionen, S. 253 ff.
[31] Noch eindeutiger die Formulierung im 7. Erwägungsgrund der Änderungsrichtlinie.
[32] Vgl. die Begründung zum Gesetzentwurf der Bundesregierung, BR-Drs. 335/01, S. 11.
[33] In dem Ausnahmefall, dass eine Separierung zwischen beiden Bereichen sonst nicht nach-vollziehbar wäre, muss auch für den Sonderrechtsbereich intern eine Trennung vorgenommen werden; vgl. den 7. Erwägungsgrund der Änderungsrichtlinie.
[34] Bolsenkötter/Poullie, ZögU 2001, S. 204, 211.
[35] So auch Bolsenkötter/Poullie, ZögU 2001, S. 204, 211.
[36] Wenig präzise sind die Ausführungen des deutschen Gesetzgebers, der Ausnahmen dann für gerechtfertigt hält, wenn „eine direkte Zuordnung zu den einzelnen Bereichen nicht mög-lich ist oder mit unvertretbarem Aufwand verbunden wäre"; so aber in der Begründung zum Gesetzentwurf der Bundesregierung, BR-Drs. 335/01, S. 11.

bb) Problem der Gemeinkosten

Die genaue Ausgestaltung der Kostenrechnung begegnet zudem einer weiteren Schwierigkeit. Fraglich ist nämlich, wie Gemeinkosten im System der getrennten Bücher aufgelistet bzw. verteilt werden sollen. Gemeinkosten sind solche Kosten, die sowohl für den Sonderrechts- als auch für den Wettbewerbsbereich entstehen. Sie bleiben übrig, wenn von den Gesamtkosten die bereichsspezifischen Kosten abgezogen werden.[37] Oft sind Gemeinkosten nicht ohne weiteres als solche erkennbar, d.h. sie könnten auch als bereichsspezifische Kosten qualifiziert werden. Zum anderen ist die genaue Aufteilung der Gemeinkosten kaum möglich.[38]

Besonders deutlich wird diese Problematik für den Rundfunksektor im Bereich der Tochterunternehmen. Wie oben dargestellt sind Tochterunternehmen, solange sie sich noch in der Hand der öffentlich-rechtlichen Rundfunkanstalten befinden, immer dann in verschiedenen Geschäftsbereichen tätig, wenn sie auch für private Anbieter Aufträge annehmen. Arbeiten sie indes für ihre Muttergesellschaft, leisten sie einen Beitrag zum Funktionsauftrag. Räumlichkeiten, Equipment etc. (Bestand) sind regelmäßig durch Gebührengelder bezahlt und angeschafft. Diese Kosten gelten also als dem Sonderrechtsbereich zugehörig. Wenn nun ein privater Auftrag erledigt wird, wird dieser Bestand aber ebenfalls genutzt. In welchem Verhältnis sollen diese Kosten aber dem Sonderrechts- und dem Wettbewerbsbereich zugerechnet werden?

Die Transparenzrichtlinie und das deutsche Umsetzungsgesetz geben darauf keine Antwort. Richtigerweise kann eine Quersubventionierung nur dann verhindert werden, wenn eine Nutzung des Bestandes im Rahmen des Wettbewerbsbereichs dort auch zu marktüblichen Konditionen verrechnet wird.[39] Für die Leistungsaustauschbeziehungen zwischen den verschiedenen Geschäftsbereichen müssen daher Regeln über die Ermittlung von Verrechnungspreisen existieren.[40]

Für den Rundfunkbereich scheint die Kommission eine andere Lösung des Problems der Gemeinkosten vorzusehen. Dies wird in ihrer Rundfunkmitteilung deutlich. Da die Transparenzrichtlinie bewusst weit formuliert ist und auch andere Kostenrechnungssysteme zulässt, können die in der Mitteilung gemachten Ausführungen als Anhaltspunkte dienen. Dänemark hat sich im „TV2"-Verfahren ebenfalls darauf berufen, dass die eigenen Zahlen im Einklang mit

---

[37] Britz, DVBl. 2000, S. 1641, 1648.

[38] Vgl. dazu Nolte, Quersubventionen, S. 22 f.

[39] Zu den allgemeinen Kostenrechnungsmöglichkeiten vgl. Nolte, Quersubventionen, S. 21 ff., 44 ff.

[40] Trzaskalik, Transparenzpflichten des Rundfunks, S. 31.

den Ausführungen in der Rundfunkmitteilung stünden, was von der Kommission nicht beanstandet wurde.[41]

Die Kommission führt in ihrer Mitteilung zum Problem der Gemeinkosten aus: „Darüber hinaus sollten, wann immer dieselben Ressourcen – Personal, Geräte, feste Einrichtungen, usw. – sowohl im Rahmen des öffentlich-rechtlichen Auftrags als auch anderweitig eingesetzt werden, die dabei entstehenden Kosten unter Zugrundelegung des Unterschieds zwischen den Gesamtkosten des Unternehmens mit und ohne öffentlich-rechtliche Tätigkeit zugeordnet werden."[42] Zu diesem Zweck sei von der Hypothese auszugehen, dass die nicht dem öffentlich-rechtlichen Auftrag zuzuordnenden Tätigkeiten eingestellt werden. Der so eingesparte Betrag stelle die Kosten dar, die den nicht aus dem öffentlich-rechtlichen Auftrag erwachsenden Tätigkeiten zuzuordnen sind.[43] Daraus ergibt sich aber, dass „im Gegensatz zu der in anderen Versorgungsbranchen üblichen Vorgehensweise die Ausgaben, die in voller Höhe auf die mit dem öffentlich-rechtlichen Auftrag zusammenhängenden Tätigkeiten anrechenbar sind, jedoch auch kommerziellen Tätigkeiten zugute kommen, *nicht* aufgeteilt werden müssen, sondern in voller Höhe dem öffentlich-rechtlichen Auftrag zugeordnet werden können."[44] Die Kommission geht mithin davon aus, dass im Rundfunkbereich die Gemeinkosten in Gänze dem Sonderrechtsbereich zugerechnet werden dürfen. Dies stellt insoweit eine Erleichterung für die Sendeanstalten dar.

Allerdings kann sich dies auch nachteilig für die Anstalten auswirken. Die Kommission führt nämlich ebenfalls aus, dass die öffentlich-rechtlichen Anstalten geneigt sein könnten, „die Preise für Werbung oder andere nicht öffentlich-rechtliche Tätigkeiten auf dem Markt zu drücken, um die Einnahmen der Konkurrenz zu schmälern." Die Kommission geht daher davon aus, dass, wann immer eine öffentlich-rechtliche Sendeanstalt die Preise für nicht-öffentliche Tätigkeiten unter einen Marktwert drückt, der bei effizienten kommerziellen Anbietern in einer ähnlichen Situation üblich ist, eine Überkompensation der Sendeanstalt und damit eine verbotene staatliche Beihilfe i.S.d. Art. 87 Abs. 1 EG

---

[41] Siehe das Schreiben der Kommission v. 21.01.2003, Beihilfe Nr. C 2/03 (ex NN 22/02) (TV2), ABl. EG Nr. C 59 v. 14.3.2003, S. 2, 5 (Fn. 5 zu Tabelle Nr. 4); die inoffizielle englische Übersetzung des dänischen Dokuments hat die Association of Commercial Telvision in Europe (ACT), Brüssel, besorgt.

[42] Mitteilung der Kommission über die Anwendung der Vorschriften über Staatliche Beihilfen auf den öffentlich-rechtlichen Rundfunk, ABl. EG Nr. C 320 v. 15.11.2001, S. 5, 10, Rn. 55.

[43] Mitteilung der Kommission über die Anwendung der Vorschriften über Staatliche Beihilfen auf den öffentlich-rechtlichen Rundfunk, ABl. EG Nr. C 320 v. 15.11.2001, S. 5, 10, Rn. 55 und dort Fn. 19.

[44] Mitteilung der Kommission über die Anwendung der Vorschriften über Staatliche Beihilfen auf den öffentlich-rechtlichen Rundfunk, ABl. EG Nr. C 320 v. 15.11.2001, S. 5, 11, Rn. 56. (Hervorhebung durch Verfasser).

vorliegt.[45] Dieser Vorwurf dürfte aber in seiner Allgemeinheit schwer zu widerlegen sein. Die öffentlich-rechtlichen Rundfunkanstalten sollten sich daher überlegen, ob es nicht doch leichter wäre, eine Nutzung des Bestandes im Rahmen des Wettbewerbsbereichs jeweils im Einzelfall dort zu marktüblichen Konditionen zu verrechnen.

c) Ergebnis

In Deutschland wurde die Transparenzrichtlinie nicht ordnungsgemäß umgesetzt. Zwar wurden die Vorgaben der Transparenzrichtlinie auf Bundesebene durch das TranspRLG umgesetzt. Als Bundesgesetz findet das TranspRLG aber in Bereichen, die der ausschließlichen Gesetzgebung der Länder unterstehen, keine Anwendung. Auch für die öffentlich-rechtlichen Rundfunkanstalten erwachsen daher aus dem TranspRLG keine Verpflichtungen.

Von einer ordnungsgemäßen Umsetzung hängt aber die konkrete Ausgestaltung der Pflichten des öffentlich-rechtlichen Rundfunks ab. Die Umsetzung, so wie sie auf Bundesebene durch das TranspRLG vorgenommen wurde, stellt eine weitgehend wortlautgetreue Überführung der Regelungen der Transparenzrichtlinie dar. Sowohl die Richtlinie als auch das TranspRLG sehen somit als Kernaufgabe die Führung getrennter Bücher für den Sonderrechts- und für den Wettbewerbsbereich vor.

Eine weitgehend wortlautgetreue Umsetzung der neugefassten Transparenzrichtlinie hat wie dargelegt den Nachteil, dass wichtige Probleme offengelassen und deren Lösung den Unternehmen übertragen werden. So ist fraglich, ob die betroffenen Unternehmen für jede einzelne Tätigkeit im Wettbewerbsbereich getrennte Bücher führen müssen. Zulässig wird wohl auch eine Regelung sein, die es erlaubt, bestimmte Produkte oder Tätigkeiten zusammenzufassen, solange die Ziele der Transparenzrichtlinie dadurch nicht gefährdet werden. Auch zum Problem der Gemeinkosten schweigt die Richtlinie. Eine Umsetzung sollte daher die betroffenen Unternehmen verpflichten, Gemeinkosten dem Wettbewerbsbereich anteilsmäßig zu marktüblichen Konditionen in Rechnung zu stellen. Von einer wortlautgetreuen Umsetzung durch die Länder ist dagegen abzuraten, da sie eine einheitliche Lösung der Probleme nicht gewährleisten kann.

---

[45] Mitteilung der Kommission über die Anwendung der Vorschriften über Staatliche Beihilfen auf den öffentlich-rechtlichen Rundfunk, ABl. EG Nr. C 320 v. 15.11.2001, S. 5, 11, Rn. 58.

II. Zukunft der Transparenzrichtlinie nach der Rechtssache „Altmark Trans"

Durch die vom EuGH entwickelte Rechtsprechung in den Urteilen „Ferring" und „Altmark Trans" hat sich der Beihilfebegriff deutlich geändert. Auch die Kommission wird auf diese Entwicklung eingehen und sich von der von ihr vertretenen Rechtfertigungslösung trennen müssen.[46] Eine solche Änderung der Reichweite des Beihilfebegriffs i.S.d. Art. 87 Abs. 1 EG wird aber auch Auswirkungen auf die Transparenzrichtlinie haben. Es soll daher abschließend aufgezeigt werden, welche Möglichkeiten für das Instrumentarium der Transparenzrichtlinie in einer „Post-Altmark-Ära" bestehen.

1. Neuer Begriff staatlicher Unterstützungsmaßnahmen

Die Kommission könnte den Begriff staatlicher Zuwendungen erweitern. Diesen Weg scheint sie auch zu favorisieren. Die Kommission hat in einem Entwurf zu einer erneuten Änderung der Transparenzrichtlinie vorgeschlagen, Art. 2 Abs. 1 lit. d) TranspRL abzuändern. Die Anwendbarkeit der Richtlinie soll davon abhängen, ob Unternehmen, die eine Dienstleistung von allgemeinem wirtschaftlichem Interesse erbringen, „eine Vergütung in unterschiedlicher Form im Zusammenhang mit dieser Dienstleistung erhalten".[47] Sie hat sich damit vom Begriff der Beihilfe verabschiedet und einen neuen Begriff staatlicher Unterstützungsmaßnahmen entwickelt. Dieser ist unabhängig von der durch die Rechtsprechung des EuGH ausgearbeiteten Reichweite der Beihilfe i.S.d. Art. 87 Abs. 1 EG und umfasst auch Ausgleichzahlungen, die alle vier Kriterien der „Altmark Trans"-Rechtsprechung erfüllen.[48] Mit einer derartigen Änderung wäre die Transparenzrichtlinie auf nahezu alle Unternehmen der Daseinsvorsorge, die derartige staatliche Unterstützungsmaßnahmen erhalten, anwendbar.[49]

---

[46] Zur aktuellen Beihilfepraxis der Kommission im Rundfunksektor vgl. oben die Gliederungspunkte B.II.1. und C.II.2.a)cc)(3); vgl. allg. die Entscheidung der Kommission v. 16.01.2004 über die Anwendung von Art. 86 EG-Vertrag auf staatliche Beihilfen, die bestimmten Unternehmen als Ausgleich für die Erbringung von Dienstleistungen von allgemeinem wirtschaftlichem Interesse gewährt werden, unter: http://www.europa.eu.int/comm/competition/state_aid/others/interest/de.pdf.

[47] S. den Entwurf einer Richtlinie zur Änderung der Richtlinie 80/723/EWG, abrufbar unter: http://www.europa.eu.int/comm/competition/state_aid/others/interest/directive_de.pdf; dazu AfP 2004, S 109. Die Änderung ist für 2005 geplant.

[48] Vgl. den 5. Erwägungsgrund im Entwurf einer Richtlinie zur Änderung [...], a.a.O.

[49] Sinnaeve, EStAL 2003, S. 351, 360, Fn. 65 favorisiert ebenfalls diese Lösung.

Dem Einwand, dass dann das Sekundärrecht über das Primärrecht hinausgehen würde,[50] könnte entgegnet werden, dass die Transparenzrichtlinie lediglich die Verpflichtung zum Bereithalten von Zahlenmaterial vorsieht und eben gerade nicht unmittelbar eine Rechtsfolge auslöst. Zudem könnte auf die primärrechtliche Norm des Art. 73 EG verwiesen werden, welche sich ebenfalls mit staatlichen Zuwendungen befasst und deren Umfang ebenfalls weiter als der des Art. 87 Abs. 1 EG ist. Kommt es zu der Änderung, hat die Kommission damit eine, von ihrer Kompetenz wohl noch gedeckte, Lösung verfolgt, die einen neuen Begriff der „Vergütung in unterschiedlicher Form" vorsieht. Dieser Begriff umfasst auch Ausgleichszahlungen i.S.d. der „Altmark Trans"-Rechtsprechung, sodass fast alle Unternehmen der Daseinsvorsorge der dann geänderten Transparenzrichtlinie unterlägen.

2. Anwendung der Rechtsprechung des EuGH

Für die noch geltende Transparenzrichtlinie hat das Urteil „Altmark Trans" indes weitreichende Folgen. Immer dann, wenn für die Finanzierung eines Unternehmens der Daseinsvorsorge alle vier Kriterien als gegeben angenommen werden können, liegt schon keine Beihilfe i.S.d. Art. 87 Abs. 1 EG vor. Damit ist die Transparenzrichtlinie für jene Unternehmen, die diese Kriterien erfüllen, nicht anwendbar. Das Risiko, dass die rechtliche Einschätzung nicht stimmt, die Kriterien also doch nicht vorliegen, trägt der Mitgliedstaat. Auch im Fall des öffentlich-rechtlichen Rundfunks kann, wie oben dargestellt, nicht davon ausgegangen werden, dass eine Beihilfe i.S.d. Art. 87 Abs. 1 EG schon tatbestandlich nicht vorliegt. Es ist den Mitgliedstaaten daher neben der Erfüllung ihrer Umsetzungspflicht in jedem Fall anzuraten, für einen Großteil der Unternehmen der Daseinsvorsorge eine doppelte Buchführungspflicht vorzusehen, wenn diese Unternehmen in verschiedenen Geschäftsbereichen i.S.d. der Transparenzrichtlinie tätig sind. Von der Pflicht können lediglich jene Unternehmen ausgenommen werden, bei deren Finanzierungssystem zweifelsfrei die vier Kriterien der Rechtssache „Altmark Trans" vorliegen.

Die Rechtsprechung des Urteils „Altmark Trans" führt damit aber nicht zu unerwünschten Ergebnissen. Selbst in den Ausnahmefällen, bei denen die Transparenzrichtlinie wie oben beschrieben keine Anwendung findet, existiert kein wettbewerbsrechtliches Ungleichgewicht. Sind die strengen Kriterien der Rechtssache „Altmark Trans" erfüllt, können sowohl Überkompensation, als auch Quersubventionierungen ausgeschlossen werden. Der Staat bietet eben nur einen Ausgleich für die Pflichten, die er den bestimmten Unternehmen auferlegt hat. Dann bedarf es aber auch nicht des Instruments der getrennten Buchführung, das ja gerade Quer- und Übersubventionierung verhindern will. In diesen

---

[50] Vgl. zu der Möglichkeit verschiedener Begrifflichkeiten oben Gliederungspunkt C.II.1.a).

Fällen ist somit zwar die Transparenzrichtlinie nicht anwendbar, aber durch die Erfüllung der strikten vier Kriterien ist das Ziel der Richtlinie gewahrt.

In allen anderen Fällen kann die Kommission durch die getrennte Buchführung der Unternehmen überprüfen, ob die Zahlungen im Rahmen des Art. 86 Abs. 2 EG (oder anderer Rechtfertigungstatbestände) gerechtfertigt werden können,[51] oder ob sie verbotene Beihilfen i.S.d. Art. 87 Abs. 1 EG darstellen. Ein Ungleichgewicht zwischen Unternehmen, welche die Pflichten aus der Transparenzrichtlinie zu tragen haben und jenen, auf welche die Transparenzrichtlinie schon nicht anwendbar ist, kann mithin ausgeschlossen werden.

3. Ergebnis

Kommt es zu einer erneuten Änderung der Transparenzrichtlinie durch die Einführung eines neuen Begriffs staatlicher Zuwendungen, so wäre die dann geänderte Richtlinie auf nahezu alle Unternehmen der Daseinsvorsorge anwendbar. In diesem Fall müssen die Mitgliedstaaten die dann geänderte Richtlinie umsetzen und für die Unternehmen der Daseinsvorsorge eine getrennte Buchführungspflicht vorsehen.

Das Instrumentarium der Transparenzrichtlinie wäre aber auch ohne eine erneute Änderung weiterhin wettbewerbsrechtlich sinnvoll. Nur wenn die strengen, in der Rechtssache „Altmark Trans" entwickelten vier Kriterien von Unternehmen der Daseinssorge erfüllt sind, ist die Transparenzrichtlinie nicht anwendbar. Dann sind aber die Ziele der Richtlinie, nämlich Überkompensation und Quersubventionierung zu verhindern, gewahrt. Das Risiko für eine derartige Einschätzung trägt der Mitgliedstaat. Es ist daher auch in diesem Fall den Mitgliedstaaten anzuraten, für den Großteil der Unternehmen eine doppelte Buchführungspflicht vorzusehen.[52]

---

[51] Vgl. zum weiterhin bestehenden Anwendungsbereich von Art. 86 Abs. 2 EG oben Gliederungspunkt C.II.2.a)cc)(5)(c).

[52] Vgl. dazu auch Pielow, RdE 2004, S. 44, 46, der den Mitgliedstaaten zur Notifizierung von Zahlungen rät, falls kein öffentliches Vergabeverfahren durchgeführt wurde. Die Umsetzungspflicht für die Richtlinie ergibt sich im Übrigen schon aus Art. 2 TranspRL. Solange die Kommission keine Änderungen vornimmt, besteht diese Verpflichtung daher weiter fort.

E. Zusammenfassung in Thesen

1. Die Änderung der Transparenzrichtlinie der Kommission im Jahre 2000 zielt darauf ab, ausreichende Transparenz der Kostenführung für Unternehmen zu erreichen, die sowohl im Sonderrechtsbereich (Daseinsvorsorge) als auch im Wettbewerbsbereich tätig sind. In solchen Fällen besteht die Gefahr, dass die Unternehmen staatliche Gelder, welche für die Erfüllung gemeinwohlorientierter Pflichten gezahlt werden, auch für jene Bereiche nutzen, in denen sie gar keine Pflichten zu erfüllen haben. Die geänderte Transparenzrichtlinie bietet der Kommission ein wirksames Instrumentarium, staatliche Gelder zu kontrollieren und damit derartige Quersubventionen zu unterbinden.

2. Der Änderung der Richtlinie stehen keine rechtlichen Bedenken entgegen, da sie verhältnismäßig ist und nicht gegen das Diskriminierungsverbot verstößt. Die Kommission hat ebenso in Rahmen ihrer Regelungsbefugnis des Art. 86 Abs. 3 EG gehandelt. Zudem wurde die Schrankentrias des Art. 5 EG als Begrenzung der Gemeinschaftskompetenz gewahrt.

3. Bei der Frage, ob die Transparenzrichtlinie auf den öffentlich-rechtlichen Rundfunk anwendbar ist, haben das Rundfunkprotokoll und Art. 16 EG keine grundlegenden Auswirkungen. Es handelt sich hierbei lediglich um auslegende Bestimmungen, die keine weitgreifenden Änderungen des Wettbewerbsrechts bewirken.

4. Die öffentlich-rechtlichen Rundfunkanstalten sind Unternehmen, die mit einer Dienstleistung von allgemeinem wirtschaftlichem Interesse betraut wurden. Sie stellen mithin Unternehmen i.S.d. Art. 87 Abs. 2 EG dar. Darüber hinaus werden ihnen keine besonderen Vorteile i.S.d. Art. 2 Abs. 1 lit. g) TranspRL gewährt, sodass die Rundfunkanstalten nicht zugleich Unternehmen i.S.d. Art. 86 Abs. 1 EG sind.

5. Die öffentlich-rechtlichen Rundfunkanstalten erhalten als Gläubiger der Rundfunkgebühr eine staatliche Beihilfe i.S.d. Art. 87 Abs. 1 EG. Sie werden durch den Geldtransfer aus staatlichen Mitteln begünstigt. Daran ändert auch die neuere Rechtsprechung des EuGH nichts. Die Finanzierung des Rundfunks durch die Rundfunkgebühr erfüllt nicht die in den Urteilen entwickelten Ausschlusskriterien. Es bestehen vielmehr deutliche Sachverhaltsunterschiede, die eine unterschiedliche rechtliche Bewertung rechtfertigen. Die Begünstigung kommt nur den öffentlich-rechtlichen Rundfunkanstalten und damit bestimmten Unternehmen zugute. Weiter verfälscht die Begünstigung den Wettbewerb auf den verschiedenen Märkten. Diese Verfälschung führt zu einer potentiellen Beeinträchtigung des Handels zwischen den Mitgliedstaaten. Das Tatbestands-

merkmal des Art. 2 Abs. 1 lit. d) TranspRL „staatliche Beihilfen in jedweder Form einschließlich Geld- und Ausgleichsleistungen" ist bei der Finanzierung des öffentlich-rechtlichen Rundfunks durch die Rundfunkgebühr damit gegeben. Die öffentlich-rechtlichen Rundfunkanstalten werden zudem auch durch Steuervergünstigungen und die staatlich garantierte Insolvenzunfähigkeit begünstigt. Diese Privilegien stellen ebenfalls staatliche Beihilfen i.S.d. Art. 87 Abs. 1 EG dar.

6. Die öffentlich-rechtlichen Rundfunkanstalten sind in „verschiedenen Geschäftsbereichen" i.S.d. Art. 2 Abs. 1 lit. e) TranspRL tätig. Der Verkauf von Sendezeiten zum Zwecke der Wirtschaftswerbung unterfällt nicht dem Sonderrechtsbereich, stellt also keine Dienstleistung von allgemeinem wirtschaftlichem Interesse i.S.d. Art. 86 Abs. 2 EG dar. Dies gilt auch für Aktivitäten wie das Merchandising, die Planung eines Medienparks oder das Tätigwerden einzelner Tochterunternehmen.

7. Eine Anwendung der Transparenzrichtlinie auf den öffentlich-rechtlichen Rundfunk ist nicht wegen bestehender Spezialvorschriften i.S.d. Art. 3a Abs. 2 TranspRL ausgeschlossen. Zudem entspricht das Rundfunkgebührenfestsetzungsverfahren nicht den Anforderungen des Art. 4 Abs. 2 lit. c) TranspRL. Die Ausnahmevorschrift entbindet die öffentlich-rechtlichen Rundfunkanstalten daher nicht von der Anwendbarkeit der Transparenzrichtlinie.

8. Die öffentlich-rechtlichen Rundfunkanstalten sind Unternehmen, die mit Dienstleistungen von allgemeinem wirtschaftlichem Interesse nach Art. 86 Abs. 2 EG betraut sind, die staatliche Beihilfen erhalten und die in verschiedenen Geschäftsbereichen tätig sind. Die Transparenzrichtlinie ist damit auf die Rundfunkanstalten anwendbar. Nach erfolgter nationaler Umsetzung der Richtlinie wäre den Rundfunkanstalten damit der genaue Nachweis über die Finanzierung sowohl ihrer Tätigkeiten im Sonderrechtsbereich, als auch ihrer Tätigkeiten im Wettbewerbsbereich in getrennten Büchern abverlangt.

9. In Deutschland wurde die Transparenzrichtlinie nicht ordnungsgemäß umgesetzt. Als Bundesgesetz findet das TranspRLG auf Bereiche, die der ausschließlichen Gesetzgebung der Länder unterstehen, keine Anwendung. Auch für die öffentlich-rechtlichen Rundfunkanstalten erwachsen aus dem TranspRLG keine Verpflichtungen. Es ist daher damit zu rechnen, dass gegen Deutschland ein Vertragsverletzungsverfahren eröffnet wird.

10. Die konkrete Ausgestaltung der Pflichten für die Unternehmen hängt von einer zukünftigen ordnungsgemäßen Umsetzung ab. Eine wortlautgetreue Umsetzung der Transparenzrichtlinie hätte dabei den Nachteil, dass wichtige Prob-

leme offengelassen und deren Lösung den öffentlich-rechtlichen Rundfunkanstalten überlassen würden. Eine Umsetzung sollte daher die betroffenen Unternehmen verpflichten, Gemeinkosten dem Wettbewerbsbereich anteilsmäßig zu Marktbedingungen in Rechnung zu stellen.

11. Kommt es zu einer erneuten Änderung der Transparenzrichtlinie durch die Einführung eines neuen Begriffs staatlicher Zuwendungen, ist die Anwendbarkeit der Richtlinie nicht mehr an das Vorliegen einer Beihilfe i.S.d. Art. 87 Abs. 1 EG gekoppelt. Dann entstehen die Pflichten aus der Richtlinie für nahezu alle Unternehmen der Daseinsvorsorge, die in verschiedenen Geschäftsbereichen tätig sind.

Literaturverzeichnis

Alexis, Alain, Notion d'aide d'Etat, Remarques sur l'arrêt Stardust Marine du 16 mai 2002, in: EStAL 2002, S. 149 – 154

ders., Services publics et aides d'État, in: Revue du Droit de l'Union Européenne 2002, S. 63 – 108

Allibert, Brice, Compensations of Stranded Costs in the European Union Electricity Sector, in: EStAL 2003, S. 3 – 19

Andel, Norbert, Zum Konzept meritorischer Güter, in: Finanzarchiv 42 (1984), S. 630 – 648

Arhold, Christoph, The Case-Law of the European Court of Justice and the Court of First Instance on State Aids in 2003/2004, in: EStAL 2004, S. 167 – 203

Badura, Peter, „Dienste von allgemeinem wirtschaftlichem Interesse" unter der Aufsicht der Europäischen Gemeinschaft, in: Classen, Claus Dieter; Dittmann, Armin; Fechner, Frank; Gassner, Ulrich M.; Kilian, Michael, „In einem vereinten Europa dem Frieden der Welt zu dienen...", Liber amicorum Thomas Oppermann, Berlin 2001, S. 571 – 582

ders., Zur grundrechtlichen, gebühren- und europarechtlichen Auslegung des Rundfunkbegriffs, in: Dittmann, Armin; Fechner, Frank; Sander, Gerald G. (Hrsg.), Der Rundfunkbegriff im Wandel der Medien, Symposium zum 65. Geburtstag von Prof. Dr. iur. Dr. h.c. Thomas Oppermann, Berlin 1997, S. 117 – 119

van Bael, Ivo; Bellis, Jean-François, Competition Law of the European Community, Third Edition, Bicester 1994 (zit.: v. Bael/Bellis, EU Competition Law)

Bartosch, Andreas, Advocate General Léger and the Market Economy Investor Test: Still a long Way to go, in: EStAL 2003, S. 1

ders., Clarification or Confusion? How to Reconcile the ECJ's Rulings in Altmark and Chronopost, in: EStAL 2003, S. 375 – 386

ders., Der EuGH zieht der EG-Beihilfenkontrolle engere Schranken – das Urteil in der Rechtssache Ferring/ACOSS, in: NVwZ 2002, S. 174 – 175

ders., Die neue EG-Kabelfernseh-Richtlinie, in: NJW 1999, S. 3750 – 3753

ders., Much Ado about Nothing?, in: EStAL 2004, S. 1

ders., Neubestimmung des EG-Wettbewerbsrechts in liberalisierten Märkten, in: ZIP 1999, S. 1787 – 1794

ders., Neues zum Tatbestandsmerkmal der „Belastung des Staatshaushalts" i. S. des Art. 87 I EG, in: NVwZ 2001, S. 643 – 645.

ders., Neue Transparenzpflichten – eine kritische Analyse des Kommissionsentwurfs einer neuen Transparenzrichtlinie, in: EuZW 2000, S. 333 – 337 *ders.*, Öffentliche Rundfunkfinanzierung und EG-Beihilfenrecht – eine Zwischenbilanz, in: EuZW 1999, S. 176 – 180

ders., Schranken-Schranken in der EG-Beihilfenkontrolle, in: NJW 2002, S. 3588 – 3592

ders., The Financing of Public Broadcasting and EC State Aid Law: An Interim Balance, in: ECLRev. 1999, S. 197 – 204

ders., The „Net Additional Costs" of Discharging Public Service Obligations, in: EStAL 2002, S. 183 – 194

ders., Why did the Court of Justice respond in Ferring?, in: EStAL 2002, S. 1

ders., Verschärft sich die Spruchpraxis zum Europäischen Beihilferecht? Anmerkungen zum Urteil des EuGH vom 19.September – Rs. C-156/98, in: ZIP 2000, S. 2010 – 2016

Bauer, Kilian, Kommentar zum EuGH Urteil vom 15.05.2002, Rs. C-482/99, in: EWS 2002, S. 374 – 375

Baumeister, Hubertus, Der EuGH und die Finanzierung der kommunalen Daseinsvorsorge – vor allem des öffentlichen Nahverkehrs, in: NZBau 2003, S. 550 – 553

Bavasso, Antonio F., Public Service Broadcasting and State Aid Rules: Between a Rock and a hard Place, in: ELRev. 2002, S. 340 – 350

Beck, Daniel; Münger, Tamara, Die neue Transparenzrichtlinie der EU und ihre Auswirkungen auf den öffentlich-rechtlichen Rundfunk, in: Donges, Patrick; Puppis, Manuel (Hrsg.), Die Zukunft des öffentlichen Rundfunks, Köln 2003, S. 239 – 254

Beck, Daniel; Münger, Tamara; Pitum, Sandra; Sauer, Juliane, Service Public unter Druck? Die Auswirkungen der EU-Transparenzrichtlinie auf den öffentlich-rechtlichen Rundfunk, Zürich 2004 (zit.: EU-Transparenzrichtlinie)

Benesch, Rudolf, Die Kompetenz der EG-Kommission aus Art. 90 Abs. 3 EWG-V, Köln, Berlin, Bonn, München 1993 (zit.: Benesch, Die Kompetenz der EG-Kommission)

Berschin, Felix, Europarecht für Finanzierung und Genehmigung des öffentlichen Nahverkehrs, in: WiVerw 2004, S. 1 – 8

Bethge, Herbert, Staatliche Finanzgewährleistungspflicht und Konkursunfähigkeit öffentlich-rechtlicher Rundfunkanstalten, in: MP 1991, S. 720 – 726

ders., Zur Existenz und Relevanz eines Finanzgewährleistungsanspruchs einer Rundfunkanstalt gegen den Staat, in: DÖV 1988, S. 97 – 102

Betz, Jürgen, Spartenkanäle bei ARD und ZDF, in: MP 1997, S. 2 – 16

Bleckmann, Albert, Öffentlich-rechtliche Spartenprogramme als Bestandteil der Grundversorgung?, Berlin 1996 (zit.: Bleckmann, Öffentlich-rechtliche Spartenprogramme)

ders.; Koch, Tanja, Stellen Ausnahmen von gesetzlichen Umweltbestimmungen nach Art. 92 Abs. 1 EG-Vertrag verbotene Beihilfen dar?, in: Ipsen, Jörn (Hrsg.), Verfassungsrecht im Wandel: Wiedervereinigung Deutschlands, Deutschland in der Europäischen Union, Verfassungsstaat und Föderalismus; zum 180jährigen Bestehen der Carl-Heymanns-Verlag-KG, Köln 1995, S. 305 – 317

Blomeyer, Wolfgang; Otto, Klaus, Gesetz zur Verbesserung der betrieblichen Altersvorsorge, Kommentar, 2. Auflage, München 1997 (zitiert: Blomeyer/Otto, BetrAVG-Kommentar)

Böck, Rudolf; Thoebald, Christian, Aufbruch in den ÖPNV-Märkten? – Handlungsbedarf für Aufgabenträger und Verkehrsunternehmen, in: EWS 409 – 415

von Boetticher, Arne; Münder, Johannes, Auswirkungen des Beihilferechts auf die Stellung gemeinnütziger Anbieter sozialer Dienstleistungen in Deutschland – ein Forschungsergebnis, in: EuZW 2004, S. 36 – 38

Bolsenkötter, Heinz; Poullie, Michael, Auswirkungen der Änderung der EU-Transparenzrichtlinie auf das Rechnungswesen, in: ZögU 2001, S. 204 – 222

von Boetticher, Arne; Münder, Johannes, Auswirkungen des Beihilferechts auf die Stellung gemeinnütziger Anbieter sozialer Dienstleistungen in Deutschland – ein Forschungsergebnis, in: EuZW 2004, S. 36 – 38

Born, Georgina; Prosser, Tony, Culture and Consumerism: Citizenship, Public Service Broadcasting and the BBC's Fair Trading Obligations, in: Modern Law Review 2001, S. 657 – 687

Bosman, Wieland, Verfassungsrechtliche Aspekte eines Werbeverbots für den öffentlich-rechtlichen Rundfunk, in: ZUM 2003, S. 444 – 453

Brede, Helmut, Der Zusammenhang zwischen öffentlichen Aufgaben und Wettbewerb auf europäischer Ebene, in: Brede, Helmut (Hrsg.), Wettbewerb in Europa und die Erfüllung öffentlicher Aufgaben, Baden-Baden 2001/2002, S. 17 – 21 (zit.: Brede, in: ders., Wettbewerb in Europa)

Bremer, Eckhard; Wünschmann, Christoph, Die Pflicht der Aufgabenträger zur Vergabe von SPNV-Leistungen im Wettbewerb, in: WiVerw 2004, S. 51 – 64

Brenner, Christian, Zur Gewährleistung des Funktionsauftrages durch den öffentlich-rechtlichen Rundfunk, Berlin 2002 (zit.: Brenner, Gewährleistung des Funktionsauftrages)

von Brevern, Daniel, Anmerkung zum EuGH-Urteil vom 22.11.2001, Rs. C-53/00 (Ferring), in: EWS 2001, S. 586 – 588

Britz, Gabriele, Staatliche Förderung gemeinwirtschaftlicher Dienstleistungen in liberalisierten Märkten und Europäisches Wettbewerbsrecht, in: DVBl. 2000, S. 1641 – 1650

Brösel, Gerrit, Zur Daseinsberechtigung des öffentlich-rechtlichen Rundfunks, in: ZögU 2003, S. 115 – 132

Bronckers, Marco; van der Vlies, Rosalinde, The European Court's PreussenElektra Judgment: Tensions Between E.U. Principles and National Renewable Energy Initiatives, in: ECLRev. 2001, S. 458 – 468

Büdenbender, Ulrich, Kurzkommentar zu Entscheidung des LG Kiel vom 1.9.1998, in: EWiR 1998, S. 1143 – 1144

Buendia Sierra, Jose Luis, Exclusive Rights and State Monopolies under EC Law Article 86 (former Article 90) of the EC Treaty, Oxford 1999 (zit.: Buendia Sierra, Exclusive Rights and State Monopolies)

Bullinger, Martin, Die Aufgaben des öffentlichen Rundfunks, Gütersloh 1999

ders.; Mestmäcker, Ernst-Joachim, Multimediadienste, Baden-Baden 1997

Bux, Udo, EG-Kompetenzen für den Rundfunk, Frankfurt am Main 1992

Calliess, Christian/ Ruffert, Matthias (Hrsg.), Kommentar zu EU-Vertrag und EG-Vertrag, 2. Auflage, Neuwied 2002 (zit.: Bearbeiter, in: Calliess/Ruffert, EU-/EG-Vertrag)

Castendyk, Oliver; Bark, Felix, Unterliegt das Filmförderungsgesetz der Beihilfenkontrolle der Art. 87 ff. EGV? Ein Beitrag zu den EG-rechtlichen Grenzen der Filmförderung in Deutschland, in: ZUM 2003, S. 480 – 489

Chen, Yaw-Shyang, Die Grundversorgungsaufgabe als Rechtfertigungsgrundlage der Gebührenfinanzierung des öffentlich-rechtlichen Rundfunks im dualen Rundfunksystem, Frankfurt am Main 2003 (zit.: Chen, Grundversorgungsaufgabe)

Chérot, Jean-Yves, Financement des Obligations de Service Public et Aides d'État, in: Europe 5/2000, S. 4 – 8

Craufurd Smith, Rachael, State Support For Public Service Broadcasting: The Position Under European Community Law, in: Legal Issues of Economic Integration 2001, S. 3 – 22

Damm, Andreas, Gebührenprivileg und Beihilfenrecht: Zur Vereinbarkeit der Finanzierung des öffentlich-rechtlichen Rundfunks in Deutschland mit Art. 92 EGV, Berlin 1998 (zit.: Damm, Gebührenprivileg)

von Danwitz, Thomas, Der Grundsatz der Verhältnismäßigkeit im Gemeinschaftsrecht, in: EWS 2003, S. 393 – 402

Dargel, Christian, Die Rundfunkgebühr: verfassungs-, finanz-, und europarechtliche Probleme ihrer Erhebung und Verwendung, Frankfurt am Main 2001 (zit.: Dargel, Rundfunkgebühr)

Dauses, Manfred A. (Hrsg.), Handbuch des EU-Wirtschaftsrechts, Band 2, Loseblatt, Stand: Mai 2001, München (zit.: Dauses, Handbuch des EU-Wirtschaftsrechts)

Dederer, Hans-Georg, Anmerkung zum EuGH-Urteil vom 13.03.2001, Rs. C-379/98 (PreussenElektra), in: BayVbl. 2001, 366 – 369

ders.; Schneller, Christian, Garantierte Stromeinspeisungs-Vergütung *versus* Zertifikats-Handelsmodell, Fördermodelle der ökologischen Stromerzeugung auf dem Prüfstand des Verfassungs- und Europarechts, in: RdE 2000, S. 214 – 222

Degenhart, Christoph, Nochmals: Der Streit um den ZDF-Medienpark, in: K&R 2003, S. 396 – 397

ders., Öffentlich-rechtlicher Rundfunk und Freizeitparks, Rechtsfragen eines ZDF-„Medienparks", Heidelberg 2001 *ders.*, Rundfunk und Internet, in: ZUM 1998, S. 333 – 349

ders., Wirtschaftliche Betätigung öffentlich-rechtlicher Rundfunkanstalten: Der Medienpark des ZDF, in: ZUM 2001, S. 357 – 373

Delbrück, Jost, Rundfunkrecht und Wettbewerbsrecht vor dem Forum des europäischen Gemeinschaftsrecht, in: Hoffmann-Riem, Wolfgang (Hrsg.), Rundfunk im Wettbewerb, Baden-Baden 1988, S. 244 – 251 (zit.: Delbrück, in: Hoffmann-Riem, Rundfunkrecht und Wettbewerbsrecht)

Dörr, Dieter, Die Entwicklung des Medienrechts, in: NJW 1997, S. 1341 – 1346

ders., Die europäische Medienordnung, in: Hans-Bredow-Institut (Hrsg.), Internationales Handbuch Medien 2002/2003, Baden-Baden 2002, S. 37 – 74

ders., Die öffentlich-rechtliche Rundfunkfinanzierung und die Vorgaben des EG-Vertrages, Köln 1998 (zit.: Dörr, Rundfunkfinanzierung)

ders., Möglichkeiten und Grenzen europäischer Medienpolitik: Konvergenz und Kompetenz, in: K&R 1999, S. 97 – 103

ders., Öffentlich-rechtlicher Rundfunk und Gebührenregelung unter dem Druck des Gemeinschaftsrechts, in: K&R 2001, S. 233 – 238

ders., Schlussbemerkung: Umfang und Grenzen des Funktionsbereichs der öffentlich-rechtlichen Rundfunkveranstalter und der Streit um den ZDF-Medienpark, in: K&R 2003, S. 398

ders., Umfang und Grenzen des Funktionsbereichs der öffentlich-rechtlichen Rundfunkveranstalter und der Streit um den ZDF-Medienpark, in: K&R 2003, S. 138 – 139

ders.; Cloß, Wolfgang, Die Vereinbarkeit der Gebührenfinanzierung des Österreichischen Rundfunks mit dem EG-Beihilfenrecht, in: ZUM 1996, S. 105 – 118

Dötsch, Ewald; Eversberg, Horst; Jost, Werner F.; Witt, Georg, Die Körperschaftsteuer, Kommentar zum Körperschaftssteuergesetz, Umwandlungssteuergesetz und zu den einkommenssteuerrechtlichen Vorschriften der Anteilseignerbesteuerung, Loseblatt, Stand: Juni 2002, Stuttgart (zit.: Bearbeiter, in Dötsch/Eversberg/Jost/Witt, Die Körperschaftsteuer)

Doetz, Jürgen, VPRT-Beschwerde: Intransparenz der öffentlich-rechtlichen Rundfunkfinanzierung und unzulässige Beihilfen gerügt, in: MMR 2003, S. 429 – 430

D'Sa, Rose M., European Community Law on State Aid, London 1998 (zit.: D'Sa, State Aid Law)

Eberle, Carl-Eugen, Aktivitäten der Europäischen Union auf dem Gebiet der Medien und ihre Auswirkungen auf den öffentlich-rechtlichen Rundfunk, in: ZUM 1995, S. 763 – 767

ders., Die Rundfunkgebühr aus beihilferechtlicher Sicht, in: medialex 2002, S. 8 – 10

ders., Die Rundfunkgebühr auf dem EU-Prüfstand, in: AfP 2001, S. 477 – 481

ders., Die Transparenzrichtlinie und die öffentlich-rechtlichen Rundfunkanstalten in Deutschland, in: Eberle, Carl-Eugen; Ibler, Martin; Lorenz, Dieter (Hrsg.), Der Wandel des Staates vor den Herausforderungen der Gegenwart Festschrift für Winfried Brohm, München 2002, S. 51 – 67 (zit.: Eberle, in: ders./Ibler/Lorenz, FS Brohm)

ders., Krise der Medienwirtschaft – ein Fall für die Medienregulierung?, in: MMR 2003, S. 623 – 628

Eilmansberger, Thomas, Quersubventionen, marktwirtschaftlich handelnde Kapitalgeber und das EG-Wettbewerbsrecht, in: RIW 2001, S. 902 – 911

Elste, Günter; Wiedemann, Torsten, Auswirkungen des EuGH-Urteils in der Rechtssache Altmark Trans auf die Konzessionierung und Finanzierung im ÖPNV, in: WiVerw 2004, S. 9 – 26

Engel, Christoph, Europarechtliche Grenzen für öffentlich-rechtliche Spartenprogramme? Beihilfeaufsicht, Wettbewerbsregeln, Grundfreiheiten, Berlin 1996 (zit.: Engel, Europarechtliche Grenzen für Spartenprogramme)

Engler, Jörg, Kooperationen im Rundfunk, Eine rundfunkrechtliche Betrachtung der Zusammenarbeit öffentlichrechtlicher Rundfunkanstalten mit privaten Dritten, Baden-Baden 1995

Erlbacher, Friedrich, Steuerliche Lenkung zur Förderung von Investitionen und die Teilung Deutschlands, in: ELR 2000, S. 343 – 346

Everling, Ulrich, Gestaltungsbedarf des Europäischen Rechts, in: EuR 1987, S. 214 – 235

Falk, Hermann, Anmerkung zum Beschluß des LG Kiel vom 20. Oktober 1998 – (15 O 134/98), in: ZNER 1998, S. 50 – 52

ders., Die materielle Beurteilung des deutschen Stromeinspeisungsgesetzes nach europäischem Beihilferecht, in: ZIP 1999, S. 738 – 743

Fechner, Frank, Medienrecht, 4. Auflage, Tübingen 2003

Fouquet, Dörte; Zenke, Ines, Das Stromeinspeisungsgesetz auf dem europarechtlichen Prüfstand, in: ZNER 1999, S. 61 – 66

Franzius, Claudio, Auf dem Weg zu mehr Wettbewerb im ÖPNV – Zum „Altmark Trans" Urteil des EuGH, in: NJW 2003, S. 3029 – 3031

Freis, Iris, Das Recht der Finanzierung des öffentlich-rechtlichen Rundfunks in Deutschland, Frankreich, Großbritannien und Österreich im Vergleich, in: ZEuS 1999, S. 109 – 136

Frey, Dieter, Das öffentlich-rechtliche Fernsehen im Wettbewerbsrecht der EG, in: ZUM 1999, S. 528-542

ders., Fernsehen und audiovisueller Pluralismus im Binnenmarkt der EG, Baden-Baden 1999 (zit.: Frey, Fernsehen und Pluralismus)

Fröhlinger, Margot, EG-Wettbewerbsrecht und Fernsehen, in: RuF 1993, S. 59 – 65

Führmeyer, Burkhard, Quersubventionen als Problem des europäischen Wettbewerbsrechts, Baden-Baden 2004 (zit.: Führmeyer, Quersubventionen)

Gellermann, Martin, Das Stromeinspeisungsgesetz auf dem Prüfstand des Europäischen Gemeinschaftsrechts, in: DVBl. 2000, S. 509 – 519

Gent, Kai, Mindestpreise und Abnahmezwang als Beitrag zum Europäischen Umweltschutz?, Frankfurt am Main 1999 (zit.: Gent, Mindestpreise und Abnahmezwang)

Gersdorf, Hubertus, Grundzüge des Rundfunkrechts, München 2003

Glanegger, Peter; Güroff, Georg, Gewerbesteuergesetz Kommentar, 5. Auflage, München 2002 (zit.: Bearbeiter, in: Glanegger/Güroff, GewStG)

Goossens, Ann; Emmerechts, Sam, Case Law: Case C-379/98, PreussenElektra AG v. Schleswag AG, in: CMLRev. 2001, S. 991 – 1010

Gorini, Sabina, Europäische Kommission: Entscheidung über die staatliche Finanzierung des Fernsehens in Frankreich, in: IRIS 2004, Nr. 2, S. 4

dies., Europäische Kommission: staatliche Finanzierung des öffentlich-rechtlichen Rundfunks, in: IRIS 2003, Nr. 10, S. 4

Gounalakis, Georgios, Funktionsauftrag und wirtschaftliche Betätigung des Zweiten Deutschen Fernsehens, Mainz 2000 (zit.: Gounalakis, Funktionsauftrag)

Grabitz, Eberhard/Hilf, Meinhard (Hrsg.), Das Recht der Europäischen Union, (früher Kommentar zur Europäischen Union), Loseblatt, Stand: Mai 2001, München (zit.: Bearbeiter, in: Grabitz/Hilf, EU Kommentar)

Greissinger, Christian, Vorgaben des EG-Vertrages für nationales Rundfunk- und Multimediarecht, Baden-Baden 2001 (zit.: Greissinger, Vorgaben des EG-Vertrages)

Grespan, Davide, An example of the application of State aid rules in the utilities sector in Italy, in: Competition Policy Newsletter, No. 3, S. 17 – 23

von der Groeben, Hans; Thiesing, Jochen; Ehlermann, Claus-Dieter (Hrsg.), Kommentar zum EU-/EG-Vertrag (Band 2/II: Artikel 88 – 102 EGV), 5. Auflage, Baden-Baden 1999 (zitiert: Bearbeiter, in: v. Groeben/Thiesing/Ehlermann, EU-/EG-Vertrag)

ders.; Schwarze, Jürgen (Hrsg.), Kommentar zum Vertrag über die Europäische Union und zur Gründung der Europäischen Gemeinschaft (Band 2: Art. 81 – 97 EGV), 6. Auflage, Baden-Baden 2003 (zitiert: Bearbeiter, in: v. Groeben/Schwarze, EU-/EG-Vertrag)

Gundel, Jörg, Staatliche Ausgleichszahlungen für Dienstleitungen von allgemeinem wirtschaftlichen Interesse: Zum Verhältnis zwischen Art. 86 Abs. 2 EGV und dem EG-Beihilfenrecht, in: RIW 2002, S. 222 – 230

Hahn, Richard, Finanzkontrolle der Rechnungshöfe über Beteiligungsgesellschaften öffentlich-rechtlicher Rundfunkanstalten, in: ZUM 2001, S. 775 – 788

Hain, Karl-Eberhard, Die Europäische Transparenz-Richtlinie und der öffentlich-rechtliche Rundfunk in Deutschland, in: MMR 2001, S. 219 – 224

Hakenberg, Waltraud; Erlbacher, Friedrich, Die Rechtsprechung des EuGH und EuGeI auf dem Gebiet der staatlichen Beihilfen in den Jahren 1999 und 2000, in: EWS 2001, S. 208 – 220

dies., Die Rechtsprechung des EuGH und EuGeI auf dem Gebiet der staatlichen Beihilfen in den Jahren 2001 und 2002; in: EWS 2003, S. 201 – 216

Hakenberg, Waltraud; Tremmel, Ernst, Die Rechtsprechung des EuGH auf dem Gebiet der staatlichen Beihilfen im Jahre 1996, in: EWS 1997, S. 217 – 225

dies., Die Rechtsprechung des EuGH und EuGeI auf dem Gebiet der staatlichen Beihilfen in den Jahren 1997 und 1998, in: EWS 1999, S. 167 – 175

Hancher, Leigh, Towards a New Definition of a State Aid under European Law: Is there a New Concept of State Aid Emerging?, in: EStAL 2003, S. 365 – 373

Harrison, Jackie; Woods, Lorna M., Defining European Public Service Broadcasting, in: European Journal of Communication 2001, S. 477 – 504

Hartstein, Reinhard; Ring, Wolf-Dieter; Kreile, Johannes; Dörr, Dieter; Stettner, Rupert, Rundfunkstaatsvertrag, Kommentar, Loseblatt, Stand: April 2003, München

Haslach, Christian, Zuständigkeit bei der Umsetzung von EG-Richtlinien?, in: DÖV 2004, S. 12 – 19

Hasselmann, Anja, Die Ausschlußtatbestände für den Beihilfebegriff des Art. 87 EGV am Beispiel von Anstaltslast und Gewährträgerhaftung im öffentlichen Bankensystem der Bundesrepublik Deutschland, Frankfurt am Main 2001 (zit.: Hasselmann, Ausschlusstatbestände)

Haunold, Peter; Tumpel, Michael; Widhalm, Christian, Abgabenerleichterungen durch gemeinwirtschaftliche Kostentragung gerechtfertigt, in: SWI 2002, S. 199 – 201

Heidenhain, Martin, Anmerkung zum EuGH-Urteil vom 19.9.2000, Rs. C-156/98 (Deutschland/Kommission), in: EuZW 2000, S. 729 – 730

Herrmann, Günther, Rundfunkrecht, München 1994

Herrmann, Carl; Heuer, Gerhard; Raupach, Arndt, Einkommenssteuer- und Körperschaftssteuergesetz, Kommentar, Loseblatt, Stand: Oktober 2003, Köln (zit.: Bearbeiter, in Herrmann/Heuer/Raupach, Einkommensteuer- und Körperschaftssteuergesetz)

Hesse, Albrecht, Rundfunkrecht, 3. Auflage, München 2003

Hoffmann-Riem, Wolfgang, Erosionen des Rundfunkrechts, München 1990

Holzer, Norbert, Deutsche Rundfunkgebühr als unzulässige Beihilfe im Sinne des europäischen Rechts?, in: ZUM 1996, S. 274 – 285

Holznagel, Bernd; Vesting, Thomas, Sparten- und Zielgruppenprogramme im öffentlichrechtlichen Rundfunk, insbesondere im Hörfunk, Baden-Baden 1999 (zit.: Holznagel/Vesting, Sparten- und Zielgruppenprogramme)

Hufnagel, Frank-Erich; Nolte, Norbert, Multimedia und Telekommunikation, in: AfP 2003, S. 315 – 318

Immenga, Ulrich; Mestmäcker, Ernst-Joachim (Hrsg.), EG-Wettbewerbsrecht, Kommentar, München 1997 (zit.: Bearbeiter, in: Immenga/Mestmäcker, EG-Wettbewerbsrecht)

Ipsen, Hans Peter, Der „Kulturbereich" im Zugriff der Europäischen Gemeinschaft, in: Fiedler, Wilfried; Ress, Georg (Hrsg.), Verfassungsrecht und Völkerrecht, Gedächtnisschrift für Wilhelm Karl Geck, Köln, Berlin, Bonn, München 1989

Iro, Stephan Philipp, Die Vereinbarkeit des Stromeinspeisungsgesetzes mit dem EG-Vertrag, in: RdE 1998, S. 11 – 19

Jennert, Carsten, Anmerkung zum EuGH-Urteil vom 22.11.2001, Rs. C-53/00 (Ferring), in: DVBl. 2002, S. 825 – 827

Just, Christoph, Kurzkommentar zu „PreussenElektra/Schleswag", in: EWiR 2001, S. 423 – 424

Kapteyn, P. J. G.; VerLoren van Themaat, P., Introduction of the Law of the European Communities, Third Edition, London, The Hague, Boston 1998 (zit.: Kapteyn/VerLoren v. Themaat, Introduction to EC Law)

Keller, Jan, Service public und Art. 86 Abs. 2 EGV, Frankfurt am Main 1999 (zit.: Keller, Service public)

Kempen, Bernhard, Zur Konkursfähigkeit der öffentlich-rechtlichen Rundfunkanstalten, in: DÖV 1988, S. 547 – 553

Kilb, Wolfgang, Subventionskontrolle durch europäisches Beihilferecht – Eine Übersicht, in: JuS 2003, S. 1072 – 1076

Kirchner, Maximilian, Die Privilegierung von gemeinwohlorientierten Dienstleistungsunternehmen nach Art. 86 Abs. 2 EG im Lichte des neuen Art. 16 EG, in: ZNER 2002, S. 199 – 201

Koch, Steffen, Möglichkeiten der Beteiligung privater Rundfunkveranstalter am Rundfunkgebührenaufkommen der Bundesrepublik Deutschland, Frankfurt am Main 1998 (zit.: Koch, Möglichkeiten der Beteiligung)

Koenig, Christian, Die neue EG-beihilfenrechtlichen Kompensationsmaßstäbe in der Daseinsvorsorge – das Altmark Trans-Urteil in der Praxis, in: BB 2003, S. 2185 – 2188

ders., Funktionen des Bietverfahrens im EG-Beihilferecht, in: EuZW 2001, S. 741 – 747

ders., Öffentlich-rechtliche Anstaltslast und Gewährträgerhaftung als staatliche Beihilfen gem. Art. 92 EGV?, in: EuZW 1995, S. 595 – 602

ders.; Haratsch, Andreas, Die Rundfunkgebühren auf dem Prüfstand des Altmark Trans-Urteils des Europäischen Gerichtshofs, in: ZUM 2003, S. 804 – 812

dies., Die Wiedergeburt von Art. 86 Abs. 2 EG in der RAI-Entscheidung der Europäischen Kommission, in: ZUM 2004, S. 122 – 124

dies., The Licence-Fee-Based Financing of Public Service Broadcasting in Germany after the Altmark Trans Judgment, in: EStAL 2003, S. 553 – 578

Koenig, Christian; Kühling, Jürgen, Das PreussenElektra-Urteil des EuGH: Freibrief für Abnahme- und Vergütungspflichten in der Energiewirtschaft, in: NVwZ 2001, S. 768 – 770

dies., EC control of aid granted through State resources, in: EStAL 2002, S. 7 – 18

dies., How to cut a long story short: Das Preussen Elektra-Urteil des EuGH und die EG-Beihilfenkontrolle über das deutsche Rundfunkgebührensystem, in: ZUM 2001, S. 537 – 546

dies., Infrastrukturförderung im Ausschreibungsverfahren – EG-beihilfenrechtlichen Königsweg der Kompensation von gemeinwirtschaftlichen Pflichten, in: DVBl. 2003, S. 289 – 298

dies., Kompensation nur der Nettomehrkosten für Dienste der Daseinsvorsorge! Oder: Ferring – und die Folgen, in: EWS 2003, Heft 3, S. I

dies., Mitgliedstaatliche Kulturförderung und gemeinschaftliche Beihilfekontrolle durch die EG-Kommission, in: EuZW 2000, S. 197 – 203

dies., „Totgesagte Vorschriften leben länger": Bedeutung und Auslegung der Ausnahmeklausel des Art. 86 Abs. 2 EG, in: ZHR 166 (2002), S. 656 – 684

dies.; Ritter, Nicolai, EG-Beihilfenrecht, Heidelberg 2002

Koenig, Christian; Sander, Claude, Einführung in das EG-Prozessrecht, Tübingen 1997 (zit.: Koenig/Sander, EG-Prozessrecht)

Koenigs, Folkmar, Änderung der Transparenz-Richtlinie, in: WuW 2000, S. 867

Königs, Melvin, State Aid for Renewable Energy Sources: A Practical State Aid Manual for Going Green, in: EStAL 2002, S. 19 – 32

Koschyk, Mirko M., Steuervergünstigungen als Beihilfen nach Artikel 92 EG-Vertrag, Baden-Baden 1999

Krempel, Stephan, Rechnungshöfe und Rundfunk-Beteiligungsunternehmen: Ein Beitrag zur Finanzkontrolle des öffentlich-rechtlichen Rundfunks, Baden-Baden 1996 (zit.: Krempel, Rundfunk-Beteiligungsunternehmen)

Kresse, Hermann, Grundversorgung und noch viel mehr?, in: ZUM 1996, S. 59 – 68

Kruse, Eberhard, Das Merkmal der „Staatlichkeit" der Beihilfe nach Art. 87 Abs. 1 EG, in: ZHR 165 (2001), S. 576 – 592

Kühling, Jürgen, Von den Vergütungspflichten des Energieeinspeisungsgesetzes bis zur Deckungsvorsorge des Atomgesetzes: Die deutsche Energierechtsordnung im Koordinatensystem des Europäischen Beihilfenrechts, in: RdE 2001, S. 93 – 102

Kühne, Gunther, Anmerkung zum EuGH-Urteil vom 13.03.2001, Rs. C-379/98 (Preussen-Elektra), in: JZ 2001, S. 759 – 761

Laitenberger, Johannes, Perspektiven für die EG-rechtliche Entwicklung im audiovisuellen Bereich, in: Stern, Klaus; Prütting, Hanns (Hrsg.), Nationaler Rundfunk und Europäisches

Gemeinschaftsrecht zwischen Kommunikationsfreiheit und Regulierung, München 2003, S. 7 – 37 (zit.: Laitenberger, in: Stern/Prütting, Nationaler Rundfunk und Europäisches Gemeinschaftsrecht)

Lecheler, Helmut, Anmerkung zum EuGH-Urteil vom 13.3.2001, Rs. C-379/98 (Preussen-Elektra), in: RdE 2001, S. 137 – 142

ders., Anmerkung zum EuGH-Urteil vom 23.10.1997, Rs. C-159/94 (Kommission/Frankreich), in: EuZW 1998, S. 83

ders., Die Versorgung mit Strom und Gas als „service public" und die Bedeutung der „service public-Doktrin" für Art. 90 Abs. 2 EGV, in: RdE 1996, S. 212 – 217

ders., Einführung in das Europarecht, 2. Auflage, München 2003

ders., Einführung in das Medienrecht, in: Jura 1998, S. 225 – 231

ders.,; Gundel, Jörg, Die Rolle von Art. 90 Abs. 2 und 3 EGV in einem liberalisierten Energiemarkt – Zur Bedeutung der EuGH-Entscheidung vom 23.10.1997 für die Zukunft, in: RdE 1998, S. 92 – 102

Leibenath, Christoph, Anmerkung zum EuGH-Urteil vom 3.7.2003, verb. Rs. C-83/01 P, C-93/01 P u. C-94/01 P (Chronopost), in: EuZW 2003, S. 509 – 510

ders., Anmerkung zum EuGH-Urteil vom 24. Juli 2003, Rs. C-280/00 (Altmark Trans), in: EuR 2003, S. 1052 – 1066

Lent, Wolfgang, Rundfunk-, Medien-, Teledienste, Eine verfassungsrechtliche Untersuchung des Rundfunkbegriffs und der Gewährleistungsbereiche öffentlich-rechtlicher Rundfunkanstalten unter Berücksichtigung einfachgesetzlicher Abgrenzungsfragen zwischen Rundfunkstaatsvertrag, Mediendienstestaatsvertrag und Teledienstegesetz, Frankfurt am Main 2001 (zit.: Lent, Rundfunkdienste)

Lenz, Carl Otto, Öffentlich-rechtlicher Rundfunk und europäisches Gemeinschaftsrecht, in: Konrad-Adenauer-Stiftung (Hrsg.), Duales Rundfunksystem und europäisches Recht, Sankt Augustin 2000, S. 34 – 37

ders.; Borchardt, Klaus-Dieter (Hrsg.), Kommentar zu dem Vertrag über die Europäische Union und zu dem Vertrag zur Gründung der Europäischen Gemeinschaft, jeweils in der durch den Vertrag on Nizza geänderten Fassung, 3. Auflage, Köln 2003 (zit.: Bearbeiter, in: Lenz/Borchardt, EU-/EG-Vertrag)

Lerche, Peter, Ambivalences in the Fixing of Broadcasting Fees in Germany, in: European Business Organization Law Review 2001, S. 227 – 235

Lindner, Nikolaus, The Impact of the Decision of the European Court of Justice in Ferring on European State Aid Law, in: EPL 2003, S. 359 – 369

Löhr, Christian, Anstaltslast und Gewährträgerhaftung bei Sparkassen und Landesbanken als gemeinschaftsrechtswidrige Beihilfe im Sinne des Artikels 87 Absatz 1 EG ?, Bochum 2000 (zit.: Löhr, Anstaltslast und Gewährträgerhaftung)

Löwenberg, Fabian, Service public und öffentliche Dienstleistungen in Europa, Ein Beitrag zu Art. 16 des EG-Vertrages, Berlin 2001

Lübbig, Thomas, Anmerkung zum EuG-Urteil vom 28.1.1999, Rs. T-14/96 (Bretagne Angleterre Irlande [BAI]/Kommission), in: EuZW 1999, S. 671 – 672

ders., Das „Stardust-Marine"-Urteil des EuGH zur Anwendung des EG-Beihilfenrechts auf das Aktivgeschäft der öffentlichen Banken, in: WM 2002, S. 1828 – 1831

ders.; Martín-Ehlers, Andrés, Beihilfenrecht der EU, Das Recht der Wettbewerbsaufsicht über staatliche Beihilfen in der Europäischen Union, München 2003

Lücke, Alexander, Kurzkommentar zum EuGH-Urteil vom 24.7.2003, Rs. C-280/00 (Altmark Trans), in: EWiR 2003, S. 921 – 922

Luedtke, Astrid; Schmittmann, Michael, Blick nach Brüssel, in: AfP 2001, S. 373 – 375

Magiera, Siegfried, Gefährdung der öffentlichen Daseinsvorsorge durch das EG-Beihilfenrecht ?, in: Ipsen, Jörn; Schmidt-Jortzig, Edzard (Hrsg.), Recht-Staat-Gemeinwohl, Festschrift für Dietrich Rauschning, Köln 2001, S. 269 – 289

Mand, Elmar, Erwerbswirtschaftliche Betätigung öffentlich-rechtlicher Rundfunkanstalten außerhalb des Programms, München 2002 (zit.: Mand, Erwerbswirtschaftliche Betätigung der Rundfunkanstalten)

Martínez Soria, José, Anmerkung zum EuGH-Urteil vom 13.03.2001, Rs. C-379/98 (PreussenElektra), in: DVBl. 2001, S. 882 – 884

Márton, Lidia, The Impact of EU Competition Law on the Financing of Public Service Broadcasting, in: Communications Law 2001, S. 56 – 62

Mestmäcker, Ernst-Joachim, Über den Einfluß von Ökonomie und Technik auf Recht und Organisation der Telekommunikation und der elektronischen Medien, in: ders. (Hrsg.), Kommunikation ohne Monopole II, Baden-Baden 1995, S. 13 – 177

Michel, Eva-Maria, Die Zulässigkeit von Internet-Aktivitäten der öffentlich-rechtlichen Rundfunkanstalten, in: ZUM 1998, S. 350 – 357

dies., Rechtliche und ökonomische Fragen der Finanzierung des öffentlich-rechtlichen Rundfunks im Lichte des europäischen, in: Stern, Klaus; Prütting, Hanns (Hrsg.), Rechtliche und ökonomische Fragen der Finanzierung des öffentlich-rechtlichen Rundfunks im Lichte des europäischen Rechts, München 1998, S. 55 – 60 (zit.: Michel, in: Stern/Prütting, Rechtliche Fragen der Finanzierung)

Modlich, Joachim Johannes, Nationale Infrastrukturmaßnahmen und Artikel 92 Abs. 1 EGV, Köln, Berlin, Bonn, München 1996 (zit.: Modlich, Nationale Infrastrukturmaßnahmen)

Müller-Graff, Peter-Christian, Die Erscheinungsformen der Leistungssubventionstatbestände aus wirtschaftsrechtlicher Sicht, in: ZHR 152 (1988), S. 403 – 438

Nagel, Bernhard, Anmerkung zu PreussenElektra, in: ZUR 2001, S. 263 – 265 *ders.,* Die Vereinbarkeit des Gesetzes für den Vorrang Erneuerbarer Energien (EEG) mit dem Beihilfenrecht der EG, in: ZNER 2000, S. 100 – 111

ders., Rechtliche und politische Hindernisse bei der Einführung Erneuerbarer Energien, in: ZNER 2001, S. 231 – 236

Nettesheim, Martin, Europäische Beihilfeaufsicht und mitgliedstaatliche Daseinsversorgung, in: EWS 2002, S. 253 – 263

ders., Mitgliedstaatliche Daseinsvorsorge im Spannungsfeld zwischen Wettbewerbskonformität und Gemeinwohlverantwortung, in: Hrbek, Rudolf; Nettesheim, Martin, Europäische Union und mitgliedstaatliche Daseinsvorsorge, Baden-Baden 2002, S. 39 – 64

Neun, Andreas, Öffentlich-rechtlicher Rundfunk: Grenzen des Wachstums, Programm- und Angebotsdiversifizierung der Rundfunkanstalten der Bundesrepublik Deutschland, Berlin 2002 (zit.: Neun, Öffentlich-rechtlicher Rundfunk)

Nicolaides, Phedon, Competition and Services of General Economic Interest in the EU: Reconciling Economics and Law, in: EStAL 2003, S. 183 – 209

ders., Distortive Effects of Compensatory Aid Measures: A Note on the Economics of the Ferring Judgment, in: ECLRev. 2002, S. 313 – 319

ders., The New Frontier in State Aid Control, in: Intereconomics 2002, S. 190 – 197

Niederprüm, Antonia, Quersubventionierung und Wettbewerb im Postbereich, Bad Honnef 2001 (zit.: Niederprüm, Quersubventionierung)

Nolte, Stefan, Quersubventionen in der deutschen Elektrizitätswirtschaft und deren Vereinbarkeit mit Europäischem Wettbewerbsrecht, Münster 2003 (zit.: Nolte, Quersubventionen)

Nowak, Carsten, Die Entwicklung des EG-Beihilfenkontrollrechts in den Jahren 1998, 1999 und 2000, in: EuZW 2001, S. 293 – 306

ders., Die Entwicklung des EG-Beihilfenkontrollrechts in den Jahren 2001 und 2002, in: EuZW 2003, S. 389 – 403

O'Hagan, John; Jennings, Michael, Public Broadcasting in Europe: Rationale, Licence Fee and Other Issues, in: Journal of Cultural Economics 2003, S. 31 – 56

Oppermann, Thomas, Deutsche Rundfunkgebühren und Europäisches Beihilferecht Zusammenfassung der Ergebnisse, in: ZUM1996, S. 656 – 658

ders., Deutsche Rundfunkgebühren und Europäisches Beihilferecht, Berlin 1997 (zit.: Oppermann, Deutsche Rundfunkgebühren)

ders., Europarecht, 2. Auflage, München 1999

Ossenbühl, Fritz, Rundfunksanierung durch Steuervorteile, in: Jakobs, Horst Heinrich; Knobbe-Keuk, Brigitte; Picker, Eduard; Wilhelm, Jan (Hrsg.), Festschrift für Werner Flume zum 70. Geburtstag, Köln 1978, S. 201 – 225

Otten, Ralf Gerhard, Die Gebührenfinanzierung der öffentlich-rechtlichen Rundfunkanstalten im Rahmen des Art. 92 EGV, in: ZUM 1997, S. 790 – 799

Otto, Hans-Michael, Auswirkungen des Rechtes der EWG auf die Bundesrepublik Deutschland, besonders die öffentlichen Unternehmen, dargestellt am Beispiel der Transparenzrichtlinie, Kiel 1989 (zit.: Otto, Auswirkungen des Rechtes)

Pelny, Stefan, Buchbesprechung zu Degenhart: Öffentlicher Rundfunk und Freizeitparks, in: ZUM 2002, S. 86 – 88

ders., Das Verfahren der EU-Kommission gegen Dänemark: Ein Menetekel für die Länderregierungschefs in Deutschland?, in: ZUM 2003, S. 643 – 653

ders., Privatrechtliche Beteiligungen öffentlich-rechtlicher Rundfunkanstalten, Eine Entgegnung auf Norbert Seidel, in: ZUM 2001, S. 564 – 566

Pielow, Johann-Christian, Anmerkung zum EuGH-Urteil vom 24.7.2003, Rs. C-280/00 (Altmark Trans), in: RdE 2004, S. 44 – 46

Pohlmann, Mario, Rechtsprobleme der Stromeinspeisung nach dem Stromeinspeisungsgesetz, Köln, Berlin, Bonn, München 1996 (zit.: Rechtsprobleme der Stromeinspeisung)

Poullie, Michael, Transparenzrichtlinie-Gesetz verkündet, in: ZögU 2001, S. 487

Pünder, Hermann, Die Förderung alternativer Energiequellen durch das Stromeinspeisungsgesetz auf dem Prüfstand des europäischen Gemeinschaftsrechts, in: NVwZ 1999, S. 1059 – 1062

Quigley, Conor, The Notion of a State Aid in the EEC, in: ELRev. 1988, S. 242 – 256

Raabe, Marius; Meyer, Niels, Das Erneuerbare-Energien-Gesetz, in: NJW 2000, S. 1298 – 1301

Rapp-Jung, Barbara, State Financing of Public Services – The Commission's New Approach, in: EStAL 2004, S. 205 – 215

Rath-Glawatz, Michael, Die Selbstbindung öffentlich-rechtlicher Rundfunkanstalten bei der Veranstaltung von Online-Angeboten, in: AfP 2003, S. 9 – 14

Reich, Dietmar O.; Helios, Marcus, Abgabenvergünstigungen für Arzneimittelhändler auf dem Prüfstand des EG-Beihilfenrechts, in: Pharmarecht 2002, S. 174 – 179

dies., Anmerkung zum EuGH-Urteil vom 16.5.2002, Rs. C-482/99 (Frankreich/Kommission), in: EuZW 2002, S. 474 – 476

Rengeling, Hans-Werner; Middeke, Andreas; Gellermann, Martin, Handbuch des Rechtsschutzes in der Europäischen Union, 2. Auflage, München 2003 (zit.: Bearbeiter, in: Rengeling/Middeke/Gellermann, Handbuch des Rechtsschutzes)

Ress, Georg, Die Transparenz der finanziellen Beziehungen zwischen den Mitgliedstaaten der Europäischen Gemeinschaften und den öffentlichen Unternehmen, in: Lüke, Gerhard; Ress, Georg; Will, Michael R. (Hrsg.), Rechtsvergleichung, Europarecht und Staatenintegration,

Gedächtnisschrift für Léontin-Jean Constantinesco, Köln, Berlin, Bonn, München 1983, S. 599 – 617

ders., Kultur und Europäischer Binnenmarkt, Stuttgart, Berlin, Köln 1991

Richter, Stefan Klaus, Die Unvereinbarkeit des Stromeinspeisungsgesetzes mit europäischem Beihilferecht (Art. 92 EGV a.F. / Art. 87 EGV n.F.), in: RdE 1999, S. 23 – 31

ders., Grenzen der wirtschaftlichen Förderung regenerativer Stormeinspeisungen in Deutschland, Stuttgart, München, Hannover, Berlin, Weimar, Dresden 2000 (zit.: Richter, Grenzen der wirtschaftlichen Förderung)

Ricker, Reinhart; Schiwy, Peter, Rundfunkverfassungsrecht, München 1997

Ritgen, Klaus, Stromeinspeisungsgesetz und europäisches Beihilfenaufsichtsrecht, in: RdE 1999, S. 176 – 184

Rodi, Michael, Die Subventionsrechtsordnung, Tübingen 2000

Roscher, Bernhard, Der Beihilfebegriff ist präziser geworden, Rechtliche Folgen des EuGH-Urteils zur Stromeinspeisung, in: FAZ v. 24.03.2001 (Nr. 71), S. 23

Ross, Malcolm, Article 16 E.C. and Services of General Interest: From Derogation to Obligation, in: ELRev. 2000, S. 22 – 38

ders., State Aids: Maturing into a Constitutional Problem, in: Yearbook of European Law 1995, S. 79 – 105

Ruge, Reinhard, EuGH: Abgabenvergünstigung für Arzneimittelgroßhändler, in: EuZW 2002, S. 50 – 52

ders., Anmerkung zum EuGH-Urteil vom 13.03.2001, Rs. C-379/98 (PreussenElektra), in: EuZW 2001, S. 247 – 248

ders., Das Beihilfe-Merkmal der staatlichen Zurechenbarkeit in der Rechtsprechung des EuGH am Beispiel des Stromeinspeisungsgesetz, in: WuW 2001, S. 560 – 569

Ruttig, Markus, Der Einfluß des EG-Beihilfenrechts auf die Gebührenfinanzierung der öffentlich-rechtlichen Rundfunkangstalten, Frankfurt am Main 2001 (zit.: Ruttig, Einfluss des EG-Beihilfenrechts)

Salje, Peter, Die Vereinbarkeit des Stromeinspeisungsgesetzes mit dem EG-Vertrag, in: RIW 1998, S. 186 – 190

Sánchez Rydelski, Michael, Handbuch EU Beihilferecht, Baden-Baden 2003

Schaefer, Klaus; Kreile, Johannes; Gerlach, Sascha, Nationale Filmförderung: Einfluss und Grenzen des europäischen Rechts, in: ZUM 2002, S. 182 – 194

Scheble, Roland, Grundversorgung – Definition und Umfang, in: ZUM 1995, S. 383 – 390

ders., Perspektiven der Grundversorgung, Baden-Baden 1994

Scheuer, Alexander; Strothmann, Peter, Europäisches Medienrecht – Entwicklungen 2001/2002, in: MMR 2002, S. 771 – 781

dies., Europäisches Medienrecht – Entwicklungen 2000/2001, in: MMR 2001, S. 576 – 586

Schmid, Kathrin; Vollmöller, Thomas, Öffentlichrechtliche Kreditinstitute und EU-Beihilfenrecht, in: NJW 1998, S. 716 – 721

Schmittmann, Michael; Kneißl, Hannah, Blick nach Brüssel, Neue Beschwerde gegen deutsche Rundfunkgebühren, in: AfP 2003, S. 245 – 247

Schneider, Hannes; Busch, Torsten, Anstaltslast und Gewährträgerhaftung als Beihilfen im Sinne von Art. 92 EGV?, in: EuZW 1995, S. 602 – 608

Schneider-Freyermuth, Georg, Einige Aspekte zur Auswirkung des Gebots der Staatsfreiheit der öffentlich-rechtlichen Rundfunkanstalten, in: ZUM 2000, S. 564 – 571

Schnelle, Ulrich, Bidding Procedures in EC State Aid Surveillance over Public Services after Altmark Trans, in: EStAL 2003, S. 411 – 413

ders., Unconditional and Non-Discriminatory Bidding Procedures in EC State Aid Surveillance over Public Services, in: EStAL 2002, S. 195 – 205

Schohe, Gerrit; Arhold, Christoph, Die Rechtsprechung von EuGH und EuG zu staatlichen Beihilfen in den Jahren 1998 – 2002, in: EStAL 2002, S. 33 – 77

dies., The Case-Law of the European Court of Justice and the Court of First Instance on State Aids in 2002/2003, in: EStAL 2003, S. 145 – 168

Schreier, Torsten, Das Selbstverwaltungsrecht der öffentlich-rechtlichen Rundfunkanstalten, Frankfurt am Main 2001

Schröder, Jürgen, Zu den Fragen der Anwendung von Vergabeverfahren und der Leistungstransparenz bei Auftragsproduktionen öffentlich-rechtlicher Rundfunkanstalten, in: ZUM 2000, S. 209 – 231

Schroeder, Werner, Vernünftige Investition oder Beihilfe, in: ZHR 161 (1997) S. 805 – 845

Schröter, Helmuth; Jakob, Thinam; Mederer, Wolfgang (Hrsg.), Kommentar zum Europäischen Wettbewerbsrecht, Baden-Baden 2003 (zit.: Bearbeiter, in: Schröter/ Jakob/Mederer, Europäisches Wettbewerbsrecht)

Schwartz, Ivo E., EG-Rechtsetzungsbefugnis für das Fernsehen, in: ZUM 1989, S. 381 – 389

Schwarze, Jürgen, Daseinsvorsorge im Lichte des europäischen Wettbewerbsrechts, in: EuZW 2001, S. 334 – 339

ders., EU-Kommentar, Baden-Baden 2000 (zit.: Bearbeiter, in: Schwarze, EU-Kommentar)

ders., Medienfreiheit und Medienvielfalt im Europäischen Gemeinschaftsrecht, in: ZUM 2000, S. 779 – 800

Schwendinger, Gerd, Deutsche Rundfunkgebühren – „staatliche oder aus staatlichen Mitteln gewährt": zugleich eine kritische Bestandsaufnahme der Rechtsprechung des EuGH zur staatlichen Zurechenbarkeit von Beihilfen gemäß Art. 87 Abs. 1 EGV, EUI Working Paper Law No. 2003/5, Badia Fiesolana 2003

Seidel, Norbert, Privatrechtliche Beteiligung öffentlich-rechtlicher Rundfunkanstalten, in: ZUM 2001, S. 13 – 19

Sellmann, Klaus-Albrecht, Anmerkung zum EuGH-Urteil vom 24.7.3003, Rs. C 280/00 (Altmark Trans), in: DVBl. 2003, S. 1211 – 1213

Selmayr, Martin; Kamann, Hans-Georg, Public Broadcasting and EC State Aid Law: No „Carte Blanche" after Altmark Trans, in: K&R 2004, S. 49 – 58

Selmer, Peter; Gersdorf, Hubertus, Die Finanzierung des Rundfunks in der BRD auf dem Prüfstand, Berlin 1994 (zit.: Selmer/Gersdorf, Finanzierung des Rundfunks)

Siekmann, Uwe, Programminformationen der öffentlich-rechtlichen Rundfunkanstalten, München 2000 (zit.: Siekmann, Programminformationen der Rundfunkanstalten)

Simboek, Harold, Public service broadcasting and state aids: an EC Commission decision, in: Communications Law 1999, S. 187 – 189

Simon, Stephan, Die Finanzierung des öffentlich-rechtlichen Rundfunks und die EG-Wettbewerbspolitik, in: Stern, Klaus; Prütting, Hanns (Hrsg.), Rechtliche und ökonomische Fragen der Finanzierung des öffentlich-rechtlichen Rundfunks im Lichte des europäischen Rechts, München 1998, S. 61 – 71 (zit.: Simon, in: Stern/Prütting, Rechtliche und ökonomische Fragen)

Sinnaeve, Adinda, State Financing of Public Services: The Court's Dilemma in the Altmark Case, in: EStAL 2003, S. 351 – 363

Slot, Piet Jan, Comment on Joined Cases C-72/91 and C-73/91 (Sloman Neptun), in: CMLRev. 1994, S. 137 – 146

Slotboom, Marco M., State Aid in Community Law: A Broad or Narrow Definition?, in: ELRev. 1995, S. 289 – 301

Soltész, Ulrich, Die „Belastung des Staatshaushalts" als Tatbestandsmerkmal einer Beihilfe i.S. des Art. 92 I EGV, in: EuZW 1998, S. 747 – 753

Soukup, Karl, Auswirkungen der neuen Transparenz-Richtlinie auf öffentliche Unternehmen, in: ZögU 2001, S. 86 – 91

ders., Transparenz-Richtlinie und die Erfüllung öffentlicher Aufgaben, in: Brede, Helmut (Hrsg.), Wettbewerb in Europa und die Erfüllung öffentlicher Aufgaben, Baden-Baden 2001/2002, S. 93 – 98 (zit.: Soukup, in: Brede, Wettbewerb in Europa)

Springer, Jochen, Die Reform der ARD, Frankfurt am Main 2000

Starck, Christian, Verfassungsrechtliche Untersuchung zur 20-Uhr-Werbegrenze für die öffentlich-rechtlichen Rundfunkanstalten im Rahmen der Rundfunkfinanzierung auf der Grundlage der Rechtsprechung des Bundesverfassungsgerichts, in: Verband Privater Rundfunk und Telkommunikation (Hrsg.), Öffentlich-rechtlicher Rundfunk und Werbefinanzierung, Berlin 1995, S. 9 – 32

Storr, Stefan, Grundversorgung in Rundfunk und Binnenmarkt – Unterschiede und Perspektiven, in: K&R 2002, S. 464 – 473

Streinz, Rudolf, Anmerkung zum EuGH-Urteil vom 13.03.2001, Rs. C-379/98 (Preussen-Elektra), in: JuS 2001, S. 596 – 598

ders., Anmerkung zum EuGH-Urteil vom 22.11.2001, Rs. C-53/00 (Ferring), in: JuS 2002, S. 492 – 494

ders., Vertrag über die Europäische Union und Vertrag zur Gründung der Europäischen Gemeinschaft, München 2003 (zit.: Bearbeiter, in: Streinz, EU-/EG-Vertrag)

Stulz-Herrnstadt, Michael, Nationale Rundfunkfinanzierung und europäische Beihilfenaufsicht im Lichte des Amsterdamer Rundfunkprotokolls, Berlin 2004 (zit.: Stulz-Herrnstadt, Rundfunkfinanzierung)

Thuesen, Elisabeth, Europäische Kommission: TV2 muss überschüssige staatliche Ausgleichsleistungen zurückzahlen, in: IRIS 2004, Nr. 7, S. 4

Tigchelaar, Nynke, State Aid to Public Broadcasting – Revisited, in: EStAL 2003, S. 169 – 181

Tipke, Klaus/ Lang, Joachim, Steuerrecht, 16. Auflage, Köln 1998 (zit.: Bearbeiter, in: Tipke/Lang, Steuerrecht)

Travers, Noel, Public Service Obligations and State Aid: Is all really clear after Altmark?, in: EStAL 2003, S. 387 – 392

Trzaskalik, Christoph, Transparenzpflichten des öffentlich-rechtlichen Rundfunks, Berlin 2000 (zit.: Trzaskalik, Transparenzpflichten des Rundfunks)

Tschentscher, Axel, Gebührenpflichtigkeit des Internet- und Handy-Rundfunks?, in: AfP 2001, S. 93 – 97

Uphoff, Boris, Fernsehmarkt und Grundversorgung, Konstanz 1996

Wachinger, Lorenz, Der Marktzugang im straßengebundenen ÖPNV nach dem EuGH-Urteil in der Rechtssache „Altmark Trans", in: WiVerw 2004, S. 27 – 50

ders., Finanzierung öffentlicher Dienstleistungen und Europäisches Wettbewerbsrecht, in: ZögU 2004, S. 56 – 77

von Wallenberg, Gabriela, Anmerkung zum EuG-Urteil vom 10.5.2000, Rs. T-46/97 (SIC/Kommission), in: MMR 2001, S. 98 – 105

dies., Anmerkung zum EuGH-Urteil vom 27.11.2003, verb. Rs. C-34/01 bis C-38/01 (Enirisorse/Ministero delle Finanze), in: MMR 2004, S. 88 – 92

dies., Die Vereinbarkeit der staatlichen Finanzierung öffentlichrechtlicher Fernsehanstalten mit Art. 92 EGV, in: Randelzhofer, Albrecht; Scholz, Rupert; Wilke, Dieter (Hrsg.), Gedächtnisschrift für Eberhard Grabitz, München 1995, S. 867 – 878

dies., Fortentwicklung des dualen Rundfunksystems zur Überwindung der wettbewerblichen Schieflage zwischen privatem und öffentlich-rechtlichem Rundfunk, in: ZUM 2004, S. 875 – 884

dies., Rundfunk und EG Beihilfenrecht, Kein Ende der Diskussion in Sicht?, in: MuR 1998, S. 166 – 171

dies., Zur Anwendung der Wettbewerbsregeln des EG-Vertrages im Rundfunksektor, in: MuR 1998, S. 248 – 249

Werner, Michael Jürgen, ÖPNV-Unternehmen im Visier der europäischen Beihilfenaufsicht, in: ZEuS 2003, S. 309 – 335

ders.; Köster, Thomas, Anmerkung zum EuGH-Urteil vom 24.7.2003, Rs. C-280/00 (Altmark Trans), in: EuZW 2003, S. 503 – 504

ders.; Quante, Peter, Altmark Trans: Wendepunkt im Beihilferecht der nationalen Daseinsvorsorge?, in: ZEuS 2004, S. 83 – 106

Wernicke, Stephan, Die Wirtschaftsverfassung der Gemeinschaft zwischen gemeinwirtschaftlichen Diensten und Wettbewerb, oder: Wer hat Angst vor Art. 86 II EG?, in: EuZW 2003, S. 481

Wiedemann, Verena, Public Service Broadcasting, State Aid, and the Internet: Emerging EU Law, in: EStAL 2004, S. 595 – 603

Wilms, Günter, Das Europäische Gemeinschaftsrecht und die öffentlichen Unternehmen, Berlin 1996

Wittig-Terhardt, Margret, Zur Situation des öffentlich-rechtlichen Rundfunks im Lichte des Amsterdamer Protokolls Nr. 23 unter Berücksichtigung der Entscheidungen der Europäischen Kommission zu den Spartenprogrammen Kinderkanal und Phoenix von ARD und ZDF, in: Classen, Claus Dieter; Dittmann, Armin; Fechner, Frank; Gassner, Ulrich M.; Kilian, Michael, „In einem vereinten Europa dem Frieden der Welt zu dienen...", Liber amicorum Thomas Oppermann, Berlin 2001, S. 727 – 755

van Ysendyck, Anne; Zühlke Susanne, Kommentar zum EuGH-Urteil vom 24.7.2003, Rs. C-280/00 (Altmark Trans), in: RIW 2003, S. 717 – 719

dies., Staatliche Beihilfen und Ausgleich für Leistungen der Daseinsvorsorge, in: EWS 2004, S. 16 – 19

Zinow, Bernd-Michael, Rezension zu Pohlmann, Mario: Rechtsprobleme der Stromeinspeisung nach dem Stromeinspeisungsgesetz, in: RdE 1997, S. 247 – 248

Schriften zum deutschen und europäischen
öffentlichen Recht

Herausgegeben von Prof. Dr. Steffen Detterbeck

www.peterlang.de

Volker Jahr

Transparenz- und Publizitätspflichten deutscher Unternehmen

Unter Berücksichtigung europarechtlicher und verfassungsrechtlicher Vorgaben

Frankfurt am Main, Berlin, Bern, Bruxelles, New York, Oxford, Wien, 2002.
LXVIII, 356 S.
Europäische Hochschulschriften: Reihe 2, Rechtswissenschaft. Bd. 3276
ISBN 3-631-38712-1 · br. € 68.50*

Deutsche Unternehmen unterliegen vielfachen Transparenz- und Publizitätspflichten, die in dieser Arbeit auf ihre Vereinbarkeit mit den Vorgaben von Europarecht und Grundgesetz überprüft werden. Im ersten Teil der Arbeit wird untersucht, was unter Transparenz- und Publizitätspflichten zu verstehen ist und diese Pflichten werden im einzelnen detailliert dargestellt. Nach den Ergebnissen des zweiten Teils der Arbeit sind die nach dem Publizitätsgesetz bestehenden Verpflichtungen nicht mehr verfassungskonform, weil die Schwellenwerte des Publizitätsgesetzes seit 1969 bis heute nicht entsprechend dem Wachstum der Volkswirtschaft ausreichend angepasst worden sind. Bei den nach HGB bestehenden Publizitätspflichten ist die fehlende Rechnungslegungspublizität deutscher Zweigniederlassungen von ausländischen Kapitalgesellschaften mit Sitz außerhalb von EU und EWR verfassungsrechtlich bedenklich. Aufbauend auf diese gesetzgeberische Lücke wird am Ende der Arbeit ein Modell entwickelt – die sog. *Zweigniederlassungslösung* –, um trotz Haftungsbeschränkung keiner Jahresabschlußpublizität zwingend unterliegen zu müssen.

Aus dem Inhalt: Transparenz- und Publizitätspflichten deutscher Unternehmen · Handelsregisteranmeldungen · Rechnungslegungspublizität · Zweigniederlassungspublizität · Handelsregistergebühren · Vermeidung von Rechnungslegungspublizität

Frankfurt am Main · Berlin · Bern · Bruxelles · New York · Oxford · Wien
Auslieferung: Verlag Peter Lang AG
Moosstr. 1, CH-2542 Pieterlen
Telefax 00 41 (0) 32 / 376 17 27

*inklusive der in Deutschland gültigen Mehrwertsteuer
Preisänderungen vorbehalten
Homepage http://www.peterlang.de

Peter Lang · Europäischer Verlag der Wissenschaften